# YES IS MORE

## UN ARCHIFUMETTO SULL'EVOLUZIONE DELL'ARCHITETTURA

# LESS IS MORE

**LUDWIG MIES VAN DER ROHE**
Architetto

Citazione: metà del XX secolo

Modernismo, Minimalismo:
A Mies van der Rohe, uno dei padri dell'architettura moderna insieme a Le Corbusier, si deve un'autentica rivoluzione. Svincolando il lessico architettonico dagli esercizi di stile grazie alla ferma eliminazione dell'ornamento, Mies van der Rohe creò una sorta di tabula rasa su cui volumi e concetti potevano stagliarsi in tutta la loro purezza. Per i suoi seguaci, però, (e in certa misura anche per lui) il movimento rivoluzionario degenerò, mano a mano che il mantra liberatorio sfociava in un languire dell'immaginazione e l'affrancamento dallo stile si trasformava a sua volta in una camicia di forza stilistica. Ne risultò quell'inesorabile ripetizione di identici blocchi squadrati che attualmente domina ampie aree urbane.

**ROBERT CHARLES VENTURI JR**
Architetto

Citazione: anni Settanta

Postmodernismo:
In reazione al lessico limitato del modernista ortodosso, Robert Venturi e Denise Scott Brown cominciarono a considerare la città contemporanea fuori dall'ambito dell'architettura moderna. Con "Learning from Las Vegas" reintrodussero nella tavolozza architettonica il simbolismo, perseguendo "complessità e contraddizione" invece che semplicità e coerenza. La ribellione contro la monotonia dell'architettura moderna, rigorosamente funzionale, scatenò a sua volta un'epidemia di indistinte torri postmoderne, per nulla più varie o più interessanti dei loro antecedenti modernisti.

# PHILIP CORTELYOU JOHNSON
Architetto

Citazione: 1982

Opportunismo ed Eclettismo:
In qualità di curatore di mostre più che di artista, Philip Johnson è stato capace di individuare e assorbire un'ampia varietà storica di stili architettonici. Curando, tra le altre, le esposizioni Modern Architecture nel 1932 e Deconstructivist Architecture nel 1988, entrambe al MoMA, ha avuto la capacità di cogliere lo spirito dei tempi.
Successivamente è passato a inglobare nel proprio lavoro i più recenti materiali e forme, anche lessicali. La sua Glass House a New Canaan, nel Connecticut, è una sorta di Expo della storia dell'architettura del XX secolo: una collezione di specie esotiche di vari -ismi ed epoche, interamente disegnata da lui.

**REM KOOLHAAS**
Architetto e fondatore di OMA & AMO
(nel QG di BIG, 2006)

Citazione: 2001

Il Realismo cinico:
Rem Koolhaas, soprannominato il Le Corbusier dei giorni nostri*, viene spesso ritenuto a torto protagonista di eventi di cui è in realtà attento osservatore. In un certo numero di saggi (e non manifesti), ha indagato fenomeni come il Muro di Berlino, la Città Generica, il problema della Grande Dimensione, la Cina, la Globalizzazione, lo Shopping, ecc. cercando di sospendere il giudizio per capire e valutare il mondo per quello che è.
Analogamente, "di più è meglio" non è una dichiarazione programmatica, ma esprime la constatazione che nel Junkspace, lo "Spazio spazzatura" (i residui che il genere umano abbandona sul pianeta) l'accumulo e l'affastellamento hanno sostituito forme più alte di organizzazione come la gerarchia degli spazi e la composizione.
La comprensione precede l'azione.
*Jeffrey Kipnis, "Recent Koolhaas",
El Croquis 79, 1996

**BARACK HUSSEIN OBAMA II**
44º Presidente degli Stati Uniti

Citazione: 2007

Unità e Ottimismo:
Opponendosi alla strategia di smentite e attacchi portata avanti dai suoi avversari politici, Barack Obama propone un cambiamento attraverso l'unità. Perché scegliere tra stati rossi e stati blu, potendo scegliere gli Stati Uniti d'America?

# YES IS MORE!
– UNA TEORIA DELL'EVOLUZIONE

L'immagine tradizionale dell'architetto radicale è quella di un "angry young man" che si ribella contro il sistema. Spesso accade che l'avanguardia si definisca in base a ciò che nega più che in base a ciò che sostiene. Ne deriva un'edipica catena in cui ogni generazione dice l'opposto della precedente. Ma se fai una cosa solo per opporti a quel che fa un altro, sei pur sempre un seguace. Anziché mandare al diavolo il contesto (il sistema, i vicini di casa, il budget o la forza di gravità), noi vogliamo fare dell'accondiscendenza un programma radicale.

Lo stato sociale danese è l'incarnazione della cultura del consenso e si regge su due buoni principi: tutti hanno uguali diritti e tutti i punti di vista hanno lo stesso valore. Al di là degli ovvi benefici sul piano sociale, questi principi hanno provocato un effetto collaterale tutt'altro che trascurabile nel campo dell'architettura: un uniforme grigiore che investe la stragrande maggioranza del tessuto urbano, nel quale annega ogni tentativo di emergere e in cui tutta la libido è spesa per rifinire i minimi dettagli. L'attenzione ai particolari sembra impedire la vista d'insieme.

E se, per fare contenti tutti, non fosse necessario scendere a compromessi? Se, con una difficilissima acrobazia, si riuscisse a soddisfare i desideri di tutti senza pestare i piedi a nessuno?

Più che la rivoluzione ci interessa l'evoluzione. Così come Darwin parla di eccesso e selezione, noi proponiamo di lasciare che siano le forze sociali, i molteplici interessi individuali, a decidere quale delle nostre idee può sopravvivere. Attraverso mutazioni e incroci, le idee superstiti evolveranno in una specie architettonica nuova. La vita umana si è evoluta adattandosi ai cambiamenti dell'ambiente naturale. L'invenzione dell'architettura e della tecnologia ha accresciuto il nostro potere di adattare il contesto in cui viviamo al modo in cui desideriamo vivere e non viceversa. La cosa interessante del lavoro dell'architetto è che, man mano che la vita evolve, anche l'architettura deve fare lo stesso. Le città non sono intrinsecamente inquinate o congestionate, lo sono perché è così che le abbiamo costruite. Così, quando qualcosa non funziona più, noi architetti abbiamo la capacità - e la responsabilità - di assicurarci che non siano le nostre città a costringerci in un sistema arretrato, ma piuttosto che siano esse a conformarsi al modo in cui noi vogliamo vivere.

Non dobbiamo quindi rimanere geni incompresi, frustrati dalla mancanza di riconoscimenti e fondi. Né mai saremo i padri dell'architettura, bensì piuttosto le levatrici di neonate specie architettoniche rispondenti ai più vari interessi.

Il mondo intero si regge sul conflitto. Per attirare l'attenzione dei media, i politici sono costretti a scontrarsi di continuo. Attualmente, in Danimarca, la battaglia politica è alimentata soprattutto dal fatto che socialdemocratici e liberali (sinistra e destra) hanno lo stesso programma. In qualunque altro contesto questa sarebbe la ricetta di una perfetta armonia! In politica, invece, funziona al contrario.

E se il design fosse l'opposto della politica? Non non nel senso di ignorare i conflitti, ma di trarne alimento. Se riuscisse ad assorbire e integrare le differenze, senza compromessi o scelte di campo, intrecciando interessi contrastanti in un nodo gordiano di nuove idee?

Un'architettura che includa anziché escludere. Un'architettura libera da quella concezione monogamica che la vuole sposa di un unico interesse o di una sola idea. Un'architettura in cui non ci sia l'obbligo di scegliere tra pubblico e privato, tra aperta campagna e area densamente popolata, tra centrale e periferico, ateo o musulmano, tra appartamenti a buon mercato o campi da calcio. Un'architettura che permetta di dire sì a tutti gli aspetti della vita umana, sebbene contrastanti. Una sorta di bigamia architettonica, in cui non si debba scegliere tra una cosa e l'altra, potendole avere entrambe. Un'architettura pragmatico-utopistica che abbia come obiettivo la creazione di luoghi perfetti sul piano sociale, economico e ambientale.

Yes is more, Viva la Evolución!

> A SOPRAVVIVERE NON È IL PIÙ FORTE DELLA SPECIE, NÉ IL PIÙ INTELLIGENTE. È QUELLO CHE MEGLIO SI ADATTA AL CAMBIAMENTO.

**CHARLES ROBERT DARWIN**
Naturalista

Citazione: 1987,
Clarence Darrow

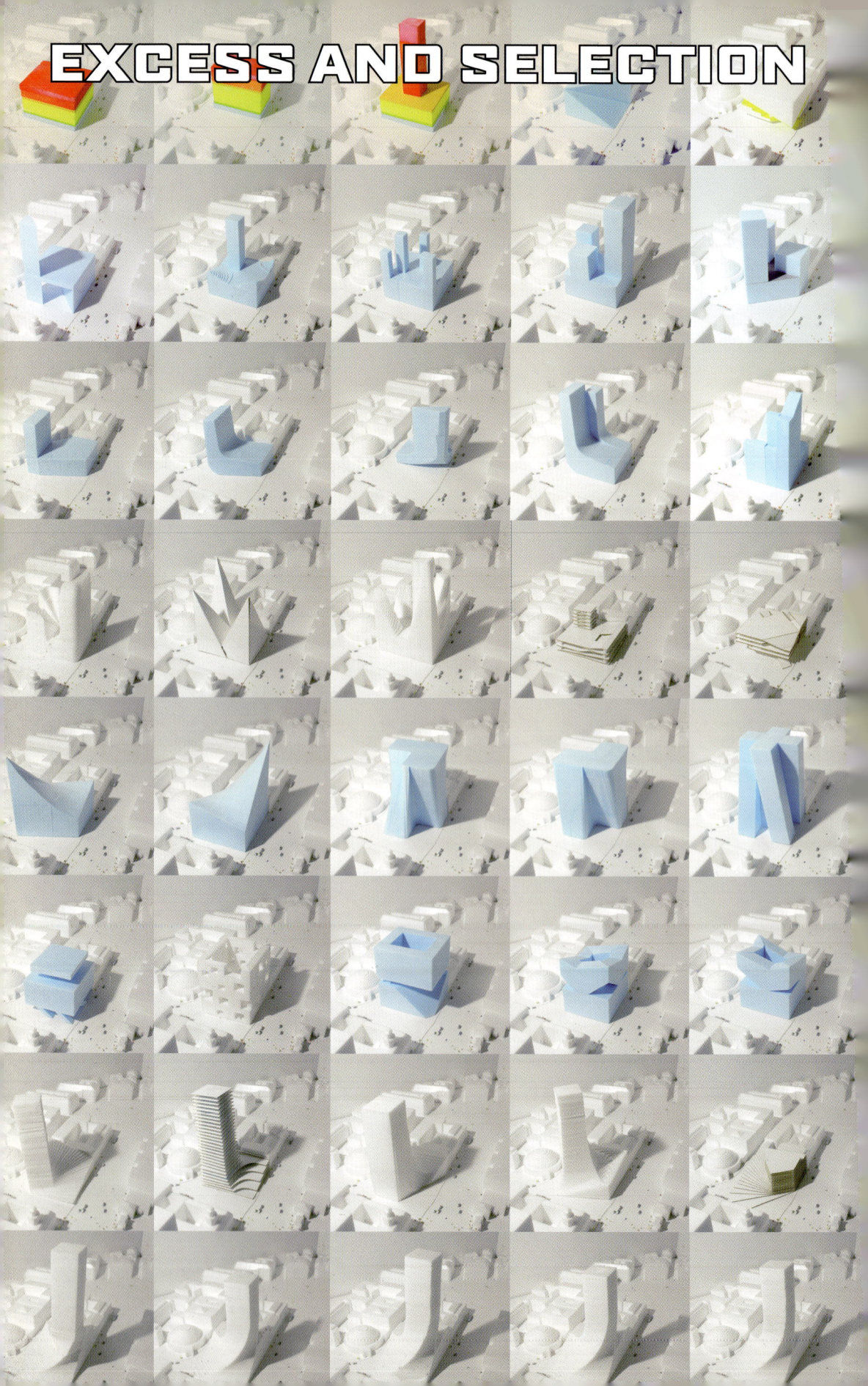

| | | |
|---|---|---|
| | **YES IS MORE** Una teoria dell'evoluzione | 14 |
| | **UN ARCHI-FUMETTO** | 20 |
| | **1. FOUND IN TRANSLATION** People's Building | 24 |
| | **2. A WELFAIRYTALE** Danish Pavilion in Shanghai | 32 |
| | **3. LEARNING FROM LOMBORG** Little Denmark | 48 |
| | **4. URBAN TETRIS** The VM Houses | 64 |
| | **5. VERTICAL SUBURBIA** The Mountain | 76 |
| | **6. INFINITY LOOP** 8-house and Little Tower | 88 |
| | **7. SP(O)ANISH STEPS** Scala Tower | 100 |
| | **8. MODULAR MANIA** Lego Towers | 108 |
| | **9. SCANDINAVIAN SKYSCRAPER** Escher Tower | 120 |
| | **10. BUREAUCRATIC BEAUTY** Tøjhuset | 128 |
| | **11. URBAN INTEGRATION** The Battery | 136 |
| | **12. BAROQUE NETWORK** Vilnius World Trade Center I | 148 |
| | **13. BAROQUE CITY UPSIDE DOWN** Vilnius World Trade Center II | 156 |
| | **14. THE 7 PEAKS OF AZERBAIJAN** Zira Zero Island | 160 |
| | **15. THE BIG PICTURE** Superharbour | 176 |
| | **16. URBAN TYPOGRAPHY** Vejle Houses | 192 |
| | **17. SPLIT PERSONALITY** W Towers | 196 |
| | **18. TWISTED MINDS** The Fan Buildings | 200 |
| | **19. CADAVRE EXQUIS** Holbæk Harbour | 208 |

### 20. SWEPT UNDER THE CARPET — 212
Maritime Youth House

### 21. TO BE AND NOT TO BE — 224
Danish Maritime Museum

### 22. COLOR THERAPY — 236
Helsingør Psychiatric Hospital

### 23. RE-SQUAT — 248
Sjakket Youth Club

### 24. SWIMMING POOL INSIDE OUT — 256
The Water Culture House

### 25. PUBLIC PROSCENIUM — 264
Stavanger Concert Hall

### 26. NATIONAL ~~BANK~~ STAGE OF ICELAND — 272
Landsbanki

### 27. SOCIAL INFRASTRUCTURE — 284
Slussen

### 28. DOMUS PONTUS — 296
The Housing Bridge

### 29. BATTLEFIELD — 300
The Cloverfield

### 30. MARBLED BLOCK — 316
Holy Road

### 31. INSTANT ICON — 320
The Art Cross

### 32. ENGINEERING WITHOUT ENGINES — 324
Rødovre Tower

### 33. ROYAL TREATMENT — 332
VMCP Hotel

### 34. SHEIKH CHIC — 344
Leadership Tower

### 35. POST-PETROLEUM PALACE — 348
The 5 Pillars of Bawadi

### BIG CITY — 360

### YES IS MORE @ DAC — 382

### MY PLAYGROUND — 384
Team Jiyo @ MTN

### YES MAN — 390

### CREDITI E SPONSORS — 396

I LAVORI CHE UN ARCHITETTO REALIZZA NELLA PROPRIA VITA SONO FRUTTO DEL **CASO** E DI **CIRCOSTANZE FORTUITE**. RARAMENTE PIANIFICHIAMO LA NOSTRA CARRIERA, DECIDIAMO COSA O DOVE COSTRUIRE. RISPONDIAMO IN REALTÀ A **SFIDE ACCIDENTALI** CON IMPROVVISAZIONI OPPORTUNISTICHE, CON **CAMBIAMENTI** E **MIGRAZIONI DI IDEE**. E SPESSO LA STORIA CHE NARRIAMO È FRUTTO DI UNA **RAZIONALIZZAZIONE A POSTERIORI**.

QUELLO CHE CI INTERESSA QUI È SPIEGARE COME LE COSE EVOLVANO GRAZIE A **INCIDENTI**, **EQUIVOCI** O, COME PER IL PEOPLE'S BUILDING...

GRAZIE ALLA **TRADUZIONE**!

NELLA PRIMAVERA 2008 PARTECIPAMMO ALLA GARA DI PROGETTAZIONE PER IL **PADIGLIONE DANESE** DELL'EXPO UNIVERSALE DI **SHANGHAI 2010**. ATTERRATI ALL'AEROPORTO DI SHANGHAI, TROVAMMO AD ACCOGLIERCI LA GIGANTESCA MASCOTTE AZZURRA DI PELUCHE DELL'EXPO: **HAI BAO**. CI PARVE STRANAMENTE FAMILIARE...

IN EFFETTI CI RICORDAVA UN NOSTRO PROGETTO DI 5 ANNI PRIMA PER UN ALBERGO, **CENTRO CONFERENZE** E **SPA** A UMEÅ, NEL NORD DELLA SVEZIA.

L'IDEA ERA DI **SCINDERE** IN DUE PARTI LA BASE DELL'HOTEL, E FAR PASSARE TRA LE "GAMBE" COSÌ OTTENUTE UN **VIALE**. UNA GAMBA DOVEVA APPRODARE IN ACQUA, DIVENTANDO UNA **PISCINA**, MENTRE L'ALTRA DOVEVA TERMINARE A TERRA E OSPITARE UN **CENTRO CONFERENZE** E UN **AUDITORIUM**.

AL MOMENTO DI PRESENTARE IL PROGETTO, PENSAMMO:

BELLO È BELLO, MA NON È PROPRIO UNA COSA DA **NORD DELLA SVEZIA**. SEMBRA PIÙ UNA ROBA **CINESE**!

LA GIURIA LA PENSÒ ESATTAMENTE ALLO STESSO MODO, E COSÌ **PERDEMMO LA GARA**: LA NOSTRA PROPOSTA FU DEFINITA **STONATA, FRAINTENDEVA CULTURA** E **CONTESTO**.

SAREBBE FINITA LÌ SE NON AVESSIMO INCONTRATO UN UOMO D'AFFARI DELLA **PROVINCIA DEL GUANGXI** A CACCIA DI ARCHITETTI SCANDINAVI.

VIDE IL PLASTICO E DISSE...

WOW! MA QUESTO È L'IDEOGRAMMA CINESE DI *"PEOPLE"!*

IN EFFETTI È COSÌ CHE SI SCRIVE *"GENTE"* IN CINESE! E ANCHE *"POPOLO"*, IN "REPUBBLICA **POPOLARE** CINESE"!!! (SIAMO ANCHE ANDATI A CONTROLLARE!)

**people** /ˈpiːpl/ *n* **1** [pl] 人 rén:

CONTEMPORANEAMENTE RICEVEMMO UNA LETTERA DA SHANGHAI CHE CI INVITAVA A ESPORRE ALLA **SHANGHAI CREATIVE INDUSTRY WEEK**.

PENSAMMO: "TROPPO BELLO PER ESSERE VERO! CI IMBATTIAMO PER CASO NEL POTENZIALE **SIMBOLO** DELLA REPUBBLICA POPOLARE CINESE E, **LO STESSO GIORNO**, RICEVIAMO QUESTO INVITO!"

FU COSÌ CHE **TRIPLICAMMO LA SCALA DELL'EDIFICIO** PER ADATTARLO ALLE PROPORZIONI CINESI, **ASSOLDAMMO UN MAESTRO DI FENG SHUI** E PARTIMMO PER LA CINA.

LA COSTRUZIONE FUNZIONA SECONDO I PRINCIPI DI **YIN E YANG: DUE ESATTI OPPOSTI CHE SI FONDONO.**

DA UN LATO, UN EDIFICIO DEDICATO ALLA **CURA DEL CORPO** (PISCINE, PALESTRA E SPA).

DALL'ALTRO, UN EDIFICIO **PER LA MENTE** (CONFERENZE). LE DUE TORRI SI FONDONO IN UN **HOTEL A 5 STELLE.**

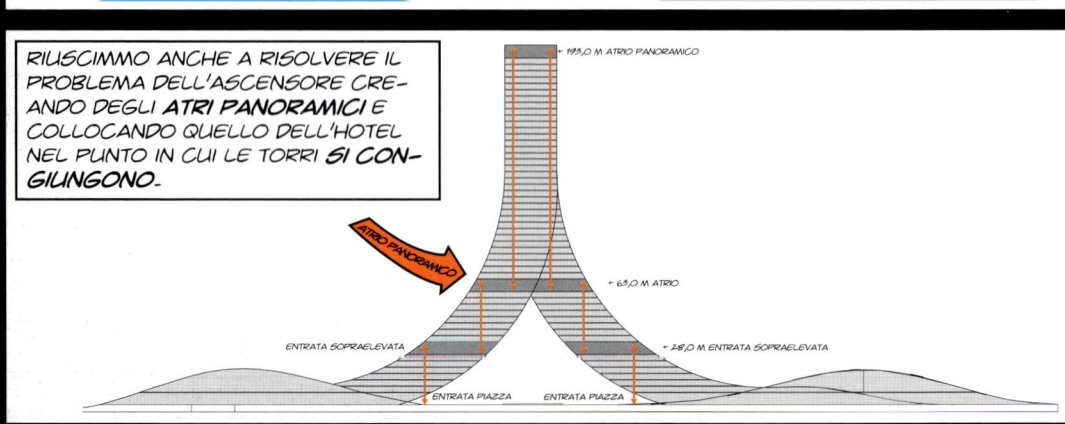

RIUSCIMMO ANCHE A RISOLVERE IL PROBLEMA DELL'ASCENSORE CREANDO DEGLI **ATRI PANORAMICI** E COLLOCANDO QUELLO DELL'HOTEL NEL PUNTO IN CUI LE TORRI **SI CONGIUNGONO.**

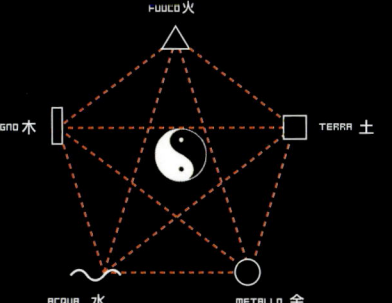

IL NOSTRO MAESTRO CI DISSE CHE IL FENG SHUI È L'ARTE DI **CREARE UN EQUILIBRIO TRA I 5 ELEMENTI**, COME SIMBOLEGGIANO LO **YIN** E LO **YANG**. A OGNI ELEMENTO CORRISPONDE UNA FORMA GEOMETRICA. CON IL SUO AIUTO CI ASSICURAMMO CHE TUTTI GLI ELEMENTI FOSSERO INCLUSI NELLA STRUTTURA GEOMETRICA DELL'EDIFICIO...

 **FUOCO**

IL SIMBOLO DEL **FUOCO** È IL **TRIANGOLO** = IL VARCO CHE DALLA CITTÀ PORTA ALL'ACQUA.

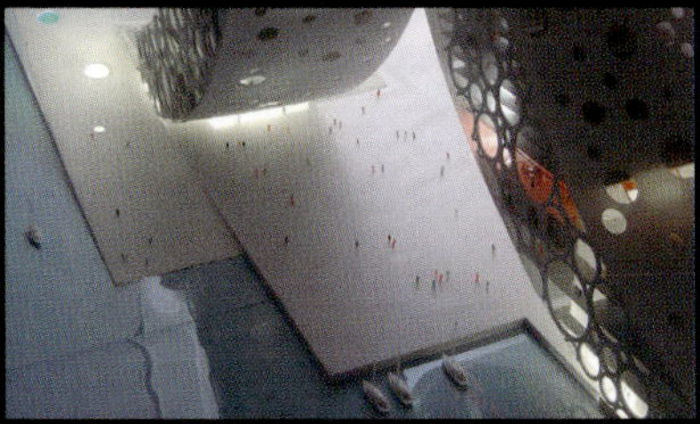

 **TERRA**

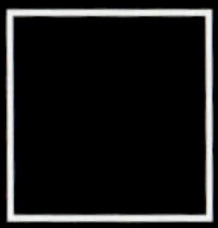

LA **TERRA** È UN **QUADRATO PERFETTO** = LA PIAZZA PUBBLICA ALL'OMBRA DELLA CONGIUNZIONE FRA LE TORRI.

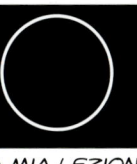 **METALLO**

MA LA MIA LEZIONE PREFERITA DI FENG SHUI È QUELLA SUL **METALLO**, SIMBOLEGGIATO DA UN **CERCHIO** = LA RETE A MAGLIE CIRCOLARI CHE FORMA LA STRUTTURA PORTANTE ESTERNA DELLA TORRE.

 **ACQUA** 水

L'**ACQUA** È UN'**ONDA** = IL DELICATO PROFILO DEL COMPLESSO CON LA SALA CONFERENZE E LA PISCINA.

 **LEGNO** 木

INFINE, IL **LEGNO** È UN **RETTANGOLO VERTICALE** = IL PROFILO DELLA TORRE VISTA DAL TERRAPIENO.

UN ARCHITETTO SCANDINAVO NON È ABITUATO A LAVORARE COI **SIMBOLI** IN MODO COSÌ **SFACCIATO** MA PER I CINESI IL **FENG SHUI** È UNA COSA SERIA COME LA **LUCE**, LA **FUNZIONALITÀ** O LA **FORZA DI GRAVITÀ**. E COMINCIÒ A PIACERE ANCHE A NOI!

THE DANISH PAVILION / SHANGHAI EXPO 2010

# A WELFAIRYTALE

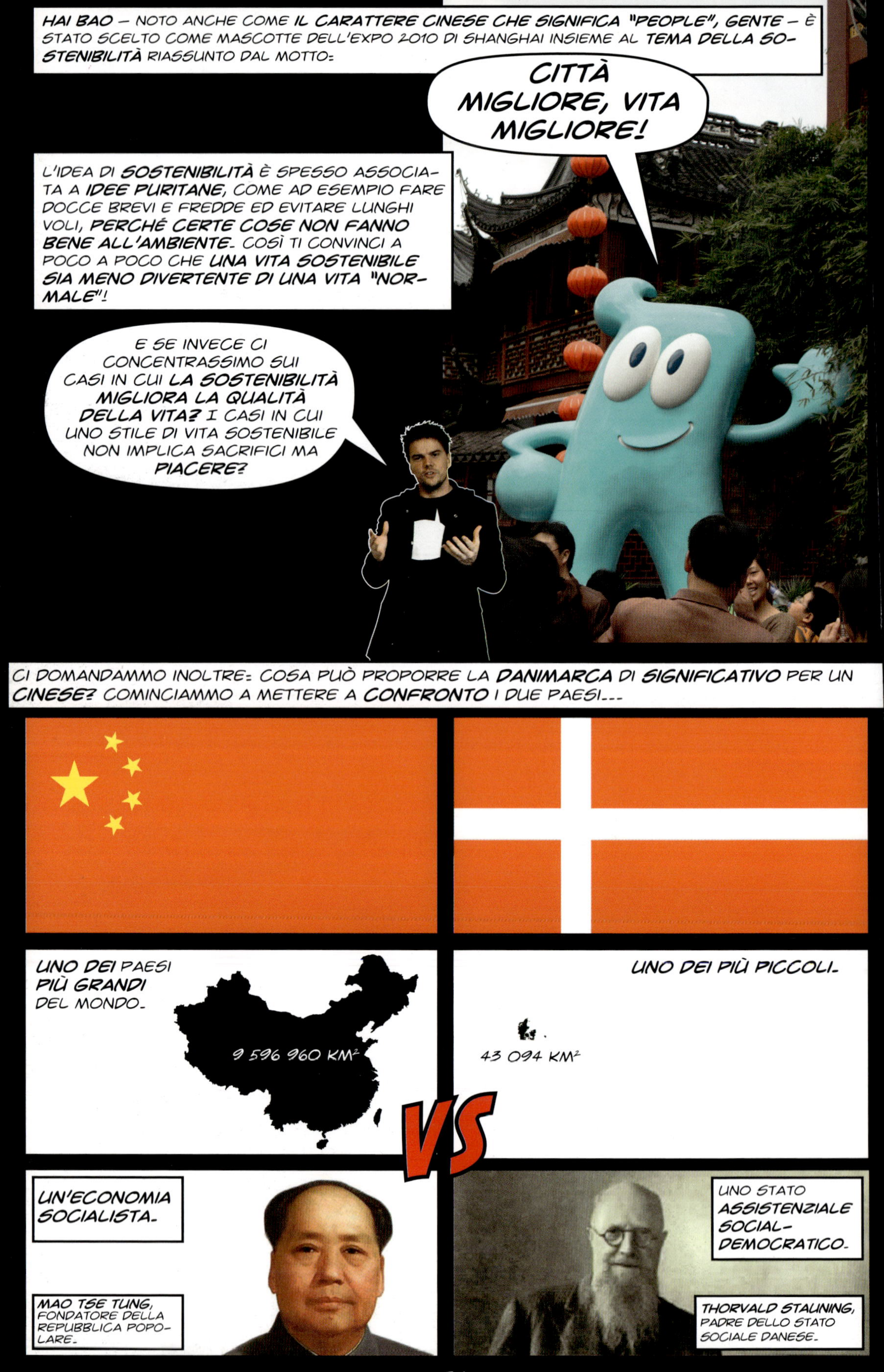

HAI BAO — NOTO ANCHE COME *IL CARATTERE CINESE CHE SIGNIFICA "PEOPLE", GENTE* — È STATO SCELTO COME MASCOTTE DELL'EXPO 2010 DI SHANGHAI INSIEME AL *TEMA DELLA SOSTENIBILITÀ* RIASSUNTO DAL MOTTO:

> **CITTÀ MIGLIORE, VITA MIGLIORE!**

L'IDEA DI *SOSTENIBILITÀ* È SPESSO ASSOCIATA A *IDEE PURITANE*, COME AD ESEMPIO FARE DOCCE BREVI E FREDDE ED EVITARE LUNGHI VOLI, *PERCHÉ CERTE COSE NON FANNO BENE ALL'AMBIENTE*. COSÌ TI CONVINCI A POCO A POCO CHE *UNA VITA SOSTENIBILE SIA MENO DIVERTENTE DI UNA VITA "NORMALE"*!

> E SE INVECE CI CONCENTRASSIMO SUI CASI IN CUI *LA SOSTENIBILITÀ MIGLIORA LA QUALITÀ DELLA VITA?* I CASI IN CUI UNO STILE DI VITA SOSTENIBILE NON IMPLICA SACRIFICI MA *PIACERE?*

CI DOMANDAMMO INOLTRE: COSA PUÒ PROPORRE LA *DANIMARCA* DI *SIGNIFICATIVO* PER UN *CINESE?* COMINCIAMMO A METTERE A *CONFRONTO* I DUE PAESI...

UNO DEI PAESI PIÙ GRANDI DEL MONDO.

9 596 960 KM²

UNO DEI PIÙ PICCOLI.

43 094 KM²

UN'ECONOMIA SOCIALISTA.

MAO TSE TUNG, FONDATORE DELLA REPUBBLICA POPOLARE.

UNO STATO *ASSISTENZIALE SOCIAL-DEMOCRATICO.*

THORVALD STAUNING, PADRE DELLO STATO SOCIALE DANESE.

IL SIMBOLO NAZIONALE CINESE È IL **DRAGONE**.

IN DANIMARCA ABBIAMO UN UCCELLO NAZIONALE: **IL CIGNO** (UN TEMPO NOTO COME **IL BRUTTO ANATROCCOLO**).

LA CINA È FAMOSA PER I SUOI NUMEROSI **POETI**, IN PARTICOLARE **LI PO**.

CON GRANDE SORPRESA SCOPRIMMO CHE NEL PROGRAMMA DELLE SCUOLE ELEMENTARI CINESI CI SONO BEN 3 FIABE DEL POETA **AN TU SHUNG**, NOTO ANCHE COME HANS CHRISTIAN ANDERSEN, LO SCRITTORE DANESE.

INSOMMA BEN 1,3 MILIARDI DI CINESI SONO CRESCIUTI CON **I VESTITI NUOVI DELL'IMPERATORE**, **LA PICCOLA FIAMMIFERAIA** E **LA SIRENETTA**. È COME SE UNA **PORZIONE DI CULTURA DANESE** FOSSE STATA INGLOBATA IN QUELLA **CINESE**.

LA LORO MAGGIORE ATTRAZIONE TURISTICA È LA **GRANDE MURAGLIA**, L'UNICA OPERA DELL'UOMO VISIBILE ANCHE DALLO SPAZIO.

VS

LA NOSTRA INVECE È **LA SIRENETTA** (VISIBILE A STENTO ANCHE DURANTE LE VISITE GUIDATE IN BATTELLO).

SIA SHANGHAI CHE COPENAGHEN SONO **CITTÀ PORTUALI**...

... MA SU **SCALE BEN DIVERSE**.

ALTRETTANTO DIVERSA È LA CONFIGURAZIONE URBANA: **GRATTACIELI E STRADONI**...

... CONTRO **CASE ALL'EUROPEA**.

A DIRE IL VERO, LA MAGGIORE OPERA ARCHITETTONICA DANESE, LA SYDNEY OPERA HOUSE, DI JØRN UTZON...

... È LA DECLINAZIONE SCANDINAVA DI UN MODELLO CINESE, LA PAGODA SU PLINTO.

FU COSÌ CHE PENSAMMO: PERCHÉ **NON RILANCIAMO** LA BICICLETTA A SHANGHAI COME QUALCOSA DI **ATTRAENTE?** DONEREMO **ALLA CITTÀ** *1001 CITY BIKE.*

COSÌ, QUANDO ARRIVI ALL'EXPO, VAI DRITTO AL **PADIGLIONE DANESE**, PRENDI LA TUA **CITY BIKE**...

... E IN SELLA ALLA TUA **BICI DANESE** ARRIVI AL PADIGLIONE SVEDESE, COREANO O DELL'AZERBAIJAN.

IMMAGINAMMO IL PADIGLIONE DANESE **COME UN'INFRASTRUTTURA PER LE BICICLETTE.** UNA SORTA DI **PISTA CICLABILE AVVOLTA SU SE STESSA.**

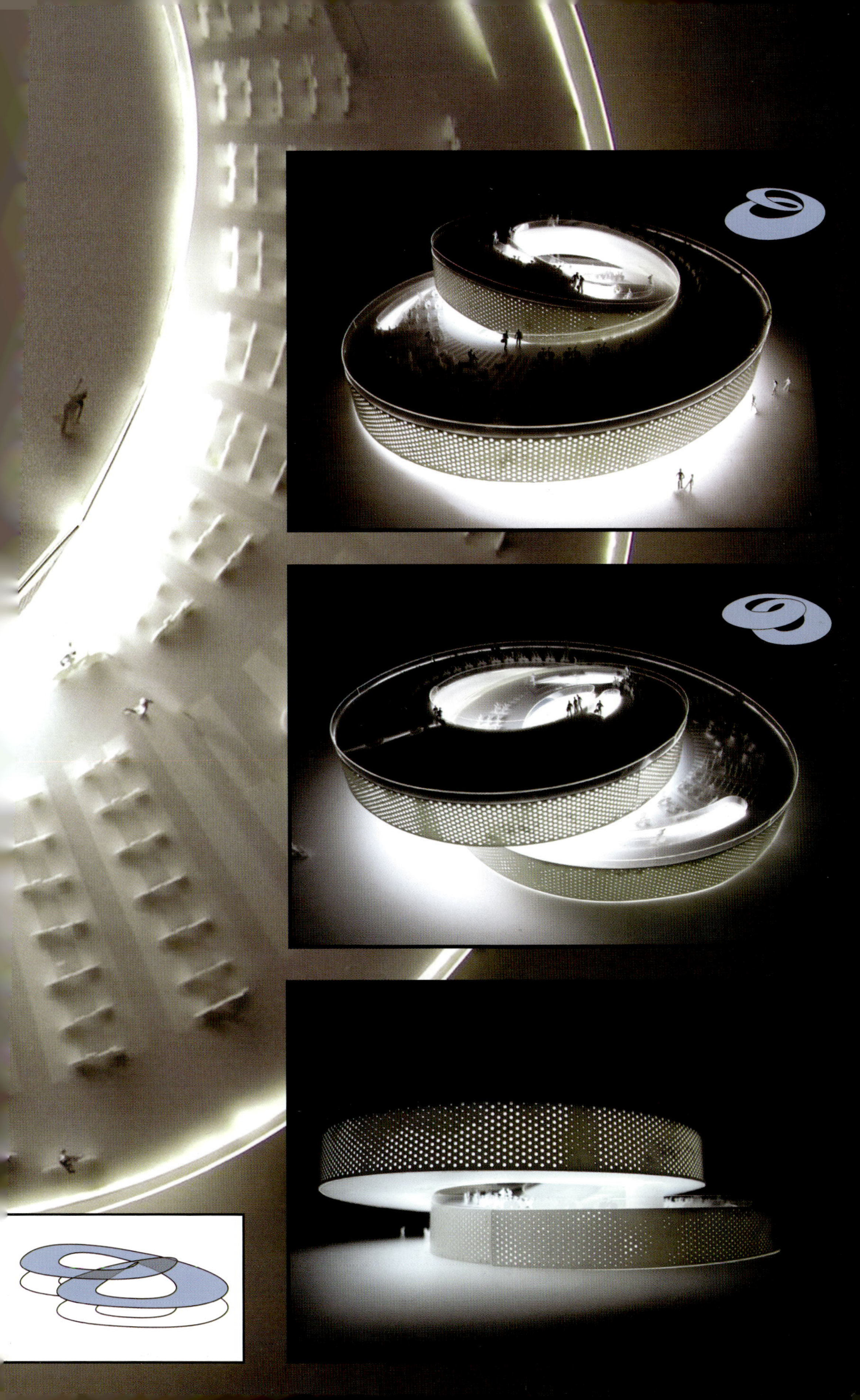

COME ABBIAMO GIÀ DETTO, SIA SHANGHAI SIA COPENAGHEN SONO **CITTÀ PORTUALI**. MA LE **INDUSTRIE** DI COPENAGHEN SONO STATE **TRASFERITE** ALTROVE O **RESE NON INQUINANTI**. LE EX **AREE INDUSTRIALI** SI SONO TRASFORMATE IN **PARCHI** E L'ACQUA È ORMAI **COSÌ PULITA CHE CI SI PUÒ NUOTARE**.

IN REALTÀ UNO DEI NOSTRI PRIMI PROGETTI È STATO L'**HARBOUR BATH** NELLA ZONA DI **ISLANDS BRYGGE**, UNA SEMPLICE **ESTENSIONE DELLA VITA CITTADINA DALLA TERRAFERMA ALL'ACQUA**.

PROPONEMMO, QUINDI, DI TRASPORTARE IN UNA NAVE CISTERNA **1 MILIONE DI LITRI D'ACQUA DAL PORTO DI COPENAGHEN** A SHANGHAI.

VOLEVAMO **CREARE** NEL CUORE DEL PADIGLIONE **UNA STRUTTURA BALNEARE** IN CUI TUTTI I VISITATORI PIÙ AUDACI AVREBBERO POTUTO PRENDERE IN PRESTITO UN COSTUME BIANCO E ROSSO PER FARSI UNA NUOTATA NELLA **VERA ACQUA DEL PORTO DI COPENAGHEN**.

NEL BEL MEZZO DI QUESTO ANGOLINO DI PORTO DANESE, PROPRIO COME NEL VERO PORTO DI COPENAGHEN, PROPONEMMO DI CREARE UNO SCOGLIO ARTIFICIALE SU CUI **ADAGIARE LA VERA SIRENETTA. NON UNA COPIA: L'ORIGINALE.**

> NON PENSATE ANCHE VOI CHE IN CINA CI SIANO GIÀ ABBASTANZA COPIE?!

IL MOTTO DI H.C. ANDERSEN ERA: "VIAGGIARE È VIVERE". LA SIRENETTA AVREBBE, FINALMENTE, **PRESO VITA!**

IN GENERE I PADIGLIONI DEI SINGOLI STATI PUNTANO ALLA **PROPAGANDA NAZIONALISTICA** E SONO PIENI DI **PAROLE VUOTE** E **IMMAGINI SUPERFICIALI**, NOI INVECE PROPONEVAMO LA **VERA VERITÀ**: I CINESI AVREBBERO **USATO LE CITY BIKE**, NUOTATO NELL'ACQUA DEL PORTO E **VISTO DAL VERO LA SIRENETTA** CHE CONOSCEVANO FIN DALLE ELEMENTARI.

L'ASSENZA DELL'ORIGINALE IN DANIMARCA SAREBBE STATA COLMATA DA UN **MANIPOLO DI ARTISTI CINESI**, INVITATI A **REINTERPRETARE IL TEMA DELLA SIRENETTA.**

A COPENAGHEN È DIFFICILE CHE I DANESI CERCHINO CON LO SGUARDO LA SIRENETTA. È PIÙ UNA COSA... BÈ... DA TURISTI CINESI! PER SEI MESI AVREMMO QUINDI AVUTO **UNA BUONA SCUSA PER ANDARE AL PORTO.** E MAGARI UN'ALTRA PER VEDERLA TORNARE A CASA.

IL PADIGLIONE È COSTITUITO DA UN'**ESPOSIZIONE LINEARE** CHE SI AVVOLGE IN UN DOPPIO ANELLO, CON LA **STRUTTURA BALNEARE** AL CENTRO E LE **BICICLETTE** SUL TETTO.

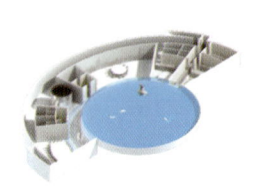

STRUTTURA BALNEARE

SPAZI ESPOSITIVI

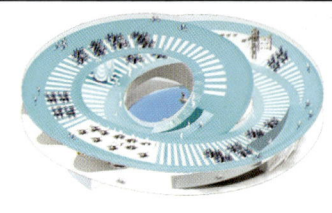

TETTO PER LE BICI

LA GENTE ARRIVA ALLO **STABILIMENTO**...

... VISITA L'**ESPOSIZIONE**...

... E SALE SUL TETTO, DOVE **SCEGLIE UNA BICI**.

**PEDALANDO** PERCORRE L'ULTIMA PARTE DELLA MOSTRA...

... E PROSEGUE LA VISITA DELL'**EXPO**.

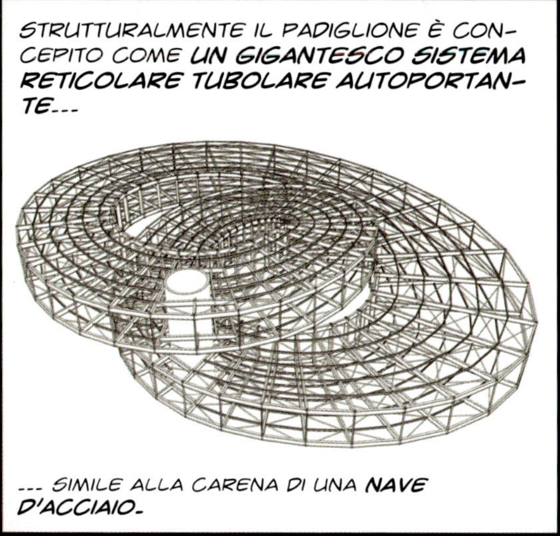

| | |
|---|---|
| STRUTTURALMENTE IL PADIGLIONE È CONCEPITO COME **UN GIGANTESCO SISTEMA RETICOLARE TUBOLARE AUTOPORTANTE**... <br><br> ... SIMILE ALLA CARENA DI UNA **NAVE D'ACCIAIO**. |   LA FACCIATA È **TRAFORATA** PER CONSENTIRE L'**INGRESSO** DELLA LUCE E L'**AERAZIONE**, MA PER VIA DELLA STRUTTURA RETICOLARE... <br><br> ... LA DENSITÀ DEI FORI VARIA COL VARIARE DELLE **SOLLECITAZIONI STRUTTURALI**. |

COME RISULTATO LA FACCIATA SI TRASFORMA IN UN **MOTIVO ASTRATTO DI LUCI E OMBRE** CHE RIFLETTE IL **FLUSSO DI PERSONE E BICICLETTE** ALL'INTERNO DEL PADIGLIONE, COSÌ COME LE **LINEE DI FORZA** INTERNE ALLE PARETI D'ACCIAIO.

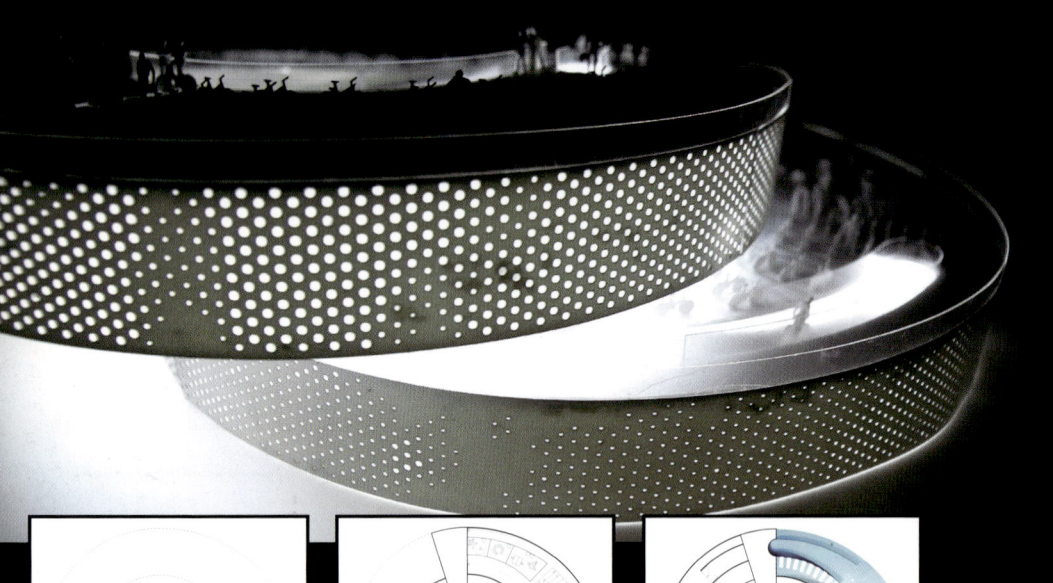

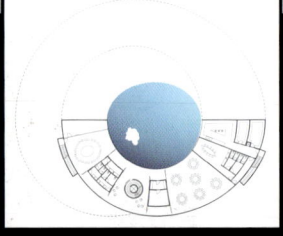

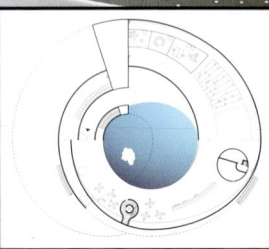

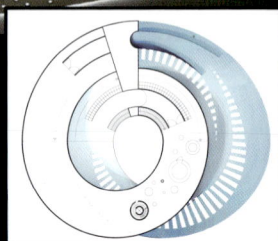

QUANDO VINCEMMO LA GARA E VENNE ANNUNCIATO IL VIAGGIO DELLA SIRENETTA IN CINA, UN'**ONDATA DI SDEGNO** INVESTÌ LA STAMPA POPOLARE.

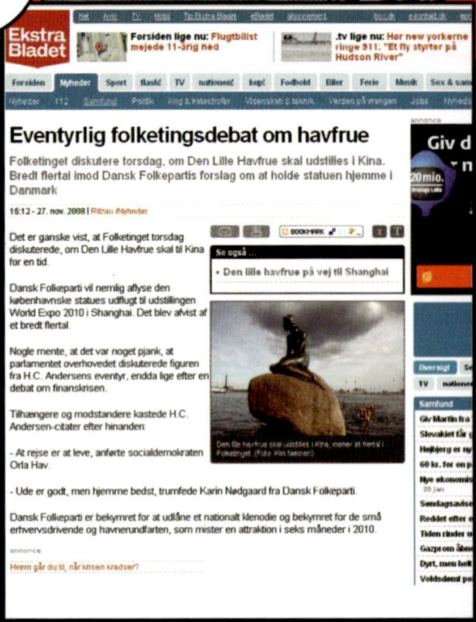

COME OSANO PROPORRE DI MANDARE IN CINA IL NOSTRO SIMBOLO NAZIONALE?

IL PARTITO NAZIONALISTA CERCÒ DI INVENTARSI UN'**APPOSITA LEGGE A SFAVORE**. IL RISULTATO FU CHE PER LA PRIMA VOLTA FUMMO INVITATI A PARLARE ALL'**ASSEMBLEA NAZIONALE**. COMMOSSI DALL'AFFINITÀ TRA I CINESI E H.C. ANDERSEN E SCOSSI DALLA GENEROSITÀ DEL GESTO, TUTTI I PARTITI FURONO **FAVOREVOLI AL VIAGGIO** TRANNE DUE: LA DESTRA NAZIONALISTA PERCHÉ VOLEVA TENERSI LA SIRENETTA TUTTA PER SÉ, LA SINISTRA PERCHÉ PREFERIVA MANDARE UNA **TURBINA EOLICA!**

IL DIBATTITO CONCLUSIVO SI TENNE LO **STESSO GIORNO** IN CUI IL PARLAMENTO DISCUTEVA IL PACCHETTO DI SALVATAGGIO CONTRO **LA CRISI DEL CREDITO MONDIALE!**

9:00-11:00: CRISI FINANZIARIA MONDIALE.

11:30-13:30: VIAGGIO DELLA SIRENETTA IN CINA!

RIUSCII, PER UNA VOLTA, A USARE **TUTTI I MINUTI A DISPOSIZIONE** DI QUELLE DUE ORE DI DIBATTITO POLITICO, PERCHÉ ALCUNI DEI POLITICI, AD ESEMPIO **HANS CHRISTIAN THONING**, AVEVANO DAVVERO **PRESO A CUORE** LA FACCENDA:

"LA FIABA DELLA **SIRENETTA** RACCONTA DI UNA **PARTENZA DA CASA** PER ANDARE **INCONTRO A UN ALTRO MONDO**, PARLA DELL'**UNIONE DI DUE CULTURE** E FORSE PARLA SOPRATTUTTO DEL FATTO CHE **SE DAI UNA PARTE DI TE, IN CAMBIO RICEVERAI MOLTO DI PIÙ.**"

AVEVAMO TROVATO IL MODO DI TRASFORMARE LA POLITICA IN POESIA!

UNA STORIA A LIETO FINE...

# PS

DI RECENTE ABBIAMO ESPOSTO IL PADIGLIONE DANESE NELL'URBAN CENTER DI SHANGHAI. SAPENDOLE NOTE PER ESERCITARE A VOLTE UN **RUOLO DI PUBBLICA CENSURA**, NON SIAMO RIMASTI SORPRESI QUANDO SONO INTERVENUTE LE AUTORITÀ CINESI.

1. AVEVAMO USATO **FOTO DATATE DEGLI UOMINI POLITICI CINESI** — LE HANNO SOSTITUITE CON ALTRE PIÙ ATTUALI.
2. AVEVAMO ESPOSTO UNA MAPPA DELLA CINA **SENZA TAIWAN** — È STATA AUTOMATICAMENTE AGGIORNATA.
3. CI HANNO SUGGERITO DI SOSTITUIRE L'IMMAGINE DEL **FIERO DRAGONE** CON QUELLA DI UN **PANDA CHE SGRANOCCHIA BAMBÙ**!

LITTLE DENMARK
DK LDK

# LEARNING FROM LOMBORG

E SE "ECOLOGIA" NON SIGNIFICASSE **REGRESSO** MA **PROGRESSO**?

SE AVERE UNO STILE DI VITA SOSTENIBILE NON VOLESSE DIRE SOLO SPEGNERE LE LUCI, ABBASSARE IL RISCALDAMENTO E RALLENTARE?

SE NON DOVESSIMO **CONFORMARE IL NOSTRO STILE DI VITA ALLA SOSTENIBILITÀ**, MA PIUTTOSTO **MODELLARE I NOSTRI PROGETTI SOSTENIBILI SUL MODO IN CUI VOGLIAMO VIVERE**? INVECE DI **CAMBIARE LA GENTE**, POTREMMO **CAMBIARE IL MONDO**.

SE POTESSIMO PROGETTARE UNA SOCIETÀ IN CUI **PIÙ SPENDI ENERGIA, PIÙ NE GUADAGNI**?

VI PROPONGO IL NUOVO MANIFESTO DELLA SOSTENIBILITÀ EDONISTICA!

## I 10 COMANDAMENTI DEL CONSUMATORE CONSAPEVOLE!!!

1# ~~RIDUCI, RIUTILIZZA, RICICLA~~ USA
2# ~~RESTA NEI DINTORNI~~ METTITI IN VIAGGIO
3# ~~MINIMIZZA L'USO DEI MOTORI A COMBUSTIONE~~ MASSIMIZZA IDROGENO PRODUCI ENERGIA GUIDANDO
4# ~~RIDUCI IL CONSUMO DI CARBURANTE~~ SOSTIENI LA TUA FAMIGLIA CON ENERGIA
5# ~~SOSTIENI LE DISPOSIZIONI GOVERNATIVE CON SCELTE POLITICHE~~
6# SOSTIENI LE INNOVAZIONI INTELLIGENTI!!
7# ~~STABILISCI DELLE PRIORITÀ~~ PIÙ CONSUMI, PIÙ HAI
8# ~~VOTA~~ SPRECA
9# ~~SENTITI IN COLPA~~ NON SENTIRTI
10# ~~ACCONTENTATI DI CIÒ CHE HAI~~ CHIEDI DI PIÙ

L'ACCESO DIBATTITO INNESCATO DALL'ACCORDO DI COPENAGHEN – UN'INIZIATIVA DI **BJØRN LOMBORG** (IL MARTIN LUTERO DEGLI AMBIENTALISTI) PER ASSEGNARE UN COSTO E UN ORDINE DI PRIORITÀ ALLE MAGGIORI SFIDE SOCIALI E AMBIENTALI – RIVELA UN EQUIVOCO DI FONDO, CHE CONTRAPPONE ECOLOGIA A ECONOMIA COME IL BENE AL MALE.

LUNGI DALL'ESSERE DIAMETRALMENTE OPPOSTE, SONO IN REALTÀ **DUE FACCE DELLA STESSA MEDAGLIA**.

LE INIZIATIVE ECOLOGISTE **PROSPERERANNO NEL MONDO REALE** SOLO SE CONCEPITE COME **MODELLI ECONOMICI PRATICABILI**. E I MODELLI ECONOMICI BASATI SUL LOGORAMENTO DELLE RISORSE NATURALI NON SONO **PRATICABILI** PER UNA **CRESCITA A LUNGO TERMINE**.

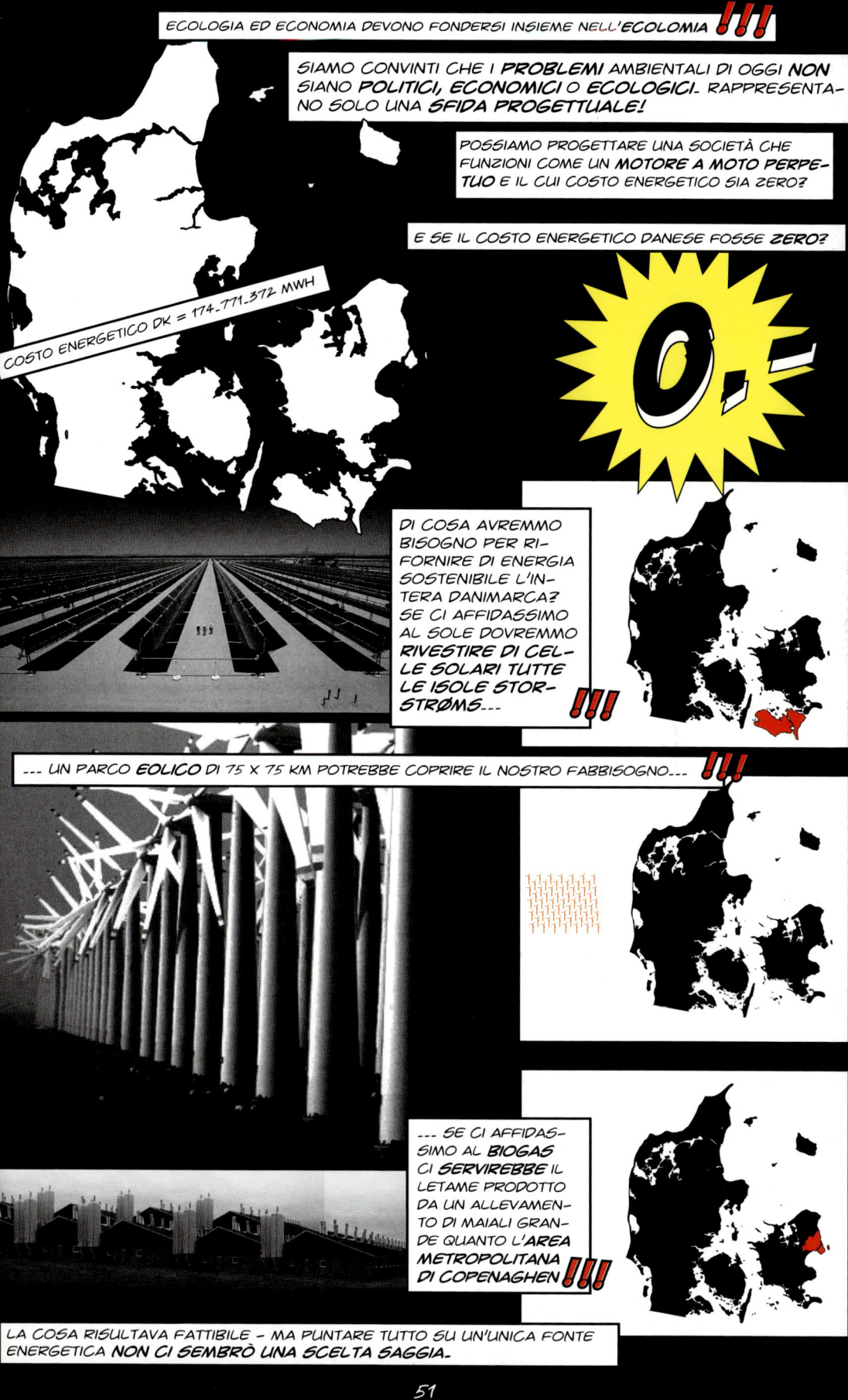

ECOLOGIA ED ECONOMIA DEVONO FONDERSI INSIEME NELL'**ECOLOMIA**!!!

SIAMO CONVINTI CHE I **PROBLEMI** AMBIENTALI DI OGGI **NON** SIANO **POLITICI**, **ECONOMICI** O **ECOLOGICI**. RAPPRESENTANO SOLO UNA **SFIDA PROGETTUALE!**

POSSIAMO PROGETTARE UNA SOCIETÀ CHE FUNZIONI COME UN **MOTORE A MOTO PERPETUO** E IL CUI COSTO ENERGETICO SIA ZERO?

E SE IL COSTO ENERGETICO DANESE FOSSE **ZERO**?

COSTO ENERGETICO DK = 174.771.372 MWH

DI COSA AVREMMO BISOGNO PER RIFORNIRE DI ENERGIA SOSTENIBILE L'INTERA DANIMARCA? SE CI AFFIDASSIMO AL SOLE DOVREMMO **RIVESTIRE DI CELLE SOLARI TUTTE LE ISOLE STORSTRØMS**...!!!

... UN PARCO **EOLICO** DI 75 X 75 KM POTREBBE COPRIRE IL NOSTRO FABBISOGNO...!!!

... SE CI AFFIDASSIMO AL **BIOGAS** CI **SERVIREBBE** IL LETAME PRODOTTO DA UN ALLEVAMENTO DI MAIALI GRANDE QUANTO L'**AREA METROPOLITANA DI COPENAGHEN**!!!

LA COSA RISULTAVA FATTIBILE – MA PUNTARE TUTTO SU UN'UNICA FONTE ENERGETICA **NON CI SEMBRÒ UNA SCELTA SAGGIA**.

LE FONTI ENERGETICHE ALTERNATIVE DIVENTANO **SEMPRE PIÙ POTENTI ED EFFICIENTI...**

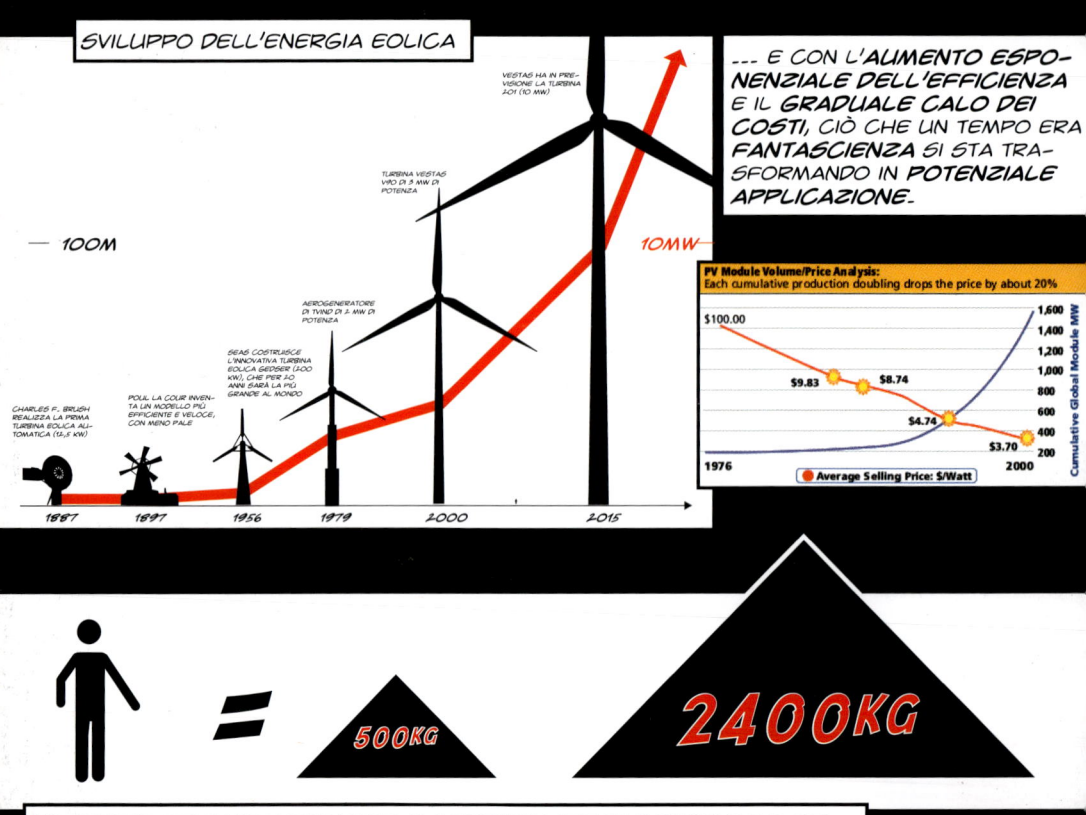

**SVILUPPO DELL'ENERGIA EOLICA**

VESTAS HA IN PREVISIONE LA TURBINA J01 (10 MW)

... E CON L'**AUMENTO ESPONENZIALE DELL'EFFICIENZA** E IL **GRADUALE CALO DEI COSTI**, CIÒ CHE UN TEMPO ERA FANTASCIENZA SI STA TRASFORMANDO IN **POTENZIALE APPLICAZIONE.**

TURBINA VESTAS V80 DI 5 MW DI POTENZA

— 100M

AEROGENERATORE DI TVIND DI 2 MW DI POTENZA

10MW

SEAS COSTRUISCE L'INNOVATIVA TURBINA EOLICA GEDSER (200 KW), CHE PER 20 ANNI SARÀ LA PIÙ GRANDE AL MONDO

POUL LA COUR INVENTA UN MODELLO PIÙ EFFICIENTE E VELOCE, CON MENO PALE

CHARLES F. BRUSH REALIZZA LA PRIMA TURBINA EOLICA AUTOMATICA (12,X KW)

1887  1897  1956  1979  2000  2015

**PV Module Volume/Price Analysis:**
Each cumulative production doubling drops the price by about 20%

$100.00 — $9.83 — $8.74 — $4.74 — $3.70

1976 — 2000

Average Selling Price: $/Watt

Cumulative Global Module MW: 200, 400, 600, 800, 1,000, 1,200, 1,400, 1,600

👤 = 🔺 **500KG** 🔺 **2400KG**

UN DANESE PRODUCE MEDIAMENTE **0,5 TONNELLATE DI CONCIME** E **2,5 T DI RIFIUTI** L'ANNO. UN CHILO DI RIFIUTI È COMBUSTIBILE QUANTO UN CHILO DI LEGNO. LA COMBINAZIONE DI COMBUSTIBILE DA RIFIUTI + BIOGAS DI UN DANESE COPRE UNA QUOTA INDIVIDUALE DEL FABBISOGNO ENERGETICO DANESE. OGNUNO DI NOI PUÒ DIVENTARE LA **FONTE ENERGETICA DI SE STESSO.**

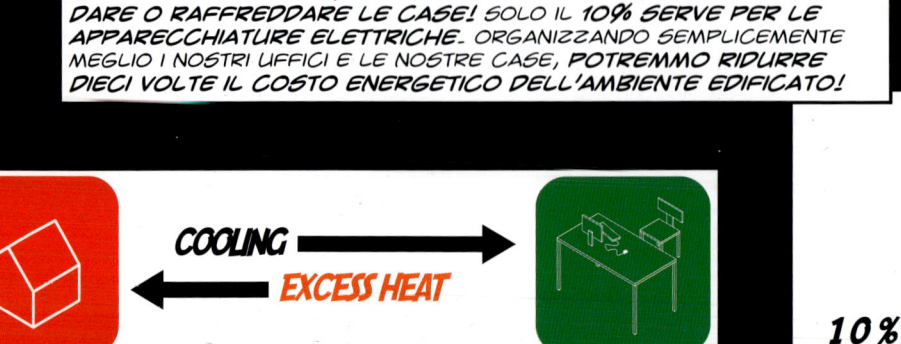

IN ARCHITETTURA IL **90% DELL'ENERGIA** È IMPIEGATO PER RISCALDARE O RAFFREDDARE LE CASE! SOLO IL **10%** SERVE PER LE **APPARECCHIATURE ELETTRICHE.** ORGANIZZANDO SEMPLICEMENTE MEGLIO I NOSTRI UFFICI E LE NOSTRE CASE, **POTREMMO RIDURRE DIECI VOLTE IL COSTO ENERGETICO DELL'AMBIENTE EDIFICATO!**

**90%**

**10%**

COOLING →
← EXCESS HEAT

AD ATTIVITÀ DIVERSE CORRISPONDONO DIVERSI **MODELLI DI CONSUMO ENERGETICO.** IN CASA L'ENERGIA SERVE A RISCALDARE. IN UFFICIO SERVE A RAFFREDDARE. POSSIAMO **ANALIZZARE I MODELLI DI CONSUMO** DEI VARI AMBITI DELLA VITA SOCIALE E **FARCI UN'IDEA** DI BISOGNI E SPRECHI DI ENERGIA, CALORE E ACQUA SPECIFICI DI OGNUNO.

**CONSUMO ANNUO DI ELETTRICITÀ AL M²**

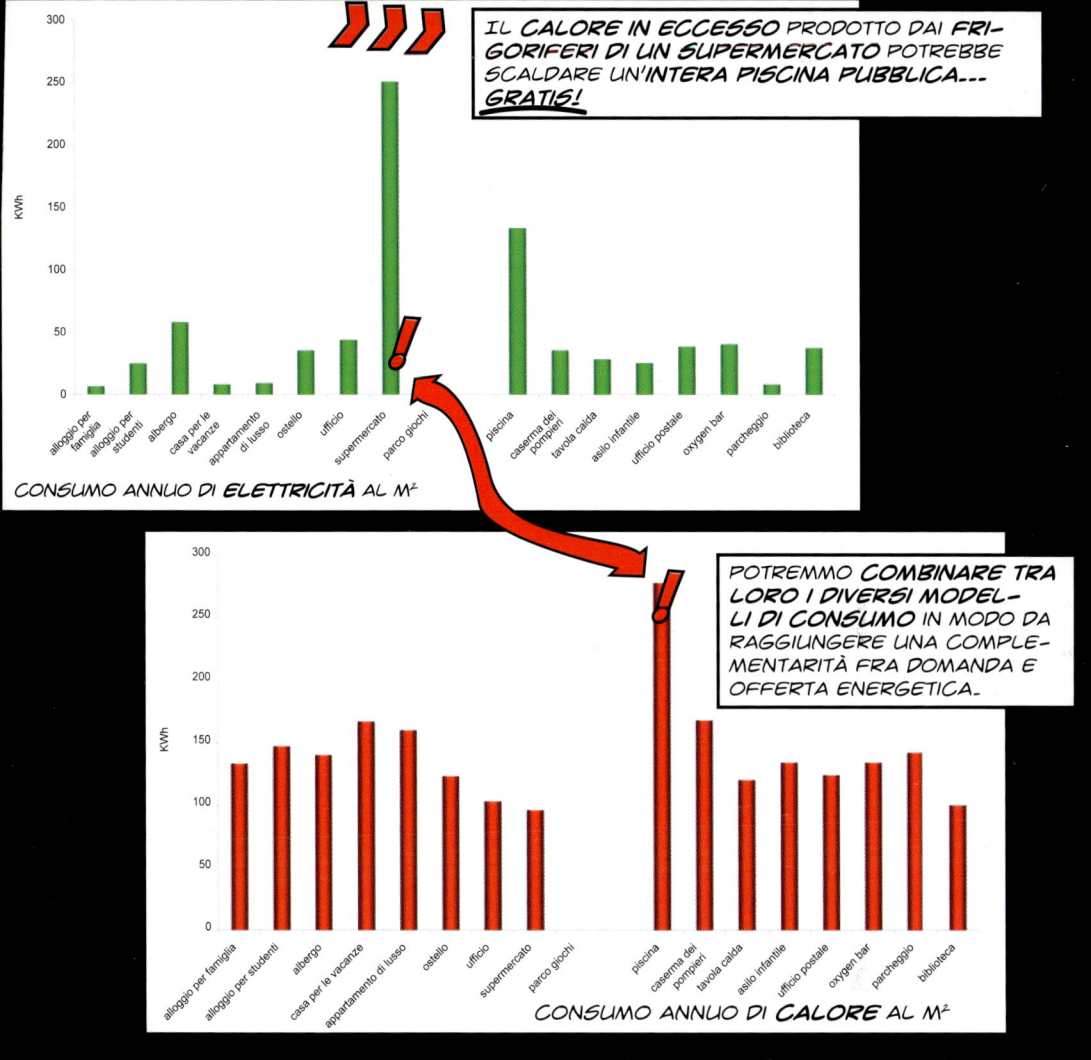

IL **CALORE IN ECCESSO** PRODOTTO DAI **FRIGORIFERI DI UN SUPERMERCATO** POTREBBE SCALDARE UN'**INTERA PISCINA PUBBLICA... GRATIS!**

**CONSUMO ANNUO DI CALORE AL M²**

POTREMMO **COMBINARE TRA LORO I DIVERSI MODELLI DI CONSUMO** IN MODO DA RAGGIUNGERE UNA COMPLEMENTARITÀ FRA DOMANDA E OFFERTA ENERGETICA.

IN ECONOMIA LO SPRECO È INUTILE. IN ECOLOGIA NON C'È SPRECO! È POSSIBILE PROGETTARE UN ECOSISTEMA IN CUI **OGNI PRODOTTO SIA RIMESSO IN CIRCOLO COME FONTE DI ALIMENTAZIONE?** UN DUPLICE ECOSISTEMA – ECONOMICO ED ECOLOGICO – **NEL QUALE L'ENERGIA SCORRA...**

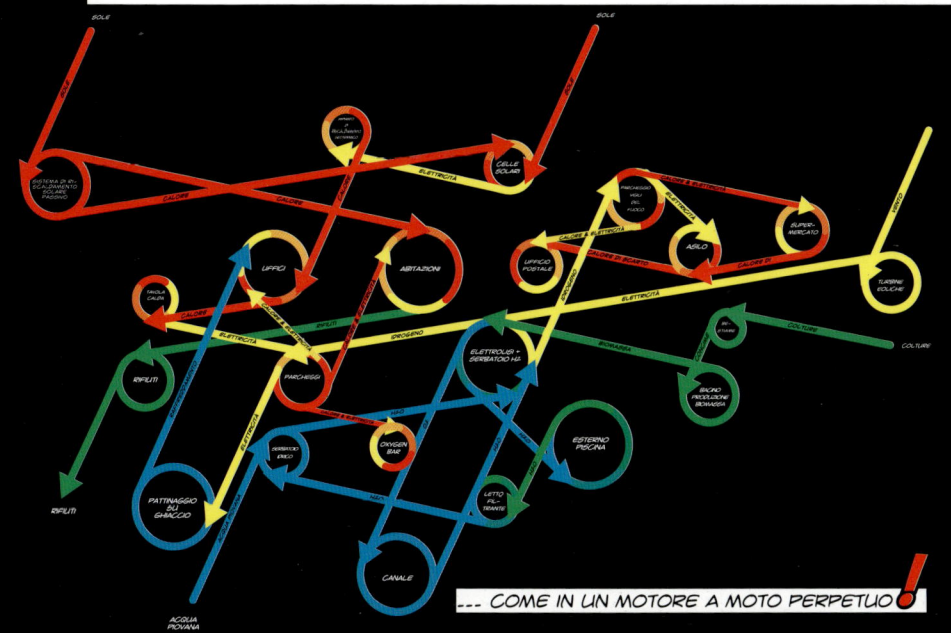

... COME IN UN MOTORE A MOTO PERPETUO!

LA DANIMARCA DIVENTEREBBE UN'UNICA CASA IN CUI NESSUNA RISORSA È SPRECATA, NESSUN SOTTOPRODOTTO È CONSIDERATO INUTILE. **UNA SOCIETÀ IN SIMBIOSI ECOLOMICA.**

- CALORE
- ELETTRICITÀ
- OSSIGENO
- ACQUA PIOVANA
- IDROGENO
- ACQUA POTABILE
- ACQUE REFLUE
- RIFIUTI
- BIOGAS

LA VEGETAZIONE LUNGO LE FACCIATE ORIENTATE A SUD FA GUADAGNARE CALORE IN INVERNO E FORNISCE OMBRA IN ESTATE.

IN PISCINA SI HA IL MAGGIORE CONSUMO DI ENERGIA TERMICA, COPERTO INTERAMENTE DALL'ECCEDENZA DI CALORE PRODOTTA DAL SUPERMERCATO.

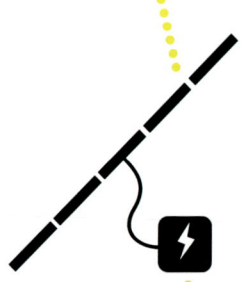

10 M2 DI CELLE SOLARI POSSONO SODDISFARE IL FABBISOGNO DI ENERGIA ELETTRICA DI UN NUCLEO FAMILIARE.

L'OXYGEN BAR DELLA SOCIETÀ A IDROGENO.

NEL SUPERMERCATO SI HA IL MAGGIOR CONSUMO DI ENERGIA ELETTRICA, CON LA CONSEGUENTE PRODUZIONE DI GRANDI QUANTITÀ DI CALORE.

IL 90% DEL CALORE È IMPIEGATO PER LAVARSI. IL CALORE DI SCARTO DEGLI ALTRI PROCESSI PUÒ COPRIRE QUESTO FABBISOGNO.

UN IMPIANTO A IDROGENO PRODUCE SOLO SOTTOPRODOTTI UTILI: OSSIGENO + CALORE.

L'INCENERITORE REINTRODUCE NEL SISTEMA L'ENERGIA PROVENIENTE DAI RIFIUTI, RISCALDANDO LE SERRE.

L'INSIEME DI QUESTI PROCESSI PRODUCE IDROGENO SUFFICIENTE PER IL PIENO DI 100 AUTO.

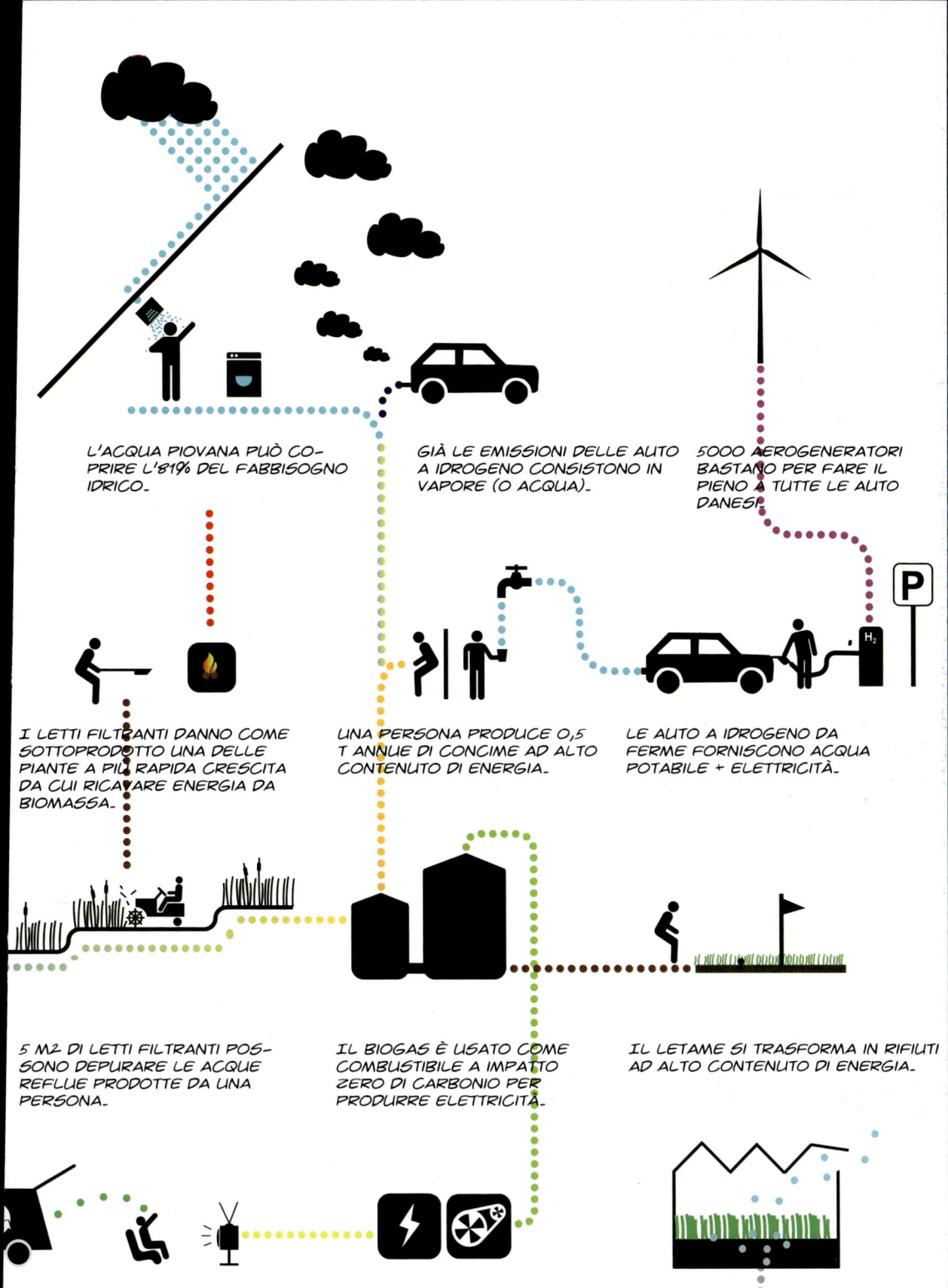

L'ACQUA PIOVANA PUÒ CO-
PRIRE L'81% DEL FABBISOGNO
IDRICO.

GIÀ LE EMISSIONI DELLE AUTO
A IDROGENO CONSISTONO IN
VAPORE (O ACQUA).

5000 AEROGENERATORI
BASTANO PER FARE IL
PIENO A TUTTE LE AUTO
DANESI.

I LETTI FILTRANTI DANNO COME
SOTTOPRODOTTO UNA DELLE
PIANTE A PIÙ RAPIDA CRESCITA
DA CUI RICAVARE ENERGIA DA
BIOMASSA.

UNA PERSONA PRODUCE 0,5
T ANNUE DI CONCIME AD ALTO
CONTENUTO DI ENERGIA.

LE AUTO A IDROGENO DA
FERME FORNISCONO ACQUA
POTABILE + ELETTRICITÀ.

5 M2 DI LETTI FILTRANTI POS-
SONO DEPURARE LE ACQUE
REFLUE PRODOTTE DA UNA
PERSONA.

IL BIOGAS È USATO COME
COMBUSTIBILE A IMPATTO
ZERO DI CARBONIO PER
PRODURRE ELETTRICITÀ.

IL LETAME SI TRASFORMA IN RIFIUTI
AD ALTO CONTENUTO DI ENERGIA.

L'ENERGIA DEI RIFIUTI DOMESTICI
È LA STESSA DEL LEGNO.

NELLE SERRE I LETTI FILTRAN-
TI DEPURANO L'ARIA DAL FUMO E
NUTRONO I FIORI CON ANIDRIDE
CARBONICA PURA.

L'IDEA DI **TRASFORMARE L'INTERA DANIMARCA IN UN ECOSISTEMA ECONOMICO ED ECOLOGICO** SEMBRA UTOPISTICA PER VIA DELLE SUE DIMENSIONI. OGNI PROPOSTA SUONA ASTRATTA SE NON RIUSCIAMO A COGLIERLA APPIENO.

PER QUESTO ABBIAMO **RIDOTTO LA DANIMARCA ALLE DIMENSIONI DI UN PROGETTO ARCHITETTONICO**: AMBITI SOCIALI E MODELLI DI CONSUMO SONO STATI PROPORZIONALMENTE COMPRESSI IN UN ISOLATO DI 100.000 M² — UNA SORTA DI BIOPSIA DEL TESSUTO URBANO DANESE.

A QUESTA SCALA LA SFIDA DIVENTA TANGIBILE COME QUELLA LANCIATA DA QUALUNQUE ALTRA COMMESSA — SI IMPOSTA UN PROGETTO E SI TIENE CONTO DEL FLUSSO DI ENERGIA E RISORSE COME SI FA CON I METRI QUADRATI E I COSTI DI COSTRUZIONE.

ABBIAMO SOLO BISOGNO DI UN'AREA FABBRICABILE: DA QUANDO L'ARCHIVIO DI STATO È STATO SMANTELLATO, ØRESTAD NORD HA PERSO IL SUO SIMBOLO E ALLA CONCERT HALL DI JEAN NOUVEL MANCA UN **NUOVO VICINO**.

L'AREA DEL RIGSARKIV POTREBBE ESSERE UN **BUON TERRENO DI PROVA PER NUOVE FORME ECOLOMICHE DI URBANISTICA**. IL SITO POTREBBE DIVENTARE IL FULCRO DELLA RETE DEI TRASPORTI TRA ØRESTAD NORD E GLI "URBANPARKEN", ATTRAVERSATO DA SCORCIATOIE CHE OTTIMIZZANO I COLLEGAMENTI.

**DK**

640,2 MIL M² DK
334,3 MIL M² ABITAZIONI
131,5 MIL M² TERRENI AGRICOLI
61,1 MIL M² SERVIZI
58,8 MIL M² INDUSTRIE
40,2 MIL M² CULTURA E ISTITUZIONI
13,9 MIL M² CASE PER LE VACANZE
2.292.268 AUTOMOBILI

**MINI DK**

100.000 M² DK
51.000 M² ABITAZIONI
20.000 M² TERRENI AGRICOLI
10.000 M² SERVIZI
9.000 M² INDUSTRIE
7.000 M² CULTURA E ISTITUZIONI
3.000 M² CASE PER LE VACANZE
348 AUTOMOBILI

DR PLADSEN
AMAGER FÆLLEDVEJ
METRO STATION
ØRESTADS BOULEVARD
GRØNJORDSVEJ
PEDDER LYKKESVEJ

UNA VOLTA SISTEMATA LA PARTE TEORICA E TECNOLOGICA, CI RENDEMMO CONTO CHE PASSARE DALLA TEORIA ALLA PRATICA O CONCRETIZZARE L'ASPETTO TECNOLOGICO ERA PIÙ DIFFICILE DEL PREVISTO. **TESTAMMO VARI MODELLI DEL PASSATO:**

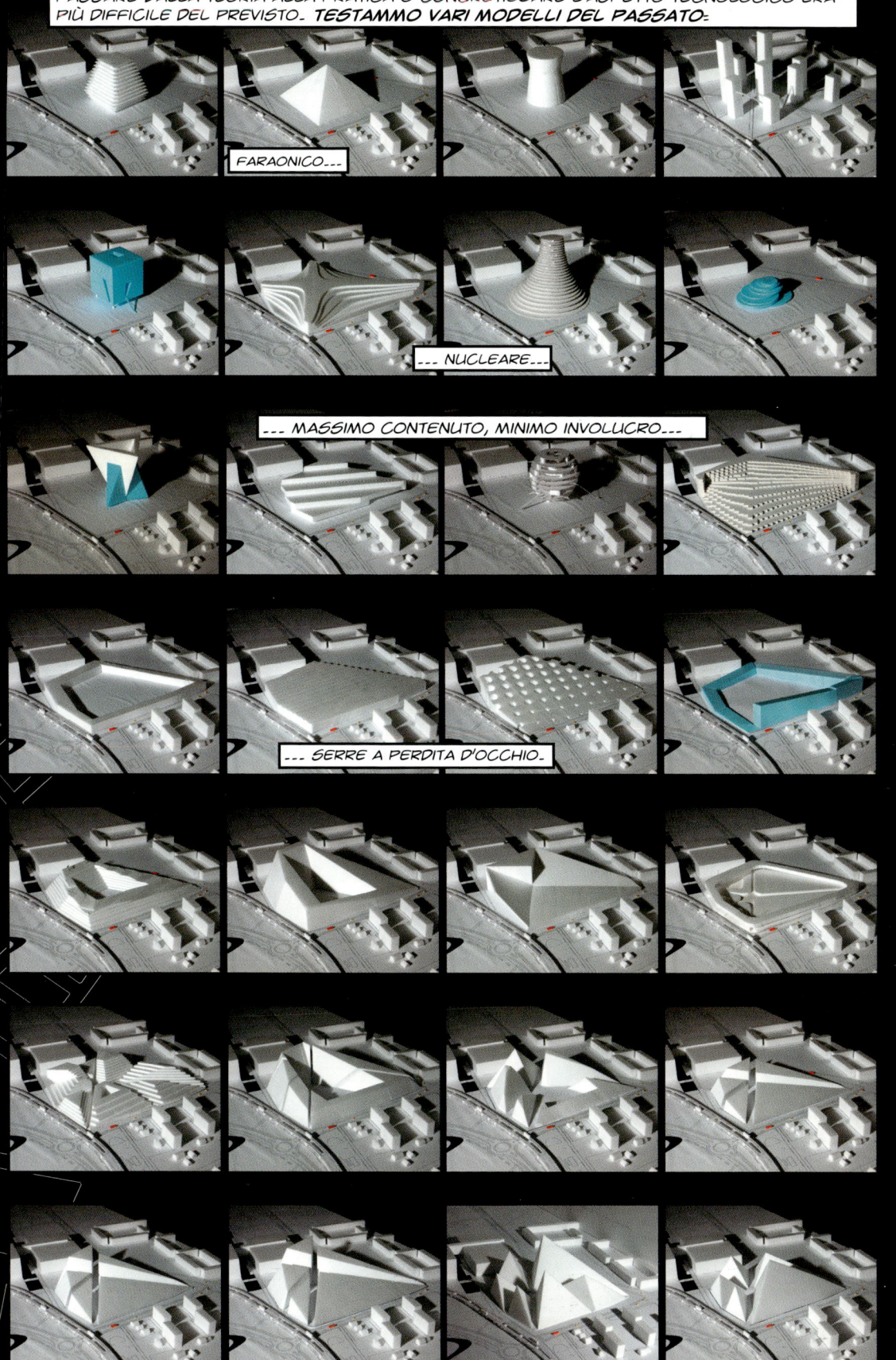

FARAONICO...

... NUCLEARE...

... MASSIMO CONTENUTO, MINIMO INVOLUCRO...

... SERRE A PERDITA D'OCCHIO.

**NON EMERSE NULLA** DI CHIARO FINCHÉ NON SCOPRIMMO QUESTO **GRAFICO** SU COME **OTTIMIZZARE L'INCLINAZIONE** DI UNA FACCIATA PER **MASSIMIZZARE IL GUADAGNO TERMICO SOLARE.**

IRRAGGIAMENTO TOTALE ANNUO, COPENAGHEN

● = valore massimo (1225 kWh/m²) da 1 a 44 gradi

livelli progressivi in % (intervalli del 5%)

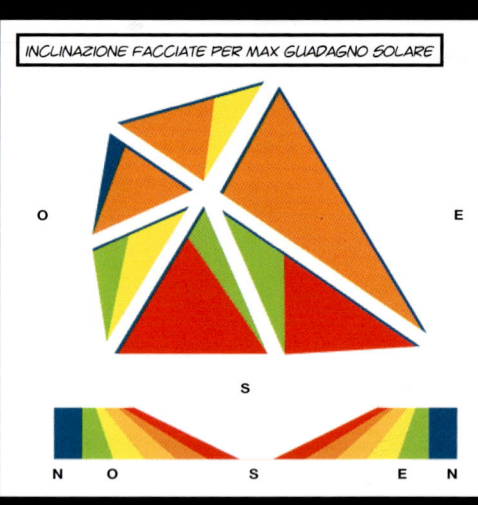

INCLINAZIONE FACCIATE PER MAX GUADAGNO SOLARE

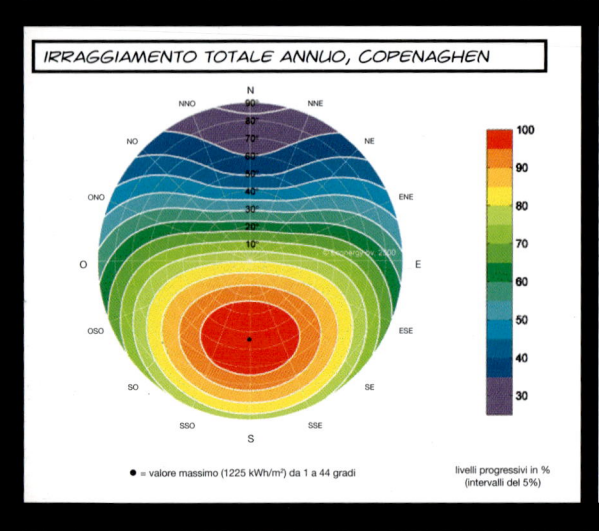

VERSO SUD IL SOLE È RELATIVAMENTE ALTO ALL'ORIZZONTE, PER CUI L'IDEALE È UN'**INCLINAZIONE** DELLE FACCIATE DI QUASI 45° – A EST E A OVEST L'ANGOLO DEI RAGGI SOLARI SI ABBASSA GRADUALMENTE, DI CONSEGUENZA LA FACCIATA OTTIMALE È **PIÙ VERTICALE.** A NORD NON BATTE MAI IL SOLE, QUINDI **LE FACCIATE VERTICALI SONO PERFETTE.**

APPLICATA AL NOSTRO SITO, ATTRAVERSATO DA SCORCIATOIE, LA FORMULA DIEDE COME RISULTATO UNA **SERIE DI PIRAMIDI INCLINATE DI VARIE DIMENSIONI:** LA STRUTTURA MIGLIORE PER IL **MASSIMO GUADAGNO TERMICO SOLARE!**

ESPOSIZIONE DELLE FACCIATE: LE PIRAMIDI SI FANNO OMBRA A VICENDA

MISURAMMO L'IMPATTO DEL SOLE SUI DIVERSI LATI DELLE PIRAMIDI. OVVIAMENTE LE PIRAMIDI **SI FACEVANO OMBRA A VICENDA.**

LE ZONE **MAI OMBREGGIATE** ERANO L'IDEALE PER INSTALLARVI PANNELLI SOLARI E FOTOVOLTAICI.

QUELLE **IN OMBRA** AL MASSIMO **2 ORE AL GIORNO** SAREBBERO STATE **PERFETTE** COME **ABITAZIONI.**

LE ZONE IN OMBRA PER **PIÙ DI 2 ORE** FURONO SEMPLICEMENTE ELIMINATE – CON LA CREAZIONE DI UN INTRIGANTE IBRIDO TRA IL CRISTALLINO E IL GEOMETRICO.

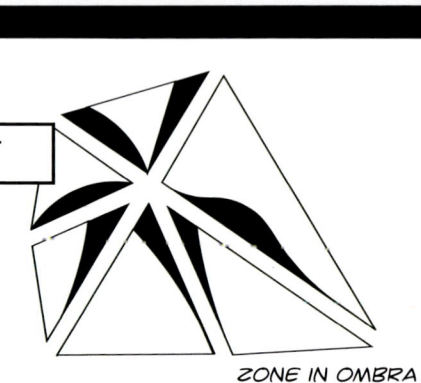

ZONE IN OMBRA

LA **DUREZZA DEGLI SPIGOLI** DIPENDE DAL **SOLE,** LA **MORBIDEZZA DELLE CURVE** È DISEGNATA DALLE **OMBRE.**

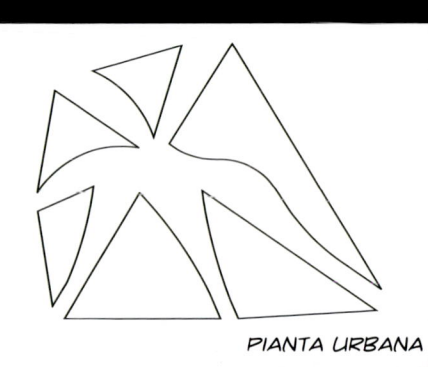

PIANTA URBANA

OGNI PIRAMIDE È UNA COMBINAZIONE DI DIVERSE TIPOLOGIE COSTRUTTIVE. PER LE **ABITAZIONI, SONO OTTIMALI** LE TERRAZZE **SOLEGGIATE** E IL RISCALDAMENTO NATURALE, PERCIÒ ESSE OCCUPANO I PENDII A SUD. GLI UFFICI, INVECE, CHE HANNO BISOGNO DI **LUCE** MA **DETESTANO** L'ECCESSIVO CALORE E IL **RIFLESSO DEL SOLE**, OCCUPANO LE FACCIATE VERTICALI A NORD. GLI AMPI SPAZI CENTRALI, DI REGOLA DESTINATI ALLA TOMBA DEL FARAONE, SONO **RISERVATI ALLE ATTIVITÀ PUBBLICHE E AI PARCHEGGI**.

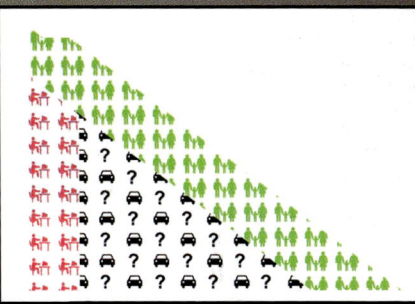

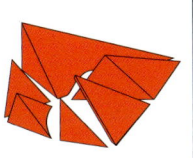

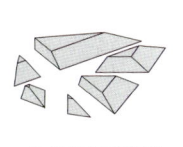

| VOLUMI | UFFICI | ABITAZIONI | PARCHEGGI | SPORT E CULTURA |

UNA PIRAMIDE È STATA CONCEPITA COME UNA PILA DI **UFFICI** E **UNITÀ RESIDENZIALI** DISPOSTI INTORNO A UN IMPIANTO SPORTIVO.

UN'ALTRA ERA UN SEMPLICE **SOLIDO COSTITUITO DA SPAZI DI LAVORO E ABITATIVI**...

...IN CUI ERANO STATI INTAGLIATI **UNA ZONA COMMERCIALE E UN BAR**.

C'ERANO POI **LA NUOVA BIBLIOTECA COMUNALE E UN PARCHEGGIO COPERTO** DA UN TETTO INCLINATO FATTO DI CASE A SCHIERA.

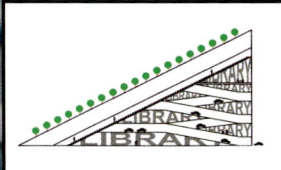

LA BIBLIOTECA ERA CONCEPITA COME **UN'UNICA RAMPA ININTERROTTA DI LIBRI E SALE DI LETTURA.** LA BASE DEL PAVIMENTO, AVENDO UNO SPESSORE DI 3 METRI, POTEVA OSPITARE **AL SUO INTERNO UN PARCHEGGIO.**

GLI APPARTAMENTI SOPRASTANTI AVREBBERO AVUTO UN **TERRAZZO ALBERATO ESPOSTO A SUD.** IN ESTATE L'ALBERO AVREBBE **PROTETTO I RESIDENTI** DAL CALORE ECCESSIVO **CON LA SUA OMBRA.** D'INVERNO, **PERDENDO LE FOGLIE,** AVREBBE LASCIATO PASSARE I RAGGI DEL SOLE, SEMPRE GRADITI NELLE STAGIONI FREDDE. **UNA FORMA DI ECO-TECH DISPONIBILE IN NATURA!**

PER FINIRE, UN **ALBERGO CON PISCINA E SUPERMERCATO**, IN CUI SI PREVEDEVA UNO **SCAMBIO DI CALORE TRA CELLE FRIGORIFERE E PISCINA**. LA PISCINA PER LE IMMERSIONI SI SAREBBE SPINTA IN BASSO FINO AL SUPERMERCATO, METTENDO IN COLLEGAMENTO DUE LUOGHI DI SOCIALIZZAZIONE.

NUOTO...

... IMMERSIONI...

...SHOPPING.

LE **PIRAMIDI ECOLOMICHE** DIMOSTRANO CHE LA SOSTENIBILITÀ NON È APPANNAGGIO DEGLI AMBIENTALISTI MILITANTI O DELL'HIGH-TECH, NÉ RAPPRESENTA LA GLASSA SOSTENIBILE CON CUI GUARNIRE LA SOLITA TORTA. COME INSEGNA LOMBORG, L'AMBIENTE DEVE AVERE LA PRIORITÀ, **SE VOGLIAMO COMINCIARE A CONSIDERARE I COSTI DELLA SOSTENIBILITÀ PIÙ COME INVESTIMENTO CHE COME SPESA!**

LE CORBUSIER, CHE PROGETTAVA CASE COME "MACCHINE PER ABITARE" DIEDE IL VIA A UNA NUOVA ESTETICA LIBERATORIA: UN ESPRIT NOUVEAU! IL DESIGN ECOLOMICO CI INSEGNA A PROGETTARE EDIFICI COME "ECOSISTEMI PER ABITARE", ORGANIZZANDO IL FLUSSO DI ACQUA, CALORE ED ENERGIA E GESTENDO LE RISORSE FINANZIARIE E UMANE ALL'INTERNO DELLA COSTRUZIONE.

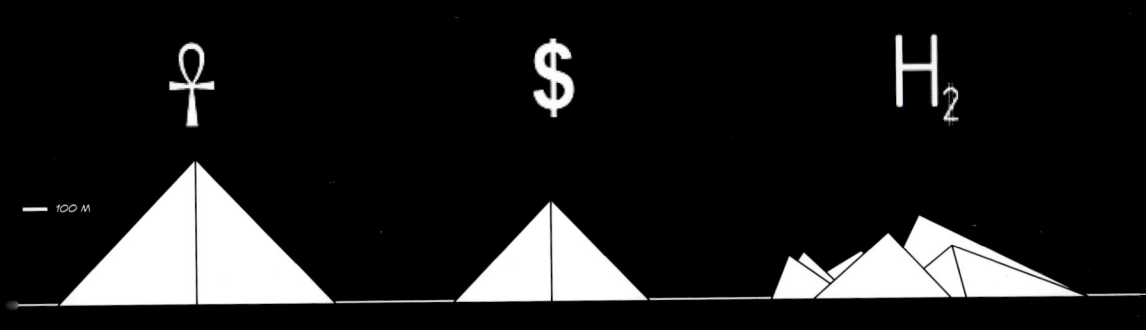

☥        $        $H_2$

— 100 M

2500 AC        1993        2004
LA PIRAMIDE DI CHEOPE, EGITTO        LUXOR HOTEL, LAS VEGAS        LITTLE DENMARK, CPH

AZTECHI E FARAONI PROGETTARONO LE PIRAMIDI PER ADORARE IL DIO SOLE. 3000 ANNI DOPO, L'ATTENZIONE VERSO IL POTERE DELLA NOSTRA STELLA CI SPINGE A REINVENTARE IL DESIGN DI QUESTE STRUTTURE IN NOME DELL'ECOLOMIA.

THE VM HOUSES
VM

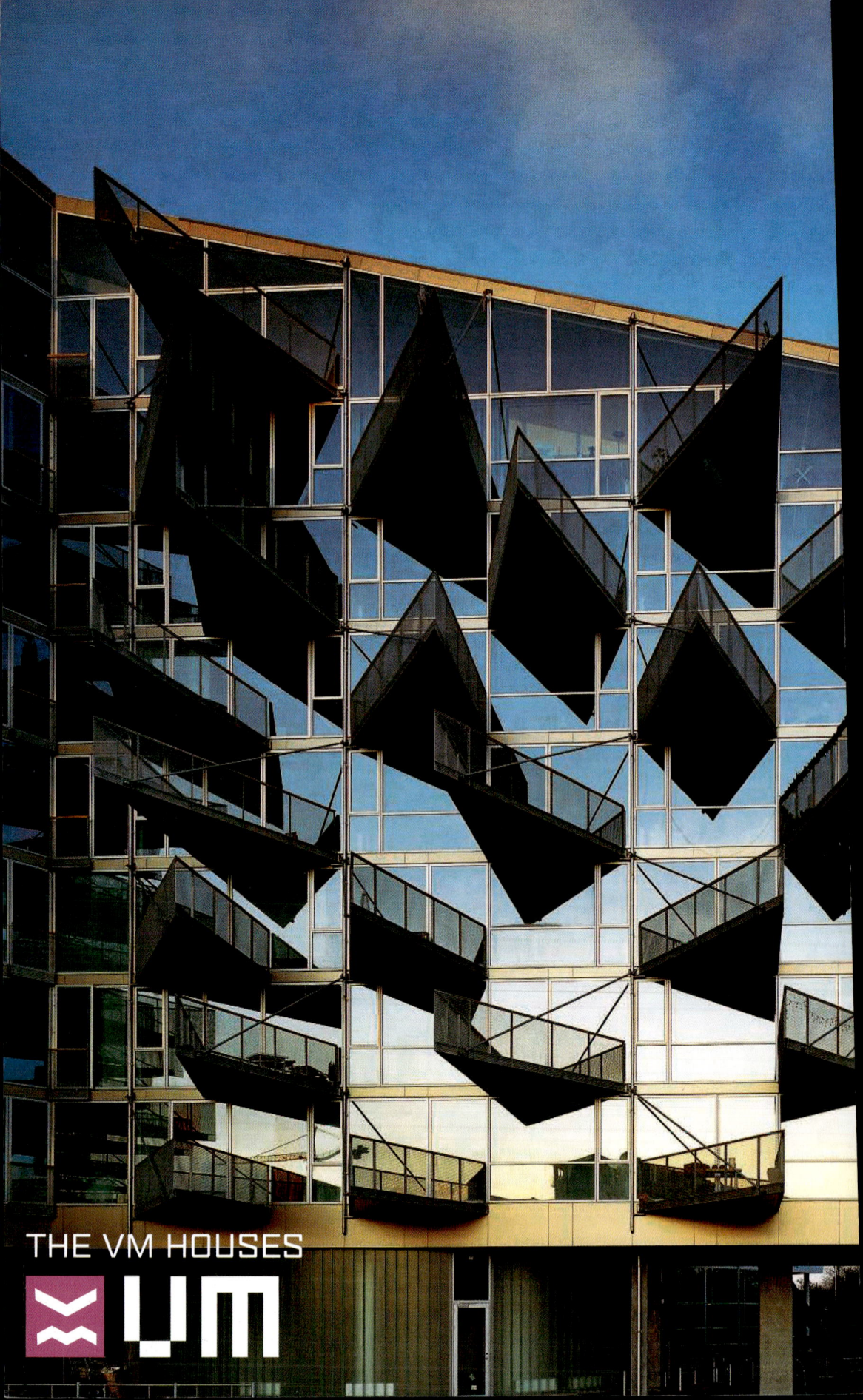

# URBAN TETRIS

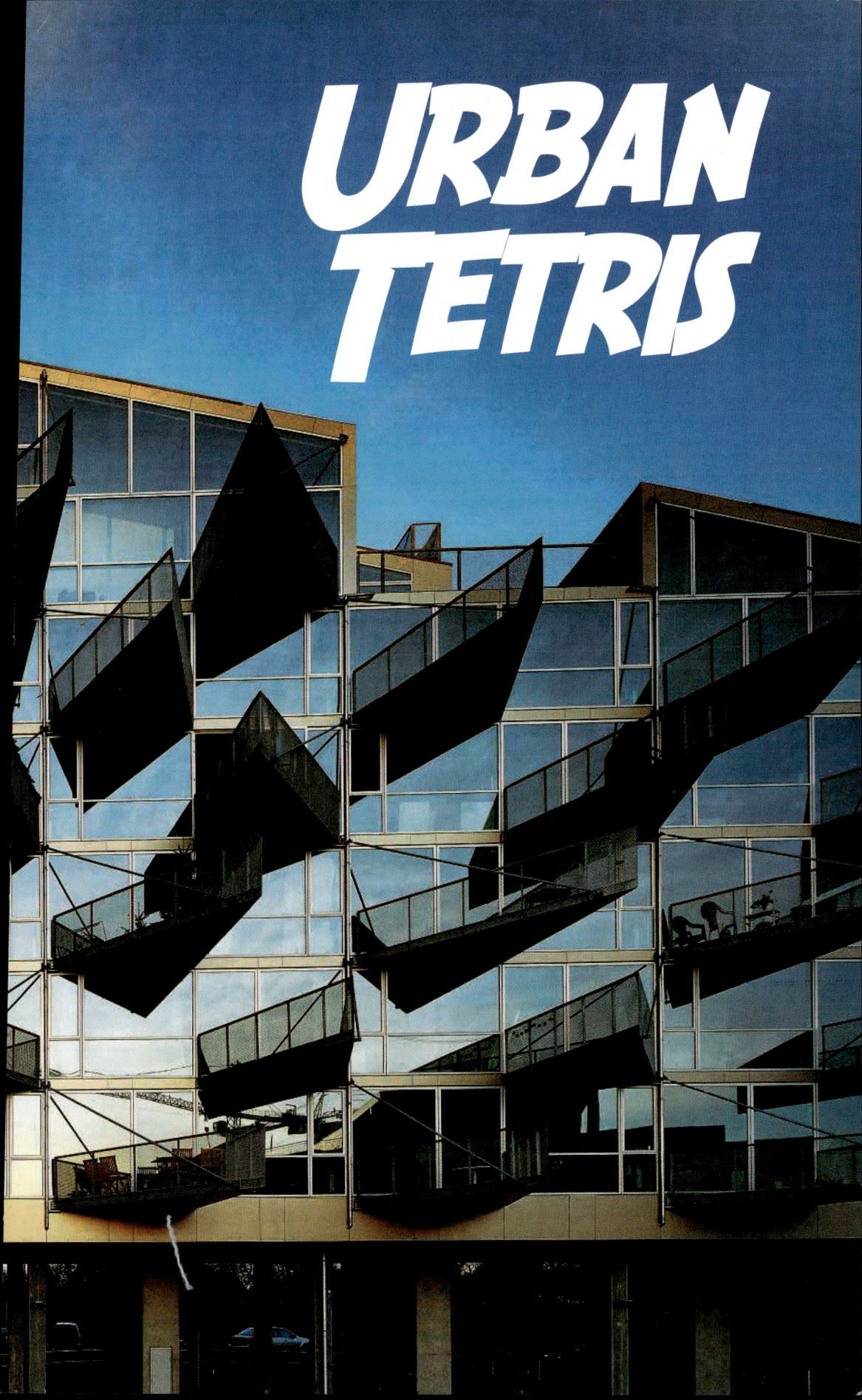

QUESTA È LA MIA CASA...

... QUESTO È IL MIO APPARTAMENTO...

...E QUESTA È LA VISTA DA CASA MIA SU UNA PROSPETTIVA VERTICALE DI **BALCONI TRIANGOLARI.**

"IL MIO APPARTAMENTO È IN CIMA ALLE VM HOUSES, CHE, VISUALIZZATE TRAMITE GOOGLE EARTH, HANNO LA FORMA DI UNA **V** E DI UNA **M**. VM È STATO IL **PRIMO PROGETTO RESIDENZIALE** COSTRUITO NEL NUOVO QUARTIERE DI COPENAGHEN, ØRESTAD."

TETTO DI VM

VM

"IL PIANO REGOLATORE GENERALE, FRUTTO DI UNA GARA INTERNAZIONALE E DI 10 ANNI DI RITOCCHI, PREVEDE UN'AREA IN GRAN PARTE OCCUPATA DA **CASEGGIATI DAL PERIMETRO QUADRATO**, CHE COPRONO IL **90% DEL TESSUTO URBANO DI COPENAGHEN**. DECIDEMMO DI TIRAR FUORI TUTTO IL MEGLIO DA QUEL PERIMETRO, SPINGENDOCI AI LIMITI DELLE REGOLE URBANISTICHE, **MA SENZA MAI INFRANGERLE**."

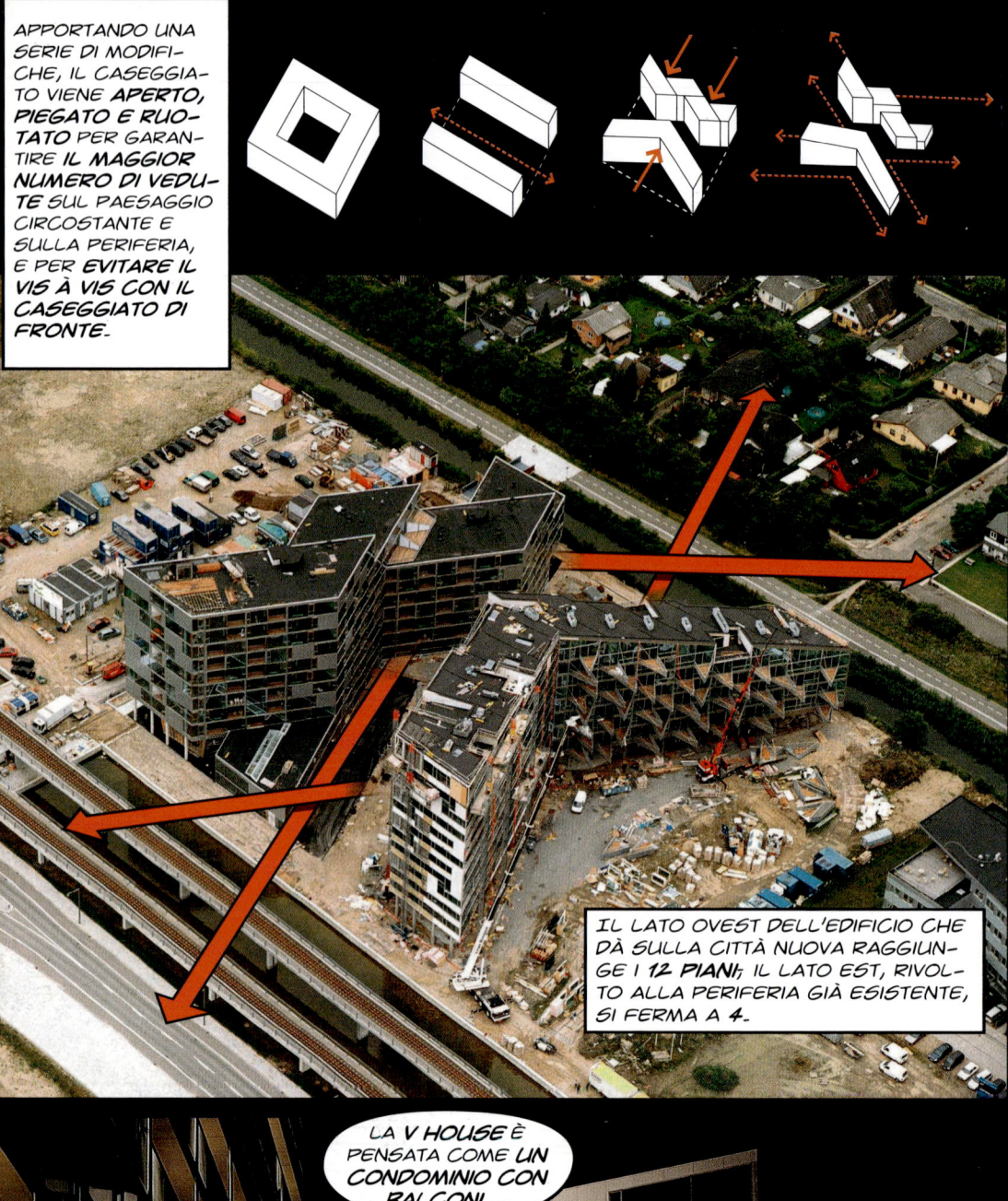

APPORTANDO UNA SERIE DI MODIFICHE, IL CASEGGIATO VIENE **APERTO, PIEGATO E RUOTATO** PER GARANTIRE **IL MAGGIOR NUMERO DI VEDUTE** SUL PAESAGGIO CIRCOSTANTE E SULLA PERIFERIA, E PER **EVITARE** IL **VIS À VIS** CON IL CASEGGIATO DI FRONTE.

IL LATO OVEST DELL'EDIFICIO CHE DÀ SULLA CITTÀ NUOVA RAGGIUNGE I **12 PIANI**; IL LATO EST, RIVOLTO ALLA PERIFERIA GIÀ ESISTENTE, SI FERMA A **4**.

LA **V HOUSE** È PENSATA COME **UN CONDOMINIO CON BALCONI**...

...LA M HOUSE, INVECE, COME L'UNITÉ D'HABITATION VERSIONE 2.0.

I PIANEROTTOLI ATTRAVERSANO IL CASEGGIATO COME **FORI DI PROIETTILE**, CHE DA UN LATO ENTRANO E DALL'ALTRO ESCONO. LE APERTURE TRASFORMANO LE ZONE DI PASSAGGIO IN **LUOGHI DI SOCIALIZZAZIONE**.

MA, MENTRE LE CORBUSIER AVEVA DISEGNATO APPARTAMENTI STRETTI CHE DAVANO SU CENTINAIA DI METRI DI CORRIDOI CIECHI, L'ANDAMENTO A ZIG ZAG DELLA M ASSICURA **A TUTTI I PIANEROTTOLI LUCE E VEDUTE SUI DUE LATI**.

LE CASE SONO **MACCHINE PER ABITARE**.

TRATTANDOSI DEL PRIMO EDIFICIO DI UNA CITTÀ FANTASMA, CI CHIEDEMMO **COSA POTESSE ATTIRARE LA GENTE.** TUTTI I NOSTRI CONOSCENTI, DOPO AVER COMPRATO CASA, AVEVANO PASSATO I PRIMI MESI A BUTTAR GIÙ MURI PER UNIRE GLI SPAZI. DECIDEMMO DI **RINUNCIARE ALLE PARETI** A FAVORE DI UN AMBIENTE UNICO.

SPESSO GLI APPARTAMENTI RISULTANO UN PO'... PIATTI. OPTAMMO PERCIÒ PER LE TIPOLOGIE **DUPLEX E TRIPLEX.**

MIAOOO!

SPESSO GLI APPARTAMENTI HANNO FINESTRE PICCOLE CHE NON VALORIZZANO LA VISTA SULL'INTORNO. LI APRIMMO CON **VETRATE**...

...DAL SOFFITTO AL PAVIMENTO.

PER LA FACCIATA SUD, CHE DÀ SUL PARCO, DISEGNAMMO UN **NUOVO TIPO DI BALCONE** – UNA SUPERFICIE A CUNEO CHE CONIUGA IL **MINIMO D'OMBRA** CON IL **MASSIMO AGGETTO**. SUBITO SOPRANNOMINATO DAL NOSTRO COMMITTENTE IL "BALCONE DI **LEONARDO DI CAPRIO**", DÀ L'IMPRESSIONE DI TROVARSI SUL PONTE DI UNA NAVE A 30 M D'ALTEZZA.

LA COSA PIÙ IMPORTANTE È CHE CHI VIVE QUI, ESSENDO UN **PIONIERE IN UNA NUOVA CITTÀ**, CIRCONDATO DA TERRENI IN COSTRUZIONE E ARBUSTI SPOGLI, RISCHIA DI SENTIRSI SOLO. TUTTAVIA, IN UN CALDO POMERIGGIO ESTIVO, LA FACCIATA DI BALCONI SI TRASFORMA IN UNA **COMUNITÀ DI "CORTILI PENSILI"**, CHE CONSENTE DI SOCIALIZZARE TRA VICINI CON UN RAGGIO D'AZIONE VERTICALE DI 10 METRI.

> SE È VERO CHE OGNI PERSONA È DIVERSA, PERCHÉ QUASI TUTTE LE CASE SONO UGUALI?

> L'ANDAMENTO A ZIG ZAG, L'ALTEZZA DIGRADANTE, L'INTRICO DI PIANEROTTOLI E I MOLTEPLICI LIVELLI, FANNO DELLE VM HOUSES UNA **MOLTITUDINE DI APPARTAMENTI DIVERSI** TRA LORO. SU 225 UNITÀ ABITATIVE PIÙ DI **80** SONO **PEZZI UNICI**.

> NON SI SA COME MA IO SONO RIUSCITO A COMPRARE IL PIÙ BANALE...

> I NUMEROSI TIPI DI APPARTAMENTI SU PIÙ LIVELLI SI INCASTRANO FORMANDO **COMPLESSE COMBINAZIONI** SU OGNI FACCIATA E TRASFORMANDO L'ESTERNO DELLE VM HOUSES IN UN **TETRIS TRIDIMENSIONALE**.

PER CONTROBILANCIARE LA RICCHEZZA VISIVA DATA DALLE COMBINAZIONI TRIDIMENSIONALI, OPTAMMO PER MATERIALI MOLTO SOBRI: **LEGNO, VETRO, ALLUMINIO**.

MA QUANDO L'EDIFICIO ERA ORMAI QUASI TERMINATO, FU EVIDENTE CHE LE DUE ENTRATE PRINCIPALI AVEVANO BISOGNO DI UN **LIFTING**. L'IMPATTO CON UNA PARETE D'ALLUMINIO DI 80 M² ASSOLUTAMENTE UNIFORME E SENZA FINESTRE NON POTEVA, INFATTI, CHE TRASMETTERE UNA SENSAZIONE **GLACIALE**.

ESSENDO APPENA STATO A BRASILIA, DOVE AVEVO VISTO RIUSCITI MIX DI **FREDDO MODERNISMO** E **CERAMICHE VARIOPINTE**, PROPOSI AL COMMITTENTE DI INSERIRE UN'OPERA D'ARTE. MI RISPOSE: "SONO UN COSTRUTTORE, IO, NON UN GALLERISTA – VAI CON L'ALLUMINIO."

... POCHI GIORNI DOPO PRANZAI ALL'ALBERTO K – IL RISTORANTE IN CIMA ALL'**HOTEL ROYAL** DI **ARNE JACOBSEN** – E NOTAI UN DIPINTO ALLA PARETE. CHIESI INFORMAZIONI AL CAMERIERE CHE MI DISSE:

È UN RITRATTO DI **ALBERTO K** – IL DIRETTORE DELL'HOTEL AI TEMPI IN CUI FU COSTRUITO. LO HA DIPINTO **ARNE JACOBSEN** IN PERSONA!

DISSI QUINDI AI NOSTRI CLIENTI – PER HØPFNER E AXEL FREDERIKSEN – CHE LA **TRADIZIONE MODERNISTA** DANESE PREVEDEVA CHE GLI ARCHITETTI OMAGGIASSERO CON UN RITRATTO LA COMMITTENZA. MA POICHÉ IO NON SONO UN ARTISTA E LA NOSTRA "TELA" ERA MOLTO GRANDE, FINIMMO PER USARE **PIASTRELLE DA BAGNO DI 10X10 CM IN 10 DIVERSI COLORI STANDARD**, REALIZZANDO RITRATTI PIXELATI DEI NOSTRI DUE **BEI CLIENTI**. ALL'IMPROVVISO I SOLDI PER L'OPERA D'ARTE SALTARONO FUORI!

**Nyt makkerpar bygger i Ørestad**

CON QUESTA IDEA TRASFORMAMMO LETTERALMENTE LA **RUFFIANERIA** IN UNA **FORMA D'ARTE!**

QUESTA È L'ENTRATA DELL'ASILO. UNA MATTINA SENTII UN BAMBINO CHIEDERE ALLA MADRE CHI ERA QUELLO NEL RITRATTO. LEI GLI DISSE: "È ELVIS" – COSÌ, ADESSO, SAPETE CHE È STATO AVVISTATO ANCHE A ØRESTAD!

QUANDO COPENAGHEN PREMIÒ LE VM HOUSES COME **MIGLIORE OPERA ARCHITETTONICA DELL'ANNO**, DECIDEMMO DI INCASTONARE LA PLACCA D'OTTONE DI 10X10 CM, A MO' DI **DENTE D'ORO, NEL SORRISO DI PER HØPFNER!**

**PS** SE HAI LA VERSIONE DANESE DEL **MONOPOLI**, ORA PUOI COMPRARE LE VM HOUSES PER 1,4 MILIONI DI KR – *IL PREZZO PIÙ BASSO DI TUTTO IL GIOCO!*

> LA DANIMARCA È PIATTA COME UNA TAVOLA. QUINDI SE VUOI UNA MONTAGNA **TE LA DEVI COSTRUIRE TU!**

**THE MOUNTAIN**
**MTN**

# VERTICAL SUBURBIA

QUESTA ERA, UN TEMPO, LA VISTA DA CASA MIA...

... ED ERA ANCHE IL SITO DEL MIO PROGETTO DI LAUREA ALL'ACCADEMIA DANESE DI BELLE ARTI.

NEL 1999 IL PIANO PER ØRESTAD ERA GIÀ PRONTO, MA NULLA ERA STATO COSTRUITO. DAGLI SCHIZZI PERÒ ERA CHIARO CHE SAREBBE STATO UN **NOIOSISSIMO PRG PIENO ZEPPO DI EDIFICI SQUADRATI**.

VOLEVO RIUSCIRE A SFUGGIRE AL VINCOLO DI UN **CORTILE CHIUSO DA UN MURO DI CINTA**, NEL QUALE OGNI ASPETTO DELLA VITA CITTADINA SAREBBE STATO **INCASTRATO NEL MEDESIMO STAMPO**, SENZA RIGUARDO PER LE SUE PROPORZIONI O IL TIPO DI ATTIVITÀ.

LA CONCEZIONE POLITICA DI ØRESTAD PREVEDEVA LA CREAZIONE DI UNA CITTÀ INTEGRATA, IN CUI **CASE** E **UFFICI**, **LUOGHI PUBBLICI** E **ATTIVITÀ COMMERCIALI**, SI MESCOLASSERO **FRA LORO**. PENSAI CHE FORSE QUESTA IDEA DI INTEGRAZIONE POTEVA ESSERE UN MODO PER SFUGGIRE ALL'UNIFORMITÀ IMPOSTA DAL PRG. DECISI DI FARE UNA SORTA DI **BIOPSIA DI ØRESTAD**: COME UN CAMPIONE DI TESSUTO, IL PROGETTO AVREBBE CONTENUTO LO STESSO MIX PREVISTO PER LA CITTÀ VERA E PROPRIA.

IN SCANDINAVIA DOMINA ANCORA IL FUNZIONALISMO: SI PENSA CHE AD **ATTIVITÀ DIVERSE** CORRISPONDANO NECESSITÀ DIVERSE, E LE SI SEPARA IN STRUTTURE REALIZZATE SU MISURA. MA PROPRIO LA LORO DIVERSITÀ PUÒ DAR LUOGO A UNA SORTA DI **SIMBIOSI ARCHITETTONICA**, IN CUI CIASCUNA STRUTTURA GRAVITA INTORNO ALLA SUA COLLOCAZIONE IDEALE.

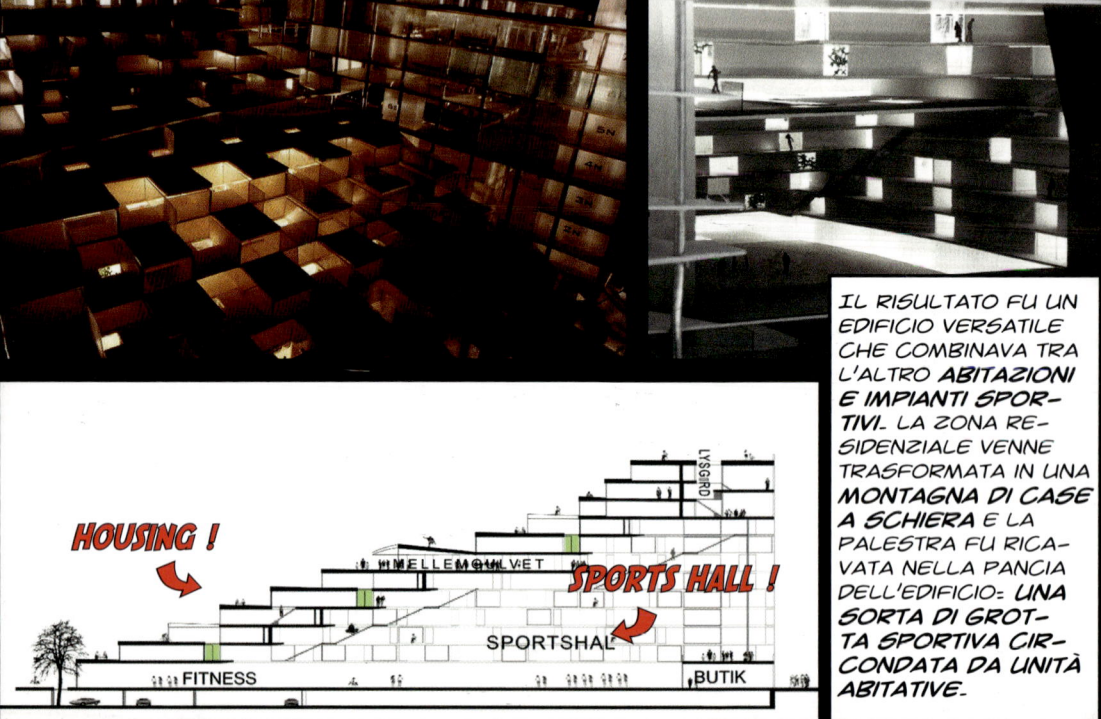

IL RISULTATO FU UN EDIFICIO VERSATILE CHE COMBINAVA TRA L'ALTRO **ABITAZIONI E IMPIANTI SPORTIVI**. LA ZONA RESIDENZIALE VENNE TRASFORMATA IN UNA **MONTAGNA DI CASE A SCHIERA** E LA PALESTRA FU RICAVATA NELLA PANCIA DELL'EDIFICIO: **UNA SORTA DI GROTTA SPORTIVA CIRCONDATA DA UNITÀ ABITATIVE**.

HOUSING !

SPORTS HALL !

CON QUEL PROGETTO RIUSCII A DIPLOMARMI. MA, MALGRADO TUTTI I MIEI TENTATIVI PER FARLO REALIZZARE DA QUALCHE COSTRUTTORE, IL PROGETTO **FINÌ IN UN CASSETTO** E CI RIMASE PER 6 ANNI. FINCHÉ UN GIORNO IL COMMITTENTE DELLE VM HOUSES, PER HØPFNER, ACQUISTÒ PROPRIO QUEL TERRENO!

> CIAO BJARKE! SONO SEMPRE IO!

QUANDO CI VENNE CHIESTO DI PRESENTARE UN NUOVO PROGETTO ACCANTO ALLE VM HOUSES — PER LO STESSO CLIENTE, DELLE STESSE DIMENSIONI E SULLA STESSA STRADA — DECIDEMMO DI CONCEPIRLO COME UN **GEMELLO MALVAGIO** E DI AVVENTURARCI IN UN NUOVO TERRITORIO.

> VOGLIO DUE EDIFICI DISTINTI: UN **CONDOMINIO** DI 10.000 M² ACCANTO A UN **PARCHEGGIO** DI 20.000 M².

# LA SIMBIOSI PROGRAMMATICA COLPISCE ANCORA!

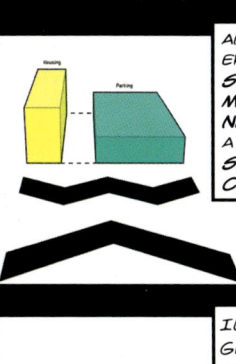

ANZICHÉ ERIGERE UNO **SCONTATISSIMO CONDOMINIO** ACCANTO A UN **NOIOSISSIMO PARCHEGGIO**...

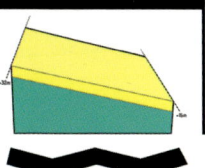

... TRASFORMAMMO IL PARCHEGGIO IN UN **PODIO** PER LE ABITAZIONI.

IL PARCHEGGIO SALE VERSO L'ALTO, IN **UN SINUOSO ZIGZAG**, DA SUD A NORD.

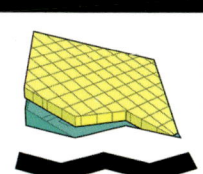

LE ABITAZIONI VI **SI SPALMANO** SOPRA IN UNO STRATO UNIFORME...

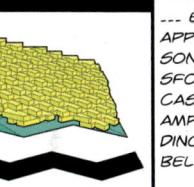

... E COSÌ GLI APPARTAMENTI SONO TRASFORMATI IN CASE CON UN AMPIO GIARDINO E UNA BELLA VISTA.

È COME SE L'ADIACENTE PERIFERIA ATTRAVERSAS-SE IL CANALE E SCAVALCASSE IL COMPLESSO DEI PARCHEGGI DA TERRA...

... ALL'11° PIANO.

IL LATO SUD DELLA COSTRUZIONE È UN PENDIO TERRAZZATO DI CORTILI PRIVATI.

LE CASE A SCHIERA SEGUONO LA TIPOLOGIA DI JØRN UTZON CON IL CORTILE A "L" E CONIUGANO LE GIOIE DI UNA VITA IN PERIFERIA...

... UNA CASA CON UN **AMPIO GIARDINO**...

... CON LA **DENSITÀ URBANA**...

... E UNA **VISTA PANORAMICA**.

UN ASCENSORE INCLINATO (IL PRIMO IN DANIMARCA) DÀ ACCESSO ALLE CASE **DAL BASSO**.

SE IL LATO SUD È UNA CASCATA DI BARBECUE E SEDIE A SDRAIO, IL LATO NORD, CHE DÀ SULLA CITTÀ, È UNO **SFOLGORANTE PARCHEGGIO DALLA STRUTTURA APERTA**.

L'AERAZIONE NATURALE DEL PARCHEGGIO RICHIEDE UNA **FACCIATA TRAFORATA** CHE LASCI ENTRARE L'ARIA, TENENDO FUORI PIOGGIA E NEVE.

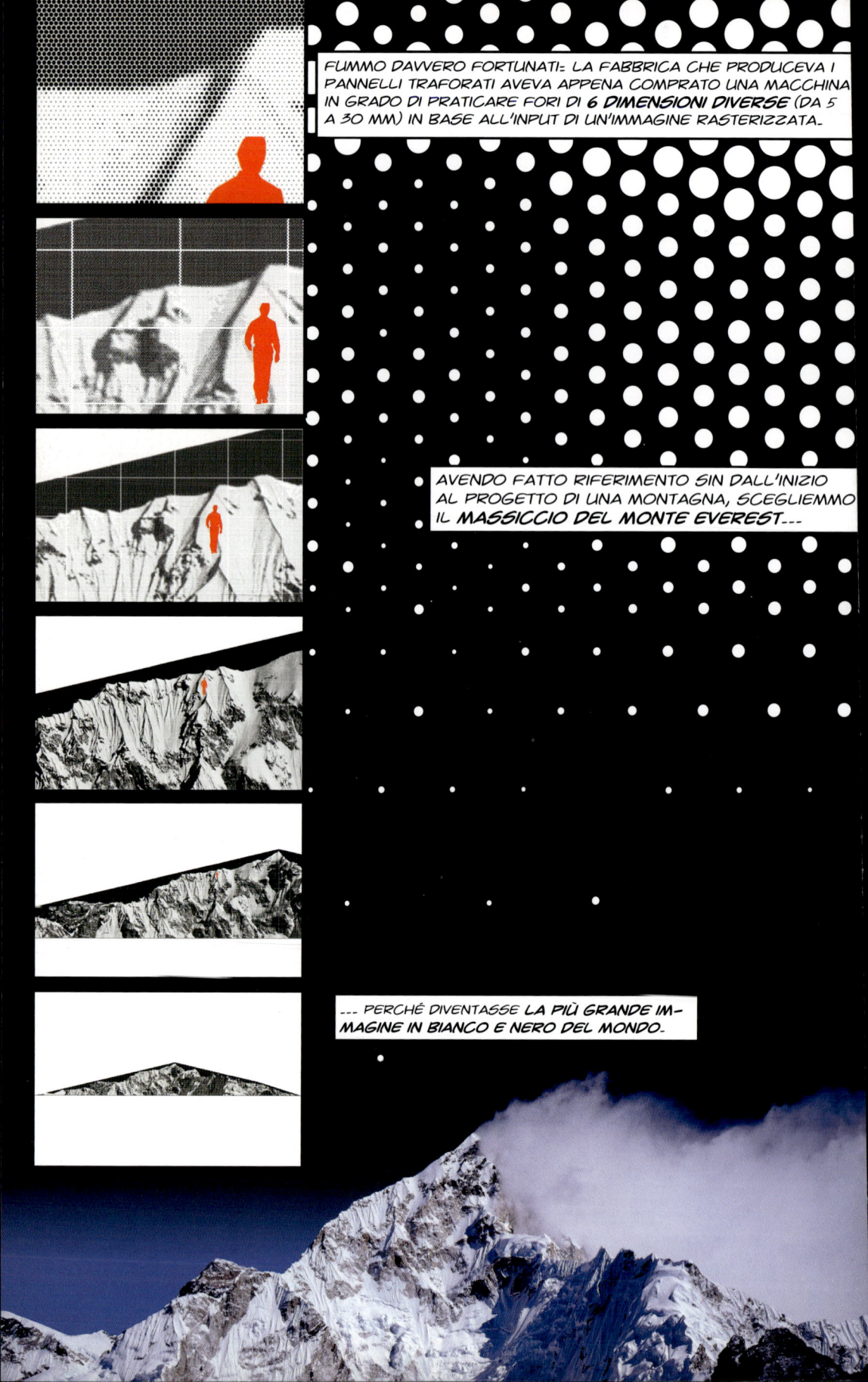

FUMMO DAVVERO FORTUNATI: LA FABBRICA CHE PRODUCEVA I PANNELLI TRAFORATI AVEVA APPENA COMPRATO UNA MACCHINA IN GRADO DI PRATICARE FORI DI **6 DIMENSIONI DIVERSE** (DA 5 A 30 MM) IN BASE ALL'INPUT DI UN'IMMAGINE RASTERIZZATA.

AVENDO FATTO RIFERIMENTO SIN DALL'INIZIO AL PROGETTO DI UNA MONTAGNA, SCEGLIEMMO IL **MASSICCIO DEL MONTE EVEREST...**

... PERCHÉ DIVENTASSE **LA PIÙ GRANDE IMMAGINE IN BIANCO E NERO DEL MONDO.**

DA DENTRO, UN *MOTIVO ORGANICO*.

DA FUORI, L'IMMAGINE NITIDA DELL' *HIMALAYA*.

MI PIACE QUESTA IMMAGINE DEI LAVORATORI CHE ESCONO DALLA MINIERA!

LA MONTAGNA FU LA NOSTRA PRIMA REALIZZAZIONE CONCRETA DI QUELLA CHE CHIAMIAMO **ALCHIMIA ARCHITETTONICA**: MESCOLANDO **NORMALI INGREDIENTI** IN **COMBINAZIONI INATTESE** SI PUÒ CREARE UN **VALORE AGGIUNTO** (TALVOLTA INESTIMABILE).

QUELLI CHE PRESI SINGOLARMENTE SAREBBERO STATI NORMALI APPARTAMENTI O UN PARCHEGGIO DI TIPO TRADIZIONALE, SI SONO TRASFORMATI IN UNA **MONTAGNA DI CASE A SCHIERA** SOPRA UNA **CATTEDRALE DELLA CIVILTÀ DELL'AUTO**.

UOUUUUU!

IL PARCHEGGIO CI VENNE COSÌ BENE...

... CHE IL FESTIVAL ANNUALE DI MUSICA ELETTRONICA DI COPENAGHEN, **DISTORTION**, DECISE DI TENERE LÌ IL CONCERTO DI CHIUSURA.

È COSÌ CHE APPARE ALLE 6 DI MATTINA, QUANDO IL SOLE SORGE AI PIEDI DELLA MONTAGNA.

DOVE DIAVOLO HO MESSO GLI OCCHIALI DA SOLE?

> QUESTO È QUEL CHE SI VEDE ADESSO DA CASA MIA!

IL POETA DANESE SØREN ULRIK THOMSEN HA SCRITTO UN SAGGIO INTITOLATO *"COPENAGHEN, UN QUARTIERE PERIFERICO IN POSIZIONE VERTICALE"* IN CUI CRITICAVA LA NASCITA DELLE ZONE SIGNORILI E LA FUGA DAL CENTRO ALLA PERIFERIA.

LA MONTAGNA *INCARNA* ALLA LETTERA L'INVOLONTARIO POTENZIALE ESPRESSIVO DI QUELLA METAFORA.

8-HOUSE AND LITTLE TOWER

# INFINITY LOOP

IL QUARTIERE PIÙ RECENTE DI COPENAGHEN, ØRESTAD, È CONSIDERATO UNA **MODERNA VERSIONE** DI FREDERIKSSTADEN.

UNA CITTÀ NUOVA DI ZECCA IN UNA **ZONA DESERTA**.

DOVE NIENTE ESISTE, **TUTTO È POSSIBILE!**

--- E UNA **PICCOLA TORRE**.

RECENTEMENTE CI È STATA COMMISSIONATA UNA CASA — ANZI NO, DUE — **UN GRANDE CASEGGIATO**...

QUESTO È AMAGER FÆLLED, **UN'ENORME AREA VERDE** NEL BEL MEZZO DI COPENAGHEN, GRANDE DUE VOLTE IL DYREHAVEN.

--- E QUESTO È IL **PORTO DI COPENAGHEN**, CHE ATTRAVERSA LA CITTÀ DA KONGELUNDEN FINO A NORDHAVNEN.

--- AD AMAGER FÆLLED.

ØRESTAD È UNA STRISCIA LUNGO IL TRATTO DELLA METRO CHE **COLLEGA** IL CENTRO STORICO...

ZOOMANDO, VEDIAMO CHIARAMENTE IL PROGETTO: LA CREAZIONE DI **500 ABITAZIONI** E **400 UFFICI** DENTRO A QUESTO CASEGGIATO.

AL CENTRO DELLA COSTRUZIONE DOBBIAMO COLLOCARE UNA **PICCOLA TORRE**. L'EDIFICIO ADIACENTE È UN COMPLESSO DI UFFICI.

ANZICHÉ FONDERE LA TORRE COL CASEGGIATO, PROPONIAMO UNA **DIVISIONE CELLULARE URBANA**...

... SEPARANDO TRA LORO I DUE BLOCCHI E CONTEMPORANEAMENTE FORNENDO AL QUARTIERE UNA **NUOVA PIAZZA**.

SE ZOOMIAMO SULLA **NASCENTE PIAZZA**...

... NON APPENA IL CASEGGIATO SCOMPARE...

... NEL BEL MEZZO DELLA **PIAZZA** SPUNTA LA TORRE.

UN MONOLITE COMPLETAMENTE **CIRCONDATO** DALLO SPAZIO URBANO.

INVECE DI ESSERE UN'INCONGRUA APPENDICE DEL CASEGGIATO, DIVENTA UN **CAMPANILE AUTONOMO**, SIMILE ALLA FAMOSA TORRE CAMPANARIA DI PIAZZA SAN MARCO A VENEZIA.

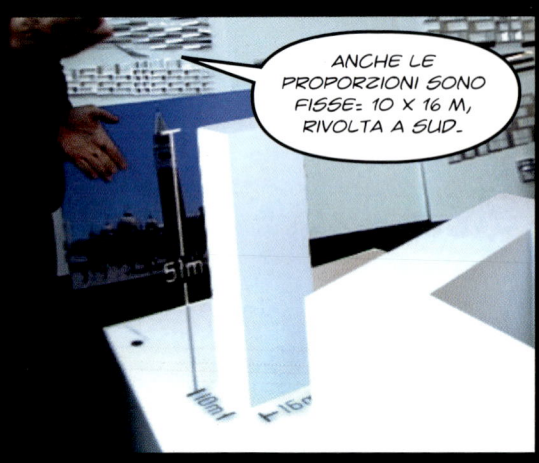

POICHÉ A COPENAGHEN LE TORRI SI MODELLANO SULLE TRADIZIONALI GUGLIE CITTADINE, QUESTA ERA DESTINATA A ESSERE, PIÙ CHE UN GIGANTESCO GRATTACIELO, UNA TORRE ALTA E **SOTTILE**.

LA BASE È DI SOLI **160 METRI QUADRATI** – EQUIVALENTE A QUELLA DI UNA VILLETTA UNIFAMILIARE – SOLO CHE NEL NOSTRO CASO LA VILLETTA È ALTA 16 PIANI.

ANCHE LE PROPORZIONI SONO FISSE: 10 X 16 M, RIVOLTA A SUD.

IN CIMA FUNZIONA TUTTO BENISSIMO. LA **VISTA** DELLE ABITAZIONI SOVRASTA IL TETTO DEL CASEGGIATO CONTIGUO.

MA I PIANI INFERIORI GUARDANO PROPRIO SUL RETRO DELL'EDIFICIO.

QUINDI NOI NON FACCIAMO CHE **RUOTARE** LA PARTE INFERIORE, COSÌ...

**CRUNCH!**

E GLI APPARTAMENTI SI AFFACCERANNO A SUD-OVEST, SULLA PIAZZA.

IL RISULTATO ARCHITETTONICO È UN **FRONTONE TRIANGOLARE SFACCETTATO** (RICORDA LE TRADIZIONALI CASE DEI MERCANTI). UN FRONTONE A PUNTA CON UN TETTO A CAPANNA, IN UNA TORRE PER IL RESTO MODERNA.

IL RISULTATO FINALE È UNA TORRE AVVITATA CHE HA LA STESSA STRUTTURA GEOMETRICA DI UN **TETRAPACK SCHIACCIATO**.

QUESTA ERA LA PICCOLA TORRE. PASSIAMO ORA AI RESTANTI 57.000 M² DEL CASEGGIATO.

È UN PALAZZO MOLTO, MOLTO GRANDE. È IN REALTÀ COSÌ GRANDE DA PORSI AL CONFINE TRA EDILIZIA E URBANISTICA.

UN **INTERO QUARTIERE** IN UN SOLO EDIFICIO.

IN ARCHITETTURA LE LINEE **SEMPLICI** E LE **IDEE CHIARE** SONO LE PIÙ ATTRAENTI. D'ALTRA PARTE, PERÒ, UNA CITTÀ SI ANIMA SOLO SE È RICCA DI **ESPERIENZE** E **SORPRESE**.

LA SFIDA PARADOSSALE CONSISTE QUINDI NEL CONIUGARE **SEMPLICITÀ E VARIETÀ, DIVERSITÀ E COERENZA**. IN ALTRE PAROLE, CREARE UNA CITTÀ DENTRO L'EDIFICIO.

OGGI, QUANDO REALIZZIAMO UN QUARTIERE O UNA COSTRUZIONE NUOVA CERCHIAMO DI **RICREARE** LA VARIETÀ PROPRIA DEL CENTRO STORICO. MA COME CI SI RIESCE?

DA QUALCHE PARTE SI È TENTATO DI RIPRODURRE L'**APPARENTE VARIETÀ** DEI PALAZZI DI NYHAVN, CON UN UNICO PROGETTISTA PER LA PARTE STRUTTURALE E DIVERSI ARCHITETTI PER LE FACCIATE.

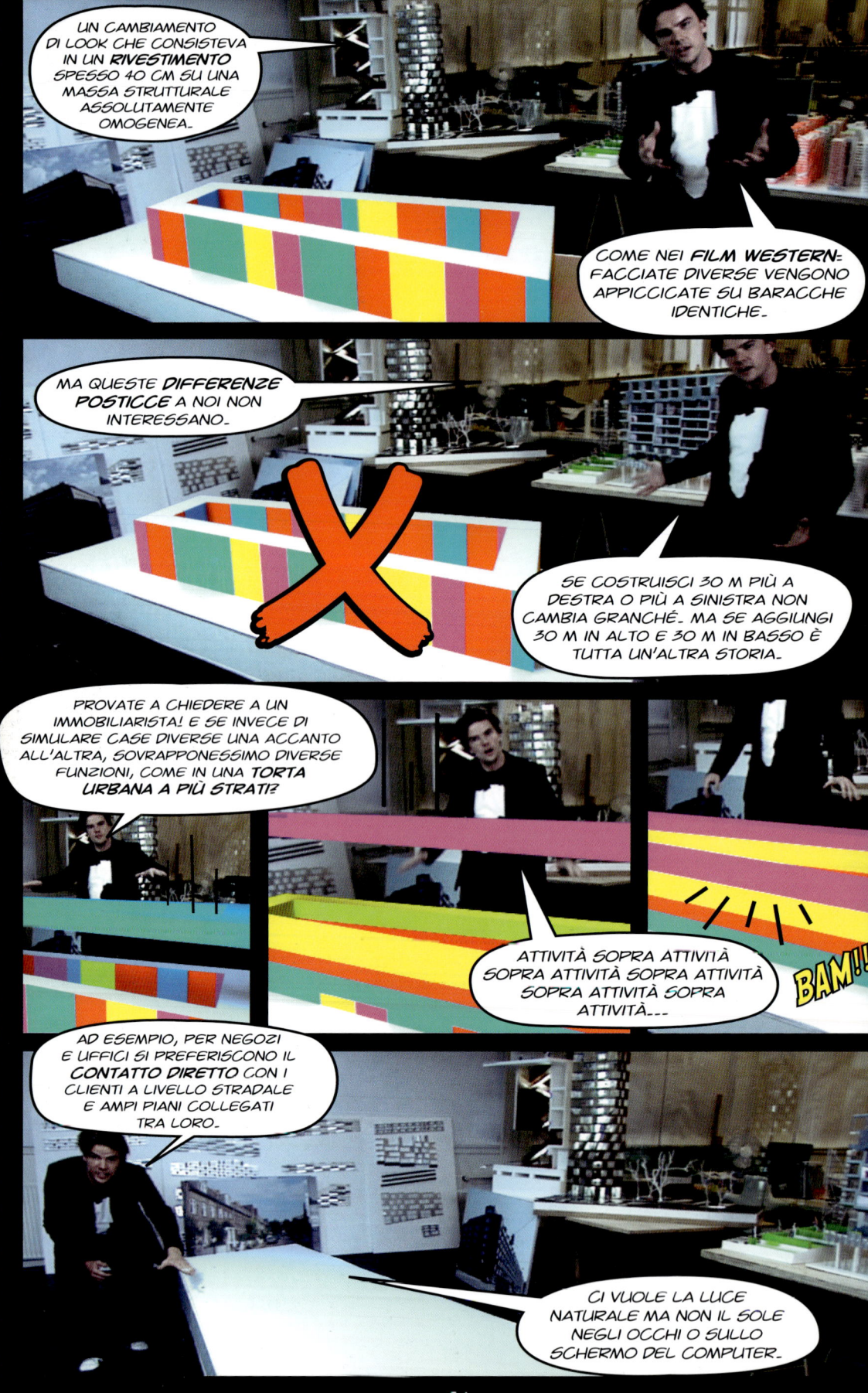

UN CAMBIAMENTO DI LOOK CHE CONSISTEVA IN UN **RIVESTIMENTO** SPESSO 40 CM SU UNA MASSA STRUTTURALE ASSOLUTAMENTE OMOGENEA.

COME NEI **FILM WESTERN**: FACCIATE DIVERSE VENGONO APPICCICATE SU BARACCHE IDENTICHE.

MA QUESTE **DIFFERENZE POSTICCE** A NOI NON INTERESSANO.

SE COSTRUISCI 30 M PIÙ A DESTRA O PIÙ A SINISTRA NON CAMBIA GRANCHÉ. MA SE AGGIUNGI 30 M IN ALTO E 30 M IN BASSO È TUTTA UN'ALTRA STORIA.

PROVATE A CHIEDERE A UN IMMOBILIARISTA! E SE INVECE DI SIMULARE CASE DIVERSE UNA ACCANTO ALL'ALTRA, SOVRAPPONESSIMO DIVERSE FUNZIONI, COME IN UNA **TORTA URBANA A PIÙ STRATI**?

ATTIVITÀ SOPRA ATTIVITÀ SOPRA ATTIVITÀ SOPRA ATTIVITÀ SOPRA ATTIVITÀ SOPRA ATTIVITÀ...

**BAM!!**

AD ESEMPIO, PER NEGOZI E UFFICI SI PREFERISCONO IL **CONTATTO DIRETTO** CON I CLIENTI A LIVELLO STRADALE E AMPI PIANI COLLEGATI TRA LORO.

CI VUOLE LA LUCE NATURALE MA NON IL SOLE NEGLI OCCHI O SULLO SCHERMO DEL COMPUTER.

PIAZZIAMO QUINDI TUTTA LA PARTE COMMERCIALE ALLA **BASE** DELL'EDIFICIO.

**WHAM!!**

PER LE ABITAZIONI INVECE VALE IL CONTRARIO: **BENE LA LUCE DEL SOLE** E MALE IL PIANTERRENO, DOVE CHI PASSA PUÒ GUARDARTI IN CASA.

**WHOOSH!!**

PIAZZIAMO QUINDI TUTTI GLI ALLOGGI SOPRA I LOCALI COMMERCIALI. NEGOZI E UFFICI SONO A UN LIVELLO INFERIORE RISPETTO ALLE CASE.

UN VIALETTO, CHE È POI UN TETTO A GIARDINO, COSTEGGIA LE ABITAZIONI COLLOCATE PIÙ IN BASSO, COME NELLE **TRADIZIONALI CASE A SCHIERA DANESI**.

IMMAGINATE DI CREARE UNA VERSIONE MODERNA DELLE CASE A SCHIERA TRASFORMANDO LE ABITAZIONI AL LIVELLO INFERIORE IN **VILLETTE A DUE PIANI**, CON UN GIARDINO SUL DAVANTI E UN VIALETTO DI COLLEGAMENTO CHE PERMETTA AI BAMBINI DI FARSI VISITA L'UN L'ALTRO.

SOVRAPPONIAMO A QUESTE UNO STRATO DI **APPARTAMENTI DI TIPO CLASSICO**, CHE PARTANO DAL 3º O DAL 4º LIVELLO.

**CLUNK!!**

E PER FINIRE, IN CIMA, UNA **COPERTURA DI DUE PIANI DI CASE A SCHIERA**...

... CON **TETTO A GIARDINO** E **GIARDINO SUL DAVANTI**.

ABBIAMO COSÌ REALIZZATO UNA **TORTA A PIÙ STRATI**, IN CUI OGNI DESTINAZIONE D'USO SI TROVA NEL POSTO IDEALE PER RISPONDERE A SPECIFICHE NECESSITÀ ED È IN **SIMBIOSI ARCHITETTONICA** CON LE ALTRE.

MA IL PIANO REGOLATORE PREVEDE UN **PASSAGGIO DIRETTO**, ATTRAVERSO IL CASEGGIATO, DA AMAGER FÆLLED A PIAZZA HEIN HEINSENS.

UUUFFF !!!

PER APRIRE QUESTO PASSAGGIO EST-OVEST, **FACCIAMO UN NODO** ALL'EDIFICIO, TRASFORMANDO IL BLOCCO RETTANGOLARE IN UN "8"...

... E CREIAMO COSÌ DUE **NUOVE PIAZZE**, PORTANDO DENTRO I CONFINI DELL'EDIFICIO LA PAVIMENTAZIONE STRADALE, COME COLLEGAMENTO DIRETTO TRA I DUE SPAZI URBANI, A EST E A OVEST.

COME GIÀ DETTO, NEGLI UFFICI LA **LUCE DEL SOLE** NON È PROPRIO IL MASSIMO.

QUINDI NEI DUE ANGOLI ESPOSTI A SUD COMPRIMIAMO **AL SUOLO** TUTTA LA ZONA DEGLI UFFICI.

SE LE ABITAZIONI USANO L'ENERGIA PER **RISCALDARE**, GLI UFFICI LA USANO PER **RAFFREDDARE**.

PER COMPENSARE SVILUPPIAMO IN ALTEZZA I LOCALI COMMERCIALI IN UN **COMPLESSO DI UFFICI** A 4 PIANI.

CONTEMPORANEAMENTE, SOLLEVIAMO LE CASE A SCHIERA E GLI APPARTAMENTI IN CIMA, CAMBIANDO LORO POSIZIONE: DAL **NOIOSO** NORD-EST AL **SOLEGGIATO** SUD-OVEST ...

... DA DOVE GODONO DI UNA MAGNIFICA **VISTA** SU UN'ININTERROTTA DISTESA DI TETTI FINO AD AMAGER FÆLLED.

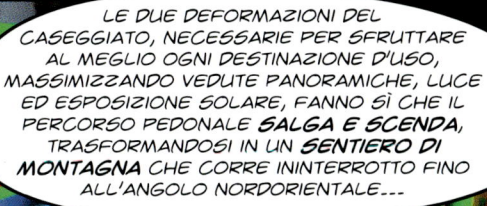

ALL'ANGOLO OPPOSTO, SCHIACCIAMO QUASI A TERRA L'INTERO BLOCCO, PER **APRIRE** IL CORTILE DI SUD-OVEST E I SUOI APPARTAMENTI ALLA **VISTA** SU AMAGER FÆLLED...

... IN MODO CHE IL CORTILE SI **IMMERGA** NELLA LUCE POMERIDIANA.

LE DUE DEFORMAZIONI DEL CASEGGIATO, NECESSARIE PER SFRUTTARE AL MEGLIO OGNI DESTINAZIONE D'USO, MASSIMIZZANDO VEDUTE PANORAMICHE, LUCE ED ESPOSIZIONE SOLARE, FANNO SÌ CHE IL PERCORSO PEDONALE **SALGA E SCENDA**, TRASFORMANDOSI IN UN **SENTIERO DI MONTAGNA** CHE CORRE ININTERROTTO FINO ALL'ANGOLO NORDORIENTALE...

... E **SI CONGIUNGE** CON LA PARTE SUPERIORE, PROSEGUENDO FINO IN CIMA ALL'EDIFICIO, E DA QUI DI NUOVO GIÙ GIÙ FINO A TERRA.

FATTA ECCEZIONE PER IL CAFFÈ, SITUATO NELL'ANGOLO PIÙ BASSO A SUD-OVEST, TUTTI I **LUOGHI A VOCAZIONE PUBBLICA** SONO CONCENTRATI NEL PUNTO DI **INTERSEZIONE DELL'8**.

IN QUESTO **FULCRO VERTICALE** ABBIAMO COLLOCATO I VARI SPAZI DI SOCIALIZZAZIONE (SALE DI RITROVO, APPARTAMENTI PER GLI OSPITI, BAR, CINEMA E TERRAZZA PANORAMICA) COLLEGANDOLI FRA LORO CON UN'**UNICA SCALA**, CHE RIMBALZA NELLO SPAZIO VUOTO INTERNO.

UNA **TORRE SOCIALE** CHE UNISCE LA COSTRUZIONE DAL SEMINTERRATO ALL'ATTICO.

DALLO **SHOPPING** DELLO SPAZIO URBANO...

... ALLA VITA **SOCIALE** DELLE CASE A SCHIERA...

... AI **BALCONI ABITABILI** DEGLI APPARTAMENTI...

... AI **TETTI A GIARDINO** DEGLI ATTICI...

... AI **GIARDINI** DI FRONTE ALLE CASE A SCHIERA...

8-HOUSE DÀ L'IDEA, UNA VOLTA PER TUTTE, DI QUALE SIA IL RISULTATO ARCHITETTONICO DI UN'**ORGIA DI SPAZI DIVERSI:**

PIAZZE...

... CORTILI...

... STRADE DIGRADANTI E SENTIERI DI MONTAGNA.

SE TRADIZIONALMENTE LA VITA SOCIALE SI SVOLGE AL PIANO TERRA, **PIATTO COME UNA TAVOLA** E SOVRASTATO DAGLI AMBIENTI PRIVATI...

... 8-HOUSE LE PERMETTE INVECE DI **TOCCARE VETTE PIÙ ALTE.**

SCALA TOWER
SCA

# ~~SP~~DANISH STEPS

UN TEMPO COPENAGHEN ERA DETTA LA **CITTÀ DELLE TORRI**. SULLO STEMMA CITTADINO SONO RAFFIGURATE TRE TORRI CHE EMERGONO DALL'ACQUA.

SE GUARDATE QUESTA FOTO, VI ACCORGERETE CHE LE UNICHE AGGIUNTE ALLO SKYLINE NEGLI ULTIMI 100 ANNI SONO STATE LE CIMINIERE DI DUE CENTRALI ELETTRICHE E LA GOLDEN TOWER DI TIVOLI.

L'AMORE DELLA CITTÀ PER LE TORRI SEMBRA ESSERE **VENUTO MENO**...

DI RECENTE L'ARCHITETTO OLANDESE **ERICK VAN EGERAAT** HA VINTO UNA GARA INTERNAZIONALE PER UN COMPLESSO RESIDENZIALE CON AFFACCIO SULL'ACQUA, PROGETTANDO UNO SCHEMA DI **SEI ESILI VILLE URBANE**. CON UNA BASE STRETTA, MA UN CORPO PIÙ ALLUNGATO DI UNA VILLA NORMALE, LA PIÙ ALTA RAGGIUNGE L'ALTEZZA VERTIGINOSA DI **55 METRI**!

PER QUESTO IL COMPLESSO SI GUADAGNÒ IL (POCO) POPOLARE NOME DI **"MINI MANHATTAN"** E FECE NASCERE UNA NUOVA COMUNITÀ A COPENAGHEN: "IL CONSORZIO CIVILE CONTRO GLI EDIFICI A TORRE FUORI CONTESTO".

LA COMUNITÀ SI BASA SUL PRINCIPIO CHE A COPENAGHEN NIENTE **DEVE SUPERARE I 21 METRI** (UNA REGOLA ESTETICA RISALENTE AL SECOLO SCORSO E LEGATA ALL'ALTEZZA DELLE SCALE USATE ALLORA DAI POMPIERI). GLI EDIFICI A TORRE SONO CONDANNATI A UNA VITA DI **PERIFERIA**.

L'ASSOCIAZIONE SFERRÒ UN **ATTACCO POLITICO AL PROGETTO**, RACCOGLIENDO FIRME PER ANNULLARLO.

QUANDO VENNERO RAGGIUNTE OLTRE 20.000 FIRME, I POLITICI FURONO PRESI DAL **PANICO** E **REVOCARONO** IL PROGETTO.

IL PORTAVOCE MEDIATICO DELLE TEORIE DEGLI **SCETTICI** DEL GRATTACIELO È **JENS KVORNING**, PROFESSORE DI URBANISTICA ALL'ACCADEMIA REALE DANESE DI BELLE ARTI, LA SCUOLA DI ARCHITETTURA DI COPENAGHEN:

"SFORTUNATAMENTE MOLTE TORRI HANNO ESCLUSIVAMENTE UN **VALORE SIMBOLICO**. OGNUNO È LIBERO DI PENSARE QUEL CHE CREDE DEL TURNING TORSO DI MALMÖ MA, VISTO DA LONTANO, È UNA SPECIE DI **GRAZIOSO BASTONE SCULTOREO**. MA VI È MAI CAPITATO DI GUARDARLO DAL BASSO? È **MOLTO SGRADEVOLE**. NIENTE È STATO FATTO PER INTEGRARLO CON LA CITTÀ. NON È CHE UN **MONUMENTO** CHE DEVE APPARIRE **BELLO A DISTANZA**".

C'È CHI PENSA CHE LE TORRI STIANO BENE SOLO A...

PECHINO...

--- NEW YORK...

--- DUBAI...

--- MA **NON** A COPENAGHEN!

COSÌ, QUANDO CI CHIESERO DI PROGETTARE UN COMPLESSO DI **NEGOZI, CINEMA, BIBLIOTECA COMUNALE, CENTRO CONVEGNI E HOTEL DI LUSSO** DI FRONTE ALL'ENTRATA PRINCIPALE DEI GIARDINI DI TIVOLI...

--- SAPEVAMO DI DOVER IN QUALCHE MODO AGGIRARE LA **FOBIA COLLETTIVA DELLE TORRI.**

COMINCIAMMO COL DARE UNA RAPIDA OCCHIATA ALLO **SKYLINE DI COPENAGHEN.** SI ERA PASSATI DALLE **TORRI TRADIZIONALI** A QUELLE **MODERNE.**

SE LE TORRI **TRADIZIONALI** SONO **GUGLIE CHE EMERGONO TRA I CASEGGIATI** E BEN SI INTEGRANO NEL TESSUTO URBANO, QUELLE **MODERNE** SONO GENERICHE ESTRUSIONI A **PIANTA RETTANGOLARE...**

PROPONEMMO ALLORA UNA **REINTERPRETAZIONE** DELLA TORRE STORICA DI COPENAGHEN, COSTITUITA DA **DUE ELEMENTI:**

UNA **TORRE SOTTILE,** PARTE INTEGRANTE DELLO SKYLINE...

--- E UN **BASAMENTO** PROPORZIONATO ALLA SCALA DEGLI EDIFICI CIRCOSTANTI.

LA TORRE OSPITA UN **ALBERGO** E UNA **SPA PANORAMICA,** IL BASAMENTO COMPRENDE INVECE TUTTE LE **PARTI PUBBLICHE** DELL'EDIFICIO.

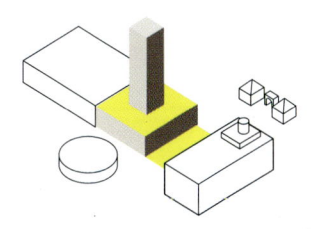

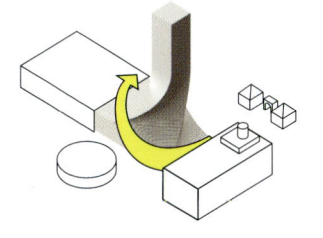

SPA
HOTEL
UFFICI
SALA CONFERENZE
BIBLIOTECA
NEGOZI

LA TORRE E IL BASAMENTO **SI FONDONO IN UNA CASCATA DI GRADINI A SPIRALE** CHE SI ARRAMPICA LUNGO LE FACCIATE...

... FINO A **UNA NUOVA PIAZZA PUBBLICA SUL TETTO** CHE SOVRASTA LA PIAZZA DELLA CITTÀ E I GIARDINI DI TIVOLI.

COPENAGHEN È REALIZZATA QUASI INTERAMENTE IN **MATTONI**. LE FACCIATE DELLA SCALA TOWER SONO UN'INTERPRETAZIONE DEL **DISEGNO** PIÙ CHE DEL MATERIALE DI MURATURA.

LA REGOLARITÀ DEL MOTIVO DI MATTONI **INTERAGISCE** CON IL PROFILO MUTEVOLE DELLA TORRE AVVITATA...

... PRODUCENDO UN **EFFETTO MOIRÉ**.

LA **TORRE FUSA** È UNA SORTA DI GRATTACIELO POSTMODERNO ALLA ROVESCIA. ANZICHÉ CONCENTRARE TUTTA L'ENERGIA IN UNA **SILHOUETTE FUNKY** O IN UN **VISTOSO ELEMENTO DI COPERTURA**, LA SOMMITÀ SI AVVICINA AL PURO SCHEMA DI UNA **MODERNA TORRE**, LE CUI PROPORZIONI OTTIMIZZANO **PERFORMANCE** E **LUMINOSITÀ**...

... MA DALLA VITA IN GIÙ L'EDIFICIO **SI FONDE** CON LO SPAZIO CIRCOSTANTE E I VOLUMI URBANI.

LA SCALA TOWER CONIUGA GLI ATTRIBUTI DI UNA **GUGLIA STORICA** CON LA FUNZIONALITÀ DI UN **MODERNO GRATTACIELO**.

A CAUSA DELL'**OMOGENEITÀ** DEL TESSUTO URBANO DI COPENAGHEN, IL PANORAMA DAL TETTO DEL 6° PIANO TRASFORMA LA CITTÀ...

--- DA **DENSO** NUCLEO URBANO EUROPEO...

--- IN UN'**APERTA** SAVANA DI TEGOLE E COMIGNOLI...

--- PERMETTENDO ALLA GENTE DI **INVADERE** IL BASAMENTO...

--- ALL' ESTERNO...

... E ANCHE ALL'INTERNO.

UNA SORTA DI VERSIONE DANESE...

... DELLA SCALINATA DI PIAZZA DI SPAGNA.

LEGO TOWERS
**LEGO**

# MODULAR MANIA

NEL DOPOGUERRA, QUANDO LA DANIMARCA FU RICOSTRUITA CON GLI AIUTI DEL **PIANO MARSHALL**, LO STATO PREFERÌ IL **CEMENTO ARMATO PREFABBRICATO** A OGNI ALTRA TECNICA DI COSTRUZIONE.

DI CONSEGUENZA, L'INDUSTRIA DEL CALCESTRUZZO GETTATO IN OPERA È QUASI SCOMPARSA E TUTTA L'EDILIZIA SI BASA OGGI SU **ELEMENTI MODULARI PREFABBRICATI**.

L'ATTUALE DANIMARCA È COSTITUITA INTERAMENTE DI **MATTONCINI LEGO DI CEMENTO**.

LEGOLAND A BILLUND

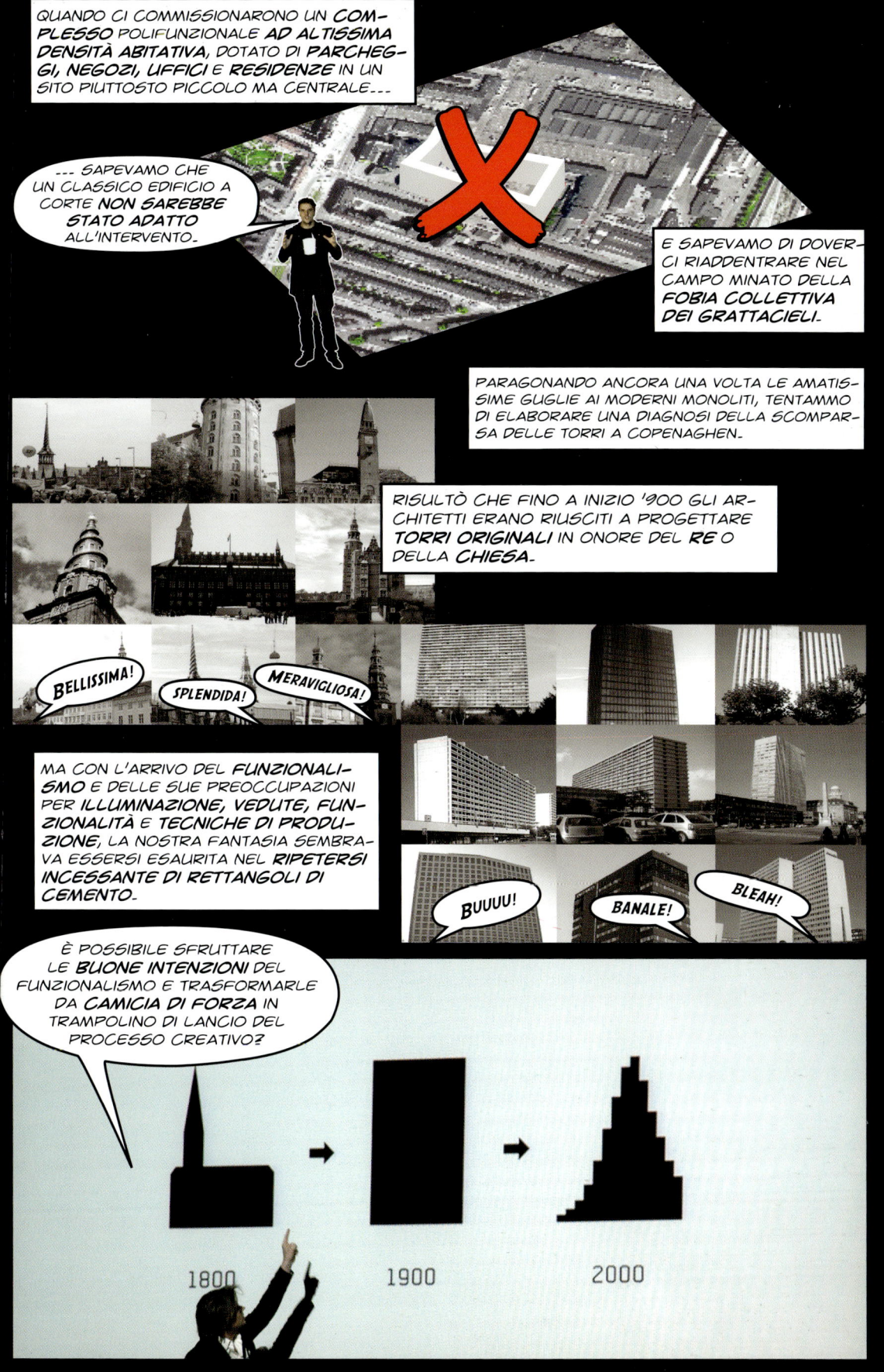

QUANDO CI COMMISSIONARONO UN **COMPLESSO** POLIFUNZIONALE **AD ALTISSIMA DENSITÀ ABITATIVA**, DOTATO DI **PARCHEGGI, NEGOZI, UFFICI** E **RESIDENZE** IN UN SITO PIUTTOSTO PICCOLO MA CENTRALE...

... SAPEVAMO CHE UN CLASSICO EDIFICIO A CORTE **NON SAREBBE STATO ADATTO** ALL'INTERVENTO.

E SAPEVAMO DI DOVERCI RIADDENTRARE NEL CAMPO MINATO DELLA **FOBIA COLLETTIVA DEI GRATTACIELI**.

PARAGONANDO ANCORA UNA VOLTA LE AMATISSIME GUGLIE AI MODERNI MONOLITI, TENTAMMO DI ELABORARE UNA DIAGNOSI DELLA SCOMPARSA DELLE TORRI A COPENAGHEN.

RISULTÒ CHE FINO A INIZIO '900 GLI ARCHITETTI ERANO RIUSCITI A PROGETTARE **TORRI ORIGINALI** IN ONORE DEL **RE** O DELLA **CHIESA**.

BELLISSIMA!

SPLENDIDA!

MERAVIGLIOSA!

MA CON L'ARRIVO DEL **FUNZIONALISMO** E DELLE SUE PREOCCUPAZIONI PER **ILLUMINAZIONE, VEDUTE, FUNZIONALITÀ E TECNICHE DI PRODUZIONE**, LA NOSTRA FANTASIA SEMBRAVA ESSERSI ESAURITA NEL **RIPETERSI INCESSANTE DI RETTANGOLI DI CEMENTO**.

BUUUU!

BANALE!

BLEAH!

È POSSIBILE SFRUTTARE LE **BUONE INTENZIONI** DEL FUNZIONALISMO E TRASFORMARLE DA **CAMICIA DI FORZA** IN TRAMPOLINO DI LANCIO DEL PROCESSO CREATIVO?

1800 → 1900 → 2000

ANZICHÉ PROGETTARE **STRANE FORME** PER POI INGEGNARCI A COSTRINGERLE A FORZA NELLO STAMPINO DEL PREFABBRICATO, TRASFORMAMMO L'INTERO PROGETTO IN UN **OMAGGIO ALL'EDILIZIA MODULARE**.

L'IDEA CI VENNE, IN UN MOMENTO DI PAUSA IN STUDIO, DA QUESTO PIN ART. SI TRATTA DI UN GADGET DEGLI ANNI '60 CHE PUÒ RIPRODURRE QUALSIASI FORMA USANDO ELEMENTI TRA LORO IDENTICI.

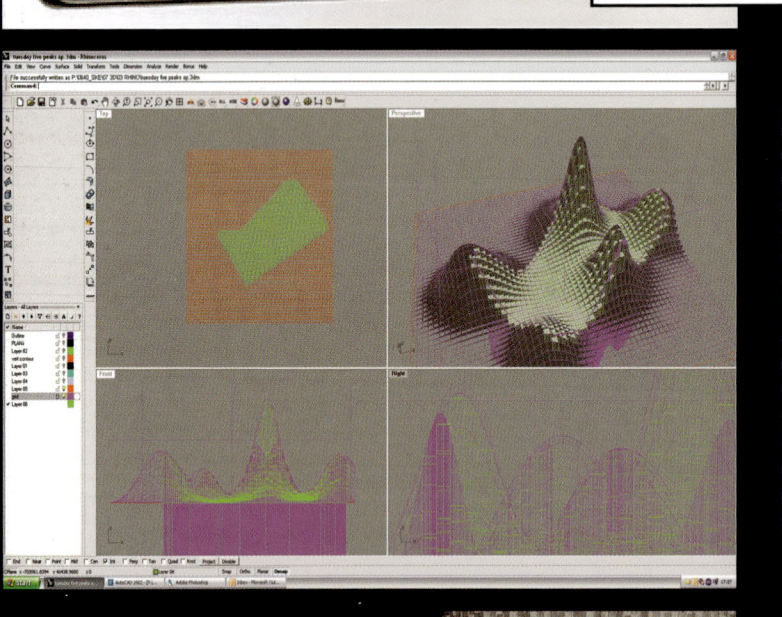

ANZICHÉ PROGETTARE UNA COMPOSIZIONE DI SINGOLI VOLUMI STRUTTURATI, CONSIDERAMMO IL SITO ALLA STREGUA DI UNA **SOSTANZA ELASTICA MODELLABILE**, DEFINITA DA **ZONE DI DENSITÀ VARIABILE**. PLASMAMMO QUINDI LA DUTTILE TOPOGRAFIA DELLA CONCENTRAZIONE URBANA IN UN PAESAGGIO PIXELATO DI COLLINE E VALLI.

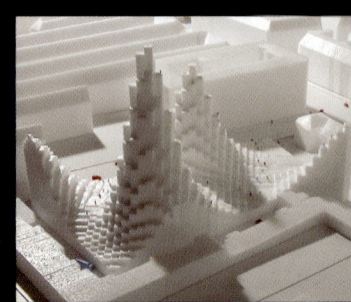

COME IN UNA SCULTURA DI **MAYA LIN**, LE TORRI SI ERGONO DA UNA SUPERFICIE A GRADINI, FORMANDO VETTE E DIRUPI DELL'INSEDIAMENTO UMANO, UNA FANTASIA MODULARE...

> DALL'ALTO **L'INTERO SITO SI PRESENTA** ACCESSIBILE, UNA DISTESA TRIDIMENSIONALE DI UN **MIGLIAIO DI ALTIPIANI** CHE PRESENTANO DIVERSI GRADI DI PRIVACY.

> AI LIVELLI PIÙ ALTI LE TERRAZZE DIVENGONO INACCESSIBILI AL PUBBLICO E SI STRUTTURANO IN **UN'AMPIA GAMMA DI BALCONI** DESTINATI AGLI UFFICI.

> AI PIEDI DELLE TORRI GLI ALTIPIANI SI FONDONO, FORMANDO PIAZZE O ANFITEATRI DOLCEMENTE DIGRADANTI – **LUCE** E **ARIA** FILTRANO TRA I GRADINI NEI PARCHEGGI E NEI NEGOZI SOTTOSTANTI.

> SI TRASFORMANO INFINE IN **TERRAZZE PRIVATE** PER LE UNITÀ **RESIDENZIALI**.

> UNA DELLE CRITICHE PIÙ SPESSO MOSSE AGLI EDIFICI A TORRE È CHE NON SONO **A MISURA D'UOMO**.

> IN QUESTO CASO IL MODULO DI BASE DEL COMPLESSO RENDE **ONNIPRESENTI** NELL'INTERA STRUTTURA **LE PROPORZIONI UMANE** (E LE ANNESSE COMODITÀ).

SE CHIEDI A UN BRAVO ARCHITETTO FUNZIONALISTA DI PROGETTARTI DEGLI APPARTAMENTI, LUI TI FARÀ UN SACCO DI **AGGETTI** E **NICCHIE** PER CREARE FINESTRE AD ANGOLO E MASSIMIZZARE L'INGRESSO DELLA LUCE. *TUTTO QUESTO NOI CE L'ABBIAMO GRATIS!*

SE PARLI CON UN AGENTE IMMOBILIARE TI DIRÀ CHE GLI APPARTAMENTI PIÙ RICHIESTI SONO QUELLI D'ANGOLO. IN QUESTO PALAZZO CI SONO *SOLO APPARTAMENTI D'ANGOLO!*

> PER PROGETTARE UNA CASA NON SI DEVE FAR ALTRO CHE SOMMARE MODULI FINO A OTTENERE LE **DIMENSIONI** E LA **FORMA** DESIDERATE. *UN PO' COME COMPRARE TERRENI SU UN PENDIO COLLINARE IN CITTÀ.*

> MA PERCHÉ ANNOIARSI A PROGETTARE APPARTAMENTI? PERCHÉ NON LASCIARE INVECE CHE SIANO I PROPRIETARI STESSI A DARE ALL'ABITAZIONE L'ASSETTO VOLUTO?

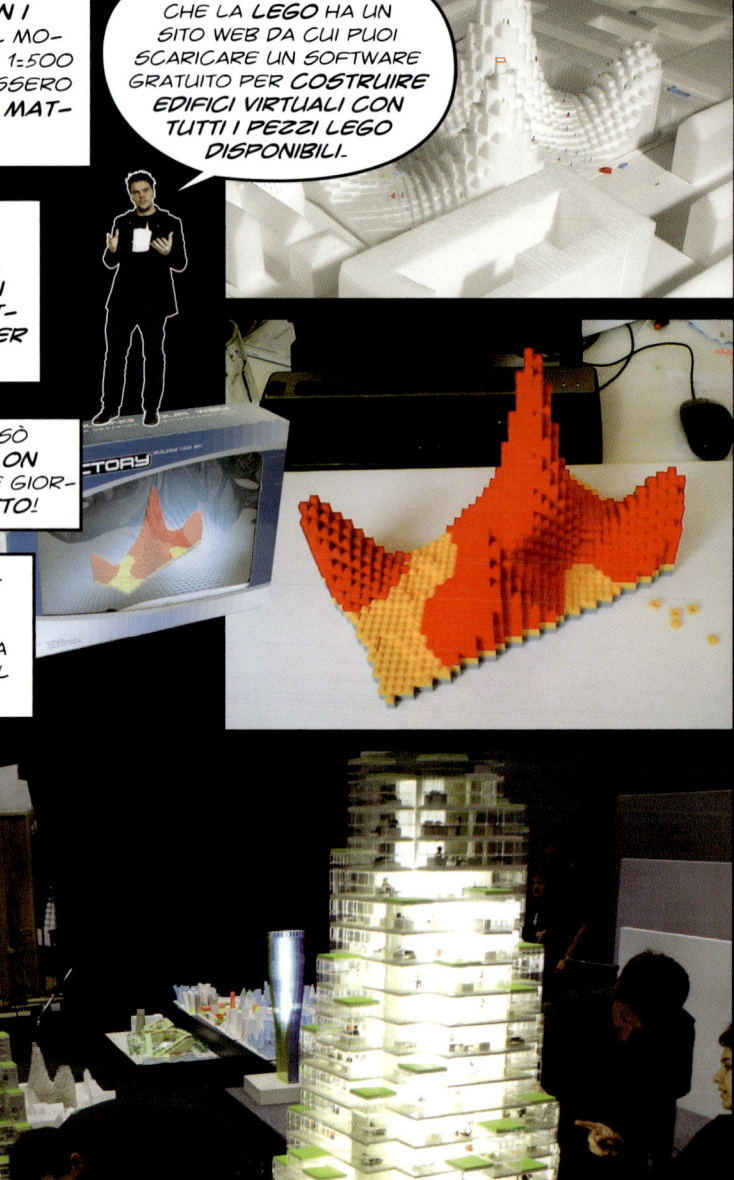

PER DIMOSTRARE CHE LA COSA ERA FATTIBILE CON LE TECNOLOGIE STANDARD, DECIDEMMO DI **REALIZZARE LA STRUTTURA CON I LEGO.** SI DÀ IL CASO CHE NEL MODELLO DELL'EDIFICIO IN SCALA 1:500 LE DIMENSIONI DI UN PIXEL FOSSERO LE STESSE DEL **PIÙ PICCOLO MATTONCINO LEGO.**

SCOPRIMMO INOLTRE CHE LA **LEGO** HA UN SITO WEB DA CUI PUOI SCARICARE UN SOFTWARE GRATUITO PER **COSTRUIRE EDIFICI VIRTUALI CON TUTTI I PEZZI LEGO DISPONIBILI.**

QUANDO HAI FINITO, CLICCHI "SUBMIT", OTTIENI IL PREVENTIVO E TRE GIORNI DOPO TI ARRIVA DALLA LEGO UNA SCATOLA **CON L'IMMAGINE DEL TUO PROGETTO E DENTRO I MATTONCINI PER REALIZZARLO!**

UNO DEI NOSTRI ARCHITETTI PASSÒ DUE GIORNI INTERI A COSTRUIRE **ON LINE** LA STRUTTURA E ALTRI DUE GIORNI PER RIPRODURLA **IN CONCRETO!**

ALLA FINE DELLA PRESENTAZIONE CONSEGNAMMO AL CLIENTE IL SUO PROGETTO LEGO (PREASSEMBLATO). LUI LO REGALÒ A SUO FIGLIO E CI COMMISSIONÒ IL **LAVORO.**

COSÌ, CON UN PIZZICO DI FORTUNA (E MOLTA FRETTA), DA LÌ A TRE ANNI LO SKYLINE DI COPENAGHEN AVREBBE POTUTO VANTARE UNA **NUOVA SILHOUETTE**, NELLA QUALE L'ANDAMENTO A GRADINI DELLA GUGLIA TRADIZIONALE SI SAREBBE CONIUGATO COL **RIGORE RAZIONALE** DI UNA STRUTTURA FUNZIONALE.

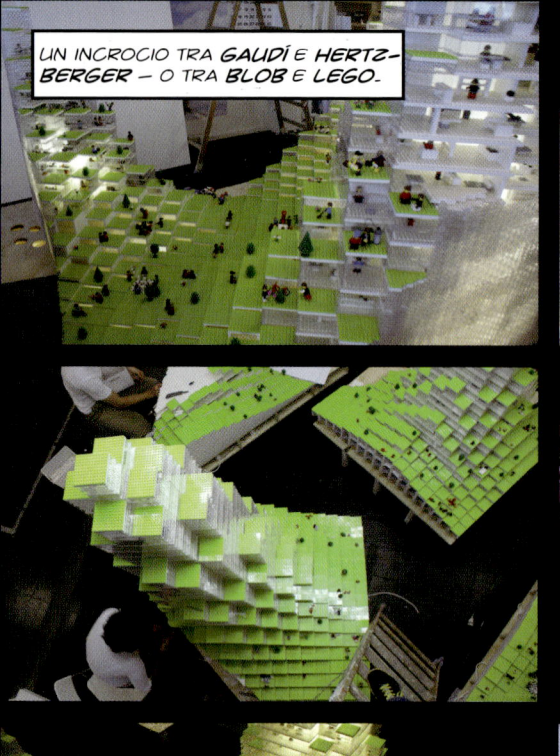

UN INCROCIO TRA **GAUDÍ** E **HERTZ-BERGER** – O TRA **BLOB** E **LEGO**.

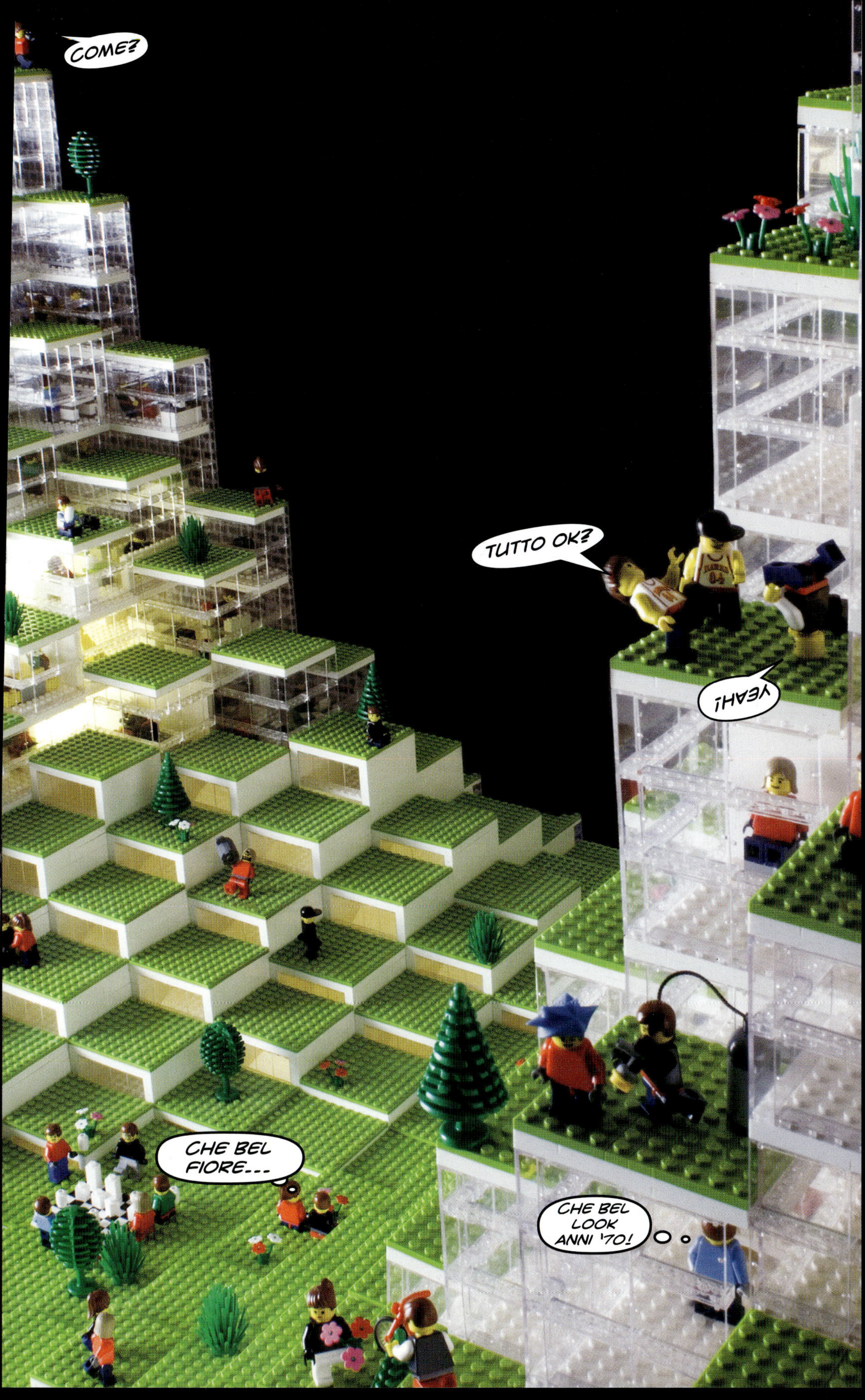
COME?
TUTTO OK?
YEAH!
CHE BEL FIORE...
CHE BEL LOOK ANNI '70!

ESCHER TOWER
**TECH**

# SCANDINAVIAN SKYSCRAPER

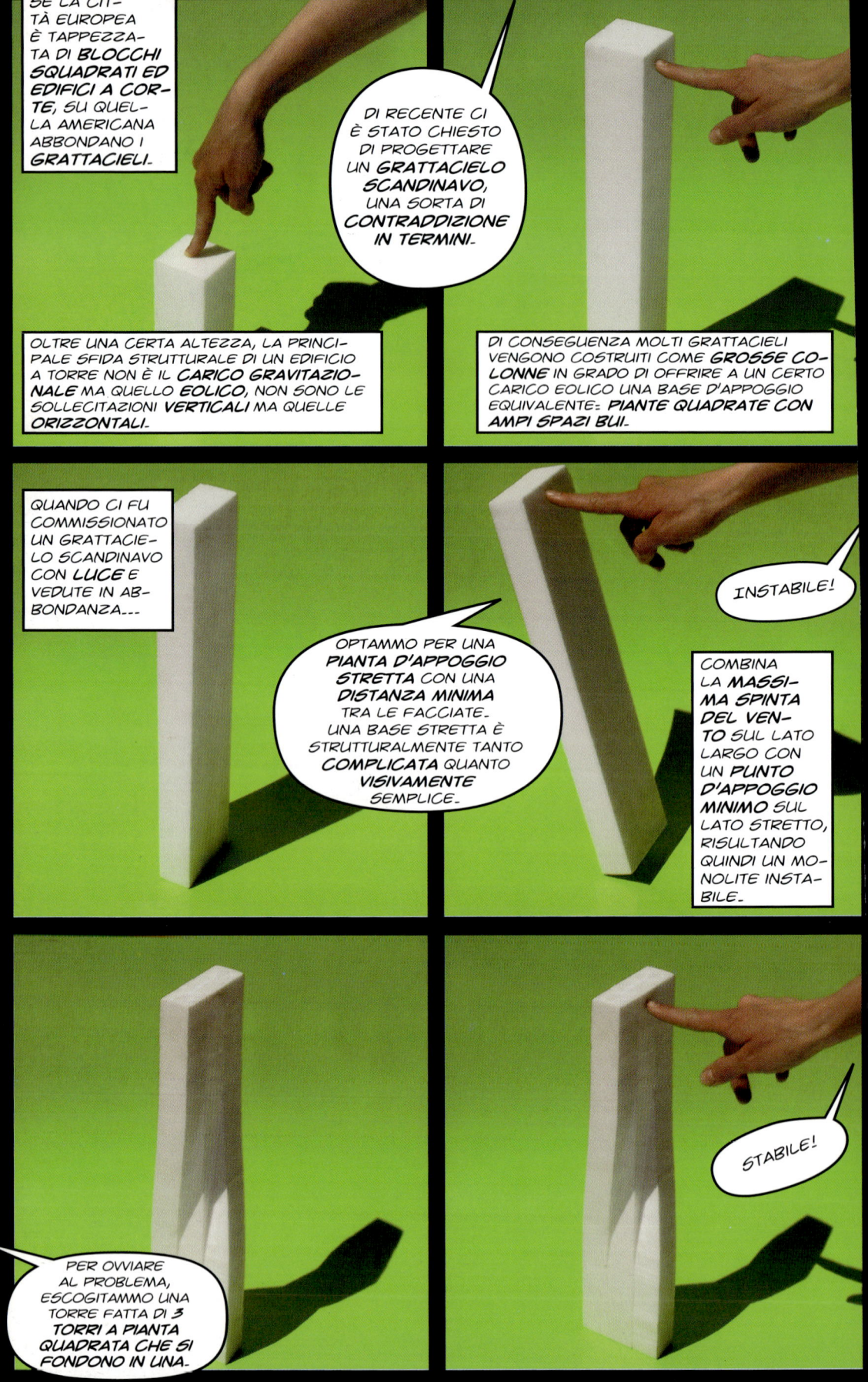

SE LA CITTÀ EUROPEA È TAPPEZZATA DI **BLOCCHI SQUADRATI ED EDIFICI A CORTE**, SU QUELLA AMERICANA ABBONDANO I **GRATTACIELI**.

DI RECENTE CI È STATO CHIESTO DI PROGETTARE UN **GRATTACIELO SCANDINAVO**, UNA SORTA DI **CONTRADDIZIONE IN TERMINI**.

OLTRE UNA CERTA ALTEZZA, LA PRINCIPALE SFIDA STRUTTURALE DI UN EDIFICIO A TORRE NON È IL **CARICO GRAVITAZIONALE** MA QUELLO **EOLICO**, NON SONO LE SOLLECITAZIONI **VERTICALI** MA QUELLE **ORIZZONTALI**.

DI CONSEGUENZA MOLTI GRATTACIELI VENGONO COSTRUITI COME **GROSSE COLONNE** IN GRADO DI OFFRIRE A UN CERTO CARICO EOLICO UNA BASE D'APPOGGIO EQUIVALENTE: **PIANTE QUADRATE CON AMPI SPAZI BUI**.

QUANDO CI FU COMMISSIONATO UN GRATTACIELO SCANDINAVO CON **LUCE** E VEDUTE IN ABBONDANZA...

OPTAMMO PER UNA **PIANTA D'APPOGGIO STRETTA** CON UNA **DISTANZA MINIMA** TRA LE FACCIATE. UNA BASE STRETTA È STRUTTURALMENTE TANTO **COMPLICATA** QUANTO VISIVAMENTE SEMPLICE.

INSTABILE!

COMBINA LA **MASSIMA SPINTA DEL VENTO** SUL LATO LARGO CON UN **PUNTO D'APPOGGIO MINIMO** SUL LATO STRETTO, RISULTANDO QUINDI UN MONOLITE INSTABILE.

PER OVVIARE AL PROBLEMA, ESCOGITAMMO UNA TORRE FATTA DI **3 TORRI A PIANTA QUADRATA** CHE SI FONDONO IN UNA.

STABILE!

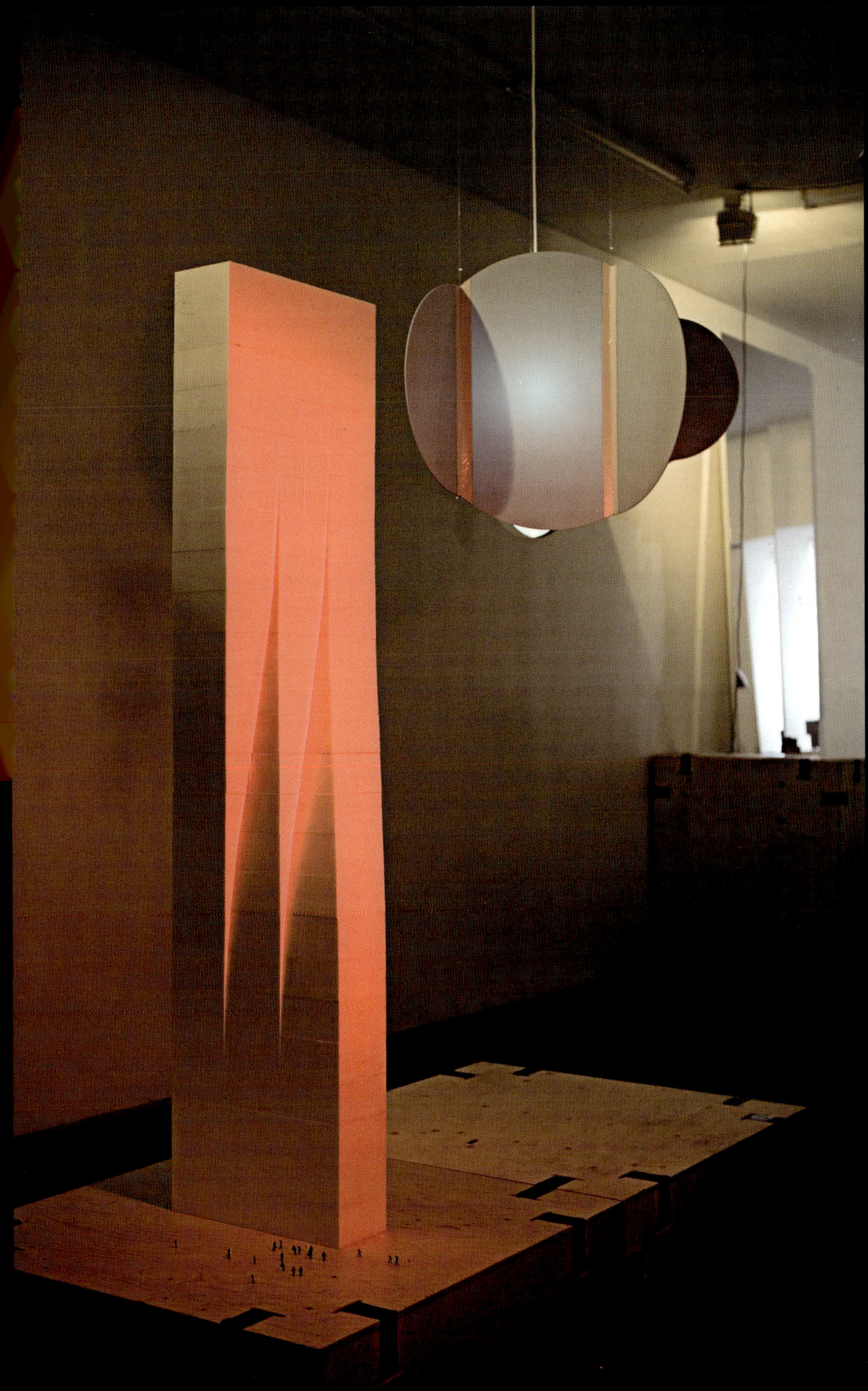

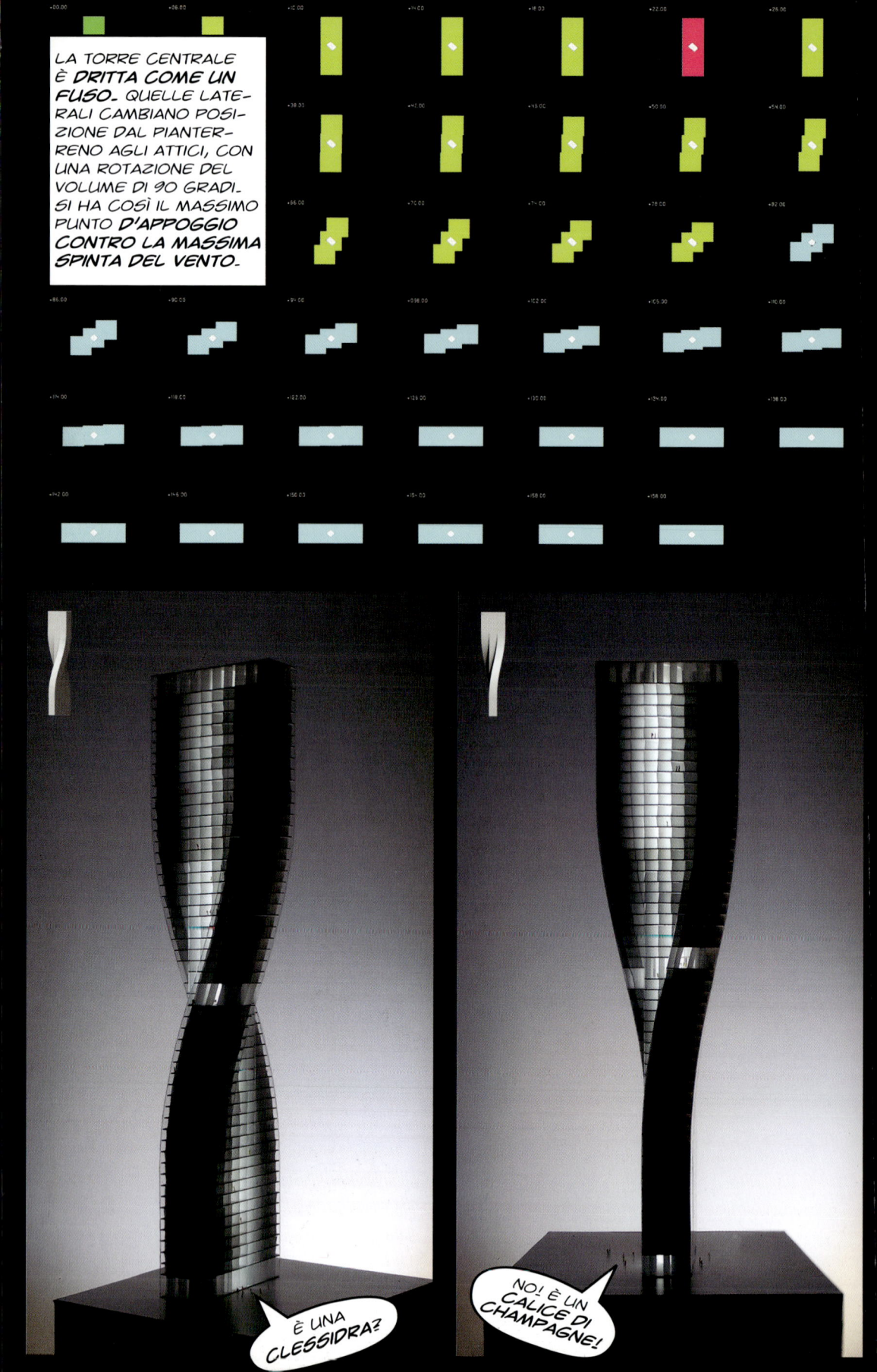

LA TORRE CENTRALE È **DRITTA COME UN FUSO**. QUELLE LATERALI CAMBIANO POSIZIONE DAL PIANTERRENO AGLI ATTICI, CON UNA ROTAZIONE DEL VOLUME DI 90 GRADI. SI HA COSÌ IL MASSIMO PUNTO **D'APPOGGIO** CONTRO LA MASSIMA SPINTA DEL VENTO.

È UNA CLESSIDRA?

NO! È UN CALICE DI CHAMPAGNE!

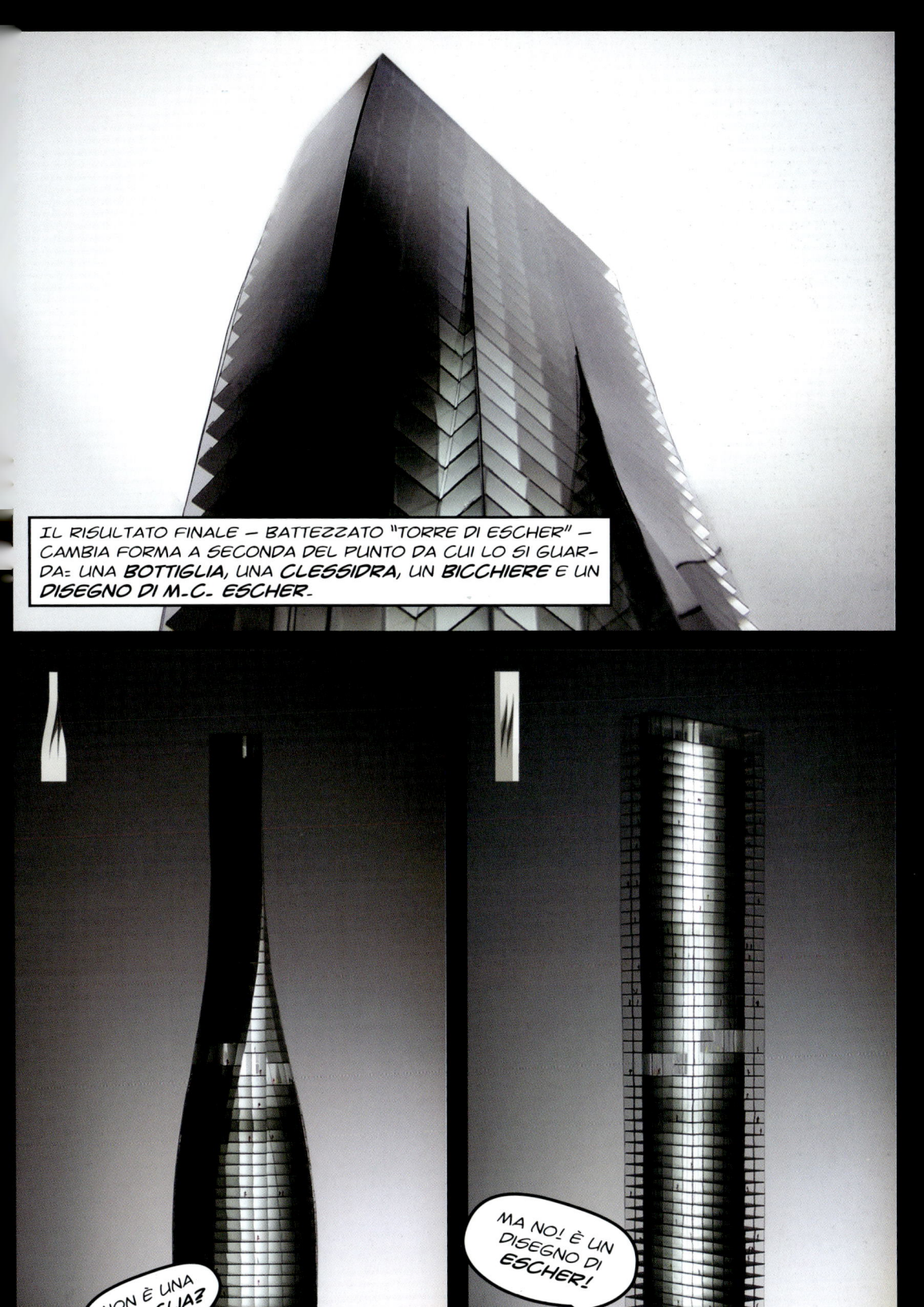

IL RISULTATO FINALE — BATTEZZATO "TORRE DI ESCHER" — CAMBIA FORMA A SECONDA DEL PUNTO DA CUI LO SI GUARDA: UNA **BOTTIGLIA**, UNA **CLESSIDRA**, UN **BICCHIERE** E UN **DISEGNO DI M.C. ESCHER**.

NON È UNA **BOTTIGLIA?**

MA NO! È UN DISEGNO DI **ESCHER!**

M.C. ESCHER
"BELVEDERE" 1958

LA DIFFERENZA È CHE GLI EDIFICI DISEGNATI DA ESCHER **SEMBRANO FUNZIONARE** MA SONO DI FATTO COSTRUZIONI IMPOSSIBILI. LA ESCHER TOWER INVECE È **L'OPPOSTO: SEMBRA FOLLE** MA IN REALTÀ È FRUTTO DEL **BUON SENSO.**

TØJHUSET
TØJ

# BUREAUCRATIC BEAUTY

L'EVOLUZIONE URBANA È IL RISULTATO DELLA **COMPLESSA INTERAZIONE TRA INTERESSI PUBBLICI E PRIVATI**: FORAGGIATA DAGLI INVESTIMENTI, È SOTTOPOSTA A REGOLE BEN PRECISE.

PER PREVENIRE SVILUPPI INDESIDERATI, URBANISTI E POLITICI CERCANO DI IMMAGINARE COSA DOVREBBE E COSA NON DOVREBBE ACCADERE...

B~~A~~A

§!!

どいてくれ~!

... E STABILISCONO **REGOLE** PER GARANTIRSI GLI SVILUPPI DESIDERATI – O EVITARE QUELLI NON VOLUTI.

MA, POICHÉ LA VITA VA AVANTI, **ANCHE LA CITTÀ** (COL SUO REGOLAMENTO EDILIZIO) **DEVE EVOLVERE** PER CONTINUARE AD ADATTARSI AL MODO IN CUI VOGLIAMO VIVERE, E NON VICEVERSA.

IL **SITO DI TØJHUS** AD **ISLANDS BRYGGE**, NEL **CENTRO DI COPENAGHEN**, È UNA NUOVA TRASFORMAZIONE URBANISTICA CHE COMPRENDE BLOCCHI RESIDENZIALI E SCATOLE DI VETRO PER UFFICI, CHE SI SPECCHIANO NELL'ACQUA.

?

GLI UNICI A SPICCARE, SULLE NUOVE COSTRUZIONI RELATIVAMENTE ANONIME, SONO **TRE VECCHI MAGAZZINI**, CHE PER L'AMPIA PLANIMETRIA E LA STRUTTURA MAESTOSA SI SONO DIMOSTRATI IDEALI PER OSPITARE STUDI DI REGISTRAZIONE E GALLERIE D'ARTE.

I PROPRIETARI CI CHIAMARONO PER VEDERE SE IL PARCHEGGIO ACCANTO AI MAGAZZINI POTESSE ESSERE **UN BANCO DI PROVA PER QUALCOSA DI DIVERSO DAI SOLITI PALAZZI RESIDENZIALI** E BLOCCHI DI UFFICI.

IL PRG PRESCRIVEVA UN **CLASSICO CASEGGIATO A 5 PIANI** E UNA NUOVA PIAZZA. IL COMMITTENTE VOLEVA, INVECE, IL **DOPPIO DELLA DENSITÀ** ABITATIVA E APPARTAMENTI COSÌ IN ALTO DA CONSENTIRE DI VEDERE **IL MARE!**

DECIDEMMO QUINDI DI **STUDIARE BENE IL REGOLAMENTO EDILIZIO DI COPENAGHEN.** TRA LE ALTRE COSE, CONTIENE UNA NORMA CHE SANCISCE L'ALTEZZA MASSIMA DI UN EDIFICIO IN BASE ALLA SUA DISTANZA DAGLI EDIFICI LIMITROFI.

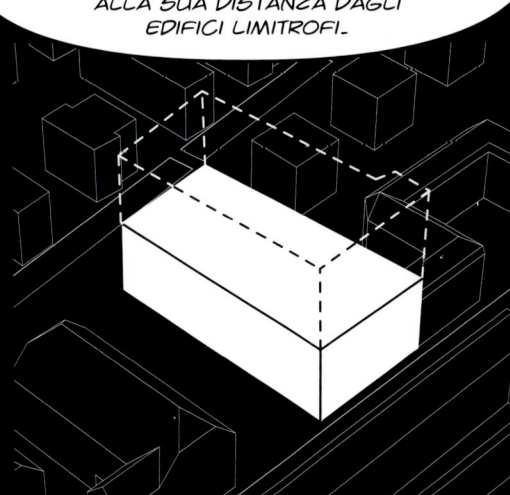

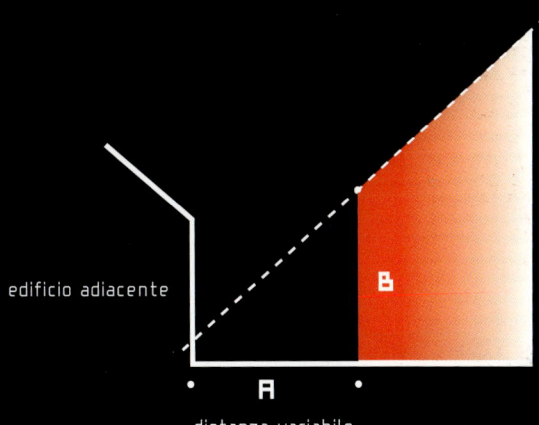

edificio adiacente

distanza variabile

ECCO LA FORMULA: **ALTEZZA MAX = 3 M + L'80% DELLA DISTANZA DAI VICINI.** PIÙ UN EDIFICIO È LONTANO DAGLI ALTRI, PIÙ ALTO PUOI COSTRUIRLO.

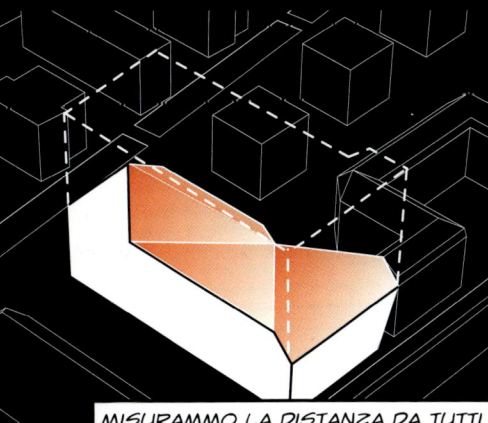

MISURAMMO LA DISTANZA DA TUTTI GLI IMMOBILI LIMITROFI PER OTTENERE, IN FUNZIONE DI QUESTA, **L'IMMAGINE VIRTUALE DELL'INVOLUCRO PIÙ AMPIO POSSIBILE.**

CON NOSTRA GRANDE SORPRESA APPARVE IL **VOLUME DI UN MAGAZZINO** CHE, CON I 3 GIÀ ESISTENTI, ANDAVA A COMPLETARE IL QUARTETTO.

**SCARTANDO LE TIPOLOGIE PREDEFINITE** ED ESPLORANDO L'ASTRATTO MONDO DELLE FORMULE BUROCRATICHE, SCOPRIMMO UN MODELLO MATEMATICO...

DA QUI POSSO VEDERE CASA MIA!

... CHE, MALGRADO L'ORIGINE ASTRATTA, ERA **PIÙ IN ARMONIA CON GLI EDIFICI CIRCOSTANTI** DI QUANTO NON FOSSERO LE LINEE GENERALI DEL PRG.

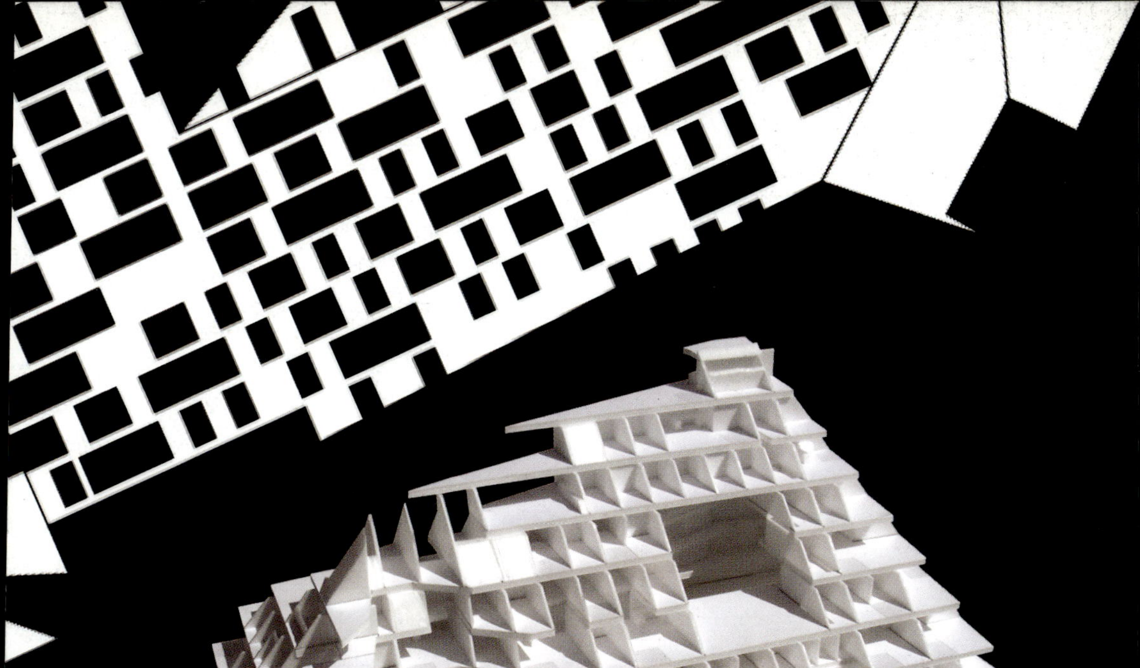

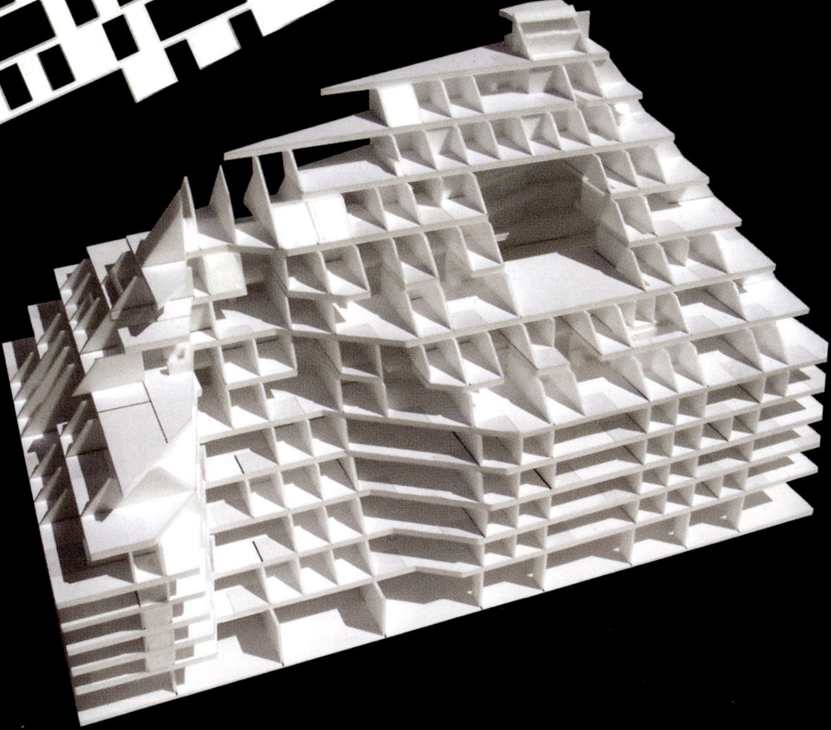

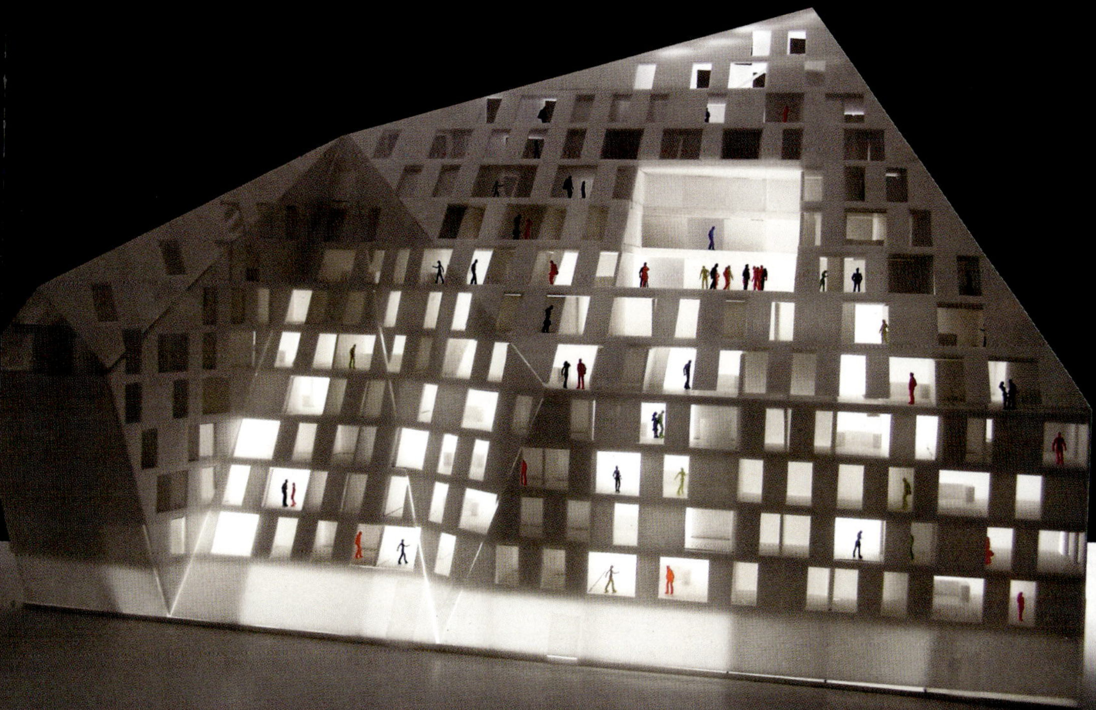

AL CLIENTE PIACQUE L'INCREMENTO DEI **METRI QUADRATI**...

... ALL'URBANISTA PIACQUE **LA RELAZIONE** DELL'EDIFICIO **CON IL CONTESTO**...

... E A NOI PIACQUE **L'ESPRESSIVITÀ DEL VOLUME** (ANCHE SE A STENTO POTEVAMO RIVENDICARNE LA PATERNITÀ).

INVECE DI PRESCINDERE DALLE **REGOLE** (O DI LAMENTARCENE) DECIDEMMO DI VEDERE **A COSA AVREBBE PORTATO** LA LORO APPLICAZIONE ALLA LETTERA.

PIÙ CHE DISEGNATA DA NOI, QUELLA FORMA ARCHITETTONICA ESPRESSIVA POTEVA DIRSI **ORIGINATA DA** (E NON MALGRADO) **REGOLE E REGOLAMENTI**.

ANZICHÉ **OLTREPASSARE LE REGOLE**, DECIDEMMO DI SPINGERCI AI LORO LIMITI ESTREMI, PER GONFIARE IL NOSTRO EDIFICIO FINO A FARGLI TOCCARE GLI INVISIBILI CONFINI IMMATERIALI...

... CHE RIVELANO **LA BELLEZZA NASCOSTA DELLA BUROCRAZIA!**

THE BATTERY
BAT

# URBAN INTEGRATION

"NELLA PRIMAVERA 2006 UN MANIPOLO DI VIGNETTISTI DANESI, IMPEGNATI IN UNA GOFFA CROCIATA IN DIFESA DELLA LIBERTÀ DI PAROLA, DISEGNÒ DELLE **CARICATURE DEL PROFETA MAOMETTO**, SUSCITANDO SDEGNO IN QUASI TUTTO IL MONDO ISLAMICO."

BANDIERE, AMBASCIATE E IMMAGINI DEL **PRIMO MINISTRO DANESE** VENNERO DATE ALLE FIAMME.

LA **STRADA SOTTO AL NOSTRO STUDIO** (NEL QUARTIERE A MAGGIOR CONCENTRAZIONE ISLAMICA DI COPENAGHEN) FU TRASFORMATA IN UN **CAMPO DI BATTAGLIA** DA RAGAZZI IMMIGRATI PIENI DI RABBIA E FRUSTRAZIONE, CHE ROMPEVANO VETRINE E INCENDIAVANO AUTO.

COPENAGHEN FU INVASA DA MEDIA STRANIERI E ISLAMICI CHE DOCUMENTAVANO IL **COLOSSALE FALLIMENTO DEL PROCESSO DI INTEGRAZIONE DEGLI IMMIGRATI MUSULMANI** NELLA SOCIETÀ DANESE.

"POTETE ABBASSARE UN PO' IL VOLUME? QUI SI LAVORA!"

PROPRIO ALLORA, PER PURO CASO (O FU DESTINO?) STAVAMO TERMINANDO GLI SCHIZZI DI QUELLO CHE SEMBRAVA POTER ESSERE IL PRIMO TENTATIVO RIUSCITO DI INTEGRAZIONE DELLA **CULTURA ISLAMICA** IN DANIMARCA. MA LA STORIA ERA COMINCIATA PIÙ DI DIECI ANNI PRIMA...

NEL 1992 IL CONSIGLIO COMUNALE DI COPENAGHEN AVEVA DECISO DI CONVERTIRE L'**EX POLIGONO MILITARE**, SITUATO NELLA ZONA CENTRALE, ISCRIVENDOLO NEL PROGETTO DI **AMPLIAMENTO DELL'UNIVERSITÀ**.

SAREBBE DOVUTO DIVENTARE UN **CAMPUS A RIDOTTA DENSITÀ ABITATIVA CON EDIFICI A 3 PIANI**: LA BASSA DENSITÀ È CONSIDERATA GARANZIA DI LUCE E ARIA FRESCA.

UNIVERSITÀ

IN OSSEQUIO ALL'INTEGRAZIONE CULTURALE AVREBBE DOVUTO **INCLUDERE UNA MOSCHEA**...

POCO DOPO FU COSTRUITA UNA NUOVA LINEA DELLA METROPOLITANA, NEI CUI PRESSI SORSE UN NUOVO QUARTIERE, E L'**UNIVERSITÀ SI SVILUPPÒ IN DIREZIONE OPPOSTA**.

NEL FRATTEMPO GLI ESPERTI AVEVANO SCOPERTO CHE UN CERTO GRADO DI DENSITÀ URBANA GIOVA ALLA VITA DI UNA CITTÀ. **IL NUOVO QUARTIERE VENNE REALIZZATO PIÙ ALTO E PIÙ DENSAMENTE ABITATO**, PER GARANTIRE LA PRESENZA DI GENTE IN STRADA E CLIENTI NEI BAR.

SIAMO ANDATI **DI NUOVO** FUORI BUDGET?!! SACRE BLEU!!

LE REGOLE PERÒ RESTAVANO LE STESSE: 3 PIANI E UNA MOSCHEA. MA **LA COMUNITÀ ISLAMICA NON RIUSCIVA A TROVARE UN ACCORDO SUL TIPO DI MOSCHEA**...

... E **GLI IMPRENDITORI PRIVATI NON SAPEVANO CHE FARSENE** DI UN'AREA DESTINATA ALL'ARCHITETTURA ISLAMICA. COSÌ L'AREA RIMASE VUOTA. FINCHÉ...

... UN GIORNO UN CLIENTE CI CHIAMÒ PER COMMISSIONARCI UNA TRASFORMAZIONE URBANISTICA AD ALTISSIMA DENSITÀ ABITATIVA, **4 VOLTE SUPERIORE AGLI STANDARD**.

LA PRESENZA MASSICCIA DI ABITAZIONI E UFFICI AVREBBE FATTO SENTIRE IL BISOGNO DI EDIFICI PER LA CULTURA E IL TEMPO LIBERO E DI NEGOZI AL PIANO TERRA, CON CONSEGUENTE **AUMENTO DELLA VITALITÀ URBANA**.

E I **PROFITTI SAREBBERO STATI POTENZIALMENTE COSÌ ALTI** DA PERMETTERE DI **SPONSORIZZARE LA MOSCHEA** COME PARTE DEL PROGETTO. ERA CHIARO CHE AVREMMO DOVUTO COSTRUIRE IMMOBILI **PIÙ ALTI E POPOLATI** DI QUANTO NON SI USASSE FARE A COPENAGHEN.

ED ERA CHIARO CHE IL PROGETTO SAREBBE STATO **INTERAMENTE DEDICATO ALL'INTEGRAZIONE!** L'INTEGRAZIONE FUNZIONALE DI OGNI ASPETTO DELLA VITA CITTADINA IN UN'UNICA COMUNITÀ:

ALLOGGI

ASILI NIDO

STRUTTURE SPORTIVE

UFFICI

NEGOZI

EDIFICI PER LA CULTURA...

... E UNA **MOSCHEA**.

L'**INTEGRAZIONE URBANA** DEI **TRE QUARTIERI**, TRA LORO **SLEGATI**, DI **ISLANDS BRYGGE, AMAGERBRO** E **ØRESTAD** IN UN UNICO CENTRO DI ATTIVITÀ ALL'INTERSEZIONE FRA I TRE...

... E INFINE L'INTEGRAZIONE **TRA CULTURA ISLAMICA E DANESE**, GRAZIE ALL'INCLUSIONE, AL CENTRO DEL COMPLESSO, DELLA **PRIMA MOSCHEA MAI COSTRUITA IN DANIMARCA**.

BASTA GUARDARE LO **STEMMA DI COPENAGHEN** PER CAPIRE A FONDO L'IDENTITÀ ARALDICA DELLA CITTÀ.

**TRE TORRI** SI ERGONO UNA ACCANTO ALL'ALTRA, **CON LA BASE NELL'ACQUA** E LE GUGLIE CORONATE DA DUE **STELLE DI DAVID** E **UNA MEZZALUNA**: L'IMMAGINE DI UNA MODERNA **CITTÀ COSMOPOLITA** IL CUI LITORALE È **POPOLATO DA PERSONE DI OGNI FEDE RELIGIOSA**.

E SE QUESTO PROGETTO POTESSE DARE NUOVA ENERGIA ALLA **FORMULA ALCHEMICA** RACCHIUSA NELLO STEMMA DI COPENAGHEN? **TORRI + ACQUA + DIVERSITÀ = UNA CITTÀ VIVA!**

COSÌ DECIDEMMO ANCORA UNA VOLTA DI SPINGERCI **AI LIMITI DEL REGOLAMENTO EDILIZIO**.

RIVISITANDO LA **FORMULA SPERIMENTATA A TØJHUSET**\*...

... MISURAMMO LA **DISTANZA DA TUTTI GLI EDIFICI** LIMITROFI PER VEDERE CHE IMMAGINE VIRTUALE SI OTTENEVA.

...APPARVE IL **CRINALE MONTUOSO** DI UN VOLUME ARCHITETTONICO.

\* VEDI "BUREAUCRATIC BEAUTY"

SEGUENDO IL PRG DEI LOTTI CIRCOSTANTI, **APRIMMO DEI PASSAGGI** ATTRAVERSO L'AREA PER **COLLEGARE** TRA LORO **I QUARTIERI**, TRASFORMANDO COSÌ LA CATENA MONTUOSA IN **RILIEVI SINGOLI**.

POICHÉ LE TORRI SULLA SINISTRA AVEVANO UNA PIANTA TROPPO LARGA PER LE FINALITÀ RESIDENZIALI, **RICAVAMMO AL LORO INTERNO DELLE CAVERNE** DESTINATE AD ATTIVITA' PUBBLICHE.

A LIVELLO DELLA STRADA **COLLEGAMMO** TRA LORO I SINGOLI **RILIEVI**, CREANDO UN **UNICO LUOGO PUBBLICO COPERTO**, E APRIMMO LE CAVERNE ALLA **LUCE** E ALLA **VISTA**.

IL RISULTATO ARCHITETTONICO È UN **PAESAGGIO ARTIFICIALE** DI **RILIEVI URBANI** E **CANYON A GUISA DI PARCHI, CAVERNE PUBBLICHE** E **RISAIE RESIDENZIALI**.

UN'ARCHITETTURA **LIBERA DA OGNI CAMICIA DI FORZA STILISTICA**: LIBERA DI POTER CREARE NUOVE ASSOCIAZIONI SFRUTTANDO L'INTERA GAMMA DELLE POSSIBILITÀ ARCHITETTONICHE.

LA VALLE OFFRE UN'**OASI PROTETTA** PER I BAMBINI DELL'ASILO DI QUARTIERE.

DALLE TERRAZZE I RESIDENTI POTRANNO **AMMIRARE LO SKYLINE DI COPENAGHEN**, CON LE SUE NUMEROSE TORRI STORICHE E LE GUGLIE.

LE PERSONE ATTRAVERSERANNO IL PAESAGGIO TERRAZZATO LUNGO UNA **RETE DI PERCORSI** CHE COLLEGA TRA LORO I TRE QUARTIERI.

LE CAVERNE COSTITUISCONO UN **AMPIO SPAZIO PUBBLICO UNITARIO**, DI DIMENSIONI VARIABILI DALL'**UMANO AL COLOSSALE**. OSPITANO UN BAZAR, DEI NEGOZI, INFRASTRUTTURE SPORTIVE, UNA SPA E UN ASILO.

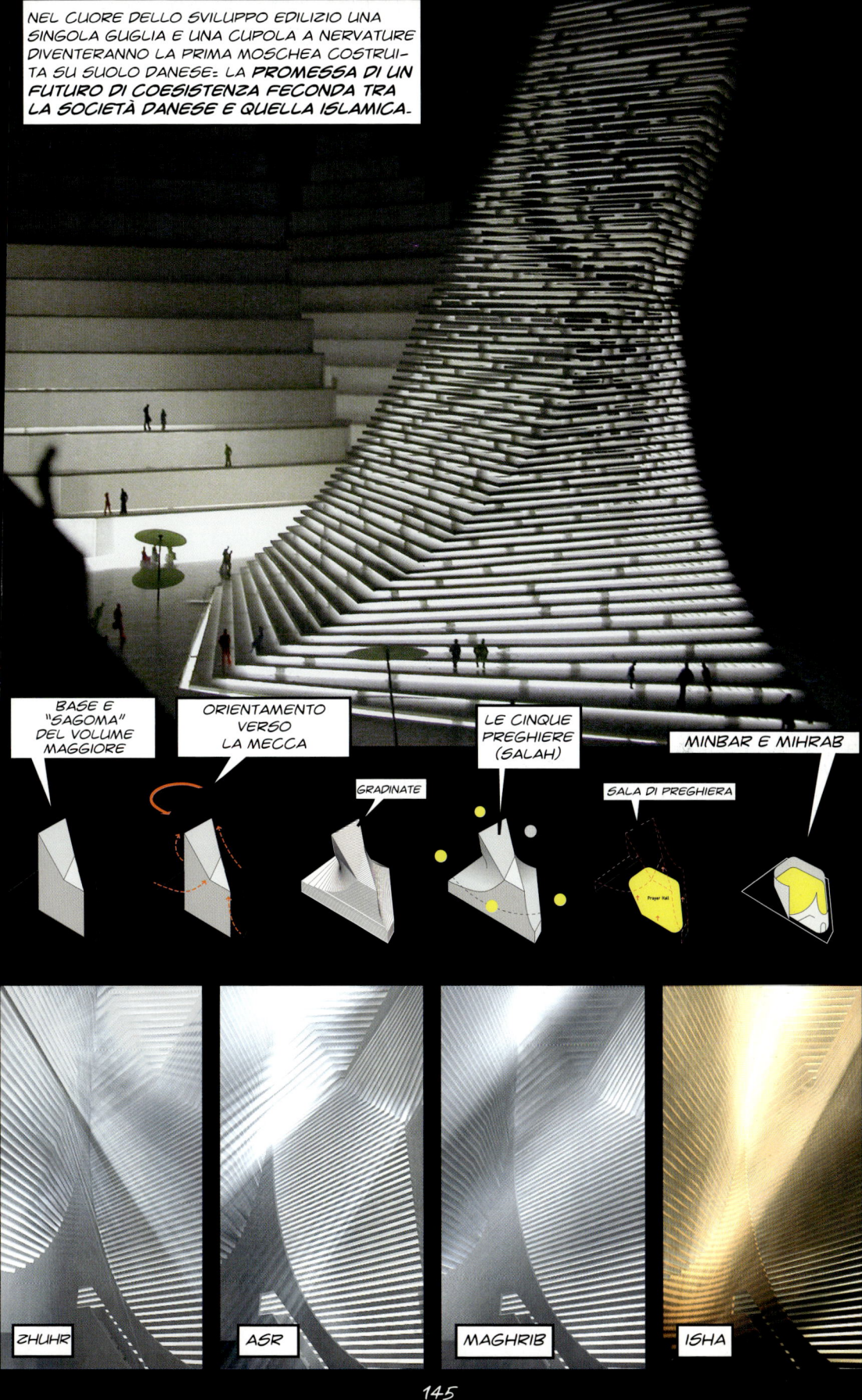

NEL CUORE DELLO SVILUPPO EDILIZIO UNA SINGOLA GUGLIA E UNA CUPOLA A NERVATURE DIVENTERANNO LA PRIMA MOSCHEA COSTRUITA SU SUOLO DANESE: LA **PROMESSA DI UN FUTURO DI COESISTENZA FECONDA TRA LA SOCIETÀ DANESE E QUELLA ISLAMICA.**

BASE E "SAGOMA" DEL VOLUME MAGGIORE

ORIENTAMENTO VERSO LA MECCA

GRADINATE

LE CINQUE PREGHIERE (SALAH)

SALA DI PREGHIERA

MINBAR E MIHRAB

ZHUHR

ASR

MAGHRIB

ISHA

UN'ARCHITETTURA DI SINERGIE CHE INTEGRA IL PAESAGGIO TERRAZZATO DELLE RISAIE ASIATICHE...

... UN MINARETO DI BASSORA...

... LA FORESTA DI COLONNE DELLA MOSCHEA DI CORDOVA...

E LE IMPONENTI VOLTE DELLE CATTEDRALI GOTICHE EUROPEE.

LA TORRE DI BABELE **CROLLÒ A CAUSA DELLA CONFUSIONE TRA LE DIVERSE LINGUE.**

مرحبا

CIAO!

LE NUOVE VETTE DI BATTERY **SI REGGONO SU UN COCKTAIL MULTICULTURALE DI RELIGIONE, ATTIVITÀ CULTURALI E ARCHITETTURA.**

VILNIUS WORLD TRADE CENTER 1

# BAROQUE NETWORK

VILNIUS È IL CENTRO GEOGRAFICO DELL'EUROPA.

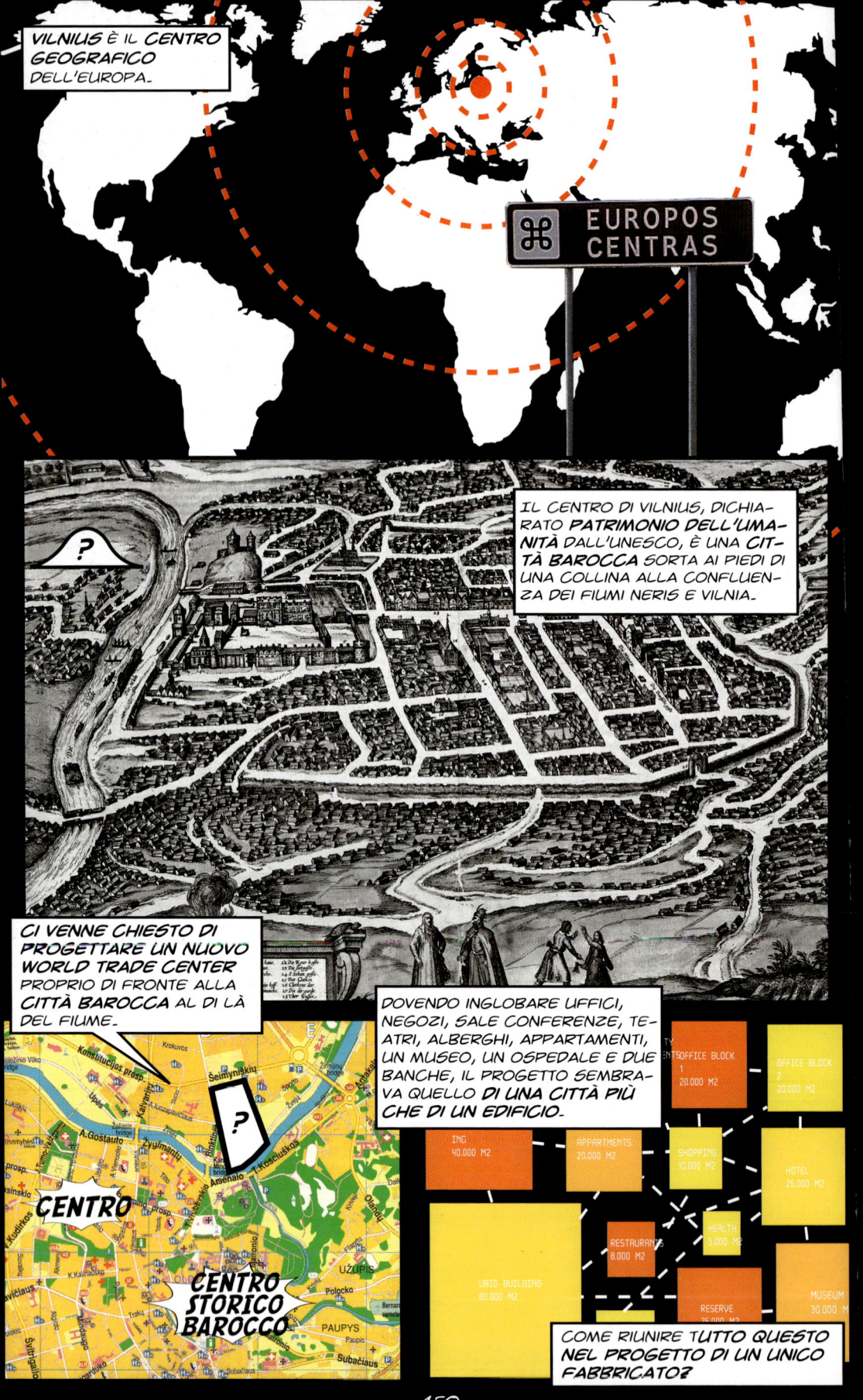

EUROPOS CENTRAS

IL CENTRO DI VILNIUS, DICHIARATO **PATRIMONIO DELL'UMANITÀ** DALL'UNESCO, È UNA **CITTÀ BAROCCA** SORTA AI PIEDI DI UNA COLLINA ALLA CONFLUENZA DEI FIUMI NERIS E VILNIA.

CI VENNE CHIESTO DI PROGETTARE UN NUOVO **WORLD TRADE CENTER** PROPRIO DI FRONTE ALLA **CITTÀ BAROCCA** AL DI LÀ DEL FIUME.

DOVENDO INGLOBARE UFFICI, NEGOZI, SALE CONFERENZE, TEATRI, ALBERGHI, APPARTAMENTI, UN MUSEO, UN OSPEDALE E DUE BANCHE, IL PROGETTO SEMBRAVA QUELLO **DI UNA CITTÀ PIÙ CHE DI UN EDIFICIO.**

CENTRO

CENTRO STORICO BAROCCO

COME RIUNIRE TUTTO QUESTO NEL PROGETTO DI UN UNICO FABBRICATO?

SE TI CHIEDONO DI PROGETTARE UN COMPLESSO DI 300.000 M² A DESTINAZIONE MISTA, ENTRI IN QUELLA ZONA CREPUSCOLARE CHE STA *TRA L'ARCHITETTURA E L'URBANISTICA.*

*L'URBANISTICA,* DISCIPLINA ARTISTICO-SCIENTIFICA CHE SI OCCUPA DI CREARE CITTÀ VIVE, HA UNA MIGLIORE RIUSCITA SE OPERA *LENTAMENTE...*

... UNO *SVILUPPO EDILIZIO* INVECE È TANTO PIÙ FRUTTUOSO QUANTO PIÙ È *VELOCE!*

COME RIUSCIRE A INTEGRARE UN *INTERVENTO EDILIZIO* COSÌ VASTO IN UN *CONTESTO STORICO* COSÌ *DELICATO?*

PASSAMMO IN RASSEGNA TUTTI I WORLD TRADE CENTER ESISTENTI: UNA SFILATA DI GRATTACIELI, APERTA DALLE (ORA DISTRUTTE) TWIN TOWERS DI MANHATTAN.

**BAROQUE** VS **MODERNISM**

QUELLA DI ACCOSTARE *DEI GRATTACIELI* AL CENTRO BAROCCO *NON SEMBRAVA UNA STRADA PERCORRIBILE.*

GLI IMPRENDITORI E LA MUNICIPALITÀ VOLEVANO UNA *"BILBAO"* (ATTUALMENTE SONO IN TRATTATIVE CON ZAHA HADID, IL GEHRY DEI GIORNI NOSTRI, PER LA PROGETTAZIONE DEL GUGGENHEIM DI VILNIUS).

**ORGANIC** VS **ORTHOGONAL**

ERAVAMO COMBATTUTI TRA LA *VOGLIA DI REALIZZARE UN'OPERA D'ARTE E LA NECESSITÀ DI SEGUIRE UN PRG!* QUESTA POTEVA ESSERE LA NOSTRA RICETTA: DISEGNARE UN EDIFICIO NEL MODO IN CUI AVREMMO PROGETTATO UNA CITTÀ. GUARDAMMO, QUINDI, AI QUARTIERI SULL'ALTRA RIVA DEL FIUME.

CI IMBATTEMMO IN UN **DIAGRAMMA AD ALBERO** CORREDATO DALLE PAROLE DEL POETA LITUANO TOMAS VENCLOVA: "LA CITTÀ VECCHIA DI VILNIUS, UNICA ED ETEROGENEA, È UNA DELLE PIÙ GRANDI DELL'EUROPA CENTRO-ORIENTALE; ANCHE LE PARTI PIÙ NUOVE DI ESSA HANNO EREDITATO QUEL SUO PRINCIPIO DI PIANIFICAZIONE IRREGOLARE E ORGANICA".

IL CENTRO STORICO CITTADINO SI È **EVOLUTO NEI SECOLI** CON **MODIFICHE E CAMBIAMENTI** COSTANTI, CHE HANNO DATO ORIGINE A UNA CONFIGURAZIONE SPAZIALE INTUITIVA E SORPRENDENTE.

TENTAMMO DI **SOVRAPPORRE LA MAPPA DELLA CITTÀ VECCHIA** ALLA NOSTRA ARE.

COSÌ FACENDO, PERÒ, CREAVAMO UNA SERIE DI **EDIFICI SEPARATI TRA LORO** DA STRADE E PIAZZE. SE VOLEVAMO CREARE UN WORLD TRADE CENTER, UNA RETE DI FUNZIONI DISTINTE **FUSE INSIEME** IN UN TUTTO UNICO, DOVEVAMO **INVERTIRE IL DISEGNO**: TRASFORMANDO LE STRADE IN IMMOBILI E GLI EDIFICI IN PARCHI.

IL RISULTATO FU UNA **STRUTTURA RETICOLARE** — UN GIGANTESCO GROVIGLIO DI RADICI PROTESE A CREARE **COLLEGAMENTI CON TUTTE LE STRADE VICINE**. DALL'AREA PERIMETRALE AL CENTRO, CORTILI E GIARDINI SAREBBERO PENETRATI OVUNQUE, COME **CANYON SCAVATI NELLE MONTAGNE**.

IL COMPLICATO DIAGRAMMA FUNZIONALE DELLE ADIACENZE ESTERNE E INTERNE POTEVA ESSERE INASPETTATAMENTE RISOLTO IN MODO SEMPLICE **ADDIZIONANDO UN INTERVENTO ALL'ALTRO** O BIFORCANDO I VARI RAMI PER RIUNIRE PIÙ INTERVENTI IN UN'UNICA REALTÀ.

INIZIAMMO SEMPLICEMENTE DAL CENTRO CONFERENZE DEL WORLD TRADE CENTER CHE COLLOCAMMO... BEH... OVVIAMENTE AL CENTRO, E DA LÌ SVILUPPAMMO LE FUNZIONI CONTIGUE NELLE VARIE DIREZIONI.

COME LE RADICI DI UN ALBERO CHE SI PROTENDONO IN CERCA D'ACQUA, I VARI INTERVENTI SI **PROTENDEVANO VERSO LA CITTÀ VECCHIA, IL FIUME O IL PARCO.**

IL **MUSEO** ANDÒ VERSO L'ACQUA, MENTRE LA **BANCA** SI PROTESE VERSO LE ARTERIE STRADALI.

RITOCCANDO LE ALTEZZE, PER **ARMONIZZARLE CON IL CONTESTO**, E AUMENTANDO LA DENSITÀ AL CENTRO DEL RETICOLO, CREAMMO GRADUALMENTE IL **PROFILO DI UNA SECONDA COLLINA** SULL'ALTRA RIVA DEL FIUME.

PIÙ **PAESAGGIO** CHE EDILIZIA, PIÙ **URBANISTICA** CHE ARCHITETTURA.

PARAGONATO AGLI ALTRI WORLD TRADE CENTER DEL MONDO, IL NOSTRO SENZA DUBBIO **SPICCAVA**.

POTEVAMO VANTARCI DI ESSERE GLI ARCHITETTI DEL WORLD TRADE CENTER PIÙ BASSO DELLA TERRA!

VISTA DALL'ALTO, QUESTA **FORMA ESPRESSIVA DI ARCHITETTURA** APPARIVA COME UN **MOSAICO DELLA STRUTTURA ORGANICA DELLA CITTÀ BAROCCA**, MA ALLA ROVESCIA — UNA RETE DI STRADE TRASFORMATA IN UNA RETE DI EDIFICI.

LO **SCHEMA ORGANIZZATIVO** SI FA ESPRESSIONE ARCHITETTONICA!

QUANDO LO PRESENTAMMO, IL PROGETTO **PIACQUE MOLTISSIMO A TUTTI!**

**PIACQUE AL COMMITTENTE** PERCHÉ RISPONDEVA PUNTUALMENTE ALLE SUE ESIGENZE: OGNI ADIACENZA, COLLEGAMENTO E METRO QUADRATO ERANO AL POSTO GIUSTO.

ACQUE AL **PROPRIETARIO DEL TO**, PERCHÉ GLI SEMBRAVA N UTILIZZO PROFICUO DEL SUO RRENO.

E PIACQUE ALLA **MUNICIPALITÀ**, CHE LO VEDEVA COME UNA REINTERPRETAZIONE DELLA TRADIZIONE LOCALE: UNA SORTA DI BAROCCO CONTEMPORANEO.

SFORTUNATAMENTE PERÒ LE PARTI IN CAUSA **NON SI PIACQUERO TRA LORO** – E L'AFFARE ANDÒ A MONTE.

MA *LA STORIA CONTINUA...*

# BAROQUE CITY UPSIDE DOWN

VILNIUS WORLD TRADE CENTER 2
**WTC2**

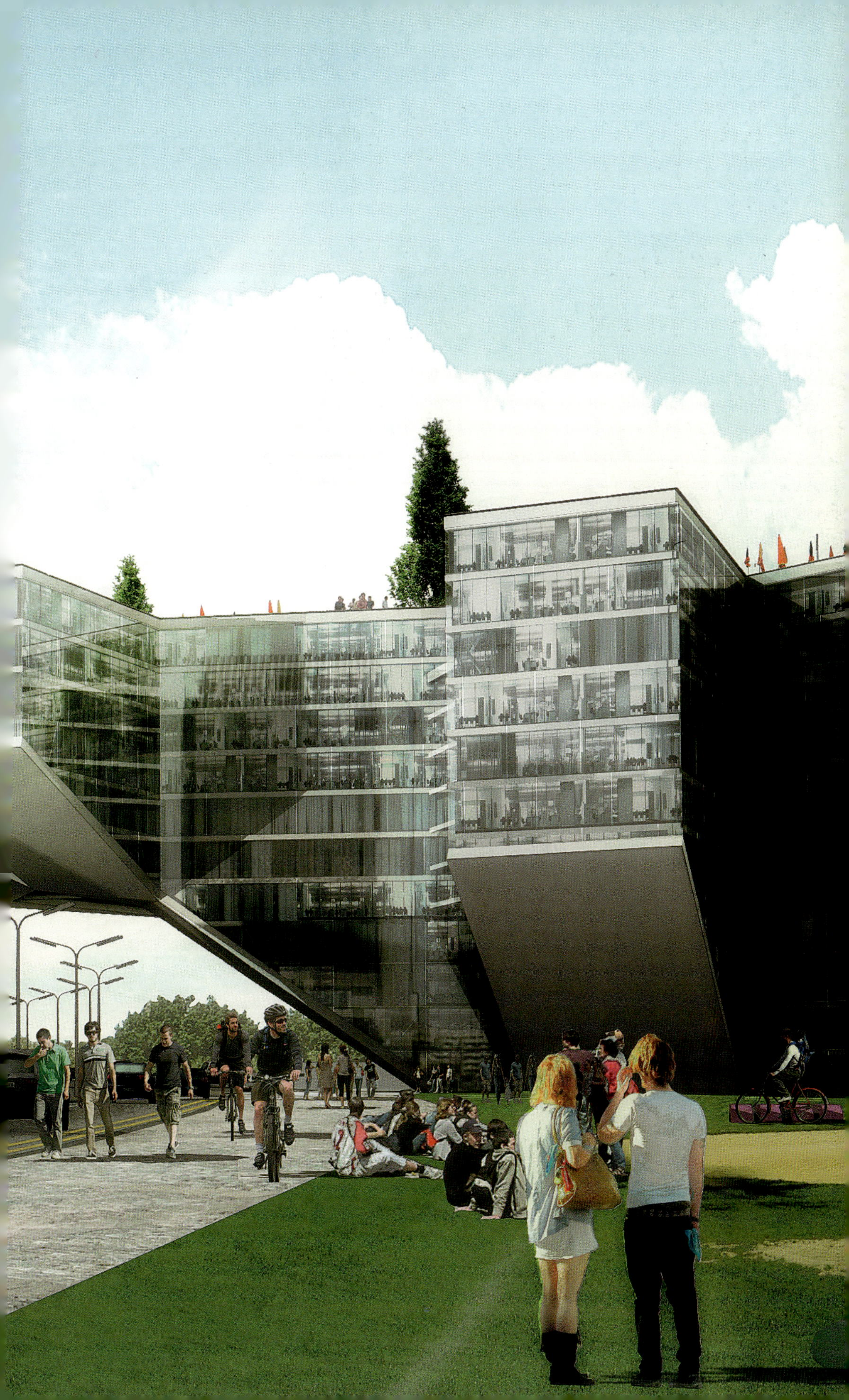

SEI MESI DOPO LA NASCITA E LA MORTE DEL NOSTRO PRIMO PROGETTO PER IL VILNIUS WORLD TRADE CENTER, FUMMO RICHIAMATI DAGLI STESSI CLIENTI.

**NEW SITE**

AVEVANO TROVATO **UNA NUOVA AREA** ADATTA ALL'INTERVENTO.

I TEMPI ERANO STRETTI MA, POICHÉ AVEVANO MOLTO APPREZZATO LA NOSTRA PRIMA PROPOSTA, VOLEVANO CHE **LA REPLICASSIMO SUL NUOVO SITO**.

NUTRIVAMO UNA CERTA NOSTALGIA PER QUEL NOSTRO PRIMO FLIRT CON IL BAROCCO CONTEMPORANEO, PERCIÒ PREGAMMO CHE LA NUOVA AREA SI PRESTASSE BENE AL PROGETTO...

MA, A QUANTO PARE, DIO NON ESISTE...

IL NUOVO SITO ERA TRONCATO A **METÀ DA UNA GRANDE ARTERIA STRADALE**. UNA STRUTTURA BASSA COME QUELLA PENSATA ERA IRREALIZZABILE PER VIA DELLA STRADA CHE, OCCUPANDO QUASI METÀ DEL TERRENO, RENDEVA IMPOSSIBILE UN **RETICOLO ININTERROTTO!**

IL TEMPO DI CREARE DAL NULLA QUALCOSA DI INTERESSANTE NON C'ERA!

QUINDI, GRAZIE A UN POTENTE COCKTAIL DI PIGRIZIA, OPPORTUNISMO E PANICO ASSOLUTO, **CAPOVOLGEMMO IL PROGETTO**.

TRASFORMANDO LA VETTA DEL WTC1 IN TRE PIEDISTALLI, POTEVAMO CREARE UNA STRUTTURA STABILE, PIÙ SIMILE ALLA CHIOMA CHE ALLE RADICI DI UN ALBERO. LA STRUTTURA, ESSENDO SOPRAELEVATA, AVREBBE LASCIATO **IL SUOLO DISPONIBILE** PER **AREE VERDI E PARCHEGGI**.

IL TETTO AVREBBE FORMATO UN **GRANDE PARCO A STRUTTURA RETICOLARE** CIRCONDATO DAGLI SPAZI A DESTINAZIONE PUBBLICA DEL WTC, DA ATRI E RISTORANTI.

**ESSENDOCI ESPANSI AL DI SOPRA DELLA STRADA**, POTEVAMO ASSERIRE CHE L'AREA (O ALMENO L'ARIA) ERA LIBERA DAL TRAFFICO.

DALL'INTERNO DELLA STRUTTURA LA **VISTA** SI SAREBBE APERTA **SULLE AUTOMOBILI IN TRANSITO NELLA ZONA SOTTOSTANTE** O SUL CIELO. L'AMPIA "CHIOMA ALBERATA" AVREBBE ACCRESCIUTO LE DIMENSIONI DELL'IMMOBILE.

NATO DA UNA PIANTA URBANA, PRIMA ROVESCIATA E POI CAPOVOLTA, IL VILNIUS WORLD TRADE CENTER SARÀ L'ACCESSO AL CENTRO PER CHI PROVIENE DALL'AEROPORTO.

PUR RAPPRESENTANDO UN ALLONTANAMENTO EVOLUTIVO DAI PROGENITORI, OGNI MUTAZIONE CONTINUA INNEGABILMENTE A RECARE IN SÉ LE **CARATTERI-**

# THE 7 PEAKS OF AZERBAIJAN

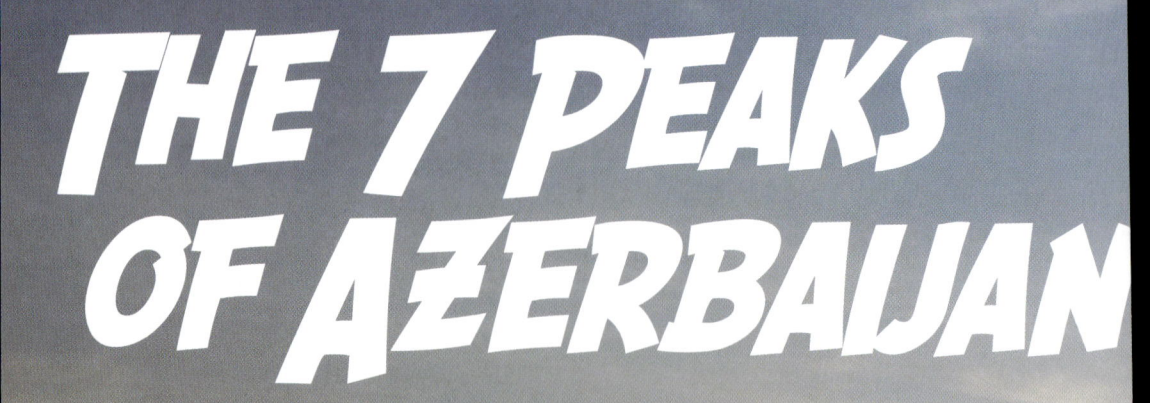

ZIRA ZERO ISLAND
ZIR

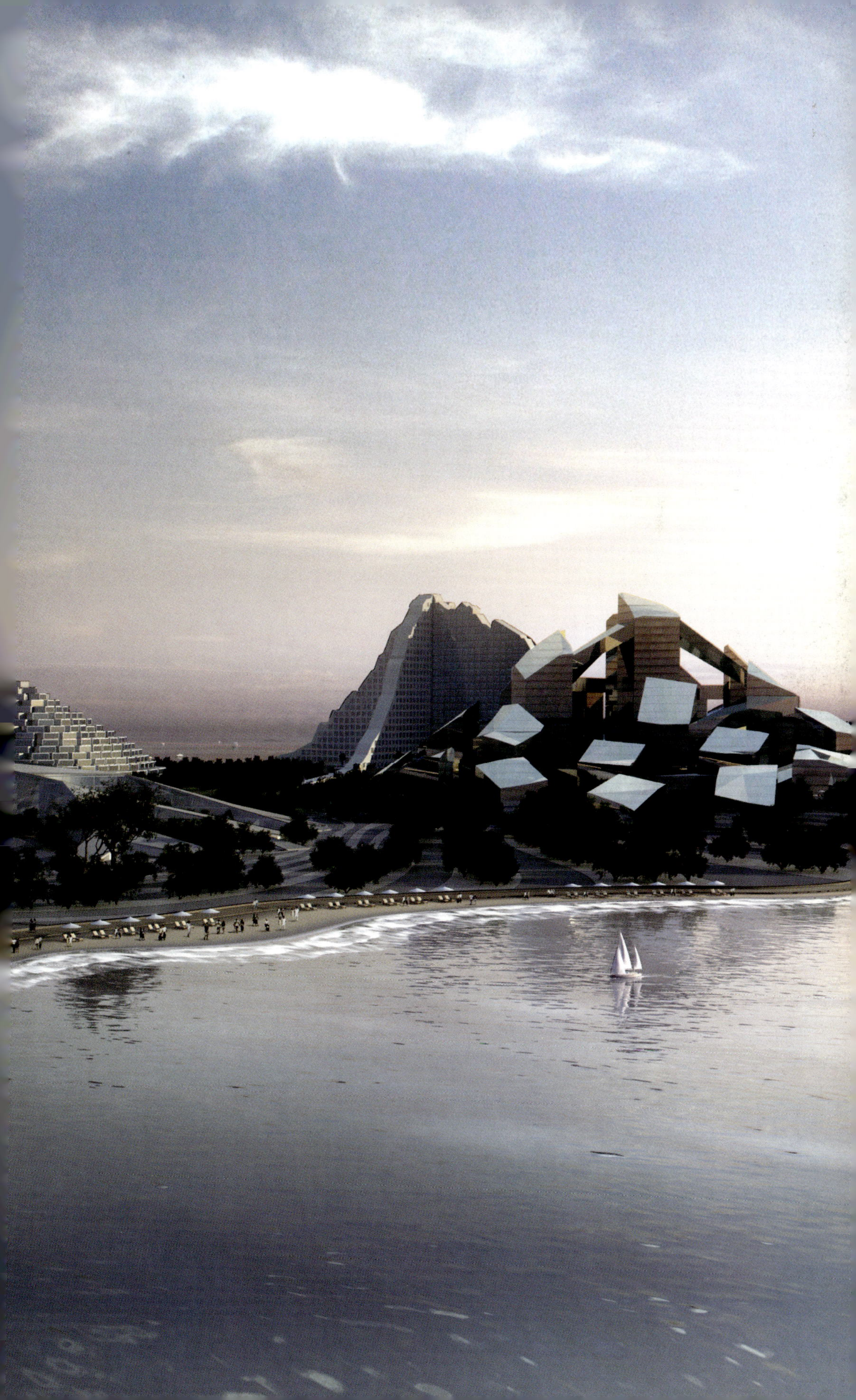

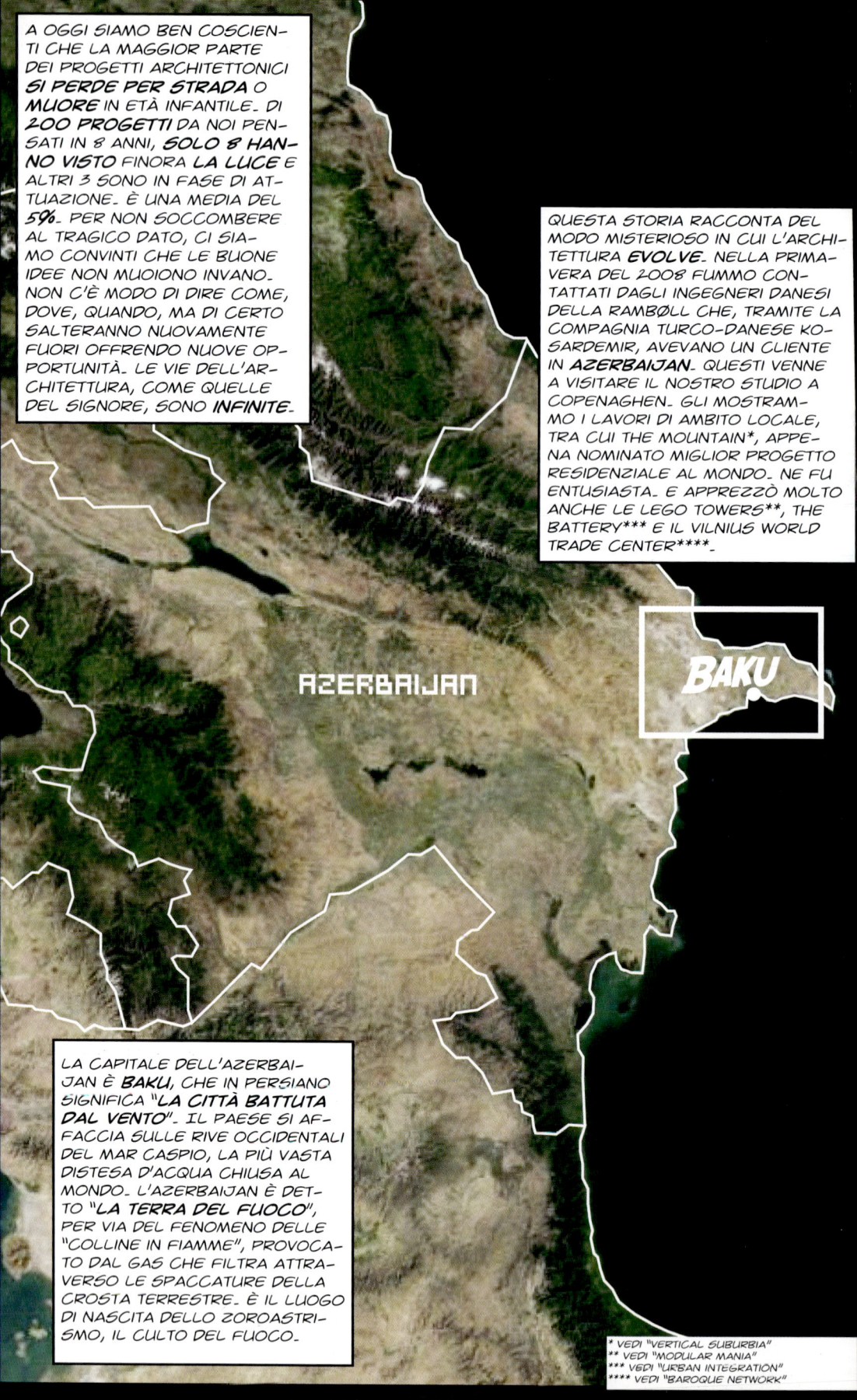

A OGGI SIAMO BEN COSCIENTI CHE LA MAGGIOR PARTE DEI PROGETTI ARCHITETTONICI **SI PERDE PER STRADA** O **MUORE** IN ETÀ INFANTILE. DI **200 PROGETTI** DA NOI PENSATI IN 8 ANNI, **SOLO 8 HANNO VISTO** FINORA **LA LUCE** E ALTRI 3 SONO IN FASE DI ATTUAZIONE. È UNA MEDIA DEL **5%**. PER NON SOCCOMBERE AL TRAGICO DATO, CI SIAMO CONVINTI CHE LE BUONE IDEE NON MUOIONO INVANO. NON C'È MODO DI DIRE COME, DOVE, QUANDO, MA DI CERTO SALTERANNO NUOVAMENTE FUORI OFFRENDO NUOVE OPPORTUNITÀ. LE VIE DELL'ARCHITETTURA, COME QUELLE DEL SIGNORE, SONO **INFINITE**.

QUESTA STORIA RACCONTA DEL MODO MISTERIOSO IN CUI L'ARCHITETTURA **EVOLVE**. NELLA PRIMAVERA DEL 2008 FUMMO CONTATTATI DAGLI INGEGNERI DANESI DELLA RAMBØLL CHE, TRAMITE LA COMPAGNIA TURCO-DANESE KOSARDEMIR, AVEVANO UN CLIENTE IN **AZERBAIJAN**. QUESTI VENNE A VISITARE IL NOSTRO STUDIO A COPENAGHEN. GLI MOSTRAMMO I LAVORI DI AMBITO LOCALE, TRA CUI THE MOUNTAIN\*, APPENA NOMINATO MIGLIOR PROGETTO RESIDENZIALE AL MONDO. NE FU ENTUSIASTA. E APPREZZÒ MOLTO ANCHE LE LEGO TOWERS\*\*, THE BATTERY\*\*\* E IL VILNIUS WORLD TRADE CENTER\*\*\*\*.

AZERBAIJAN

BAKU

LA CAPITALE DELL'AZERBAIJAN È **BAKU**, CHE IN PERSIANO SIGNIFICA "**LA CITTÀ BATTUTA DAL VENTO**". IL PAESE SI AFFACCIA SULLE RIVE OCCIDENTALI DEL MAR CASPIO, LA PIÙ VASTA DISTESA D'ACQUA CHIUSA AL MONDO. L'AZERBAIJAN È DETTO "**LA TERRA DEL FUOCO**", PER VIA DEL FENOMENO DELLE "COLLINE IN FIAMME", PROVOCATO DAL GAS CHE FILTRA ATTRAVERSO LE SPACCATURE DELLA CROSTA TERRESTRE. È IL LUOGO DI NASCITA DELLO ZOROASTRISMO, IL CULTO DEL FUOCO.

\* VEDI "VERTICAL SUBURBIA"
\*\* VEDI "MODULAR MANIA"
\*\*\* VEDI "URBAN INTEGRATION"
\*\*\*\* VEDI "BAROQUE NETWORK"

IL CLIENTE CI DISSE CHE LA CATENA DEL **CAUCASO** È L'EQUIVALENTE ASIATICO DELLE ALPI. LE **7 VETTE** IN PARTICOLARE SONO PROFONDAMENTE RADICATE NEL CUORE DEL POPOLO AZERO. PER LA GIOVANE DEMOCRAZIA POST-SOVIETICA, IN CERCA DI UN'IDENTITÀ NAZIONALE, QUESTO **STRAORDINARIO PAESAGGIO** È UN FORTE PUNTO DI RIFERIMENTO.

CI PARLÒ ANCHE DELL'**ISOLA DI ZIRA**. BAKU È STRUTTURATA COME LA BANDIERA AZERA: 3 STRISCE, UNA VERDE, UNA ROSSA E UNA BLU, CON UNA MEZZALUNA E UNA STELLA AL CENTRO. BAKU È UNA BAIA A FORMA DI MEZZALUNA CHE SI AFFACCIA SULL'ISOLA DI ZIRA.

PER LA SUA **POSIZIONE CENTRALE** ZIRA È STATA UNA BASE NAVALE, ORA ABBANDONATA. IL PRESIDENTE AZERO NON HA MAI AUTORIZZATO TRASFORMAZIONI URBANISTICHE IN LOCO PER PAURA CHE UN EVENTUALE FALLIMENTO ROVINASSE L'INTERA VISTA DI BAKU SUL CASPIO.

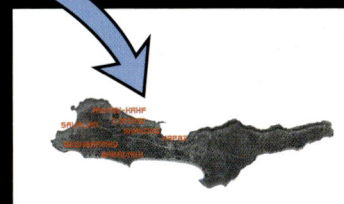

AZERBAIJAN

ISOLA DI ZIRA

CI CHIESE DI CREARE UNA **NUOVA CITTÀ** PER LA CULTURA E IL TEMPO LIBERO, DA CUI FOSSERO VISIBILI A DISTANZA LE **7 VETTE DELL'AZERBAIJAN**.

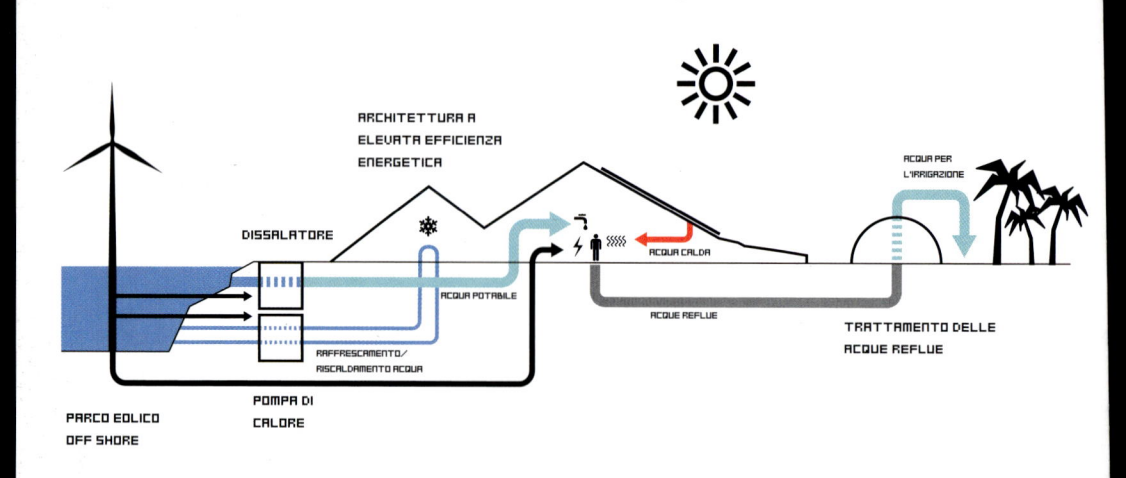

GLI DICEMMO CHE LO AVREMMO FATTO A UNA CONDIZIONE: REALIZZARE UN'ISOLA A EMISSIONI ZERO – **ZIRA ZERO ISLAND**.

POICHÉ SULL'ISOLA **NON ESISTEVANO INFRASTRUTTURE**, AVREMMO DOVUTO FORNIRE OGNI TIPO DI RISORSA: ENERGIA, CALORE E ACQUA. GRAZIE ALL'ABBONDANZA DI SOLE, VENTO E ACQUA MARINA, SAREMMO RIUSCITI A CREARE NON SOLO L'**IMMAGINE** DELLE MONTAGNE, MA UN INTERO **ECOSISTEMA** FATTO DI PICCHI E VALLI, RUSCELLI E LAGHETTI, ZONE OMBREGGIATE E RIPARATE. LA MONTAGNA COME **METAFORA** E **MODELLO** DI UNA NUOVA CITTÀ.

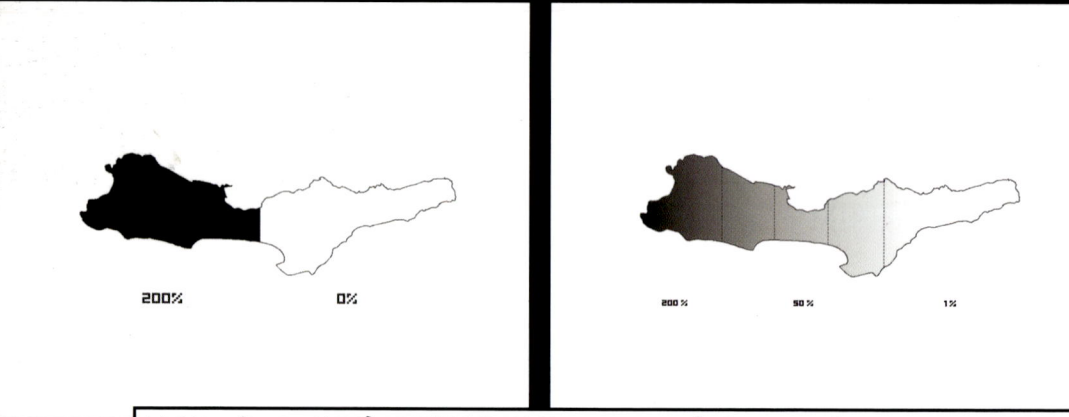

L'ISOLA È PER **METÀ PIANEGGIANTE** E PER **METÀ COLLINOSA**. CONCENTRAMMO LO SVILUPPO EDILIZIO NELLA ZONA PIANEGGIANTE, CREANDO UNA **TOPOGRAFIA ARTIFICIALE** LÀ DOVE NULLA ESISTEVA. E LASCIANDO INTATTO IL **PANORAMA NATURALE**.

LA METÀ URBANIZZATA È DISLOCATA SU **7 MONTAGNE** COLLEGATE TRA LORO DA **PARCHI E SENTIERI**.

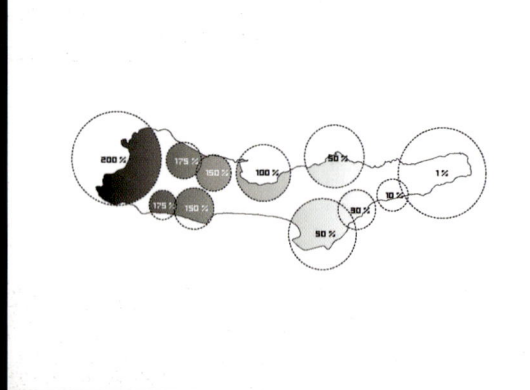

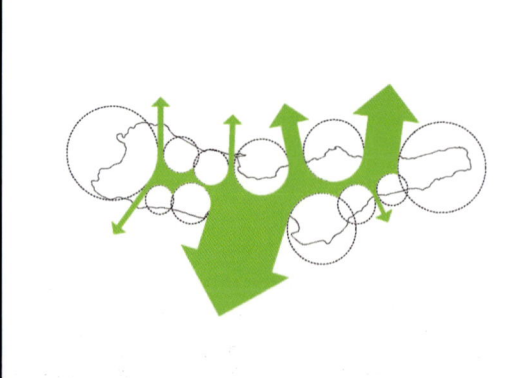

L'ARCHITETTURA DEL PAESAGGIO DELL'ISOLA DERIVA DALLA **SIMULAZIONE DEI FLUSSI D'ARIA NEI MICROCLIMI** CREATI DALLE MONTAGNE. GLI SCHEMI DEI VORTICI ORIGINATI DAL VENTO AL SUO PASSAGGIO TRA I SETTE RILIEVI DETERMINANO LA DISTRIBUZIONE DEGLI ALBERI E LA PROGETTAZIONE DEGLI SPAZI PUBBLICI. DOVE LA **TURBOLENZA** È PIÙ INTENSA, LA VEGETAZIONE **SI INFOLTISCE**, RALLENTANDO IL VENTO E RENDENDO **ACCOGLIENTE** L'ATMOSFERA ESTERNA.

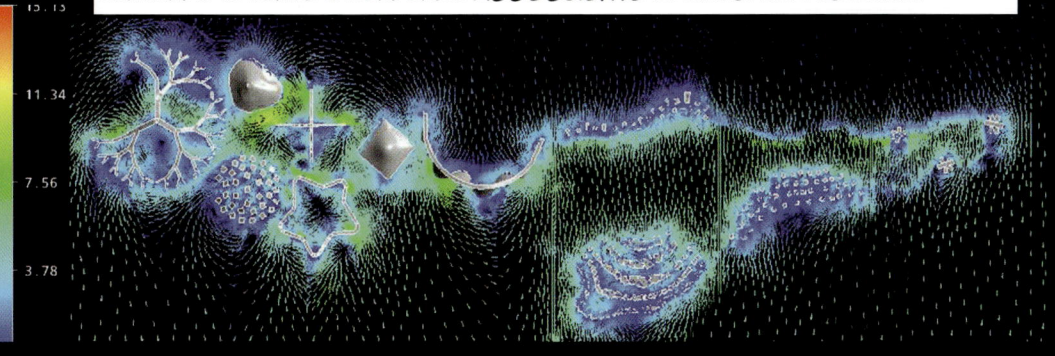

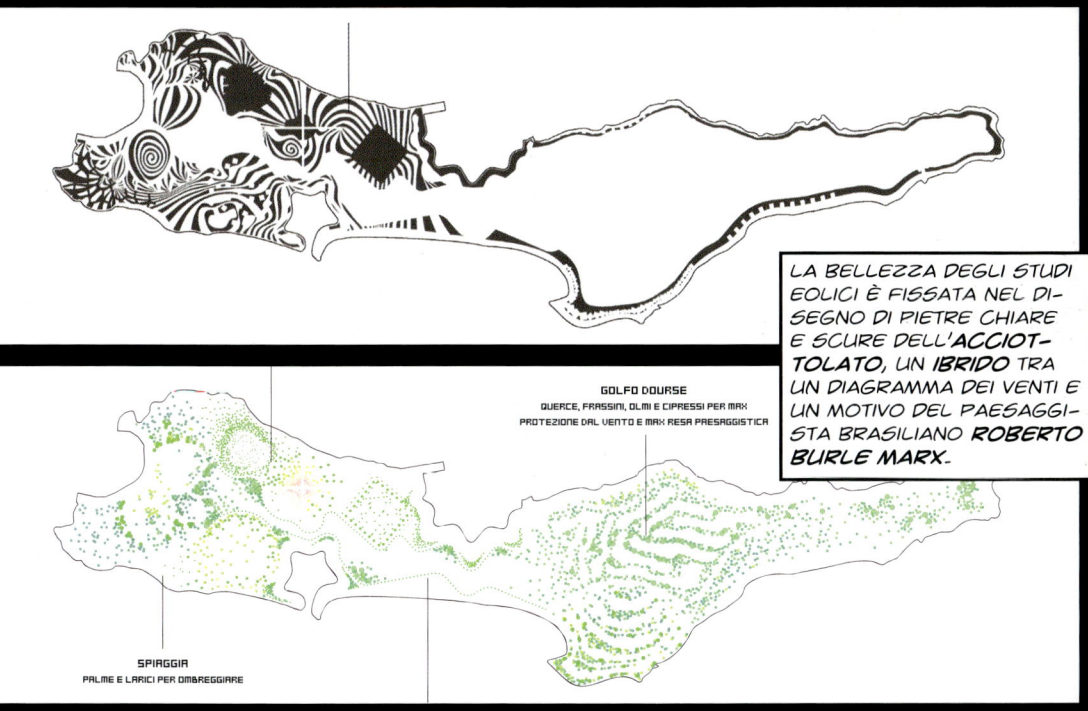

LA BELLEZZA DEGLI STUDI EOLICI È FISSATA NEL DISEGNO DI PIETRE CHIARE E SCURE DELL'**ACCIOTTOLATO**, UN **IBRIDO** TRA UN DIAGRAMMA DEI VENTI E UN MOTIVO DEL PAESAGGISTA BRASILIANO **ROBERTO BURLE MARX**.

OGNUNA DELLE 7 VETTE È LA **TRADUZIONE ARCHITETTONICA** IN FABBRICATO DI UNA CERTA MONTAGNA. ANZICHÉ LAVORARE CON LE POSSIBILI VARIANTI DI **CUBI** O **RETTANGOLI** (COME LA MAGGIOR PARTE DEGLI ARCHITETTI) PRENDEMMO LE MOSSE DA UN'ALTRA FORMA, STAVOLTA PIÙ COMPLESSA.

L'ISOLA OFFRE 3 ABBONDANTI RISORSE – **SOLE, ACQUA E VENTO** – UTILI AL NOSTRO SCOPO: ZERO EMISSIONI DI $CO_2$.

☼ + ⊤ + ∽

= ZERO ISLAND

1m × 1m
⚡ 850 KW
× **20.000**
= 17.000.000 KWH/ANNO

**SOLE** – TUTTI GLI EDIFICI DELL'ISOLA SONO RISCALDATI E RAFFRESCATI DA **POMPE DI CALORE** COLLEGATE AL MAR CASPIO. I **PANNELLI SOLARI** INTEGRATI NEGLI EDIFICI GARANTISCONO UNA FORNITURA COSTANTE DI ACQUA CALDA, MENTRE LE **CELLE FOTOVOLTAICHE** POSTE SU FACCIATE ORIENTATE IN MODO STRATEGICO E SUI TETTI, ALIMENTANO PISCINE E PARCHI ACQUATICI.

**ACQUA** – LE ACQUE PIOVANE E REFLUE SONO CONVOGLIATE IN UN DEPURATORE, DOVE VENGONO LAVORATE E **RECUPERATE** PER ESSERE DESTINATE ALL'IRRIGAZIONE. LE PARTI SOLIDE SONO LAVORATE, **TRASFORMATE IN COMPOST** E UTILIZZATE COME **FERTILIZZANTI**. LA CONCIMAZIONE E L'IRRIGAZIONE COSTANTE DELL'ISOLA CONTRIBUISCONO AL RIGOGLIO DELLA VEGETAZIONE TROPICALE, CON UN IMPATTO MINIMO SULL'AMBIENTE.

FABBISOGNO DI 12.000.000 M3 = 🏭 = ⌀ 90 / 4

**VENTO** – ZIRA ZERO ISLAND TRAE VANTAGGIO DAL FATTO CHE BAKU È "**LA CITTÀ DEL VENTO**". RACCOGLIENDO L'ENERGIA EOLICA GRAZIE A UN **PARCO EOLICO** OFFSHORE, L'ISOLA AVRÀ LE SUE RISERVE DI ENERGIA A EMISSIONI ZERO. IL FATTO INOLTRE DI UBICARE IN MARE LE TURBINE EOLICHE PROSPETTA ALLE **ESISTENTI** PIATTAFORME PETROLIFERE UN FUTURO PIÙ SOSTENIBILE COME **PIATTAFORME EOLICHE**.

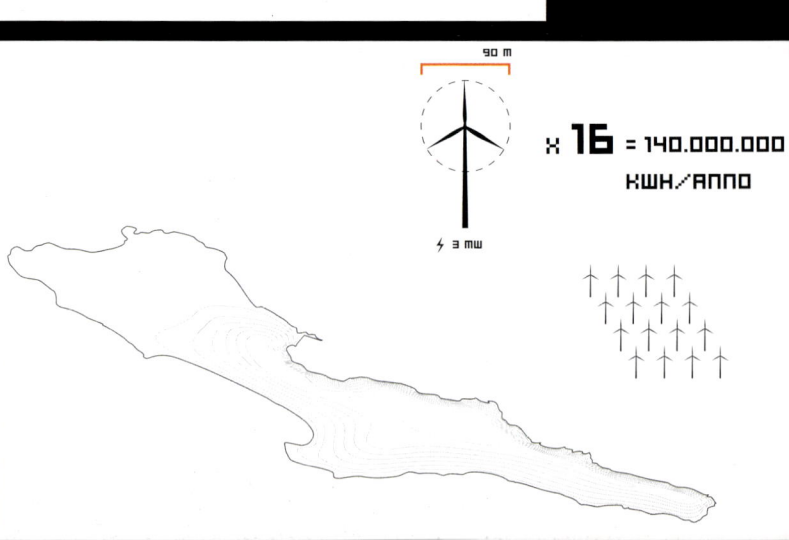

90 M
⚡ 3 MW
× **16** = 140.000.000 KWH/ANNO

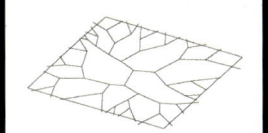

LA PRIMA MONTAGNA, **SAVALAN**, È CONCEPITA COME UNA **RETE** DI INTERVENTI CHE DALL'AL-BERGO, IN POSIZIONE CENTRALE, SI **RAMIFICA** IN APPARTAMENTI E CASE A SCHIERA, PER **TRASFORMARSI** INFINE IN UN RETICOLO DI STRADE CON NEGOZI, BAR E RISTORANTI.

**SAVALAN**

# AYIDAGH

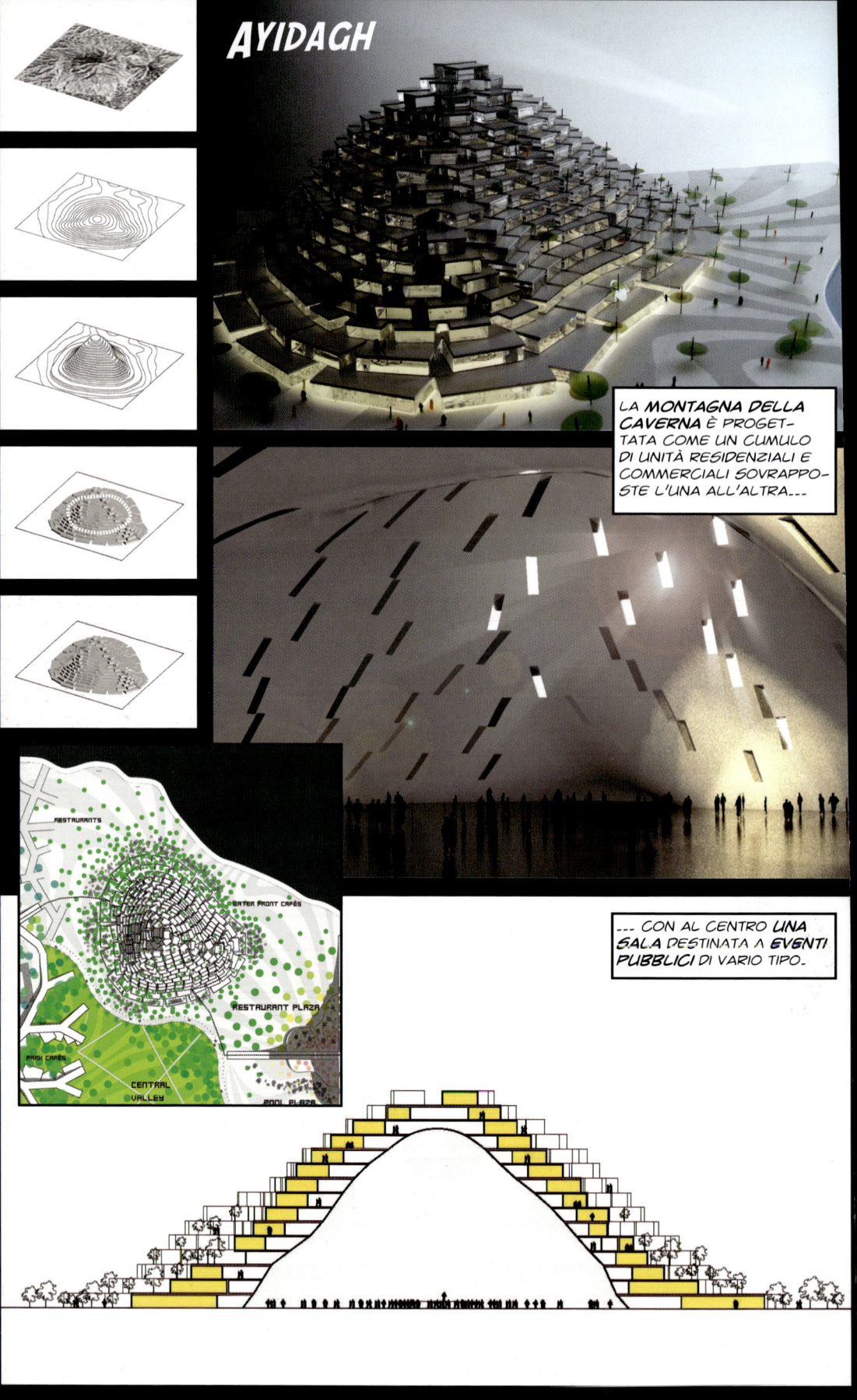

LA **MONTAGNA DELLA CAVERNA** È PROGETTATA COME UN CUMULO DI UNITÀ RESIDENZIALI E COMMERCIALI SOVRAPPOSTE L'UNA ALL'ALTRA...

... CON AL CENTRO **UNA SALA** DESTINATA A **EVENTI PUBBLICI** DI VARIO TIPO.

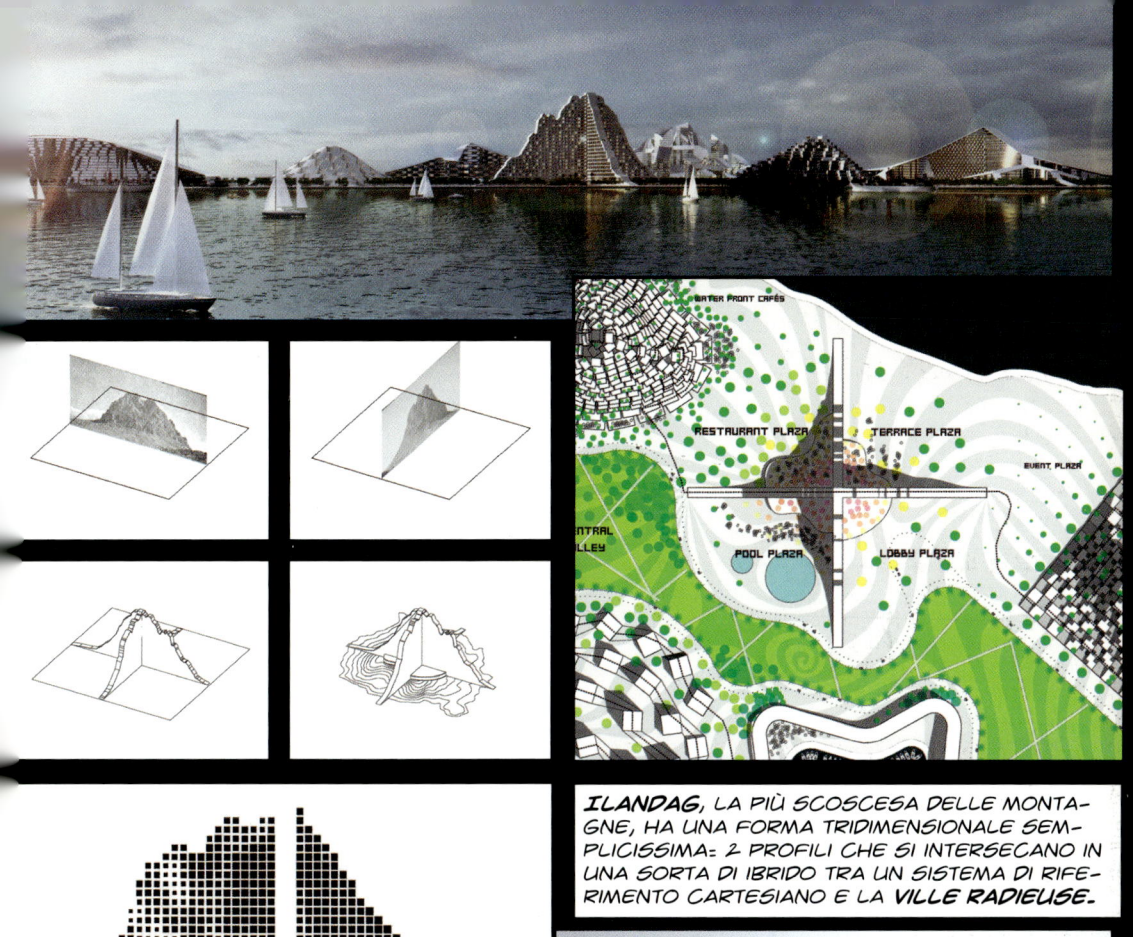

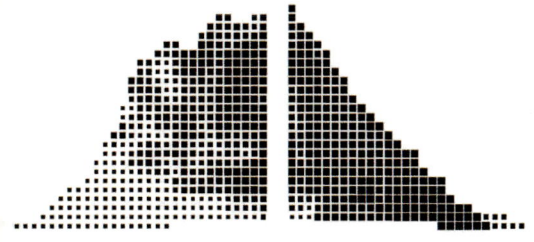

**ILANDAG**, LA PIÙ SCOSCESA DELLE MONTA-
GNE, HA UNA FORMA TRIDIMENSIONALE SEM-
PLICISSIMA: 2 PROFILI CHE SI INTERSECANO IN
UNA SORTA DI IBRIDO TRA UN SISTEMA DI RIFE-
RIMENTO CARTESIANO E LA **VILLE RADIEUSE**.

# ILANDAGH

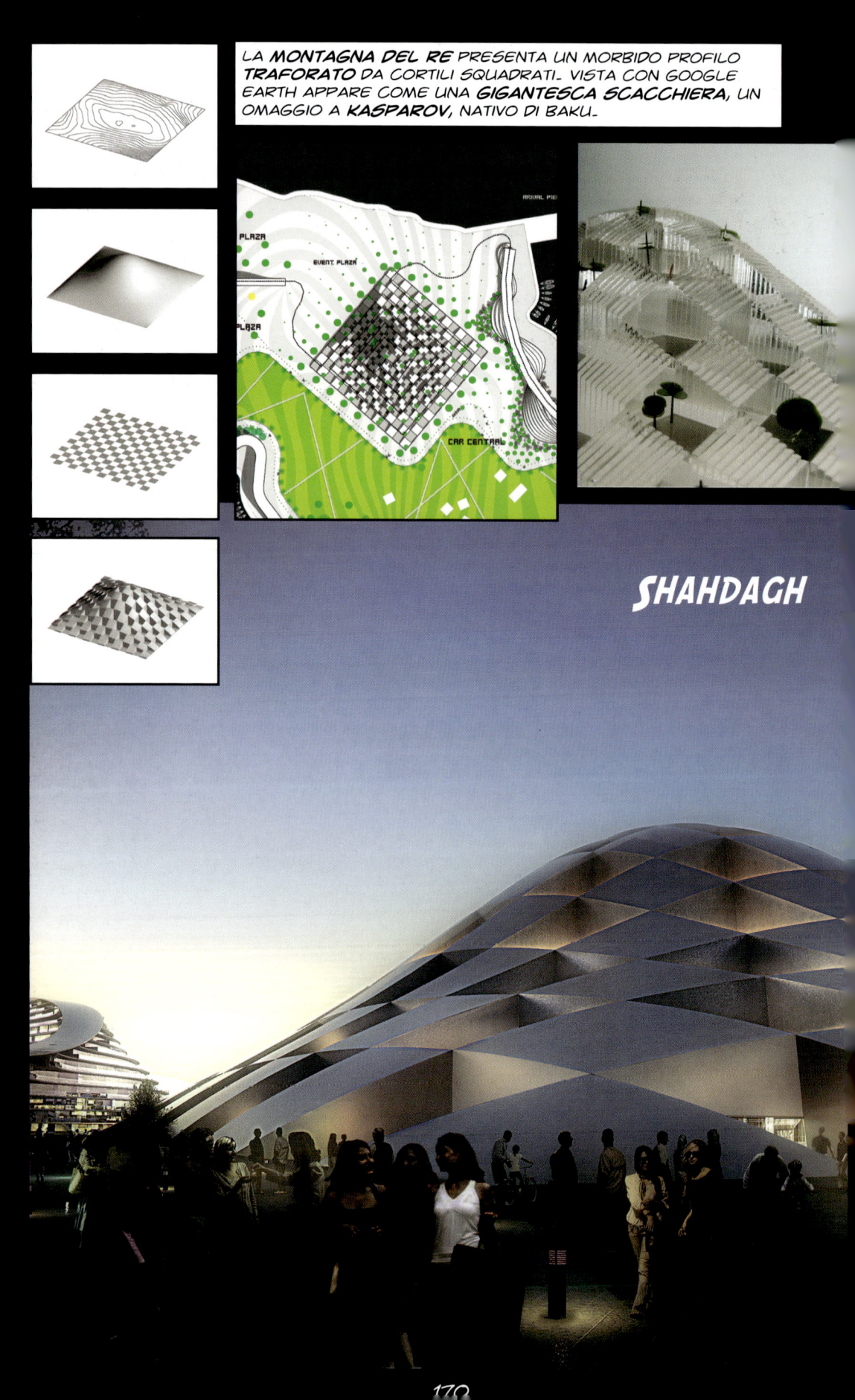

LA **MONTAGNA DEL RE** PRESENTA UN MORBIDO PROFILO **TRAFORATO** DA CORTILI SQUADRATI. VISTA CON GOOGLE EARTH APPARE COME UNA **GIGANTESCA SCACCHIERA,** UN OMAGGIO A **KASPAROV,** NATIVO DI BAKU.

**SHAHDAGH**

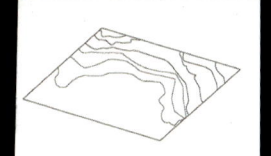

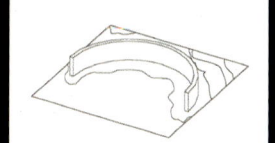

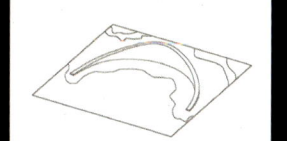

LA **MONTAGNA DELLA CORONA NUZIALE** SI AVVOLGE ATTORNO AL **PORTO ESISTENTE**. UTILIZZANDO I PRINCIPI STRUTTURALI DELL'INGEGNERE URUGUAYANO **ELADIO DIESTE**, LA SOTTILE SOLETTA OTTIENE **STABILITÀ** FORMANDO UN SINUSOIDE A LIVELLO DEL TERRENO. LE DEFORMAZIONI CHE NE RISULTANO CREANO **TERRAZZE DIGRADANTI** E **CAVERNE PROTETTE** SUI DUE LATI DELLA MONTAGNA.

KAPAZ

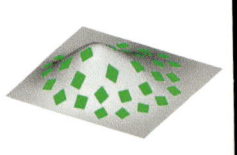

LA **MONTAGNA DELLE CINQUE DITA** È UN INSIEME DI TORRI CONNESSE TRA LORO DA **UN'UNICA STRADA** CHE ACCOGLIE LE FUNZIONI PUBBLICHE E COLLEGA UNA TORRE ALL'ALTRA, DALLA BASE FINO IN CIMA.

# BESHBARMAQ

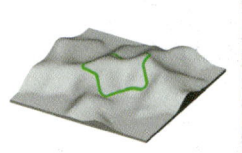

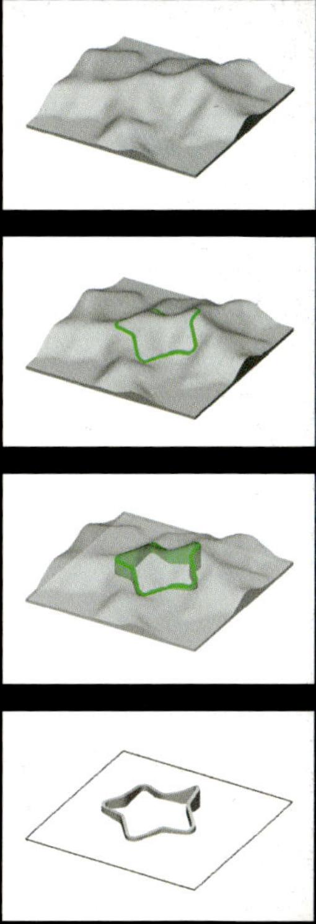

E, PER FINIRE, LA **CRESTA SPARTIACQUE** È CONCEPITA COME UN **GIGANTESCO CORTILE** AVVOLTO ATTORNO A UN **PORTICCIOLO**. L'IMMOBILE A USO RESIDENZIALE CRESCE E DECRESCE IN ALTEZZA, ARRIVANDO A **STACCARSI DAL SUOLO** PER PERMETTERE AI VISITATORI DI ACCEDERE AL PORTO SIA DA TERRA SIA DAL MARE.

# BABADAGH

LE VARIE MONTAGNE SONO COLLEGATE TRA LORO DA UN **SENTIERO** GRAZIE AL QUALE È POSSIBILE **SCALARE TUTTE LE VETTE** IN UN SOLO GIORNO.

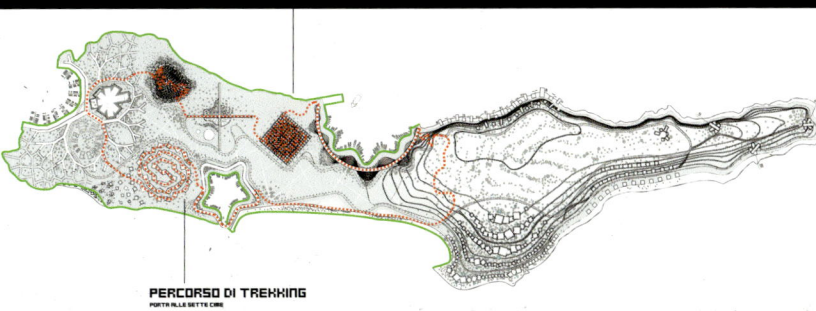

PERCORSO DI TREKKING
PORTA ALLE SETTE CIME

DOPO MESI DI LAVORO, ANDAMMO A **PRESENTARE IL PROGETTO** AL PRESIDENTE AZERO.

IL PROGETTO VIENE ESPOSTO **AL PRESIDENTE** CHE IN PRECEDENZA NE HA GIÀ BOCCIATI PARECCHI.

IL PRESIDENTE ILHAM ALIYEV

QUESTO PERÒ GLI PIACE!

ALLA FINE DEL XIX SECOLO **ALFRED NOBEL** E I SUOI DUE FRATELLI SI RECARONO A BAKU PER DAR VITA ALL'**INDUSTRIA PETROLIFERA** EUROPEA. IL SUCCESSO FU TALE CHE LA **METÀ DEL PETROLIO** MONDIALE, ALL'INIZIO DEL XX SECOLO, PROVENIVA DALLA CAPITALE AZERA. GRAZIE AGLI ENORMI PROFITTI, I NOBEL DIEDERO INIZIO ALLA PRIMA ONDATA DI **WELFARE** SCANDINAVO, FONDANDO IL PRIMO PARCO PUBBLICO, IL PRIMO OSPEDALE E IL PRIMO ASILO NIDO.

CENT'ANNI DOPO, FORAGGIATI DALL'ENERGIA **EOLICA, IDRICA E SOLARE**, PROPONIAMO DI DARE INIZIO ALLA SECONDA ONDATA DI **WELFARE** SCANDINAVO. QUESTA TRASFORMERÀ LE MACERIE DEL BOOM PETROLIFERO — OLEODOTTI, INQUINAMENTO E PIATTAFORME ABBANDONATE — IN COSTE PULITE, PAESAGGI LUSSUREGGIANTI E TORRI EOLICHE.

MENTRE SCRIVIAMO, CI APPRESTIAMO A INIZIARE LA **FASE UNO** DEL NOSTRO PROGETTO PIÙ AMBIZIOSO: LA **PRIMA ISOLA A EMISSIONI ZERO DELL'ASIA CENTRALE**. COSÌ 8 ANNI DI DURO LAVORO SU PROGETTI VARI ANDATI A MONTE NON SARANNO STATI PERSI. BIG È ORMAI UNA SPECIE DI LABORATORIO DI URBANISTICA NEL QUALE COSTRUIAMO PROTOTIPI, ALLEVIAMO SPECIE DIVERSE E SVILUPPIAMO LE IDEE CHE PRESTO ACCRESCERANNO LA **TOPOGRAFIA** DI ZIRA E L'**ECOSISTEMA** DELL'AZERBAIJAN.

PER NON PARLARE POI DELLE PROSSIME CARTOLINE DA BAKU.

SUPERHARBOUR
★HAV

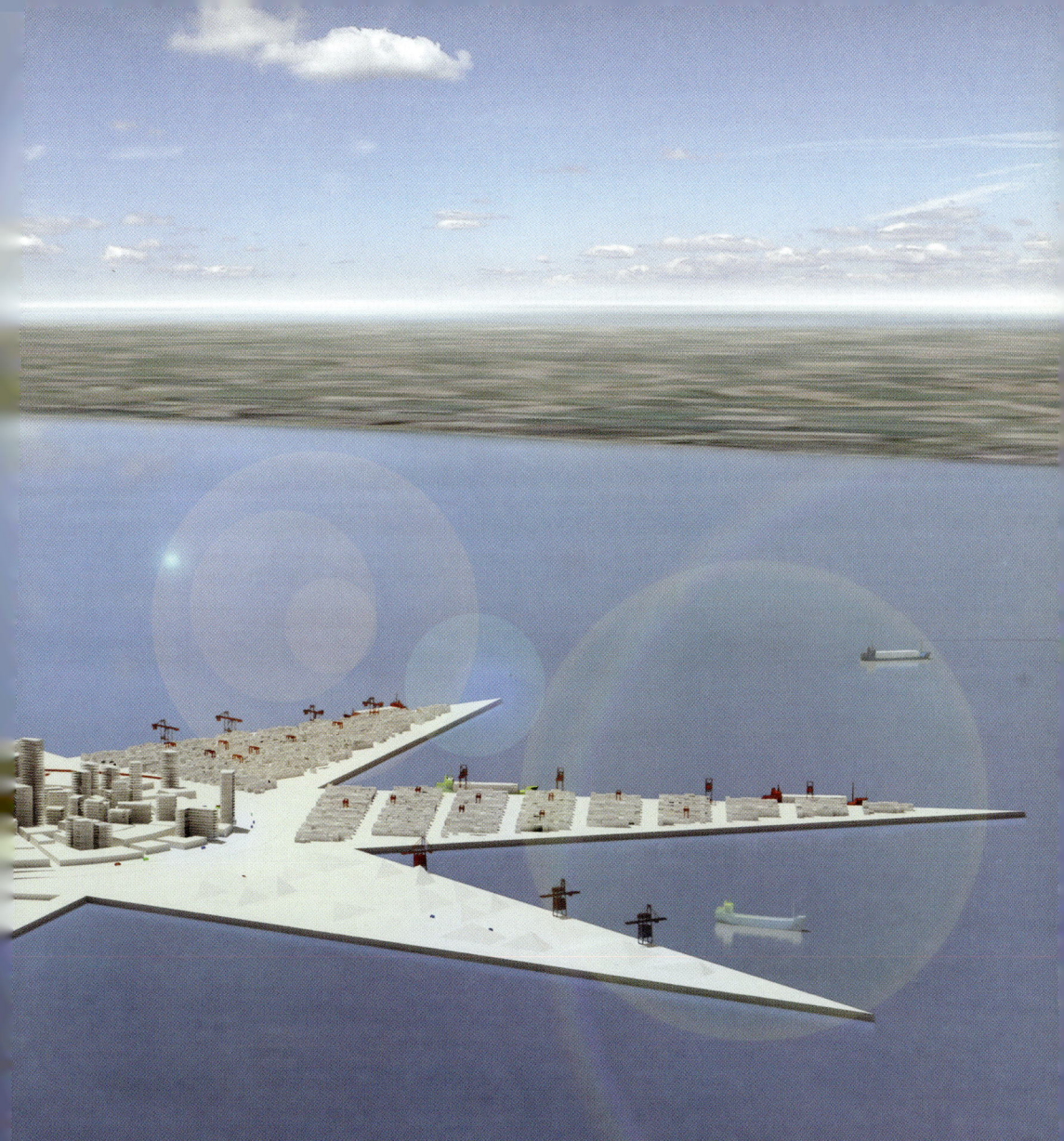

# THE BIG PICTURE

Not so long ago, and not so far away... a group of architects decided to use their collective creativity and competence. Not on small decorative details - but on big questions.

PERCHÉ USIAMO I **POSTI PIÙ BEL-LI** PER LE ATTIVITÀ PIÙ **RUMOROSE E INSIGNIFICANTI?**

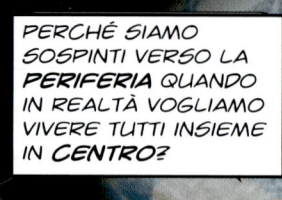

PERCHÉ SIAMO SOSPINTI VERSO LA **PERIFERIA** QUANDO IN REALTÀ VOGLIAMO VIVERE TUTTI INSIEME IN **CENTRO?**

PER 5 MILIONI DI PERSONE C'È BI-SOGNO DI PIÙ DI UN PORTO?

E UN PORTO PUÒ ESSERE **ACCES-SIBILE** A...

... 300 MILIONI DI PERSONE?

PUÒ LA DANIMARCA CREARE UN **SUPER-PORTO BALTICO?**

| | |
|---|---|
| CAPACE DI OSPITARE... | ... LA PIÙ GRANDE... |
| ... FLOTTA... | ... CHE CI SIA... |
| ... AL... | ... MONDO! |
| CI SONO DUE CARTINE DELLA DANIMARCA. UNA **VERDE**... | ... E UNA **AZZURRA**. |
| SE LE METTIAMO A CONFRONTO... | LA DANIMARCA AZZURRA È *IL DOPPIO* DI QUELLA VERDE! |

**LA LINEA COSTIERA DANESE MISURA 7000 KM.**

**SE LA STENDIAMO ARRIVA A TOCCARE IL SUDAFRICA O IL PAKISTAN!**

**E IL LITORALE DANESE HA LA STESSA LUNGHEZZA DI QUELLO ITALIANO O INDIANO!**

TUTTE LE NOSTRE **CITTÀ PRINCIPALI** AFFACCIANO **SUL MARE**. E, SEBBENE SOLO IL **12% DELLA DANIMARCA** SIA URBANIZZATO...

IL **40%** DELL'URBANIZZAZIONE È LOCALIZZATO **SULLE COSTE**!

**2/3 DEL POPOLO DANESE** VIVONO **IN UN RAGGIO DI 5 KM DAL MARE**!

€

**SE CHIEDI A UN AGENTE IMMOBILIARE COSA DETERMINA IL PREZZO DI UNA CASA, NON TI DIRÀ L'ARCHITETTURA — TI DIRÀ LA POSIZIONE!**

**IL VALORE DI UNA CASA DIPENDE DALLA PROSSIMITÀ, DA QUANTO SEI VICINO AL MARE...**

**E DA QUANTO SEI VICINO AL CENTRO!**

**IL PORTO OCCUPA SEMPRE LE ZONE DI MAGGIOR PREGIO!**

**MA, SE DIAMO UN'OCCHIATA AI GUADAGNI REALIZZATI IN QUEST'AREA, CI ACCORGIAMO CHE IL RICAVATO COMPLESSIVO DELLE ATTIVITÀ PORTUALI DANESI È SOLO UNA FRAZIONE, AD ESEMPIO, DEL TURISMO!**

**SEMBRA, INSOMMA, CHE USIAMO I POSTI MIGLIORI PER CONCLUDERE GLI AFFARI PEGGIORI!**

DK HARBOURS TURNOVER 1 BIO KR    TURISM TURNOVER 39 BIO KR

**AFFARI CHE SONO PERÒ IN CRESCITA!!**

CONTAINERISATION!

**OGGI IL 98% DEL TRAFFICO MONDIALE DELLE MERCI SI SVOLGE VIA MARE!**

IN DANIMARCA IL **75% DEL TRAFFICO INTERNAZIONALE** È GESTITO **VIA MARE**.

MA SOLO IL **79% DELLE MERCI DESTINATE AL CONSUMO NAZIONALE** SI SPOSTA SU NAVE... NAVIGAZIONE GLOBALE, AUTOTRASPORTO LOCALE.

A PARTIRE DAGLI ANNI '50, IL NUMERO DI **CONTAINER CHE SOLCANO L'OCEANO** AUMENTA IN MODO ESPONENZIALE!

CONTAINERS/YEAR 269066346
1956 — 2003

LE NAVI DIVENTANO **PIÙ GRANDI** E ARRIVANO **SEMPRE PIÙ IN PROFONDITÀ**.

L'UNIONE EUROPEA SI STA ESPANDENDO VERSO EST...

... E I **NUOVI PAESI EUROPEI** HANNO I **MAGGIORI TASSI DI CRESCITA** DEL CONTINENTE.

IL **MAR BALTICO** HA UN **HINTERLAND** DI CIRCA **300 MILIONI DI PERSONE**!

BALTIC SEA NATIONS
286.966.037 INHABITANTS

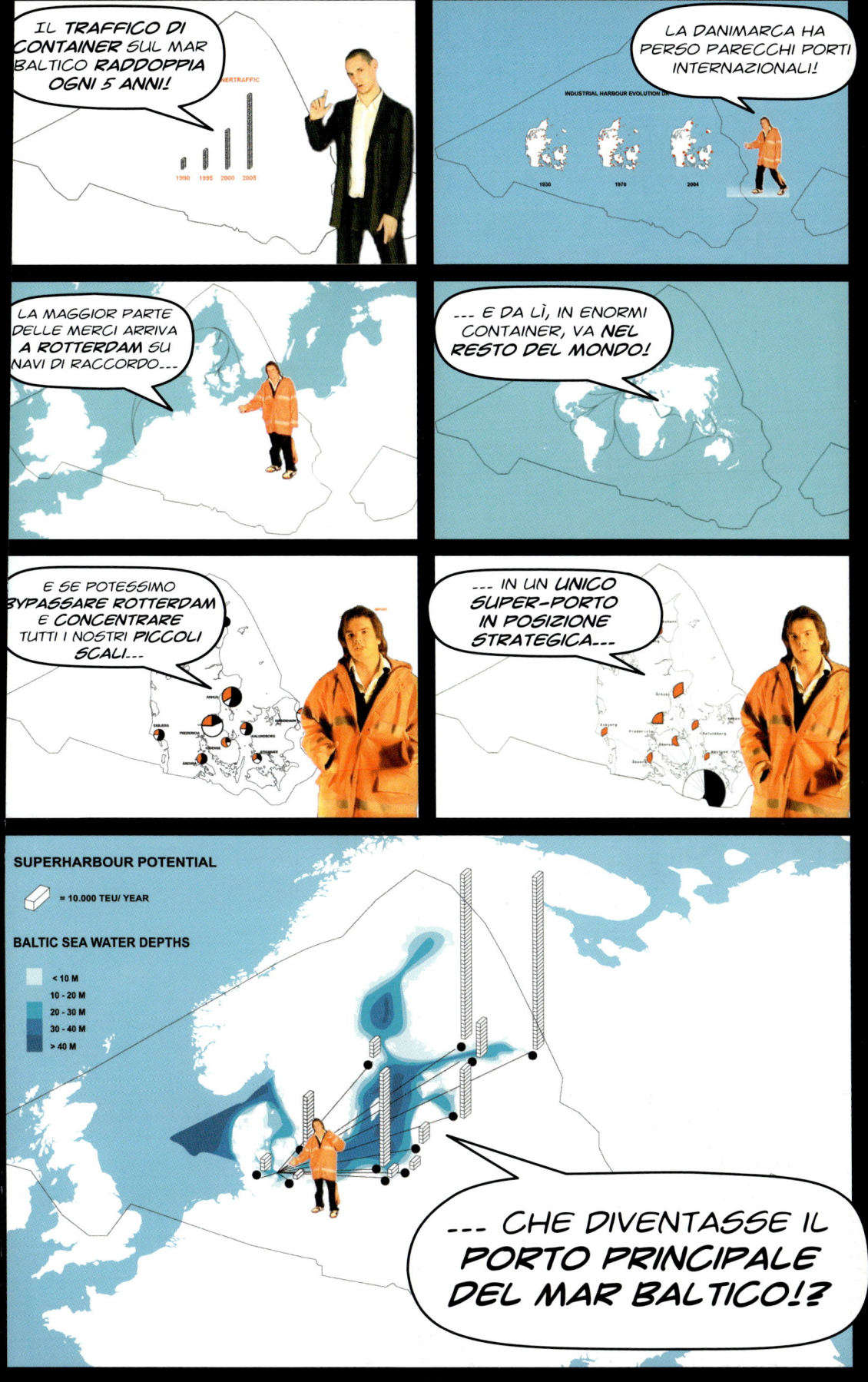

**IL TRAFFICO DI CONTAINER** SUL MAR BALTICO **RADDOPPIA OGNI 5 ANNI!**

LA DANIMARCA HA PERSO PARECCHI PORTI INTERNAZIONALI!

LA MAGGIOR PARTE DELLE MERCI ARRIVA **A ROTTERDAM** SU NAVI DI RACCORDO...

... E DA LÌ, IN ENORMI CONTAINER, VA **NEL RESTO DEL MONDO!**

E SE POTESSIMO BYPASSARE ROTTERDAM E CONCENTRARE TUTTI I NOSTRI **PICCOLI SCALI**...

... IN UN **UNICO SUPER-PORTO IN POSIZIONE STRATEGICA**...

**SUPERHARBOUR POTENTIAL**

= 10.000 TEU/ YEAR

**BALTIC SEA WATER DEPTHS**

< 10 M
10 - 20 M
20 - 30 M
30 - 40 M
> 40 M

... CHE DIVENTASSE IL **PORTO PRINCIPALE DEL MAR BALTICO!?**

**LE NAVI CONTAINER NECESSITANO DI 20 M DI PROFONDITÀ. POSSONO MUOVERSI IN TUTTE LE DIREZIONI FINO ALLA CINTURA DI FEHMARN, MA QUI C'È UN OSTACOLO.**

**IN QUESTO PUNTO SI INCROCIANO I DUE PRINCIPALI FLUSSI DI MERCI DELLA REGIONE: L'ASSE NORD/SUD DALLA SCANDINAVIA ALL'EUROPA, E RESTO DEL MONDO!**

2.2 MIO TEU
5.5 MIO TONS

**QUI LA DANIMARCA E LA GERMANIA STANNO PROGETTANDO UN NUOVO PONTE!**

**LA SOLUZIONE PIÙ COSTOSA SAREBBE UN PONTE...**

= 3,5 BILLION €

**... O UN TUNNEL...**

= 3,3 BILLION €

**UN COLLEGAMENTO IBRIDO, A METÀ STRADA TRA IL PONTE E IL TUNNEL, FAREBBE INVECE RISPARMIARE MEZZO MILIARDO DI EURO, E CREEREBBE UN'ISOLA ARTIFICIALE PROPRIO NEL PUNTO D'INCONTRO DELLE CORRENTI DI TRAFFICO INTERNAZIONALE!**

= 2,9 B

**OGGI IN QUEST'AREA C'È UN TASSO DI CRESCITA NEGATIVO...**

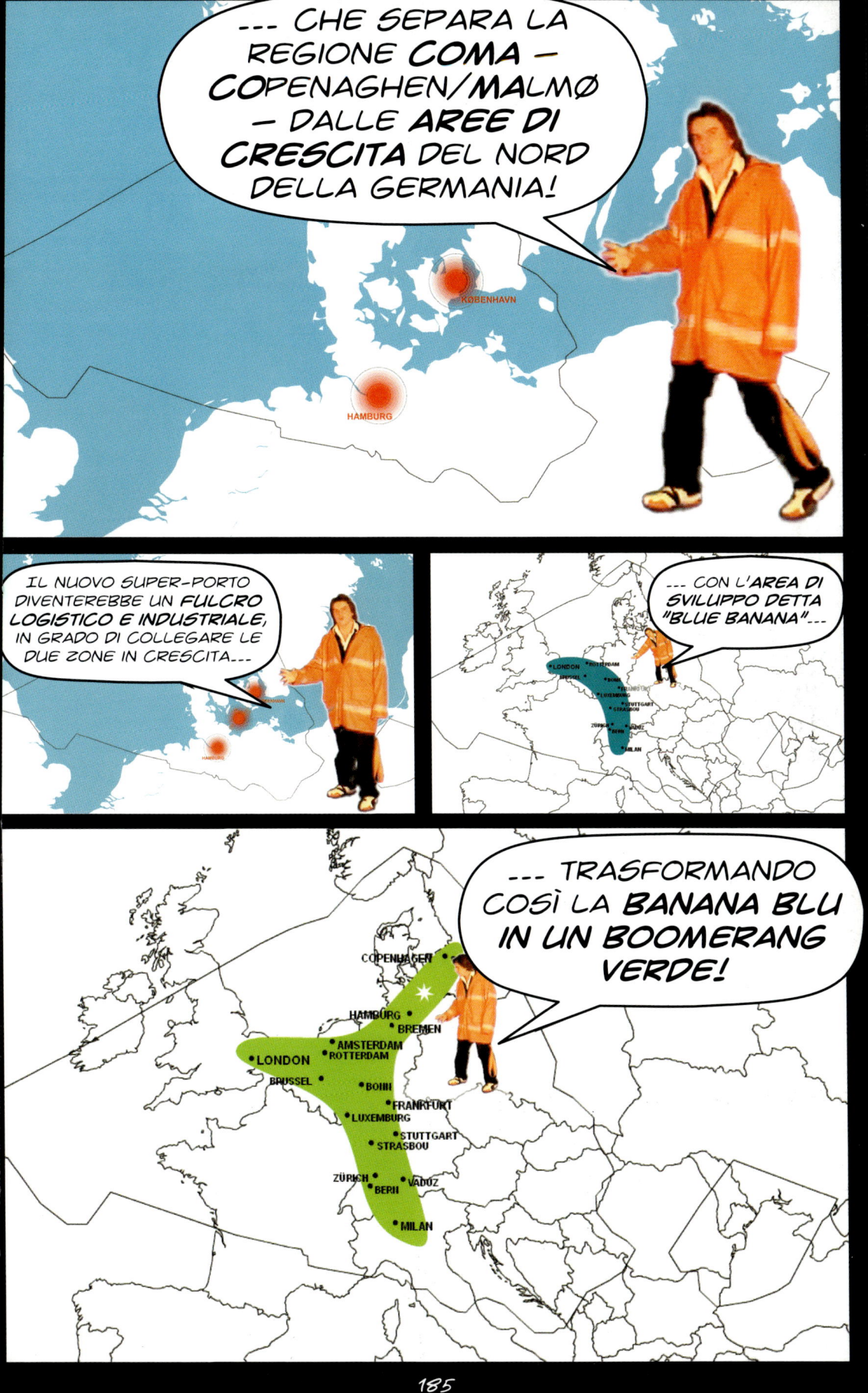

... CHE SEPARA LA REGIONE **COMA – COPENAGHEN/MALMØ** – DALLE **AREE DI CRESCITA** DEL NORD DELLA GERMANIA!

IL NUOVO SUPER-PORTO DIVENTEREBBE UN **FULCRO LOGISTICO E INDUSTRIALE**, IN GRADO DI COLLEGARE LE DUE ZONE IN CRESCITA...

... CON L'**AREA DI SVILUPPO** DETTA "BLUE BANANA"...

... TRASFORMANDO COSÌ LA **BANANA BLU IN UN BOOMERANG VERDE!**

| | |
|---|---|
| IL SUPER-PORTO **ASSORBIRÀ** GRADUALMENTE **TUTTE LE INDUSTRIE COLLEGATE AL PORTO...** | ... LASCIANDO **LIBERO IL LITORALE** DELLE PRINCIPALI CITTÀ PER **NUOVE FORME DI VITA URBANA!** |

MA DI CHE TIPO DI SPAZI LIBERI STIAMO PARLANDO?

| | |
|---|---|
| LE 12 CITTÀ PRINCIPALI DELLA DANIMARCA SONO CITTÀ PORTUALI! | ASSOMMANO COMPLESSIVAMENTE 360 KM² DI CENTRO... |
| E 36.000.000 M² DI PORTO! | **LIBERANDO IL LITORALE** DAL PORTO, LE DIMENSIONI DI OGNI CENTRO CITTADINO **RADDOPPIEREBBERO!** |

186

| | |
|---|---|
| LUNGOMARE, UNA VOLTA LIBERO, **VALE 20 MILIARDI EURO**: 20 VOLTE PIÙ DEL COSTO DEL SUPER-PORTO! | SE LO SI POPOLASSE CON LA STESSA DENSITÀ DI TOKYO, TUTTI I DANESI POTREBBERO TRASFERIRSI QUI E VIVERE SUL MARE!<br><br>LA  PARIS  NEW YORK  TOKYO |
| I NUOVI TRATTI DI LUNGOMARE... | ... ANDREBBERO A FORMARE **120 KM**... |
| ... DI LITORALE URBANO! | PIÙ DI 25 VOLTE LA LUNGHEZZA DI... |

COPACABANA!

**25 ×**

MA COME SI FA UN SUPER-PORTO? SI PRENDONO TUTTE LE AREE DA **ADATTARE/ CONCENTRARE**.

SI RIMESCOLANO IN FUNZIONE DEL TIPO DI INTERVENTO E UTILIZZO...

E ANZICHÉ SEGUIRE UNA LINEA COSTIERA CON UN HINTERLAND PREESISTENTE...

... SI ORGANIZZA LIBERAMENTE IL SUPER-PORTO CON **MOLI** CHE VANNO **IN TUTTE LE DIREZIONI!**

"OGNI MOLO PUÒ ESSERE DESTINATO A UNO SCOPO SPECIFICO..."

"... E TUTTI I MOLI SARANNO COLLEGATI A UN **NODO CENTRALE DI TRENI, CAMION E INDUSTRIE**!"

"IL SUPER-PORTO SARÀ **SETTE VOLTE PIÙ GRANDE** DELL'APM TERMINAL DI MIAMI..."

"E AVRÀ LA STESSA **CAPACITÀ RICETTIVA DI ROTTERDAM**!"

"IL SUPER-PORTO SARÀ IL **PRIMO SIMBOLO NAZIONALE DANESE**..."

"... **VISIBILE DALLO SPAZIO**!!"

17. marts 2004 kl. 11:5

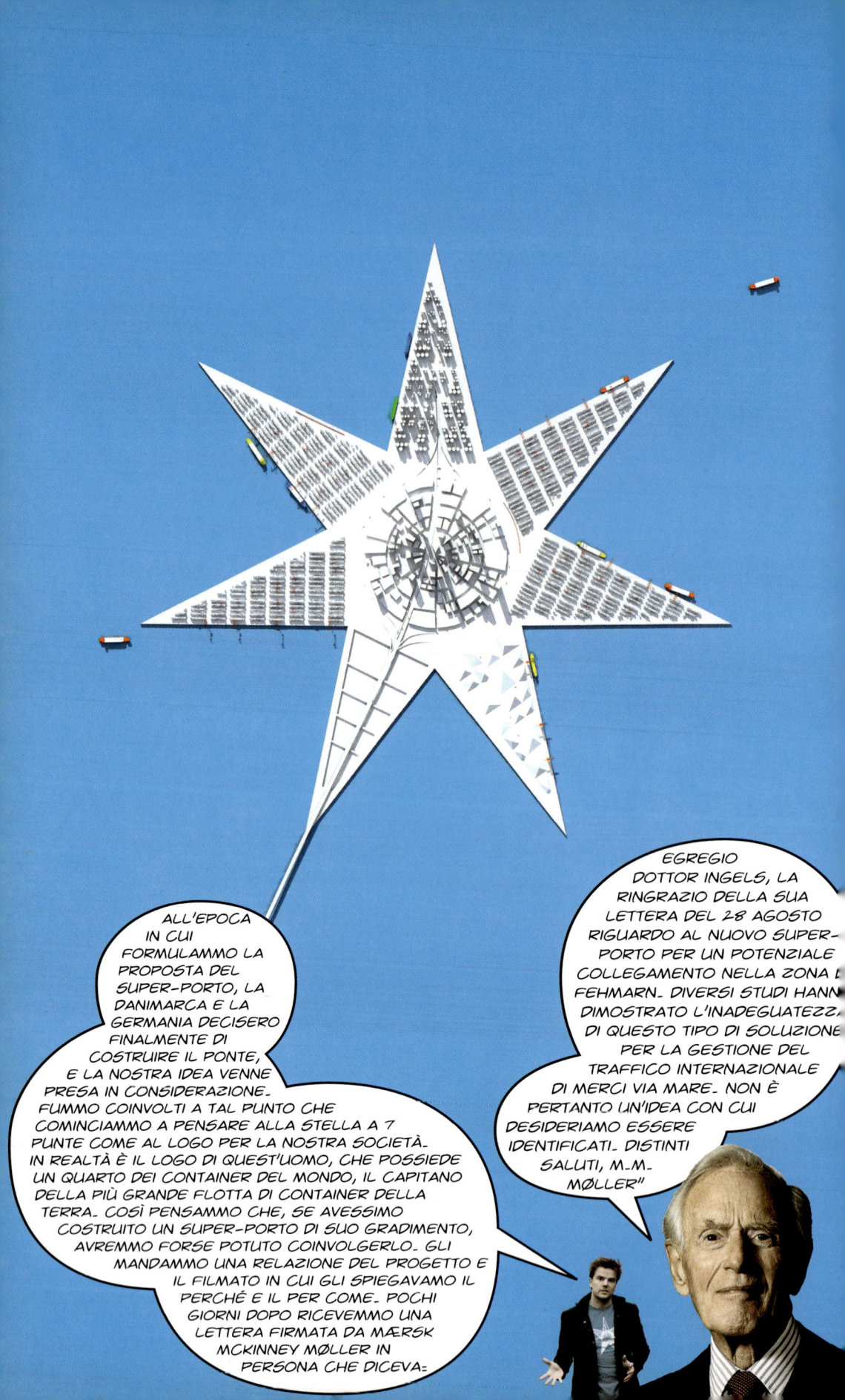

"ALL'EPOCA IN CUI FORMULAMMO LA PROPOSTA DEL SUPER-PORTO, LA DANIMARCA E LA GERMANIA DECISERO FINALMENTE DI COSTRUIRE IL PONTE, E LA NOSTRA IDEA VENNE PRESA IN CONSIDERAZIONE. FUMMO COINVOLTI A TAL PUNTO CHE COMINCIAMMO A PENSARE ALLA STELLA A 7 PUNTE COME AL LOGO PER LA NOSTRA SOCIETÀ. IN REALTÀ È IL LOGO DI QUEST'UOMO, CHE POSSIEDE UN QUARTO DEI CONTAINER DEL MONDO, IL CAPITANO DELLA PIÙ GRANDE FLOTTA DI CONTAINER DELLA TERRA. COSÌ PENSAMMO CHE, SE AVESSIMO COSTRUITO UN SUPER-PORTO DI SUO GRADIMENTO, AVREMMO FORSE POTUTO COINVOLGERLO. GLI MANDAMMO UNA RELAZIONE DEL PROGETTO E IL FILMATO IN CUI GLI SPIEGAVAMO IL PERCHÉ E IL PER COME. POCHI GIORNI DOPO RICEVEMMO UNA LETTERA FIRMATA DA MAERSK MCKINNEY MØLLER IN PERSONA CHE DICEVA:

"EGREGIO DOTTOR INGELS, LA RINGRAZIO DELLA SUA LETTERA DEL 28 AGOSTO RIGUARDO AL NUOVO SUPER-PORTO PER UN POTENZIALE COLLEGAMENTO NELLA ZONA DI FEHMARN. DIVERSI STUDI HANNO DIMOSTRATO L'INADEGUATEZZA DI QUESTO TIPO DI SOLUZIONE PER LA GESTIONE DEL TRAFFICO INTERNAZIONALE DI MERCI VIA MARE. NON È PERTANTO UN'IDEA CON CUI DESIDERIAMO ESSERE IDENTIFICATI. DISTINTI SALUTI, M.M. MØLLER"

> SENZA UN MECENATE DEL CALIBRO DI MR MØLLER, IL PROGETTO SI ARENÒ. PERLOMENO IN DANIMARCA. POCO DOPO, INFATTI, INCONTRAMMO L'UOMO D'AFFARI CINESE CHE AVEVA SCOPERTO LE POTENZIALITÀ DEL PEOPLE'S BUILDING. CI DISSE CHE LA PROVINCIA DI GUANGXI, PER LA SUA POSIZIONE CHIAVE, POTEVA DIVENTARE IL PUNTO D'INGRESSO PRINCIPALE IN CINA DAL SUDEST ASIATICO — E CON QUALCHE MODIFICA PROGETTUALE IL SUPER-PORTO POTEVA ESSERE LA RISPOSTA PERFETTA, IN UN ALTRO CONTESTO, SOTTO UN ALTRO GOVERNO. IL CASO È ANCORA APERTO...

# URBAN TYPOGRAPHY

**VEJLE HOUSES**

VEJLE **VEJ**

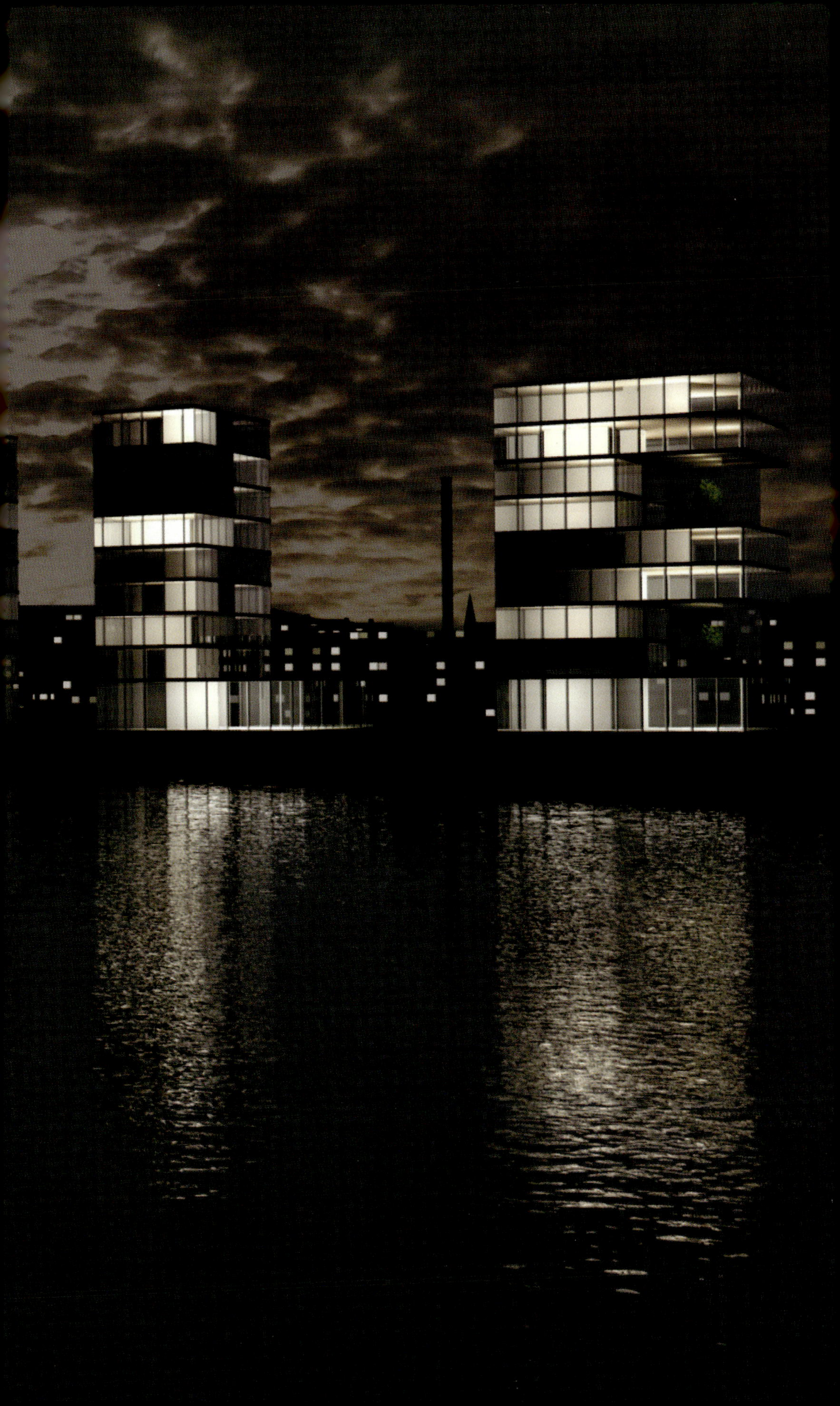

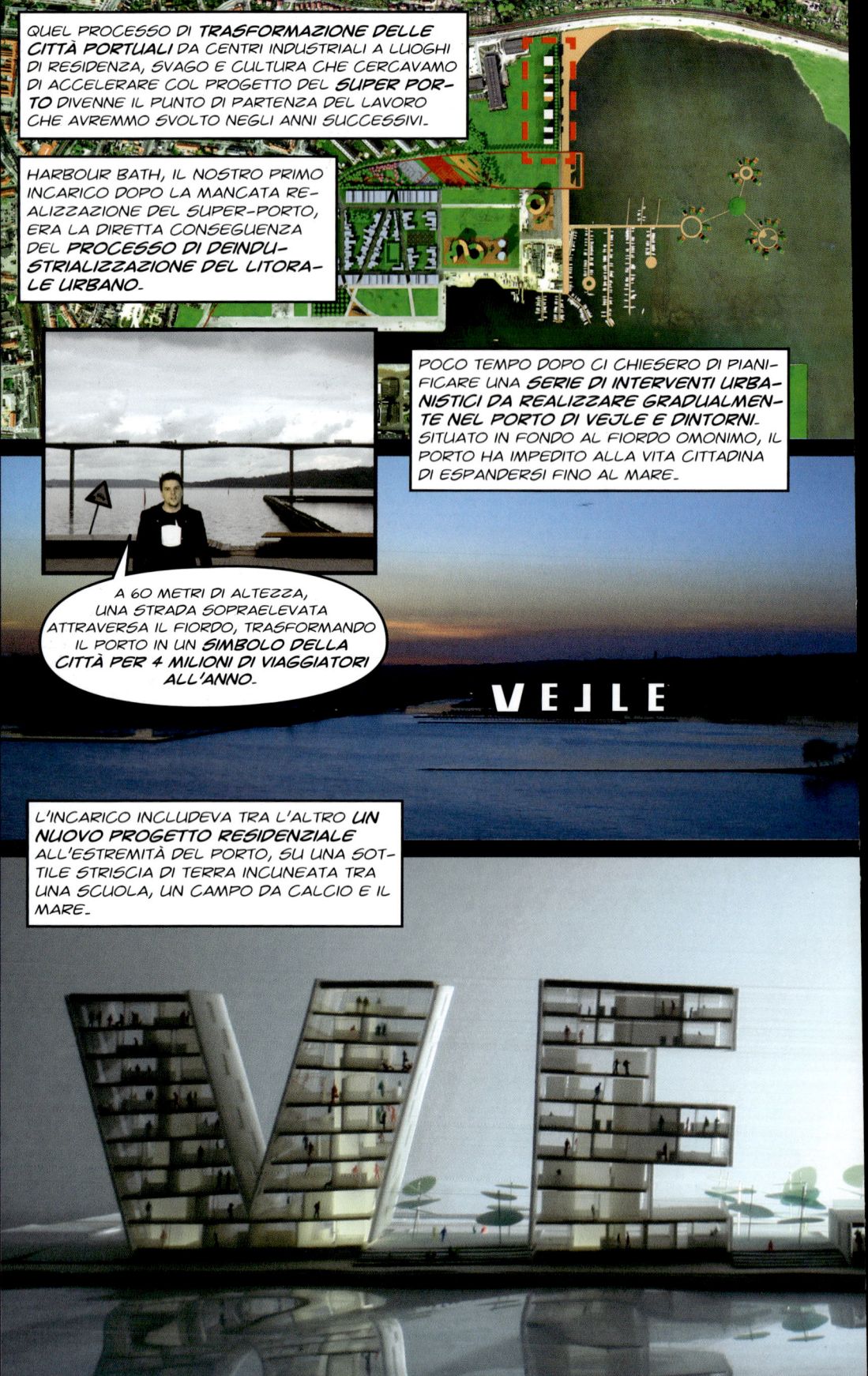

QUEL PROCESSO DI **TRASFORMAZIONE DELLE CITTÀ PORTUALI** DA CENTRI INDUSTRIALI A LUOGHI DI RESIDENZA, SVAGO E CULTURA CHE CERCAVAMO DI ACCELERARE COL PROGETTO DEL **SUPER PORTO** DIVENNE IL PUNTO DI PARTENZA DEL LAVORO CHE AVREMMO SVOLTO NEGLI ANNI SUCCESSIVI.

HARBOUR BATH, IL NOSTRO PRIMO INCARICO DOPO LA MANCATA REALIZZAZIONE DEL SUPER-PORTO, ERA LA DIRETTA CONSEGUENZA DEL **PROCESSO DI DEINDUSTRIALIZZAZIONE DEL LITORALE URBANO**.

POCO TEMPO DOPO CI CHIESERO DI PIANIFICARE UNA **SERIE DI INTERVENTI URBANISTICI DA REALIZZARE GRADUALMENTE NEL PORTO DI VEJLE E DINTORNI**. SITUATO IN FONDO AL FIORDO OMONIMO, IL PORTO HA IMPEDITO ALLA VITA CITTADINA DI ESPANDERSI FINO AL MARE.

A 60 METRI DI ALTEZZA, UNA STRADA SOPRAELEVATA ATTRAVERSA IL FIORDO, TRASFORMANDO IL PORTO IN UN **SIMBOLO DELLA CITTÀ PER 4 MILIONI DI VIAGGIATORI ALL'ANNO**.

VEJLE

L'INCARICO INCLUDEVA TRA L'ALTRO **UN NUOVO PROGETTO RESIDENZIALE** ALL'ESTREMITÀ DEL PORTO, SU UNA SOTTILE STRISCIA DI TERRA INCUNEATA TRA UNA SCUOLA, UN CAMPO DA CALCIO E IL MARE.

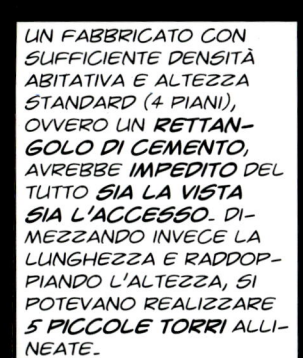

UN FABBRICATO CON SUFFICIENTE DENSITÀ ABITATIVA E ALTEZZA STANDARD (4 PIANI), OVVERO UN **RETTANGOLO DI CEMENTO**, AVREBBE **IMPEDITO** DEL TUTTO **SIA LA VISTA SIA L'ACCESSO**. DIMEZZANDO INVECE LA LUNGHEZZA E RADDOPPIANDO L'ALTEZZA, SI POTEVANO REALIZZARE **5 PICCOLE TORRI** ALLINEATE.

SEBBENE TEORICAMENTE PERFETTO, IL **RISULTATO ERA DI UNA NOIA MORTALE**: L'INCARNAZIONE DI UN BANALISSIMO PROGETTO RESIDENZIALE SUBURBANO. ERA QUESTO IL MODO GIUSTO DI **ACCOGLIERE, OGNI ANNO, 4 MILIONI DI VIAGGIATORI**?

COME POTEVAMO RENDERLO **CARATTERISTICO**?

MODIFICANDO LEGGERMENTE LE 5 TORRI FINO A RICAVARNE 3 DIVERSE TIPOLOGIE...

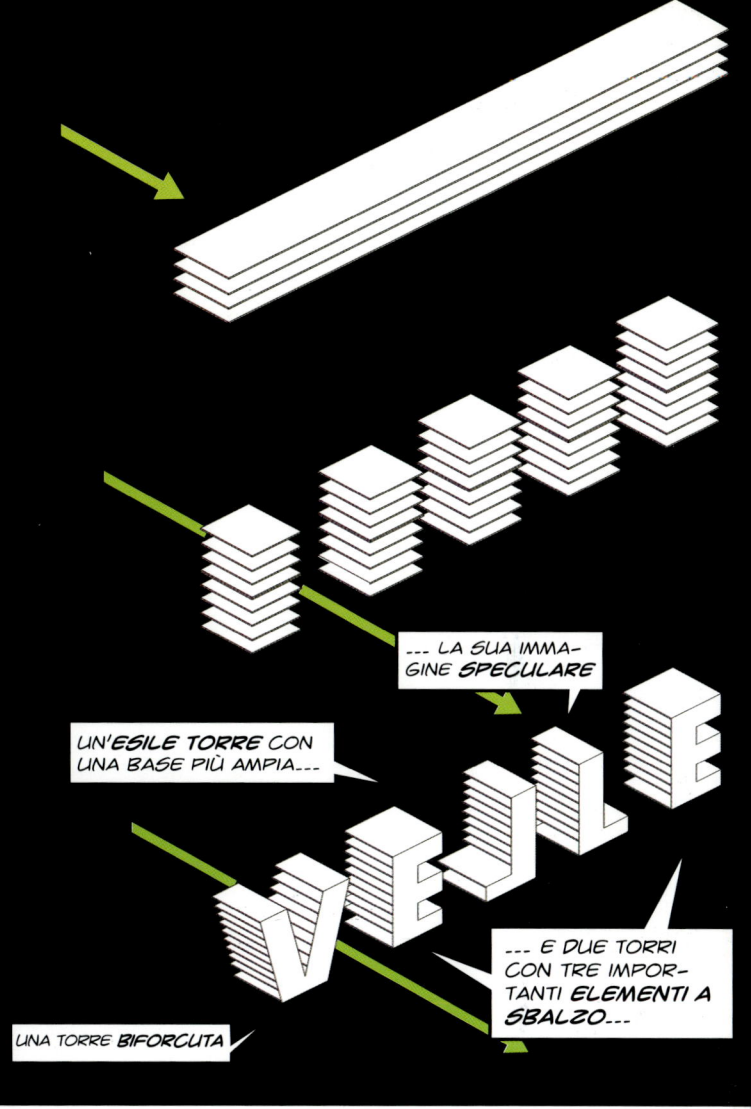

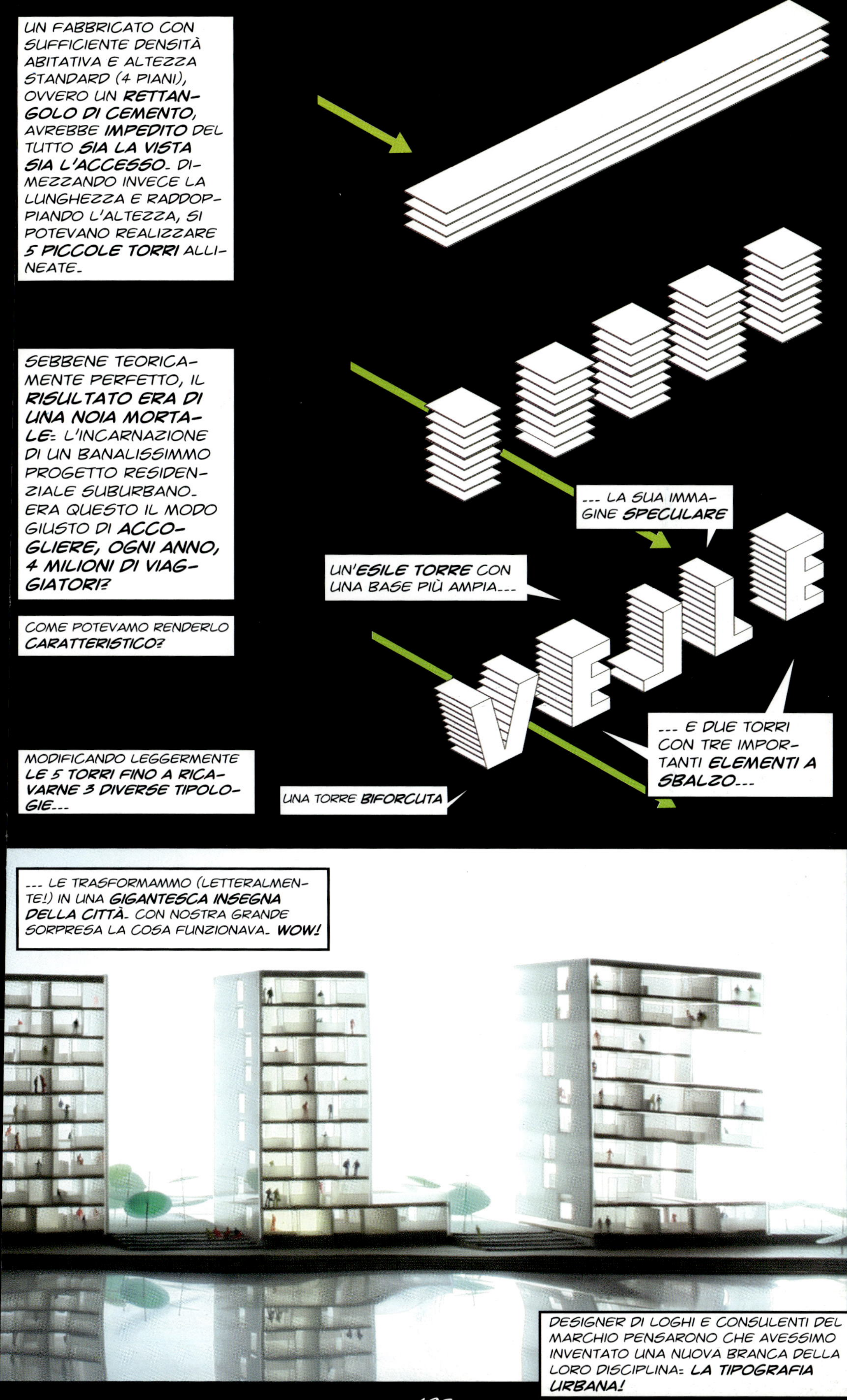

UN'**ESILE TORRE** CON UNA BASE PIÙ AMPIA...

... LA SUA IMMAGINE **SPECULARE**

... E DUE TORRI CON TRE IMPORTANTI **ELEMENTI A SBALZO**...

UNA TORRE **BIFORCUTA**

... LE TRASFORMAMMO (LETTERALMENTE!) IN UNA **GIGANTESCA INSEGNA DELLA CITTÀ**. CON NOSTRA GRANDE SORPRESA LA COSA FUNZIONAVA. **WOW!**

DESIGNER DI LOGHI E CONSULENTI DEL MARCHIO PENSARONO CHE AVESSIMO INVENTATO UNA NUOVA BRANCA DELLA LORO DISCIPLINA: **LA TIPOGRAFIA URBANA!**

# W TOWERS

# SPLIT PERSONALITY

SOPRANNOMINATA LA CITTÀ DELLE **MILLE GUGLIE**, PRAGA, COL SUO **TE- SORO** DI TORRI STORICHE, È CONSIDERATA **SACRA** DAI SUOI ARCHITETTI.

IL PROFILO COMPOSITO DEL CASTELLO, CON TUTTE LE SUE GUGLIE, RACCHIUDE IN SÉ LA RICETTA DI QUELLA CHE POTREBBE ESSERE UNA GRADITA AGGIUNTA ALLO SKYLINE CITTA- DINO – **UNA SERIE DI ESILI TORRI** AL POSTO DI **UN UNICO BLOCCO MASSICCIO**.

QUANDO CI COMMISSIONARONO UNA **TORRE A DESTINAZIONE MISTA** IN CENSURA – UN'EX FABBRICA RICONVERTITA IN QUARTIERE URBANO– CI TROVAMMO DI FRONTE AL SEGUENTE DILEMMA: PROGETTARE UN **ATTACCO A TERRA VAN- TAGGIOSO** CHE FOSSE IN **ARMONIA COL PANORAMA URBANO** DI PRAGA.

LE DIRETTIVE PREVEDEVANO **NEGOZI** AL PIANO TERRA, **UFFICI** SOPRA E **CONDOMINI** IN CIMA: TRE INTERVENTI IDEALMENTE DI DI- MENSIONI **DEL TUTTO DIVERSE**.

OPTAMMO QUINDI PER UN **GRANDE BLOCCO FUNZIONALE**...

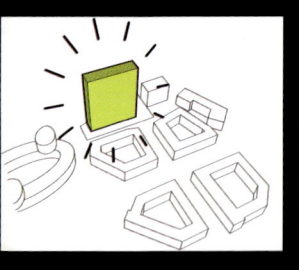

... CHE FUNGESSE DA **BARRIERA ACUSTICA** CONTRO I RUMORI DEL TRAFFICO. DEFINITO DAL SITO, ERA UNA PIASTRA QUADRATA DEL LATO DI 80 METRI, PROFONDA 20 METRI.

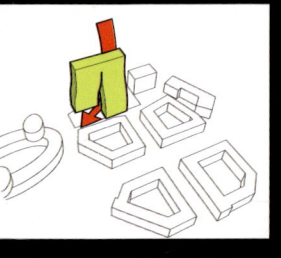

PER CONSENTIRE IL PASSAGGIO DELLA METRO **FEN- DEMMO E TORCEMMO IL FABBRICATO**, IN MODO DA FARLO ATTRAVERSARE DA UN PONTE DI COLLE- GAMENTO TRA LA STAZIONE E LA STRADA. LE DUE METÀ DELL'EDIFICIO, DI 800 M2 CIASCUNA, ERANO PERFETTE PER GLI UFFICI.

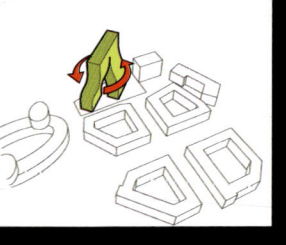

L'EDIFICIO VENNE POI **RUOTATO PER RIADAT- TARLO AL SITO**, OTTIMIZZANDO AL CONTEMPO L'ORIENTAMENTO DEGLI INTERVENTI A USO ABI- TATIVO VERSO EST E OVEST, PER MASSIMIZZA- RE **ILLUMINAZIONE** E **VEDUTE**.

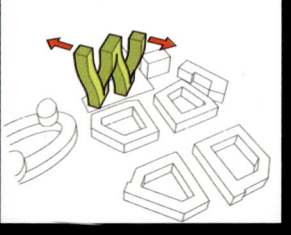

DA ULTIMO PRATICAMMO NEL BLOC- CO ALTRE **DUE INCISIONI** PER CREARE, NELLA PARTE SUPERIORE, PIANI CON UNA PIANTA DI 400 M2 E APPARTAMENTI D'ANGOLO.

IL RISULTATO È UN EDIFICIO CHE, PROCEDENDO DAL PIANOTERRA ALL'ATTICO, SI TRASFORMA GRADUALMENTE, ASSUMENDO DI VOLTA IN VOLTA LA CONFIGURAZIONE IDEALE PER OGNI DESTINAZIONE D'USO: **NEGOZI, UFFICI E ALLOGGI**.

AL CENTRO LE VARIE PIANTE SI INTERSECANO IN UN UNICO PIANO DI 1600 M² DESTINATO A **STRUTTURE DI USO COMUNE, PUNTI DI RISTORO E SALE CONFERENZE**.

IL RISULTATO FINALE È UNA SORTA DI **DOPPIA PERSONALITÀ ARCHITETTONICA**: UN **FABBRICATO SOVIETICO SUPERFUNZIONALE** DA UN LATO, UNA **SERIE DI TORRI CIECHE** DALL'ALTRO.

DA EST A OVEST UN **MURO DI FUNZIONI SOVRAPPOSTE**.

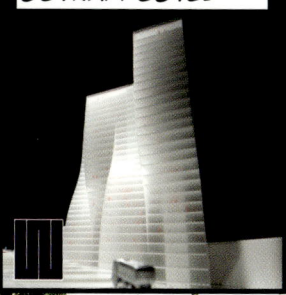

DA NORD A SUD UN **CANDELABRO DI GUGLIE**.

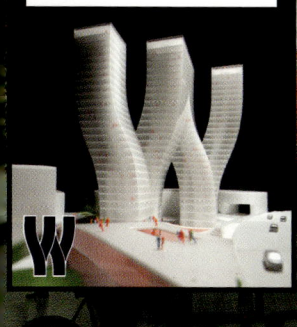

E NON È TUTTO: LA TORRE DISEGNA UNA **GIGANTESCA** W DI W `CENSURA`, RISULTATO FORTUITO DEI NOSTRI VARI TENTATIVI DI **TIPOGRAFIA URBANA**.

THE FAN BUILDINGS
WIB

# TWISTED MINDS

ALL'INIZIO DEL MILLENNIO PROGETTAMMO UN MASTER PLAN IN UNA SORTA DI MATRIMONIO COMBINATO COL GURU DEI PAESAGGISTI OLANDESI, ADRIAN GEUZE DI **WEST 8**.

IL PROGETTO FINALE ERA LA VERSIONE SCANDINAVA DEL LORO SPLENDIDO PIANO URBANISTICO PER IL QUARTIERE DI **BORNEO-SPORENBURG**, IN CUI UNA FITTA SERIE DI CASE A SCHIERA SI COMBINAVA CON DEI SUPERBLOCCHI.

NELLE ORE FRENETICHE A RIDOSSO DELLA SCADENZA, INSERIMMO NEL PLASTICO DUE EDIFICI CHE RIECHEGGIAVANO LA **TIPOLOGIA DEI MAGAZZINI** CONFINANTI.

PER RENDERLI "SPECIALI", LI **PIEGAMMO** FINO A FORMARE DUE **VENTAGLI** DI PIANI SOVRAPPOSTI.

VINCEMMO LA GARA E, ESSENDO NOI **ARCHITETTI**, CI VENNE CHIESTO DI DEFINIRE NEI PARTICOLARI GLI EDIFICI A VENTAGLIO (**FAN BUILDINGS**), MENTRE QUELLI DI WEST 8, ESSENDO **URBANISTI**, SI SAREBBERO OCCUPATI DEL **PRG**. I COMMITTENTI SEMBRAVANO DEI VERI E PROPRI FAN DEI FAN BUILDINGS: A QUESTO PUNTO DOVEVAMO CAPIRE COME (E PERCHÉ) REALIZZARE QUEGLI EDIFICI.

LA DANIMARCA È LA PATRIA DEL **CONSENSO** E DELL'**UGUAGLIANZA**.

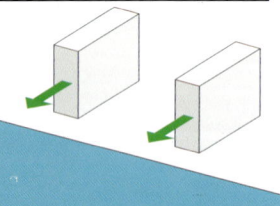

IL LITORALE È PERTANTO DOMINATO DA PALAZZI **PERPENDICOLARI** ALLA LINEA COSTIERA. NESSUNO HA IL MONOPOLIO DEL PANORAMA E TUTTI GARANTISCONO **LA STESSA BELLA** (O BRUTTA?) **VISTA SUL MARE**.

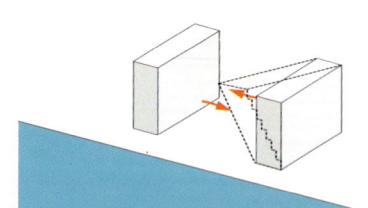

IN OSSEQUIO ALLA TRADIZIONE PROPONEMMO DI **TORCERE** I DUE CASEGGIATI, PER ORIENTARE A SUD-OVEST GLI APPARTAMENTI E FAR CONVERGERE MEGLIO LA VISTA SUL **MARE**.

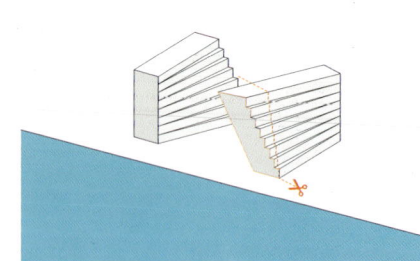

**SPUNTAMMO QUELLO DI DESTRA** PER MIGLIORARE LA **VISUALE** DI QUELLO DI SINISTRA.

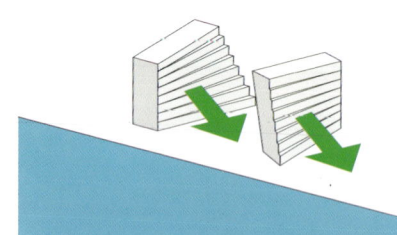

OTTENEMMO COSÌ DUE EDIFICI A FORMA DI VENTAGLIO INCLINATI VERSO NORD, CON BALCONI A SUD-OVEST E AFFACCIO SULL'ACQUA.

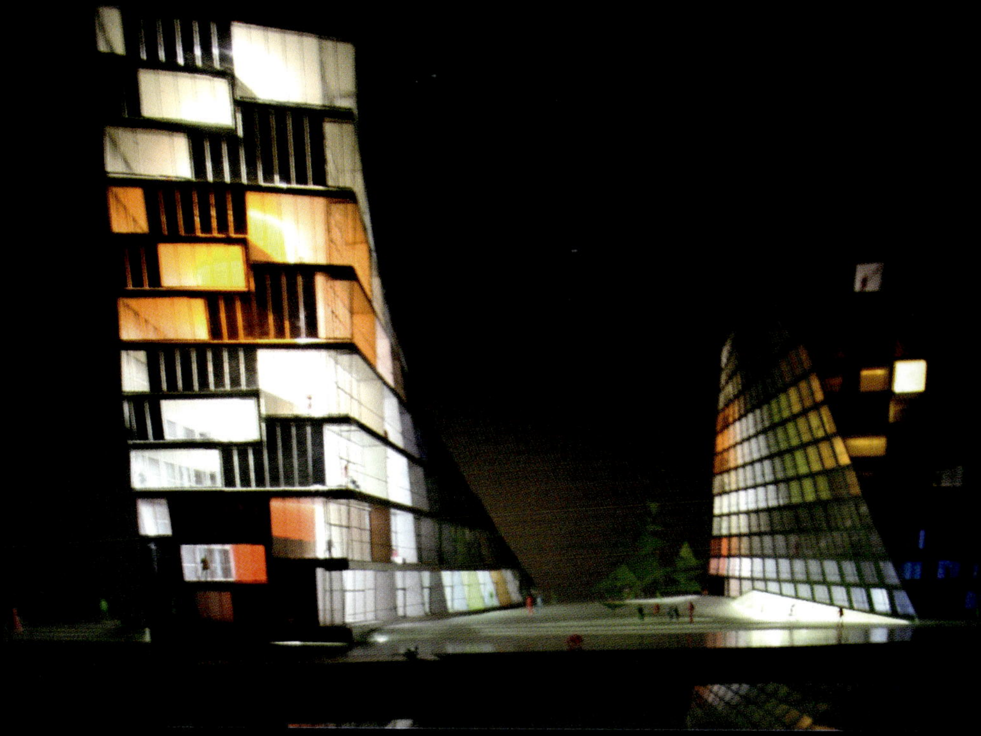

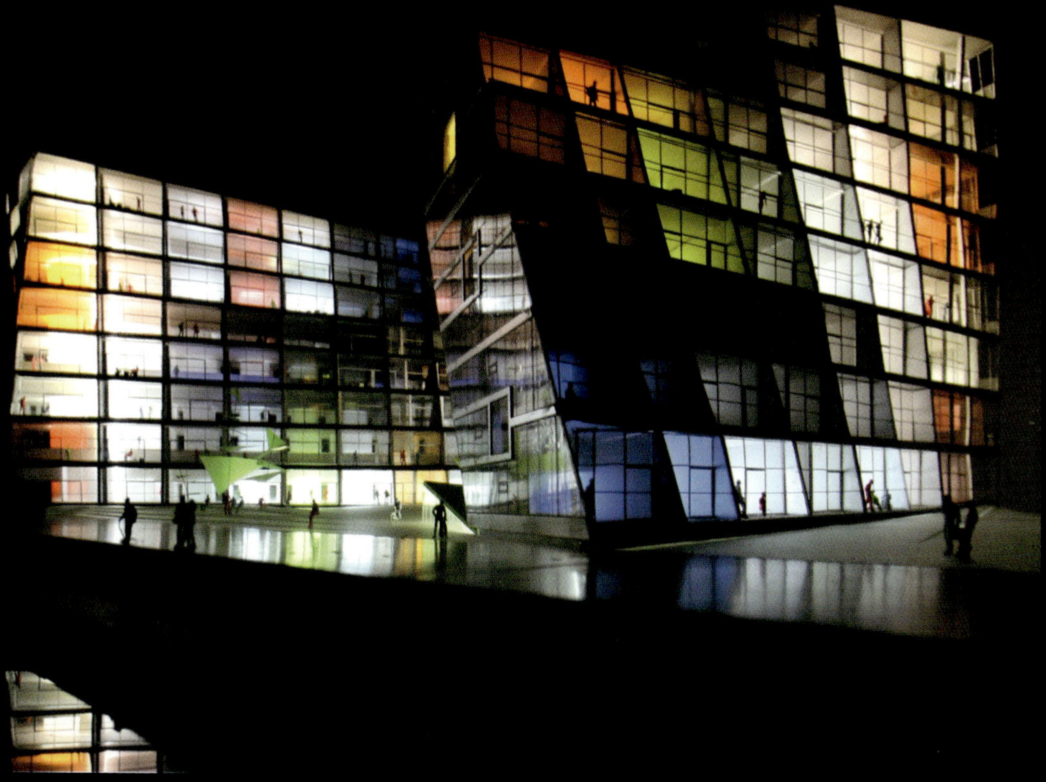

LA TORSIONE LANCIAVA OVVIAMENTE UNA SFIDA: COME **COSTRUIRE UN PALAZZO CHE SPORGESSE DI LATO PER 26 M SENZA FARLO CROLLARE?**

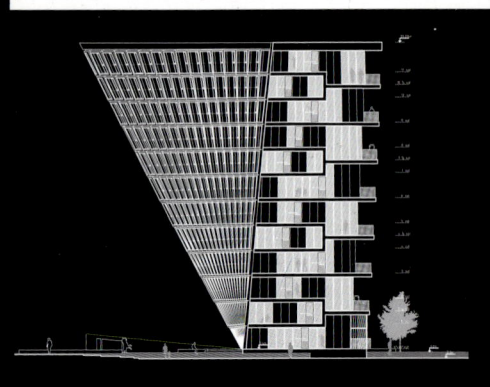

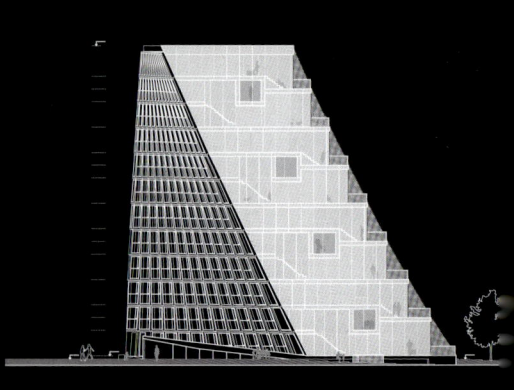

DOPO AVER PASSATO IN RASSEGNA VARIE POSSIBILITÀ, UNA MENO REALISTICA DELL'ALTRA SUL PIANO STRUTTURALE E/O ECONOMICO, TROVAMMO LA SOLUZIONE NEL LUOGO PIÙ IMPENSABILE: **LA CAMERA DEI RAGAZZI.**

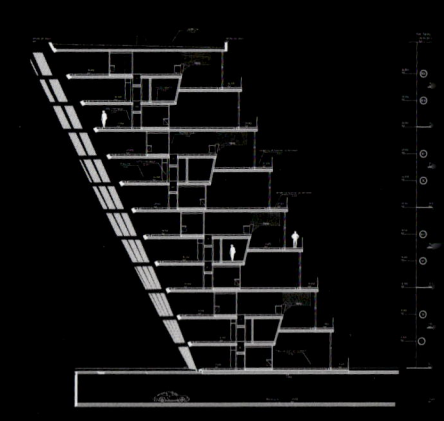

IL SEGGIOLONE *TRIPP TRAPP*, UN CLASSICO DEL DESIGN DANESE, SEMBRAVA IL MODELLO STRUTTURALE DEL NOSTRO PROGETTO.

I DUE FABBRICATI POGGIAVANO SU UN **PARCHEGGIO INTERRATO.** LE PARETI DIVISORIE TRA GLI APPARTAMENTI SI SAREBBERO COMBINATE FORMANDO UNA SERIE DI **COLONNE IN LIEVE PENDENZA** LUNGO TUTTO L'EDIFICIO FINO AL BASAMENTO.

PROPRIO COME IL SOSTEGNO DEL SEGGIOLONE, IL PARCHEGGIO **AVREBBE IMPEDITO ALL'EDIFICIO DI CROLLARE.**

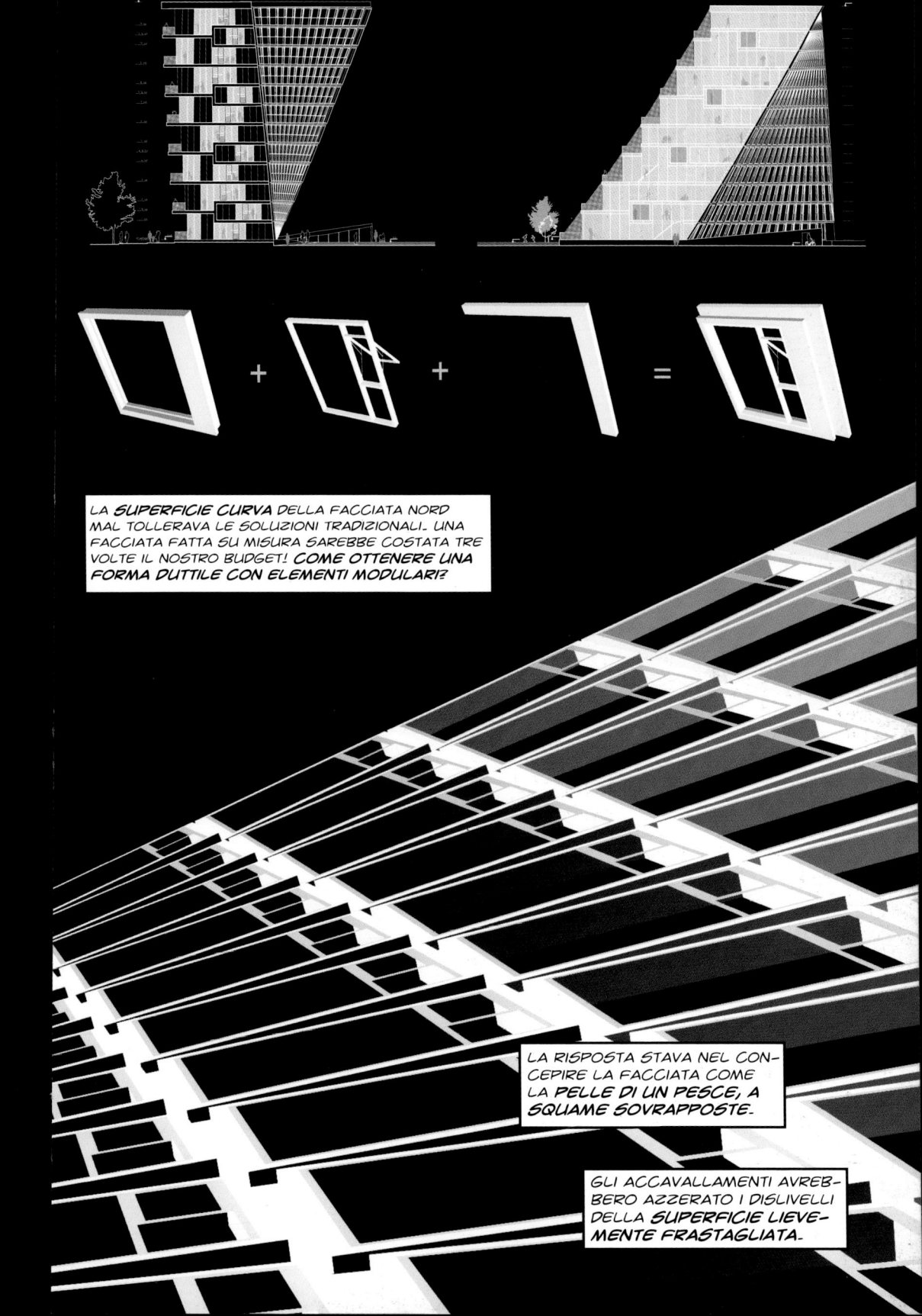

LA **SUPERFICIE CURVA** DELLA FACCIATA NORD MAL TOLLERAVA LE SOLUZIONI TRADIZIONALI. UNA FACCIATA FATTA SU MISURA SAREBBE COSTATA TRE VOLTE IL NOSTRO BUDGET! **COME OTTENERE UNA FORMA DUTTILE CON ELEMENTI MODULARI?**

LA RISPOSTA STAVA NEL CONCEPIRE LA FACCIATA COME LA **PELLE DI UN PESCE**, A SQUAME SOVRAPPOSTE.

GLI ACCAVALLAMENTI AVREBBERO AZZERATO I DISLIVELLI DELLA **SUPERFICIE LIEVEMENTE FRASTAGLIATA.**

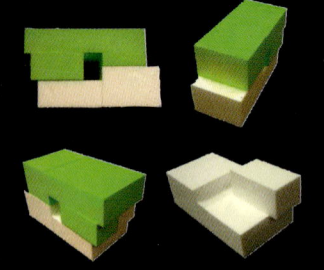

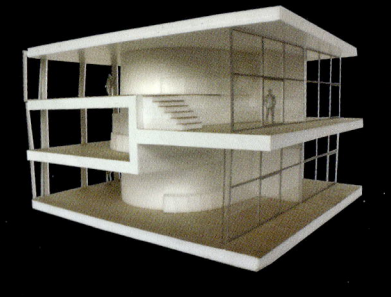

L'EDIFICIO A VENTAGLIO, INFINE, POTEVA OSPITARE UN **VANO ASCENSORE SU UN SOLO LATO.** L'ASCENSORE SAREBBE STATO IL PERNO DA CUI DIRAMARE UNA SERIE DI CORRIDOI CENTRALI CHE SI ESTENDESSERO FINO ALL'**ESTREMITÀ INCLINATA** DELL'EDIFICIO.

POICHÉ TUTTI GLI APPARTAMENTI NECESSITAVANO DI LUCE E VEDUTE A SUD, CONCEPIMMO PARTE DEL FABBRICATO COME UN'ULTERIORE **EVOLUZIONE DELL'UNITÉ D'HABITATION DI LE CORBUSIER**

\* VEDI "URBAN TETRIS"

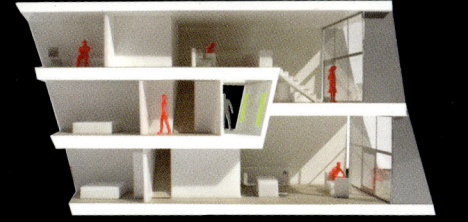

GLI SPAZIOSI PIANI DEL VERSANTE SOLEGGIATO OSPITANO GLI **AMBIENTI COMUNI**, LA **CUCINA** E IL **SOGGIORNO**, CON AFFACCIO SU UN'AMPIA TERRAZZA.

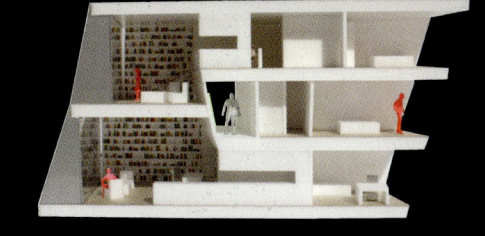

IL LATO NORD-EST È RISERVATO ALL'**INTIMITÀ DELLE CAMERE DA LETTO**. LE UNITÀ ABITATIVE SI DISPONGONO LUNGO IL CORRIDOIO CENTRALE, OFFRENDO A TUTTI I RESIDENTI **APPARTAMENTI SU DUE O TRE LIVELLI**.

A SUD-OVEST UN EDIFICIO DI 8 PIANI...

... A NORD-EST DI 12.

# CADAVRE EXQUIS

**HOLBÆK HARBOUR**

HOL

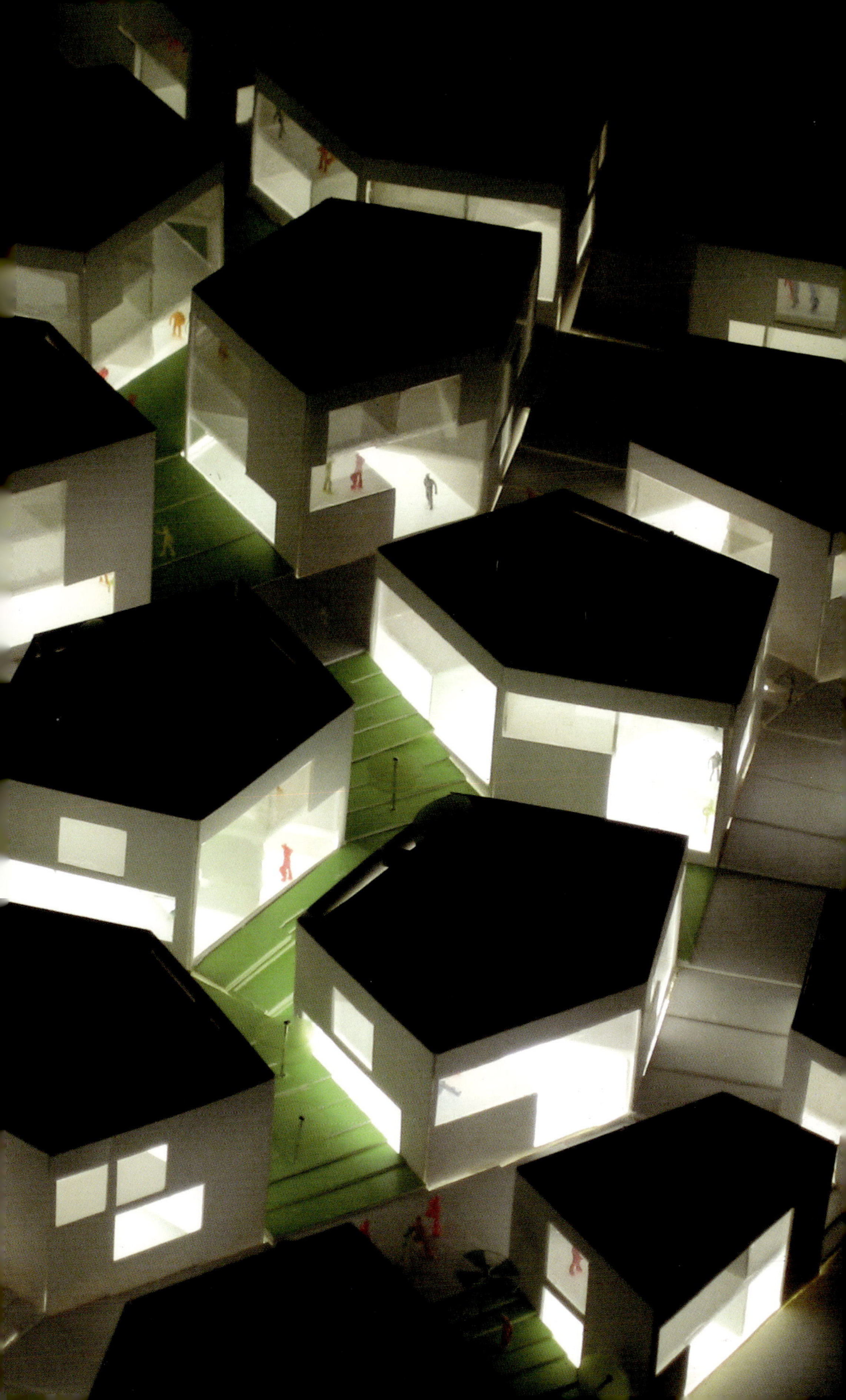

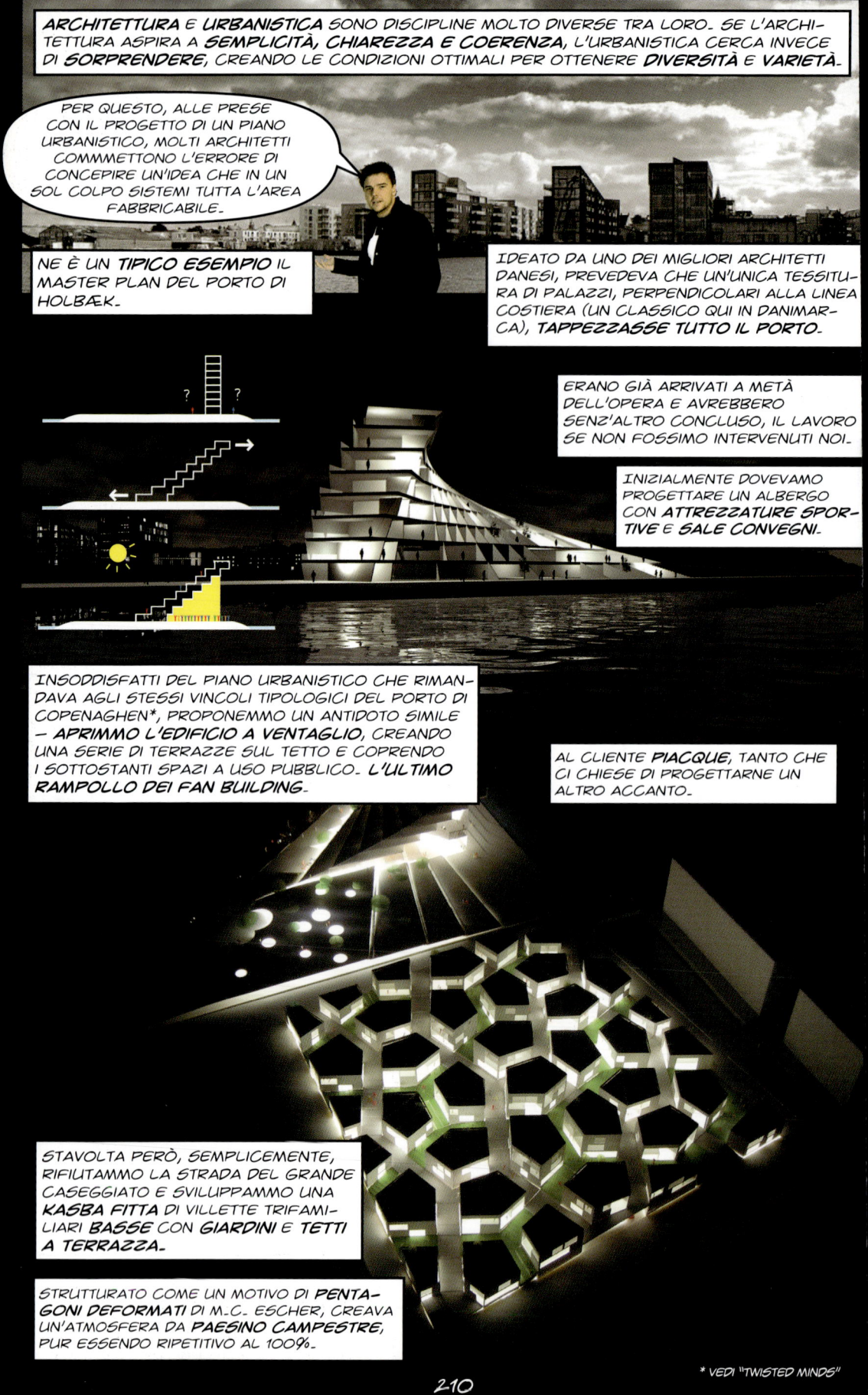

**ARCHITETTURA** E **URBANISTICA** SONO DISCIPLINE MOLTO DIVERSE TRA LORO. SE L'ARCHITETTURA ASPIRA A **SEMPLICITÀ, CHIAREZZA E COERENZA**, L'URBANISTICA CERCA INVECE DI **SORPRENDERE**, CREANDO LE CONDIZIONI OTTIMALI PER OTTENERE **DIVERSITÀ** E **VARIETÀ**.

PER QUESTO, ALLE PRESE CON IL PROGETTO DI UN PIANO URBANISTICO, MOLTI ARCHITETTI COMMETTONO L'ERRORE DI CONCEPIRE UN'IDEA CHE IN UN SOL COLPO SISTEMI TUTTA L'AREA FABBRICABILE.

NE È UN **TIPICO ESEMPIO** IL MASTER PLAN DEL PORTO DI HOLBÆK.

IDEATO DA UNO DEI MIGLIORI ARCHITETTI DANESI, PREVEDEVA CHE UN'UNICA TESSITURA DI PALAZZI, PERPENDICOLARI ALLA LINEA COSTIERA (UN CLASSICO QUI IN DANIMARCA), **TAPPEZZASSE TUTTO IL PORTO**.

ERANO GIÀ ARRIVATI A METÀ DELL'OPERA E AVREBBERO SENZ'ALTRO CONCLUSO, IL LAVORO SE NON FOSSIMO INTERVENUTI NOI.

INIZIALMENTE DOVEVAMO PROGETTARE UN ALBERGO CON **ATTREZZATURE SPORTIVE** E **SALE CONVEGNI**.

INSODDISFATTI DEL PIANO URBANISTICO CHE RIMANDAVA AGLI STESSI VINCOLI TIPOLOGICI DEL PORTO DI COPENAGHEN\*, PROPONEMMO UN ANTIDOTO SIMILE – **APRIMMO L'EDIFICIO A VENTAGLIO**, CREANDO UNA SERIE DI TERRAZZE SUL TETTO E COPRENDO I SOTTOSTANTI SPAZI A USO PUBBLICO. **L'ULTIMO RAMPOLLO DEI FAN BUILDING**.

AL CLIENTE **PIACQUE**, TANTO CHE CI CHIESE DI PROGETTARNE UN ALTRO ACCANTO.

STAVOLTA PERÒ, SEMPLICEMENTE, RIFIUTAMMO LA STRADA DEL GRANDE CASEGGIATO E SVILUPPAMMO UNA **KASBA FITTA** DI VILLETTE TRIFAMILIARI **BASSE** CON **GIARDINI** E **TETTI A TERRAZZA**.

STRUTTURATO COME UN MOTIVO DI **PENTAGONI DEFORMATI** DI M.C. ESCHER, CREAVA UN'ATMOSFERA DA **PAESINO CAMPESTRE**, PUR ESSENDO RIPETITIVO AL 100%.

\* VEDI "TWISTED MINDS"

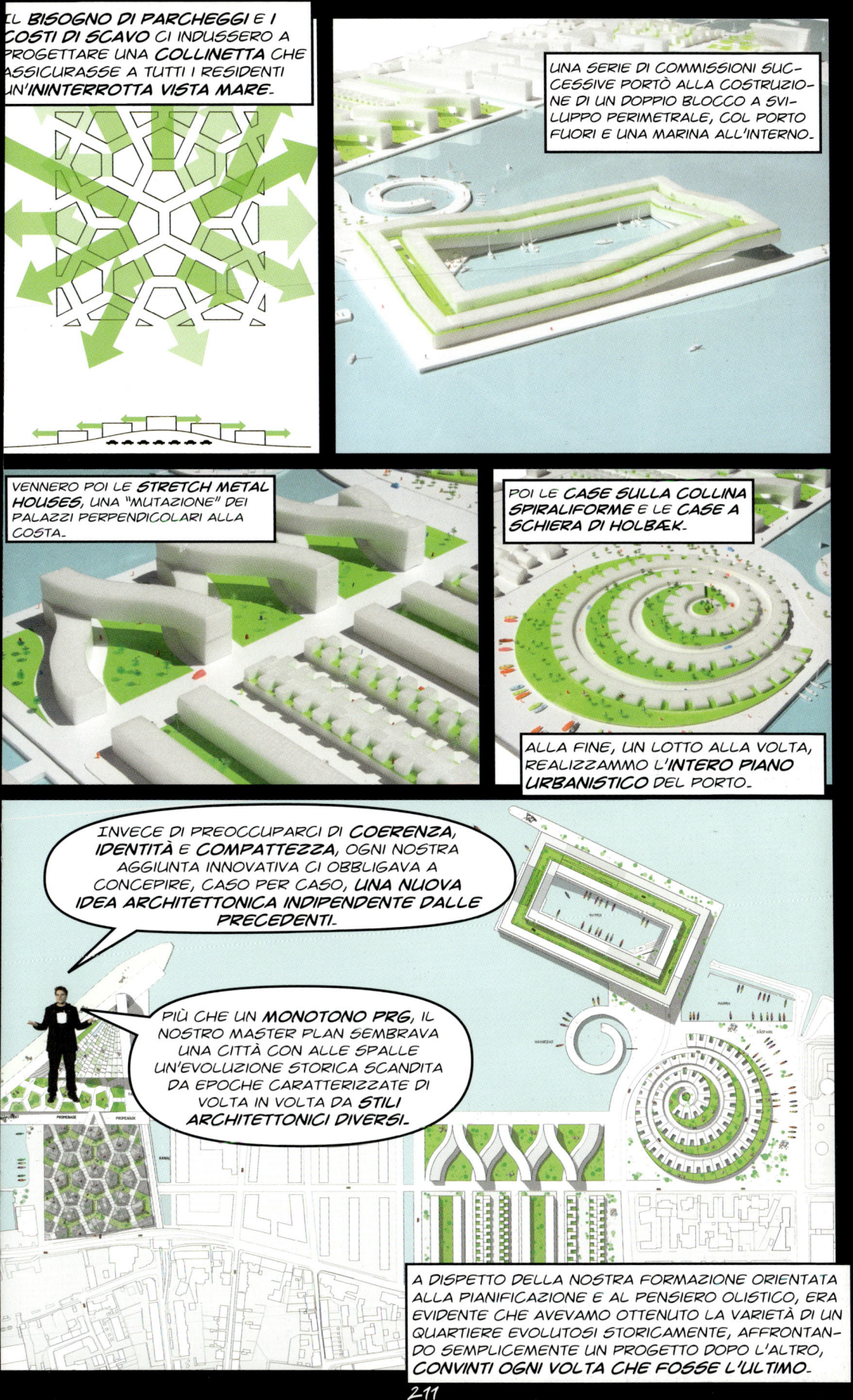

IL BISOGNO DI PARCHEGGI E I COSTI DI SCAVO CI INDUSSERO A PROGETTARE UNA COLLINETTA CHE ASSICURASSE A TUTTI I RESIDENTI UN'ININTERROTTA VISTA MARE.

UNA SERIE DI COMMISSIONI SUCCESSIVE PORTÒ ALLA COSTRUZIONE DI UN DOPPIO BLOCCO A SVILUPPO PERIMETRALE, COL PORTO FUORI E UNA MARINA ALL'INTERNO.

VENNERO POI LE STRETCH METAL HOUSES, UNA "MUTAZIONE" DEI PALAZZI PERPENDICOLARI ALLA COSTA.

POI LE CASE SULLA COLLINA SPIRALIFORME E LE CASE A SCHIERA DI HOLBÆK.

ALLA FINE, UN LOTTO ALLA VOLTA, REALIZZAMMO L'INTERO PIANO URBANISTICO DEL PORTO.

INVECE DI PREOCCUPARCI DI COERENZA, IDENTITÀ E COMPATTEZZA, OGNI NOSTRA AGGIUNTA INNOVATIVA CI OBBLIGAVA A CONCEPIRE, CASO PER CASO, UNA NUOVA IDEA ARCHITETTONICA INDIPENDENTE DALLE PRECEDENTI.

PIÙ CHE UN MONOTONO PRG, IL NOSTRO MASTER PLAN SEMBRAVA UNA CITTÀ CON ALLE SPALLE UN'EVOLUZIONE STORICA SCANDITA DA EPOCHE CARATTERIZZATE DI VOLTA IN VOLTA DA STILI ARCHITETTONICI DIVERSI.

A DISPETTO DELLA NOSTRA FORMAZIONE ORIENTATA ALLA PIANIFICAZIONE E AL PENSIERO OLISTICO, ERA EVIDENTE CHE AVEVAMO OTTENUTO LA VARIETÀ DI UN QUARTIERE EVOLUTOSI STORICAMENTE, AFFRONTANDO SEMPLICEMENTE UN PROGETTO DOPO L'ALTRO, CONVINTI OGNI VOLTA CHE FOSSE L'ULTIMO.

# SWEPT UNDER THE CARPET

MARITIME YOUTH HOUSE

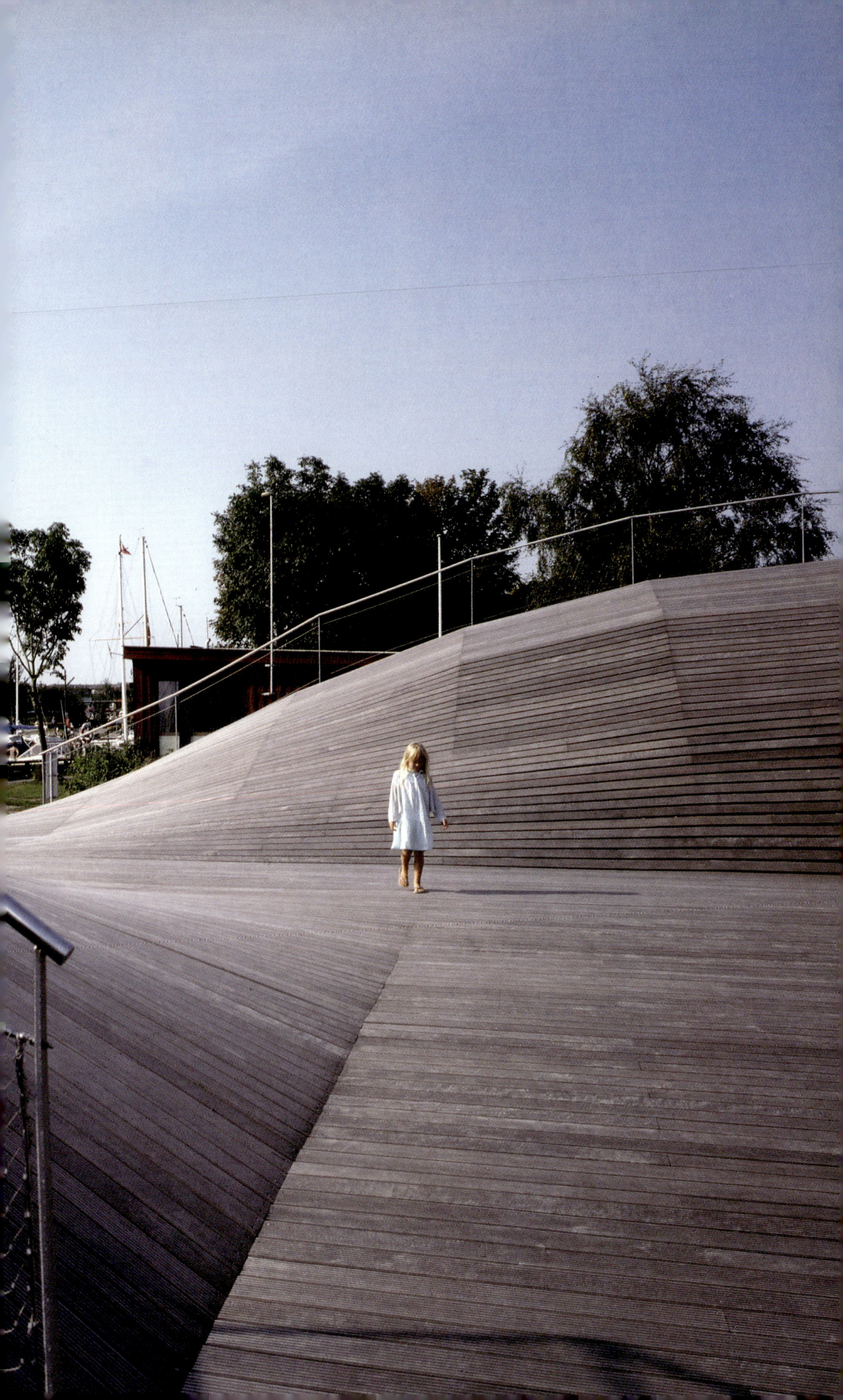

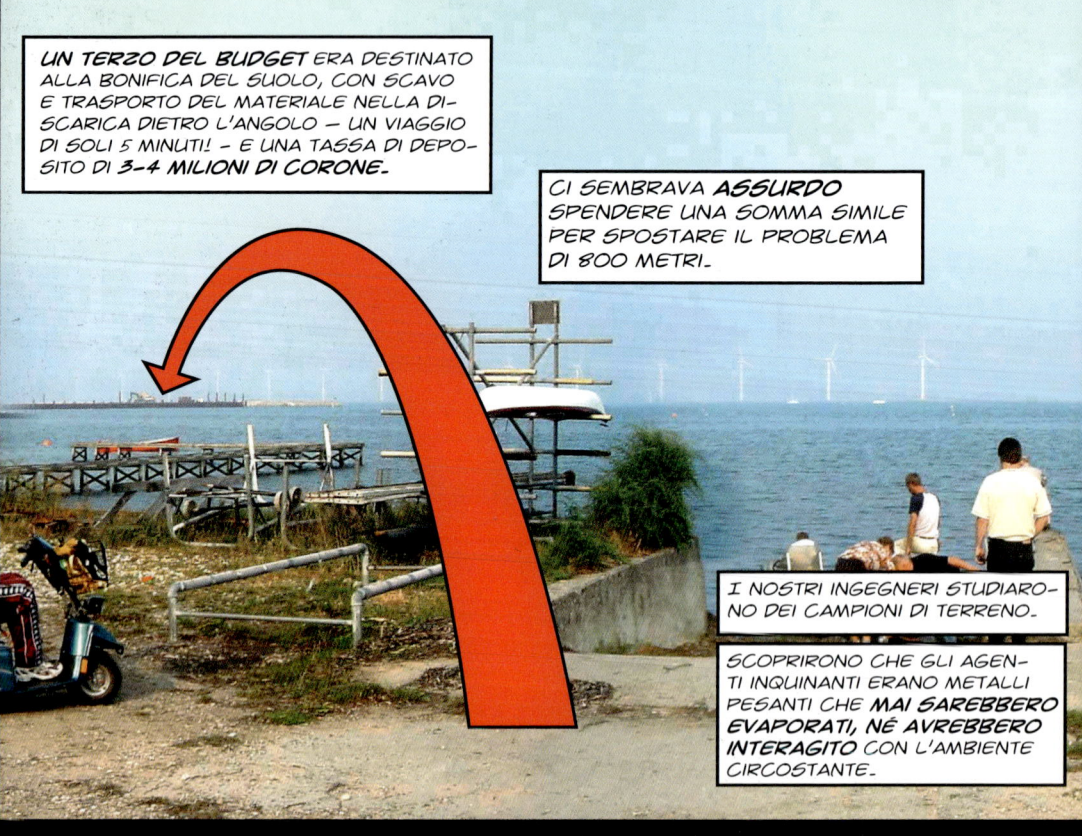

NEL 2002 FUMMO INVITATI A PARTECIPARE A UN CONCORSO PER LA PROGETTAZIONE DELLA **MARITIME YOUTH HOUSE** NEL CLUB NAUTICO DI SUNDBY, SULL'ISOLA DI AMAGER A COPENAGHEN.

DOVEVA COSTITUIRE LA SEZIONE GIOVANILE DEL CLUB E OSPITARE UN PROGETTO DI RECUPERO CHE **INSEGNASSE AI RAGAZZI DEL POSTO AD ARMARE VELE E FARE NODI** INVECE DI **RUBARE AUTO E IMBRATTARE MURI**.

IL SITO ERA **SPLENDIDO**: ACQUA SUI DUE LATI CON VISTA SU UNA NUOVA DISCARICA E UN PORTICCIOLO...

... SULLO SFONDO UN PARCO EOLICO E IN LONTANANZA LA SVEZIA.

TROVANDOSI SUL POSTO, ERA **DIFFICILE CAPIRE** COME AMAGER SI FOSSE MERITATA IL SOPRANNOME DI "SHIT ISLAND".

DOPO AVER LETTO LA RELAZIONE GEOTECNICA, TUTTO FU CHIARO: **LA ZONA ERA MOLTO INQUINATA**.

**UN TERZO DEL BUDGET** ERA DESTINATO ALLA BONIFICA DEL SUOLO, CON SCAVO E TRASPORTO DEL MATERIALE NELLA DISCARICA DIETRO L'ANGOLO – UN VIAGGIO DI SOLI 5 MINUTI! – E UNA TASSA DI DEPOSITO DI **3-4 MILIONI DI CORONE**.

CI SEMBRAVA **ASSURDO** SPENDERE UNA SOMMA SIMILE PER SPOSTARE IL PROBLEMA DI 800 METRI.

I NOSTRI INGEGNERI STUDIARONO DEI CAMPIONI DI TERRENO.

SCOPRIRONO CHE GLI AGENTI INQUINANTI ERANO METALLI PESANTI CHE **MAI SAREBBERO EVAPORATI, NÉ AVREBBERO INTERAGITO** CON L'AMBIENTE CIRCOSTANTE.

SPORTARE LA PARTE SUPERIORE DEL SUOLO E COPRIRLO CON TERRICCIO PULITO EQUIVALEVA A METTERCI UN COPERCHIO SOPRA.

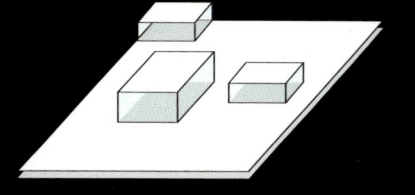

CI CHIEDEMMO QUINDI: PERCHÉ NON RIVESTIRE TUTTA L'AREA CON UN'AMPIA COPERTURA IN LEGNO?

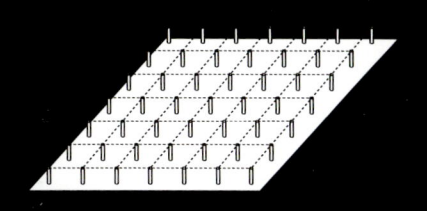

LA GIGANTESCA TERRAZZA CI AVREBBE PERMESSO DI LASCIARE L'INQUINAMENTO LÌ DOV'ERA, INVECE DI SPOSTARE IL PROBLEMA NEI PARAGGI, CONSENTENDOCI INOLTRE DI INVESTIRE IL DENARO COSÌ RISPARMIATO NELLA CREAZIONE DI SPAZI PUBBLICI.

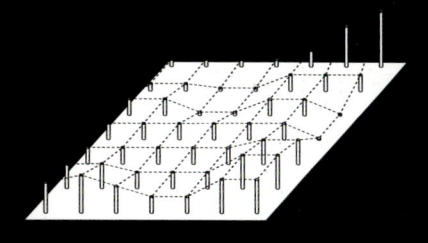

CONFICCANDO I PALI DI FONDAZIONE NEL SUOLO, POTEVAMO PIANTARNE ALCUNI PIÙ IN PROFONDITÀ, CREANDO UNA SPIAGGIA...

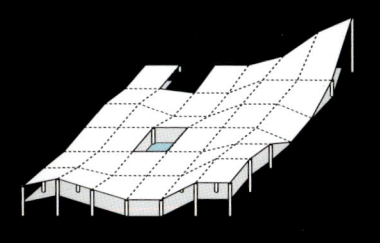

... PIANTANDONE ALTRI IN MODO CHE SPORGESSERO DI PIÙ, CREAVAMO INVECE SPAZI PER IL RIMESSAGGIO DELLE IMBARCAZIONI E PER LA SEDE DEL CIRCOLO. SENZA AVERE ANCORA UN PROGETTO PRECISO, DICEMMO AI COMMITTENTI DI CONSIDERARE IL PAVIMENTO DI LEGNO UNA SORTA DI "COPERTA SOCIALE"...

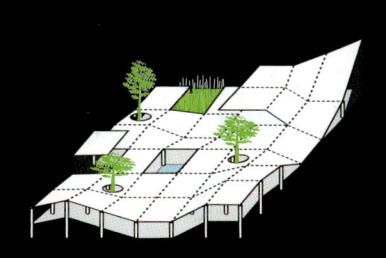

... CHE SI POTEVA TIRARE DA UN LATO O DALL'ALTRO PER ADATTARLA A QUALUNQUE TIPO DI ATTIVITÀ. QUESTA CONCEZIONE ELASTICA AVREBBE POTUTO SODDISFARE QUALSIASI RICHIESTA O DESIDERIO.

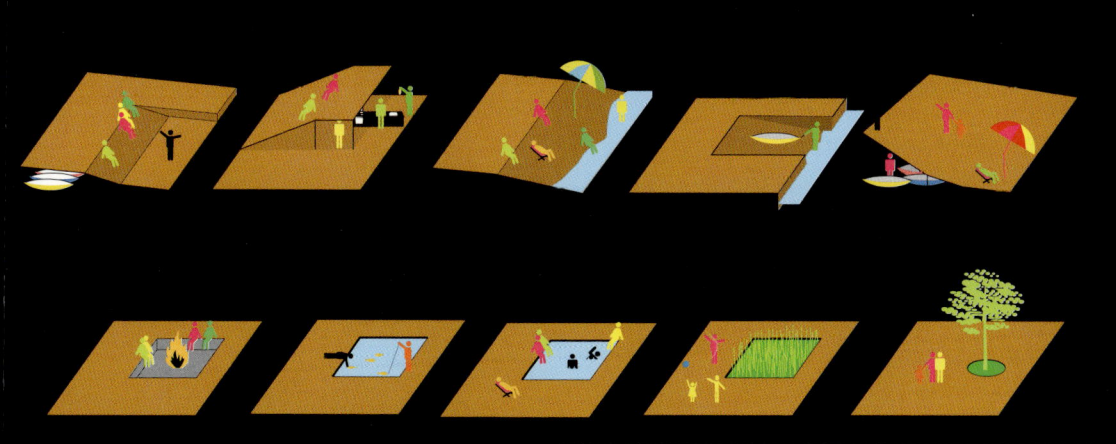

L'IDEA DI DIRE AI CLIENTI CHE POTEVANO AVERE CIÒ CHE VOLEVANO SI RIVELÒ VINCENTE, E INFATTI VINCEMMO LA GARA, PUR SENZA UN PROGETTO VERO E PROPRIO.

COMINCIAMMO A **IMPOSTARE** LE DIVERSE DESTINAZIONI D'USO **CONFRONTANDOCI** CON I DUE GRUPPI DI UTENTI: I **MARINAI** E GLI **ASSISTENTI SOCIALI**. OGNI GRUPPO TIRAVA LA COPERTA DALLA SUA, PER FARE IN MODO CHE IL PROGETTO SI ADATTASSE MEGLIO AI PROPRI SPECIFICI INTERESSI.

GLI **ASSISTENTI SOCIALI** CERCAVANO DI **TIRARLA VERSO IL BASSO** PER CREARE UNO **SPAZIO DI INTERAZIONE** ALL'APERTO, ATTORNO AL CIRCOLO.

IL PROGETTO FINALE PUÒ ESSERE VISTO COME LA DOPPIA IMPRONTA DI **DUE FORZE OPPOSTE** SU UNA MORBIDA TELA.

I MARINAI CERCAVANO DI TIRARE LA COPERTURA VERSO L'ALTO PER FARE SPAZIO, SOTTO, A RICOVERI PER IMBARCAZIONI E ATTREZZI.

NE RISULTÒ UN SINUOSO PAESAGGIO ARTIFICIALE DI DUNE DI LEGNO.

A COPENAGHEN È OBBLIGATORIO LASCIARE **8 METRI LIBERI** ATTORNO A **OGNI EDIFICIO**, PER PERMETTERE IL PASSEGGIO IN RIVA AL MARE.

DATO CHE L'AMMINISTRAZIONE COMUNALE CONSIDERÒ IL TETTO DELLA STRUTTURA COME UNO SPAZIO PUBBLICO, POTEMMO SPINGERCI COL FABBRICATO FINO A RIVA.

SOLITAMENTE LA **MASSIMA PENDENZA** PREVISTA PER UNA SUPERFICIE AGIBILE È DI **1:20** – LUNGA E PIANA.

MA POICHÉ LA MUNICIPALITÀ CONSIDERAVA LA PAVIMENTAZIONE DI LEGNO PIÙ COME **PAESAGGIO** CHE COME **EDIFICIO**, FU POSSIBILE ARRIVARE A **25 GRADI**!

**YEHEEEEE!!**

È ABBASTANZA RIPIDA DA POTERCI **SCIVOLARE** SOPRA CON UN PAIO DI JEANS!

IL PAESAGGIO ONDULATO HA SUI BAMBINI UN **IMMEDIATO EFFETTO ENERGIZZANTE**, CHE LI FA SCORRAZZARE IN LUNGO E IN LARGO!

LA MARITIME YOUTH HOUSE È UN TIPICO ESEMPIO DELLA STRATEGIA CHE METTIAMO IN ATTO PER **TRASFORMARE L'ANALISI DEI DATI IN PROCESSO CREATIVO**.

L'IDEA TRAINANTE È **TRASFORMARE UN PROBLEMA** (L'INQUINAMENTO) IN UNA **RISORSA** (SPAZI PUBBLICI).

UN PROGETTO POCO AMBIZIOSO HA ASSUNTO COSÌ DIMENSIONI MAGGIORI: **DA PICCOLO CIRCOLO**...

... AD **AMPIO SPAZIO PUBBLICO**...

... **FREQUENTATO NON SOLO DA MARINAI, ASSISTENTI SOCIALI E RAGAZZI** MA DA TUTTA LA GENTE DEL POSTO, CHE CI **PORTA A SPASSO IL CANE O CI VA A PASSEGGIO CON LA RAGAZZA.**

QUESTO ULTERIORE RISULTATO È DOVUTO AL FATTO CHE CI SIAMO RIFIUTATI DI SPOSTARE IL PROBLEMA, PER **NASCONDERLO**, INVECE, **SOTTO AL TAPPETO** (DI LEGNO).

DANISH MARITIME MUSEUM

# TO BE AND NOT TO BE

QUESTO È IL CASTELLO DELL'**AMLETO DI SHAKESPEARE**.

RECENTEMENTE DICHIARATO **PATRIMONIO DELL'UMANITÀ** DALL'UNESCO, IL CASTELLO DI KRONBORG HA SUBITO UN'IMPORTANTE RISTRUTTURAZIONE DELLA CINTA MURARIA.

PER RICREARE L'IMMAGINE IDEALE DI **UNA PERFETTA STRUTTURA DIFENSIVA**, LE NUOVE FORTIFICAZIONI DOVEVANO NASCONDERE UN **BACINO DI CARENAGGIO IN DISUSO**.

PATRIMONIO UNESCO

BACINO IN DISUSO

SEMPRE PER EFFETTO COLLATERALE DEL NUOVO STATUS DELLA FORTEZZA, IL DANISH MARITIME MUSEUM, COLLOCATO DI RECENTE ENTRO LE MURA, **VENNE SFRATTATO** AL FINE DI RICREARE GLI INTERNI ORIGINALI DEL CASTELLO.

RITROVATOSI ALL'IMPROVVISO SENZA CASA, IL MUSEO FECE QUELLO CHE FANNO TUTTI I SENZA TETTO: CERCÒ UN POSTO DOVE STARE... UN **EDIFICIO ABBANDONATO**, UN PONTE... O UN **EX BACINO DI CARENAGGIO**.

FUORI DA QUI!

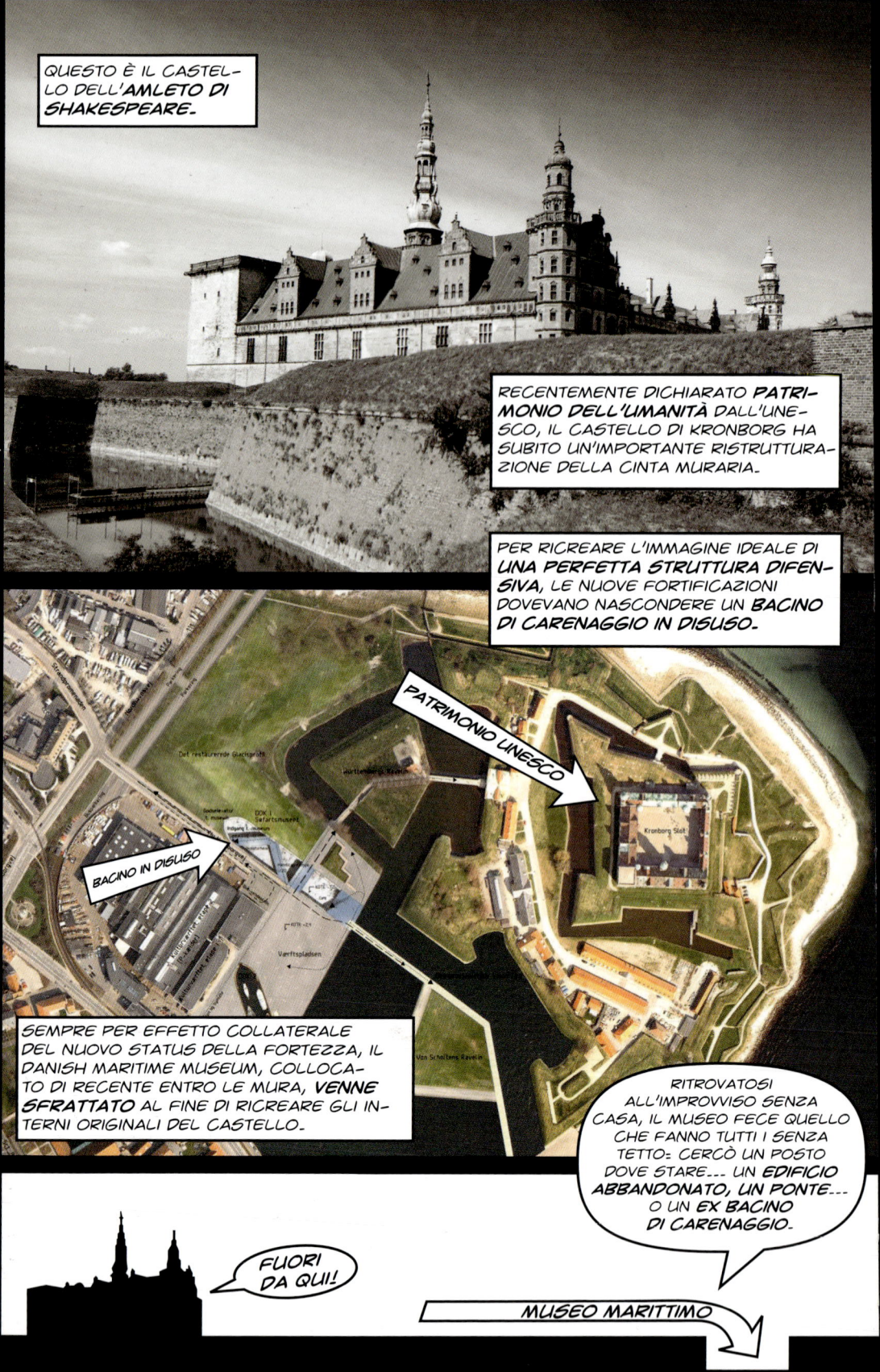

MUSEO MARITTIMO

IL PRIMO SOPRALLUOGO CHE EFFETTUAMMO ALL'INIZIO DEL CONCORSO FU UNA GROSSA **DELUSIONE**. DOVEVAMO COSTRUIRE UN **MUSEO IN UNO SCANTINATO**.

UNO **SCANTINATO**, PERALTRO, **UMIDISSIMO**. SEBBENE IN DISUSO, INFATTI, IL **BACINO** ERA **PIENO D'ACQUA**!

NON SOLO: DATA LA VICINANZA ALLA **DIMORA DI AMLETO**, NON POTEVAMO SPORGERCI DI UN CENTIMETRO DA TERRA – **UN SITO MARITTIMO SENZA VISTA SUL MARE**!

SICCOME IL MUSEO AVREBBE DOVUTO ESSERE ALMENO **DUE VOLTE** L'IMPRONTA DELL'EX BACINO, ERAVAMO OBBLIGATI A COSTRUIRLO **SU DUE LIVELLI**: ERA DESTINATO A DIVENTARE UNO **SCANTINATO CLAUSTROFOBICO, NASCOSTO ALLA VISTA E CIECO**.

**NON FU FACILE** TROVARE L'ENTUSIASMO PER DARE INIZIO AL PROGETTO.

POI PERÒ VEDEMMO UNA FOTO DEL **BACINO VUOTO**. ERA UNA **STRUTTURA IMPONENTE**, LUNGA 150 METRI E LARGA 25, A FORMA DI SCAFO.

SAREBBE UN **PECCATO** SE QUESTO **TEMPIO DELLA CIVILTÀ INDUSTRIALE** FOSSE CANCELLATO DA UN **INTERVENTO MUSEALE** O **SEPPELLITO SOTTO MURA POSTICCE**.

DALL'ESAME DELLE RELAZIONI TECNICHE APPRENDEMMO CHE NON SOLO IL BACINO ERA PIENO D'ACQUA, MA **ERA** PROPRIO **L'ACQUA A IMPEDIRGLI DI CROLLARE!**

UNA VOLTA SVUOTATO, LE PARETI **AVREBBERO CEDUTO** SOTTO LA PRESSIONE DEL TERRENO CIRCOSTANTE.

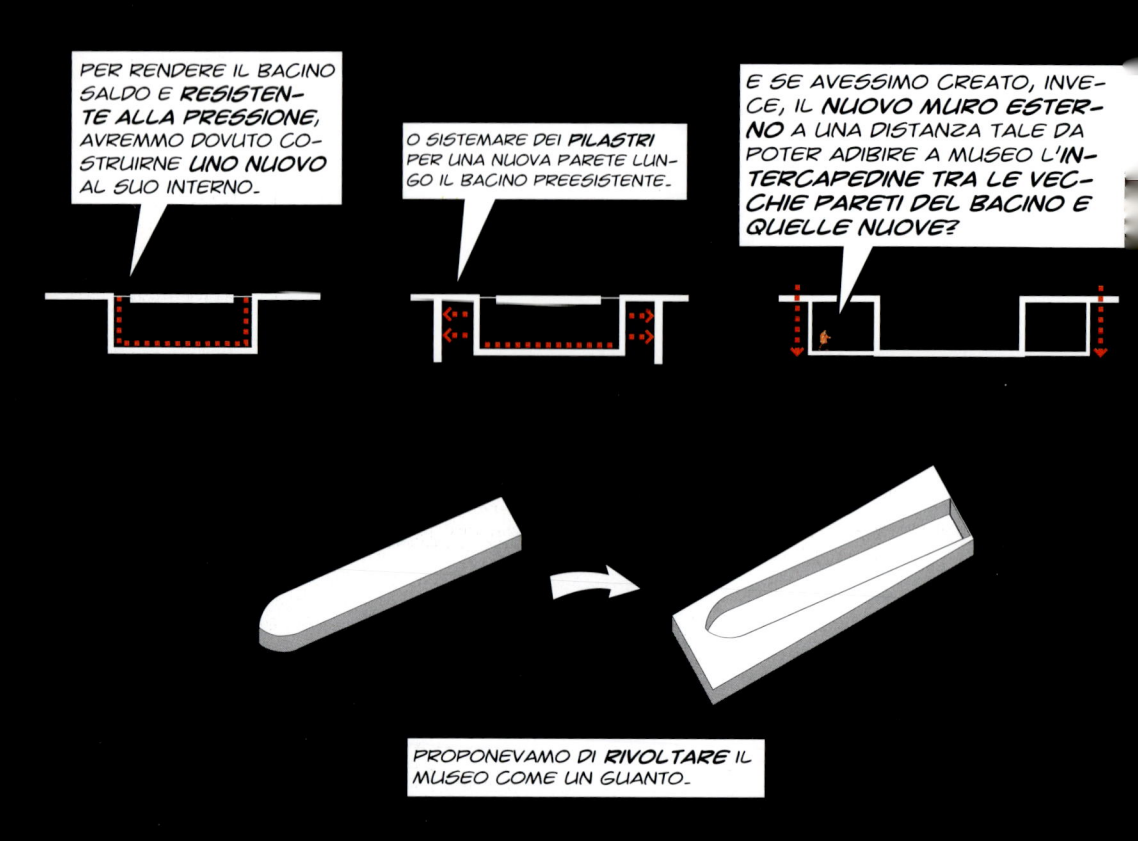

PER RENDERE IL BACINO SALDO E **RESISTENTE ALLA PRESSIONE**, AVREMMO DOVUTO COSTRUIRNE **UNO NUOVO** AL SUO INTERNO.

O SISTEMARE DEI **PILASTRI** PER UNA NUOVA PARETE LUNGO IL BACINO PREESISTENTE.

E SE AVESSIMO CREATO, INVECE, IL **NUOVO MURO ESTERNO** A UNA DISTANZA TALE DA POTER ADIBIRE A MUSEO L'**INTERCAPEDINE TRA LE VECCHIE PARETI DEL BACINO E QUELLE NUOVE?**

PROPONEVAMO DI **RIVOLTARE** IL MUSEO COME UN GUANTO.

NON DOVEVAMO FARE ALTRO CHE PROGETTARE **TRE PONTI**.

UN PONTE **AVREBBE IMPEDITO ALL'ACQUA DI ENTRARE** NEL BACINO E **SI SAREBBE CONGIUNTO AL LUNGOPORTO**.

UN ALTRO AVREBBE COLLEGATO L'AREA PORTUALE AL CASTELLO.

IL TERZO SAREBBE SCESO ALL'INTERNO DEL BACINO E, "RIMBALZANDO" DA UNA PARETE ALL'ALTRA, **AVREBBE CONDOTTO I VISITATORI NEL MUSEO**.

VON SHOLTENS RAVELIN

KRONBORG

LUNGOPORTO

NY KRONBORGVEJ

CULTURA NAVALE

ENTRATA PRINCIPALE

IL MUSEO AVREBBE PRESERVATO IL BACINO STORICO COME UN **VUOTO URBANO SOTTO IL LIVELLO DEL MARE**...

... E LA VISITA AL MUSEO SAREBBE STATA UNA **DISCESA NEGLI ABISSI**, SOTTO IL LIVELLO DELLE ACQUE CIRCOSTANTI.

DISEGNAMMO I VARI PONTI DI UNO **SPESSORE** TALE DA POTER OSPITARE FUNZIONI DIVERSE PER LA **CITTÀ** E PER IL **MUSEO**, CREANDO INOLTRE SCORCIATOIE E COLLEGAMENTI ATTRAVERSO L'EX BACINO. UNA **BIBLIOTECA**, UNO **SPAZIO ESPOSITIVO**, UN **AUDITORIUM** E UNA **CAFFETTERIA** TROVAVANO POSTO NEL CORTILE INTERRATO.

PER VIA DI UNA LEGGE DANESE, CHE PRESCRIVE PER OGNI LUOGO DI LAVORO L'OBBLIGO DI **LUCE** E **VEDUTE**, SEMBRAVA CHE GLI UFFICI DEL PERSONALE DOVESSERO TROVARSI IN STABILI ADIACENTI, OBBLIGANDO COSÌ TUTTI GLI IMPIEGATI AD **ANDARE AVANTI E INDIETRO** DAL MUSEO ALLA "BASE". IL NUOVO MUSEO SAREBBE STATO UN **CORPO** SENZA **TESTA**.

NON C'È LUCE, NON CI SONO VISTE. È ILLEGALE!

UFF, CHE SCARPINATA!

PUOI DIRLO FORTE!

MA TRASFORMANDO L'EX BACINO IN **COR-TILE**, ERAVAMO LIBERI DI RIPORTARE LO STAFF ALL'INTERNO DEL MUSEO.

LA VISITA AL MUSEO SAREBBE SEMPLICEMENTE CONSISTITA IN UNA **DISCESA CONTINUA** DAL PONTILE **IN CIMA**, AL BACINO **IN BASSO**.

MA COME STRUTTURARE **UN INTERO** MUSEO LUNGO UN PENDIO ININTERROTTO? SCALE? RAMPE?

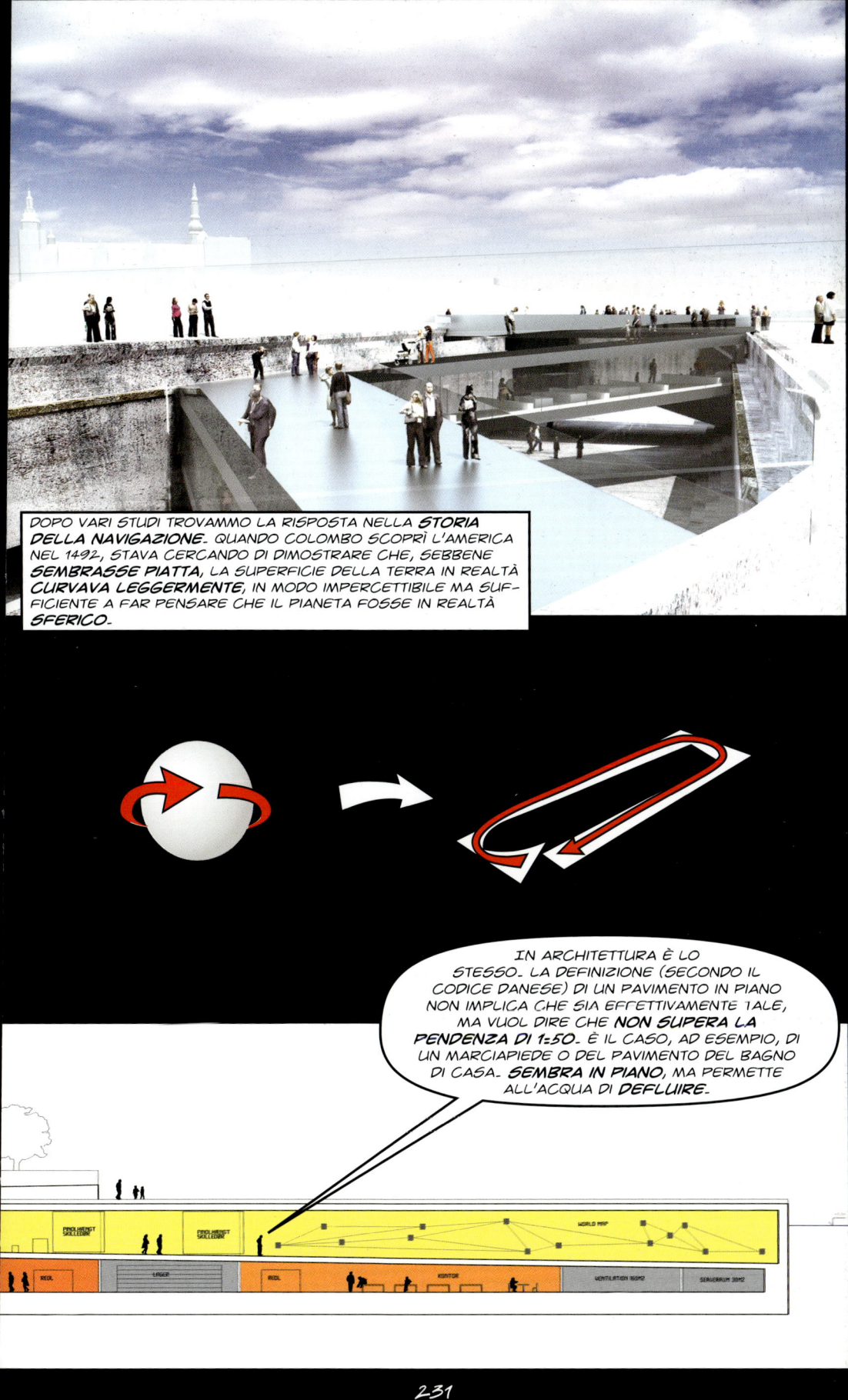

DOPO VARI STUDI TROVAMMO LA RISPOSTA NELLA **STORIA DELLA NAVIGAZIONE.** QUANDO COLOMBO SCOPRÌ L'AMERICA NEL 1492, STAVA CERCANDO DI DIMOSTRARE CHE, SEBBENE **SEMBRASSE PIATTA**, LA SUPERFICIE DELLA TERRA IN REALTÀ **CURVAVA LEGGERMENTE**, IN MODO IMPERCETTIBILE MA SUFFICIENTE A FAR PENSARE CHE IL PIANETA FOSSE IN REALTÀ **SFERICO.**

IN ARCHITETTURA È LO STESSO. LA DEFINIZIONE (SECONDO IL CODICE DANESE) DI UN PAVIMENTO IN PIANO NON IMPLICA CHE SIA EFFETTIVAMENTE TALE, MA VUOL DIRE CHE **NON SUPERA LA PENDENZA DI 1:50.** È IL CASO, AD ESEMPIO, DI UN MARCIAPIEDE O DEL PAVIMENTO DEL BAGNO DI CASA. **SEMBRA IN PIANO**, MA PERMETTE ALL'ACQUA DI **DEFLUIRE.**

A CAUSA DELLE **ENORMI DI-MENSIONI** DEL MUSEO...

...SE AVESSIMO DATO AI PAVIMENTI UNA **PENDENZA** DI 1:50...

I VISITATORI AVREBBERO CAMMINATO SU UNA **SUPERFICIE** APPARENTEMENTE **PIANA**...

> GRADUALMENTE PERÒ L'ALTEZZA DEL SOFFITTO SAREBBE ANDATA AUMENTANDO...

> ... MAN MANO CHE SCENDEVANO VERSO IL **FONDO** DEL BACINO.

QUANDO PRESENTAMMO IL PROGETTO AL CONCORSO ERAVAMO CERTI DI **NON POTER VINCERE**. UNA DELLE PRINCIPALI CONDIZIONI POSTE DAL BANDO ERA DI COSTRUIRE **DENTRO** L'EX BACINO — E NOI AVEVAMO COSTRUITO, INVECE, **INTORNO**.

CON NOSTRA GRANDE SORPRESA, LA GIURIA SEPPE GUARDARE OLTRE E **SCELSE IL NOSTRO PROGETTO**, NONOSTANTE IL BANDO.

A QUEL PUNTO ACCADDE UNA COSA STRANA. L'ASSOCIAZIONE DEGLI ARCHITETTI DANESI — DI CUI FACCIAMO PARTE — FECE CAUSA AL CLIENTE PER AVER SCELTO UN PROGETTO CHE NON RISPETTAVA UNA CONDIZIONE DEL BANDO. NON CONTESTAVANO CHE IL PROGETTO FOSSE LA SOLUZIONE MIGLIORE, MA SOSTENEVANO CHE IL CLIENTE NON ERA **AUTORIZZATO** A SCEGLIERLO.

LA VICENDA CI FECE **SERIAMENTE** RICONSIDERARE LA NOSTRA ISCRIZIONE ALL'ALBO. ARGOMENTAVANO CHE SE TUTTI GLI ALTRI CONCORRENTI AVESSERO SAPUTO CHE SI POTEVA FARE CIÒ CHE AVEVAMO FATTO NOI, **AVREBBERO POTUTO** NON SOLO **FARLO**, MA MAGARI FARLO ANCHE MEGLIO.

PER RESTARE IN AMBITO MARITTIMO, CI VENNE IN MENTE LA STORIA DELL'**UOVO DI COLOMBO**: QUANDO COLOMBO TORNÒ DALL'AMERICA, ALTRI ESPLORATORI COMINCIARONO A METTERE IN DUBBIO L'IMPORTANZA DELLA SUA IMPRESA.

"**CHIUNQUE** AVREBBE POTUTO SCOPRIRE L'AMERICA, SE SOLO AVESSE NAVIGATO ABBASTANZA A LUNGO", DICEVANO. PER TUTTA RISPOSTA, COLOMBO PRESE UN UOVO E CHIESE AI GENTILUOMINI DI **FARLO STARE DRITTO** SUL TAVOLO. TUTTI SI CIMENTARONO NELL'IMPRESA, PENSANDO CHE FOSSE UN GIOCO DA RAGAZZI.

DOPO UN GIRO DI TENTATIVI A VUOTO CONCLUSERO CHE **ERA IMPOSSIBILE**. COLOMBO PRESE L'UOVO E LO SBATTÉ SUL TAVOLO, AMMACCANDOLO COSÌ DA DARGLI UNA BASE SU CUI **REGGERSI**.

**NO!**

EHI, STAI **BARANDO**! NON CI AVEVI DETTO CHE POTEVAMO ROMPERE IL GUSCIO. COSÌ È **FACILE**.

ESATTO! È IMPOSSIBILE SOLO FINCHÉ QUALCUNO NON TI MOSTRA **COME** FARE.

PER NOSTRA FORTUNA I CLIENTI ERANO RIMASTI TALMENTE COLPITI DAL PROGETTO CHE **ANNULLARONO IL CONCORSO** E CI SCELSERO COMUNQUE COME ARCHITETTI. IL MUSEO SAREBBE SORTO (O MEGLIO SPROFONDATO) A OTTO METRI SOTTO IL LIVELLO DEL MARE COME UNA NUOVA FORMA DI **SPAZIO PUBBLICO**, UNA SORTA DI **VUOTO URBANO** NEL PORTO DI HELSINGØR.

LA STRATEGIA DEL **VUOTO** FORNÌ INOLTRE LA RISPOSTA AL **DILEMMA INSITO** NEL CONCORSO.

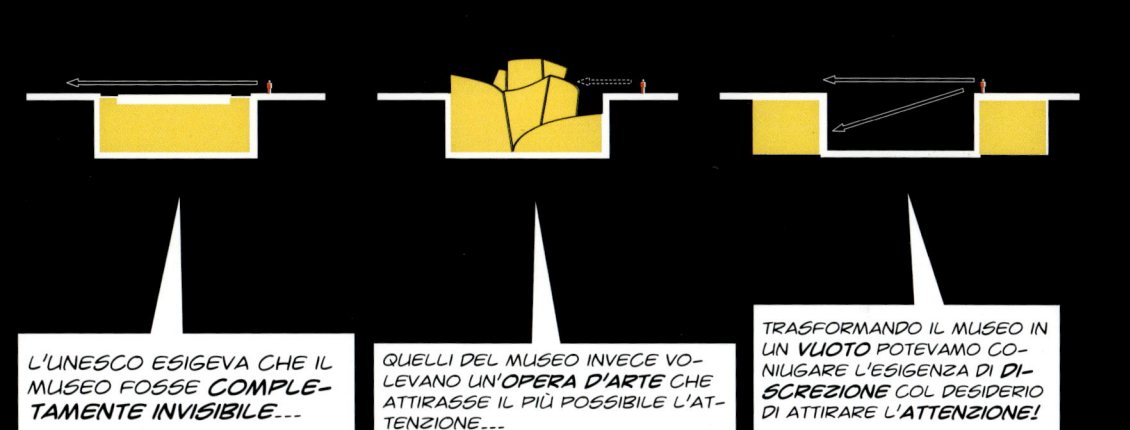

L'UNESCO ESIGEVA CHE IL MUSEO FOSSE **COMPLETAMENTE INVISIBILE**...

QUELLI DEL MUSEO INVECE VOLEVANO UN'**OPERA D'ARTE** CHE ATTIRASSE IL PIÙ POSSIBILE L'ATTENZIONE...

TRASFORMANDO IL MUSEO IN UN **VUOTO** POTEVAMO CONIUGARE L'ESIGENZA DI **DISCREZIONE** COL DESIDERIO DI ATTIRARE L'**ATTENZIONE**!

ESSERE E NON ESSERE!!

HELSINGØR PSYCHIATRIC HOSPITAL
**PSY**

# COLOR THERAPY

Non molto lontano dal castello di Amleto, si trova l'**OSPEDALE DI HELSINGØR**, su uno splendido prato, vicino a un laghetto. Nel 2002 uscì un bando di **CONCORSO PER LA PROGETTAZIONE DI UN OSPEDALE PSICHIATRICO** accanto al lago.

Sapevamo che nell'ospedale erano ricoverate con ogni probabilità persone affette da **DEPRESSIONE** o **PARANOIA**, ma una volta letto il bando fummo del tutto certi che fosse il **PERSONALE MEDICO** a essere affetto da **SCHIZOFRENIA**! Si trattava di un'unica, lunga contraddizione in termini. Ogni paragrafo era un paradosso:

## APERTO + RIPARATO

Volevano che i pazienti potessero **GODERE DELLO SPLENDIDO PANORAMA**, senza però essere **ESPOSTI AGLI SGUARDI ESTERNI**. Volevano **INOLTRE** una struttura che desse al personale la possibilità di **SORVEGLIARE** tutti, senza creare però un'atmosfera da grande fratello.

## CENTRALIZZATO + DECENTRATO

Doveva funzionare come un ospedale, essere **EFFICIENTE** e **RAZIONALE** come un tutto unico e organico, lasciando però **AL TEMPO STESSO AUTONOMIA** ai vari reparti e creando **UN'ATMOSFERA DI STAMPO DOMESTICO, INTIMA E RASSICURANTE**.

## LIBERTÀ + CONTROLLO

VOLEVANO DARE AI PAZIENTI UNA **SENSAZIONE DI LIBERTÀ**, SENZA LIMITARE LA LORO POSSIBILITÀ DI SCELTA, E **AL TEMPO STESSO** AVERE IL **CONTROLLO TOTALE SUL TEMPO E LO SPAZIO DI OGNUNO**.

## PRIVATO + PUBBLICO

VOLEVANO UN SACCO DI **SPAZI COMUNI**, PERCHÉ LA SOCIALIZZAZIONE È UNO STRUMENTO ESSENZIALE NEL PROCESSO DI RIABILITAZIONE – E **AL TEMPO STESSO** CHIEDEVANO LUOGHI APPARTATI PER GARANTIRE LA **PRIVACY** AI PAZIENTI.

PER AVERE RISPOSTE CHIARE E INDICAZIONI CERTE, PROVAMMO A CONSULTARE VARI **MEDICI** E **PSICHIATRI**, MA FINIVAMO SEMPRE PER INCAPPARE IN UNA **PARADOSSALE COMBINAZIONE DI SIA/SIA**.

ANCORA UNA VOLTA CI VENNERO IN MENTE LE PAROLE DI AMLETO: IL NOSTRO LAVORO CONSISTEVA NEL PROGETTARE QUALCOSA CHE **DOVEVA ESSERE E NON ESSERE UN OSPEDALE**.

PENSAMMO DI COMINCIARE CON UN **SINGOLO REPARTO DI DEGENZA** IN CUI ORGANIZZARE LA **VITA QUOTIDIANA** DEI PAZIENTI.

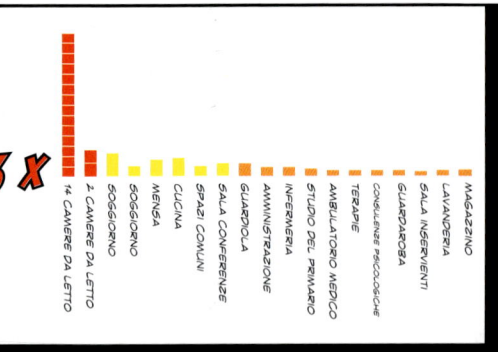

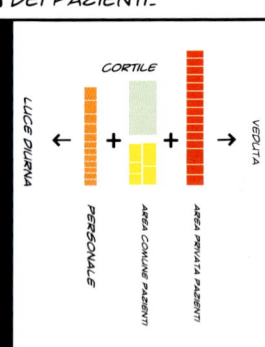

UN ULTIMO PARADOSSO: IL TERRENO ERA GRANDE **LA METÀ DI QUANTO PREVISTO PER L'INTERVENTO**, CHE DUNQUE AVREBBE DOVUTO STRUTTURARSI **SU DUE LIVELLI**. AL TEMPO STESSO PERÒ SI RICHIEDEVA CHE A TUTTE LE STANZE SI **ACCEDESSE DIRETTAMENTE DALL'ESTERNO**!?

PER RISOLVERE IL PROBLEMA, LASCIAMMO CHE IL **PAESAGGIO TRACIMASSE SUI REPARTI**, IN MODO CHE I GIARDINI APPARISSERO **RITAGLIATI NEL MANTO ERBOSO**.

PIANO TERRA

PIANO SUPERIORE

I RIMANENTI SPAZI FUNZIONALI (AMMINISTRAZIONE, TRATTAMENTI, TERAPIE, ECC.) ERANO INNESTATI IN UN **UNICO VUOTO CENTRALE** – COME PADIGLIONI DI VETRO IN UN PAESAGGIO SOPRAELEVATO.

IL RISULTATO ERA UNA SORTA DI **CRISTALLO DI NEVE. PADIGLIONI COLLEGATI A UN PUNTO CENTRALE** CHE SI IRRAGGIAVANO NELL'AMBIENTE CIRCOSTANTE, OGNUNO NELLA PROPRIA DIREZIONE.

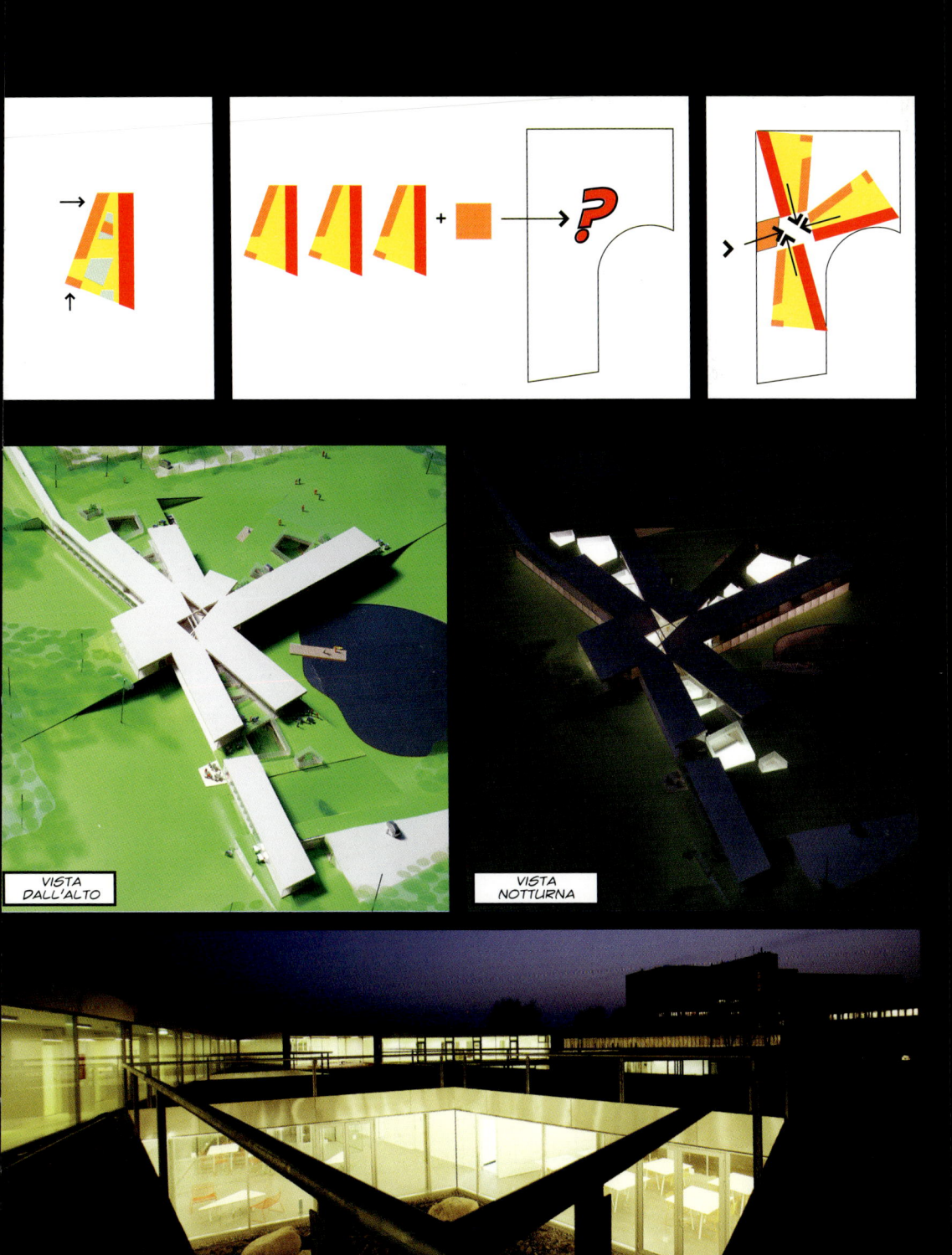

VISTA DALL'ALTO

VISTA NOTTURNA

IMMAGINAMMO UN SANDWICH CON I **PAZIENTI** DA UN LATO, IL **PERSONALE MEDICO** DALL'ALTRO E TUTTI GLI **SPAZI COMUNI** NEL MEZZO.

PAZIENTI...

... CORTILI...

PER FAR ARRIVARE **LUCE** E **ARIA**, PREVEDEMMO TUTTA UNA SERIE DI **GIARDINI**.

...SPAZI COMUNI...

...STAFF...

QUANDO VINCEMMO IL CONCORSO, MEDICI E INFERMIERI CI FECERO I COMPLIMENTI DIAGNOSTICANDO LA NOSTRA **SCHIZOFRENIA ARCHITETTONICA**. ERAVAMO STATI GLI UNICI A CAPIRE LORO E I LORO **DILEMMI QUOTIDIANI**.

QUANDO L'OSPEDALE PSICHIATRICO COMINCIÒ A PRENDERE FORMA, CERCAMMO DI AFFRANCARCI DAI CLASSICI INTERNI OSPEDALIERI (CONTROSOFFITTI, PARETI BIANCHE E PAVIMENTI DI LINOLEUM GRIGIO), AGGRAPPANDOCI A UNA **PALETTE DI MATERIALI MOLTO SOBRIA**: VETRO, ALLUMINIO, CALCESTRUZZO E LEGNO, INFRAMMEZZATI DALLA RIGOGLIOSA VEGETAZIONE DEI GIARDINI.

DATO CHE STAVAMO SFORANDO IL BUDGET, IL LANDSCAPING SI RISOLSE NELLA SEMPLICE DISTRIBUZIONE, TRA I VARI CORTILI, DEI **MACIGNI** DISSOTTERRATI DURANTE GLI SCAVI: "OBJETS TROUVÉS" SCANDINAVI.

ALLA FINE I NOSTRI PAVIMENTI IN LEGNO RISULTARONO **TROPPO COSTOSI** E FU NECESSARIO SOSTITUIRLI CON **QUALCOSA DI MENO CARO**: DELLA VERNICE.

VOLEVAMO CONSERVARE IL **CALORE** E L'**ALLEGRIA** DEL LEGNO. PROPONEMMO QUINDI UNA SERIE DI **COLORI CALDI**: GIALLO, ARANCIO, ROSA E ROSSO.

ORRORE! UN'ÉQUIPE DI **15 PSICHIATRI** E **INFERMIERI** CI RISPEDÌ INDIETRO LA PALETTE DI COLORI. ERA UN OSPEDALE PSICHIATRICO QUELLO! IGNORAVAMO, FORSE, GLI EFFETTI DEI COLORI SULLA MENTE UMANA?

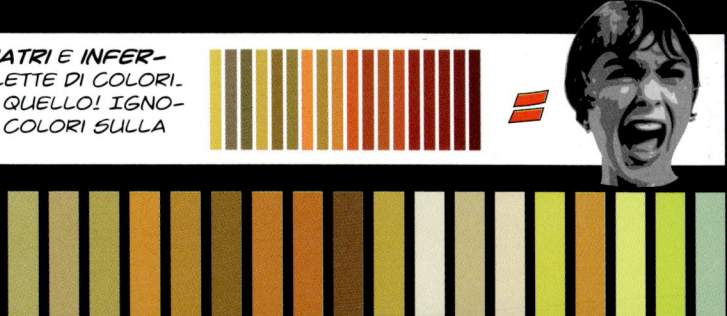

CI RIPROVAMMO CON **TONALITÀ PIÙ CALME**. FU LA VOLTA DI UNA **PALETTE PRIMAVERILE**: VERDE, VERDE CHIARO, GIALLO, TURCHESE.

E DI NUOVO SBATTEMMO CONTRO UN **MURO DI FOBIE**...

QUESTO GIALLO È TROPPO **BRILLANTE**...

... E TROPPO **CALDO**...

... E TROPPO **SPENTO**...

... E TROPPO **FREDDO**.

CAVOLO! DI QUESTO PASSO ARRIVIAMO DRITTI DRITTI AL **LINOLEUM GRIGIO**...

PENSAMMO: SE PROPONIAMO CERTI COLORI IN QUALITÀ DI ARCHITETTI, NON ABBIAMO NESSUNA AUTOREVOLEZZA; SE INVECE CI DICHIARIAMO ESPERTI IN MATERIA, CI DISPREZZERANNO COME **ARROGANTI ARBITRI DEL GUSTO SENZA RISPETTO PER LE OPINIONI ALTRUI**.

COSÌ NON FUNZIONAVA.

CHI POTEVA AIUTARCI IN QUANTO **NATURALMENTE AUTOREVOLE** SENZA APPARIRE **ARROGANTE**?

**EURÊKA !**

UN **ARTISTA**, MA CERTO! ANZI, MEGLIO ANCORA: UN **ARTISTA DEFUNTO**!

GUARDAMMO QUINDI DIVERSI QUADRI DI **ARTISTI DEFUNTI** E FINIMMO PER INCAPPARE IN **UNA SERIE DI GIRASOLI DI VAN GOGH**! L'ARTISTA IN QUESTIONE ERA MORTO. NON SOLO: **ERA STATO CLINICAMENTE PAZZO!**

STAMPAMMO ALCUNI QUADRI E PRELEVAMMO DALLO SFONDO LA GAMMA DI **COLORI PRIMAVERILI** DESIDERATA.

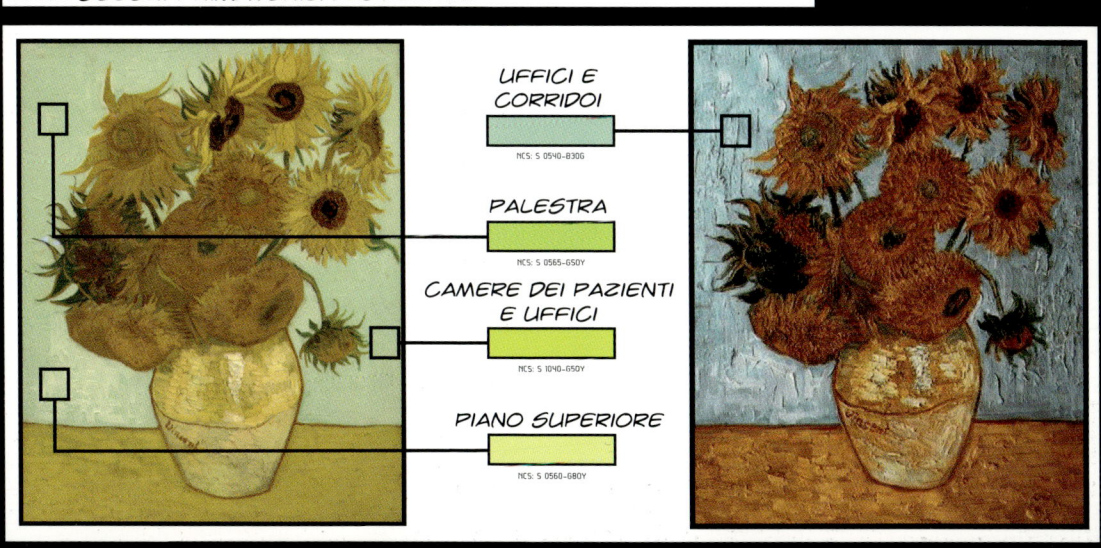

UFFICI E CORRIDOI
NCS: S 0540-B30G

PALESTRA
NCS: S 0565-G50Y

CAMERE DEI PAZIENTI E UFFICI
NCS: S 1040-G50Y

PIANO SUPERIORE
NCS: S 0560-G80Y

LA COSA BELLA DEGLI IMPRESSIONISTI È CHE CON LA LORO TECNICA COMPOSITA USANO PRATICAMENTE **TUTTI I COLORI!**

COSÌ, FINALMENTE, I **COLORI PRIMAVERILI** VENNERO APPROVATI...

... IL GIALLO...

... IL VERDE...

... PERSINO L'ARANCIONE...

... GRAZIE ALL'AIUTO DI UN **ARTISTA DEFUNTO**...

... E DI QUALCHE GIRASOLE.

SJAKKET YOUTH CLUB
SJA

# RE-SQUAT

AGLI ANTIPODI DELLA MARITIME YOUTH HOUSE, SITUATA A SUD-EST DI COPENAGHEN, C'È **LA ZONA PIÙ TURBOLENTA** DELLA CITTÀ, PROPRIAMENTE DETTA **NORD-OVEST**.

È ANCHE (O MEGLIO ERA) LA SEDE DEL CENTRO SOCIALE AUTOGESTITO "**JAGTVEJEN 69**", CHIAMATO "**UNGEREN**", UN RIFUGIO SICURO PER I **GIOVANI** CHE LO OCCUPAVANO LEGALMENTE.

LA PACE VI REGNÒ FIN QUANDO L'AMMINISTRAZIONE COMUNALE NON CONSIDERÒ LA PROPRIETÀ UNA **ZAVORRA** E LA **VENDETTE** ALLA "CASA DEL PADRE", UNA CONFESSIONE CRISTIANA REAZIONARIA.

QUANDO I RAGAZZI **RIFIUTARONO** DI ANDARSENE, E I NUOVI PROPRIETARI **PRETESERO** CHE SGOMBERASSERO, IL QUARTIERE SI TRASFORMÒ IN UN **CAMPO DI BATTAGLIA**.

**PRIMA**

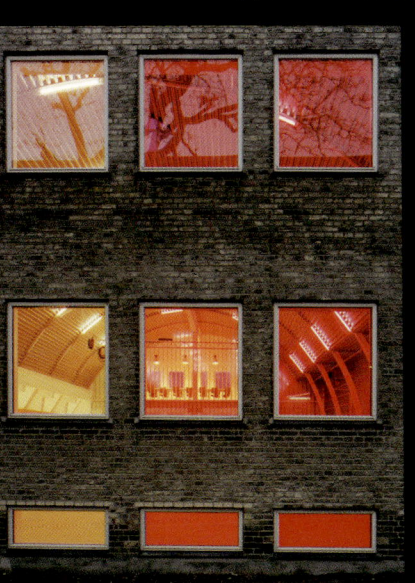

**DOPO**

PROPRIO ACCANTO AL QG DI BIG E ALL'EX CENTRO SOCIALE, C'È LA ZONA **A PIÙ ALTA E VARIA CONCENTRAZIONE DI IMMIGRATI** DI TUTTA COPENAGHEN. IN UN'AREA DI PICCOLE DIMENSIONI RISIEDONO PIÙ DI **60 DIVERSE NAZIONALITÀ** (UNA COMPOSIZIONE ETNICA SIMILE A QUELLA DEL **TEAM DI BIG!**)

ALCUNI RAGAZZI DEL POSTO, IMMIGRATI DI SECONDA GENERAZIONE, CRESCONO IN UNA SITUAZIONE DI CONFLITTO TRA LA **FAMIGLIA D'ORIGINE, ISLAMICA E PATRIARCALE**, E IL **SISTEMA SCOLASTICO, INDULGENTE E MATRIARCALE**. ALCUNI RIFIUTANO IL SISTEMA E **VANNO IN STRADA**.

DURANTE IL SECONDO AFFAIRE DEI VIGNETTISTI, QUESTI RAGAZZI **PERSERO IL CONTROLLO** E **BRUCIARONO MACCHINE** E **CASSONETTI**, COME AVEVANO VISTO FARE MESI PRIMA AI LORO **AI LORO COETANEI FRUSTRATI**.

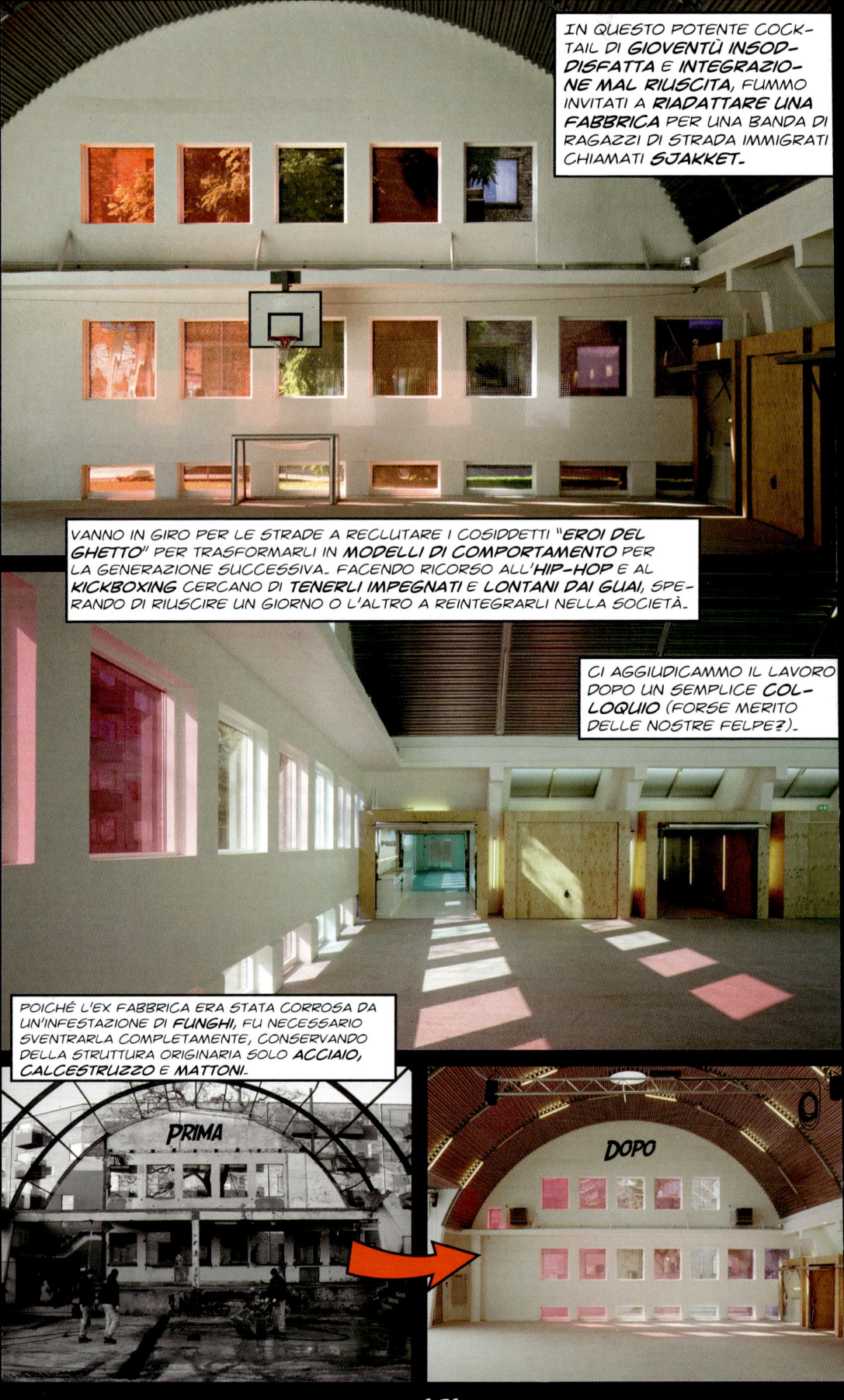

IN QUESTO POTENTE COCKTAIL DI **GIOVENTÙ INSODDISFATTA** E **INTEGRAZIONE MAL RIUSCITA**, FUMMO INVITATI A **RIADATTARE UNA FABBRICA** PER UNA BANDA DI RAGAZZI DI STRADA IMMIGRATI CHIAMATI **SJAKKET**.

VANNO IN GIRO PER LE STRADE A RECLUTARE I COSIDDETTI "**EROI DEL GHETTO**" PER TRASFORMARLI IN **MODELLI DI COMPORTAMENTO** PER LA GENERAZIONE SUCCESSIVA. FACENDO RICORSO ALL'**HIP-HOP** E AL **KICKBOXING** CERCANO DI **TENERLI IMPEGNATI E LONTANI DAI GUAI**, SPERANDO DI RIUSCIRE UN GIORNO O L'ALTRO A REINTEGRARLI NELLA SOCIETÀ.

CI AGGIUDICAMMO IL LAVORO DOPO UN SEMPLICE **COLLOQUIO** (FORSE MERITO DELLE NOSTRE FELPE?).

POICHÉ L'EX FABBRICA ERA STATA CORROSA DA UN'INFESTAZIONE DI **FUNGHI**, FU NECESSARIO SVENTRARLA COMPLETAMENTE, CONSERVANDO DELLA STRUTTURA ORIGINARIA SOLO **ACCIAIO, CALCESTRUZZO** E **MATTONI**.

PRIMA

DOPO

"LA NOSTRA PIÙ GRANDE SFIDA ERA: COME **RIADATTARE** UNA **FABBRICA OCCUPATA** SENZA **INGENTILIRE** TROPPO IL SUO ROZZO SPLENDORE E SENZA **RENDERLE ESTRANEI** I SUOI ORIGINARI OCCUPANTI?"

*PRIMA*

*DOPO*

LA FABBRICA SI COMPONE DI **DUE GRANDI AMBIENTI** A VOLTA: PROPONEMMO DI RIEMPIRNE UNO E DI SVUOTARE L'ALTRO. IL PRIMO AVREBBE OSPITATO **CENTRO GIOVANILE, SCUOLA, UFFICI** E **KICKBOXING**, IL SECONDO SI SAREBBE APERTO A **EVENTI COLLETTIVI, CONCERTI** E **ATTIVITÀ SPORTIVE**.

**PRIMA**

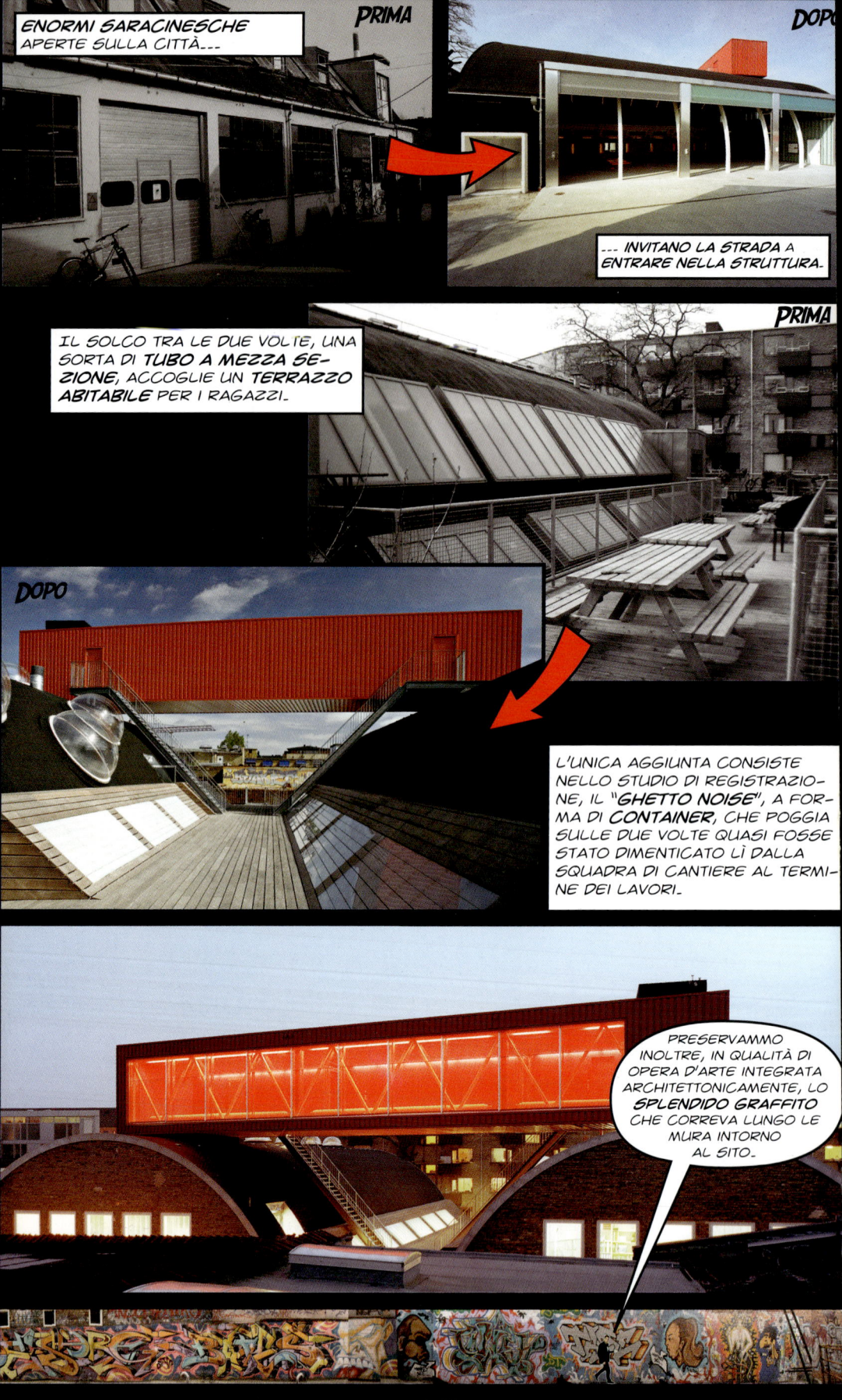

ENORMI SARACINESCHE APERTE SULLA CITTÀ...

**DOPO**

... INVITANO LA STRADA A ENTRARE NELLA STRUTTURA.

IL SOLCO TRA LE DUE VOLTE, UNA SORTA DI **TUBO A MEZZA SEZIONE**, ACCOGLIE UN **TERRAZZO ABITABILE** PER I RAGAZZI.

**PRIMA**

**DOPO**

L'UNICA AGGIUNTA CONSISTE NELLO STUDIO DI REGISTRAZIONE, IL **"GHETTO NOISE"**, A FORMA DI **CONTAINER**, CHE POGGIA SULLE DUE VOLTE QUASI FOSSE STATO DIMENTICATO LÌ DALLA SQUADRA DI CANTIERE AL TERMINE DEI LAVORI.

PRESERVAMMO INOLTRE, IN QUALITÀ DI OPERA D'ARTE INTEGRATA ARCHITETTONICAMENTE, LO **SPLENDIDO GRAFFITO** CHE CORREVA LUNGO LE MURA INTORNO AL SITO.

**PS**

MENTRE SCRIVIAMO, ABBIAMO APPENA VINTO UN CONCORSO PER LA CREAZIONE DI UN **NUOVO SPAZIO PUBBLICO** DI 1,5 KM IN QUEST'AREA CITTADINA. IN OMAGGIO ALLA **VARIETÀ ETNICA** DELLA ZONA, ABBIAMO PROPOSTO DI FARNE UNA SORTA DI **GALLERIA DEGLI ARREDI URBANI DEL MONDO.**

ANZICHÉ PROGETTARE PANCHINE, CESTINI DELLA SPAZZATURA E LAMPIONI SU MISURA, ABBIAMO DOMANDATO AGLI ABITANTI DEL QUARTIERE DI PROPORRE LE COSE, DEI LORO **60 DIVERSI PAESI D'ORIGINE**, DI CUI PIÙ SENTONO LA MANCANZA E CHE PENSANO POTREBBERO **MIGLIORARE L'ASPETTO DI UNA CITTÀ DANESE.**

IL RISULTATO (CI AUGURIAMO) SARÀ UNA SORTA DI **MODERNO GIARDINO ROMANTICO** CHE, OFFRENDO IL MEGLIO DELLE DIVERSE CULTURE DEI RESIDENTI, RIFLETTERÀ **L'EFFETTIVA COMPOSIZIONE MULTIETNICA** DELLA ZONA...

... MOSTRANDO I **VERI COLORI** DELLA COPENAGHEN **CONTEMPORANEA.**

WATER CULTURE HOUSE
ODA

# SWIMMING POOL INSIDE OUT

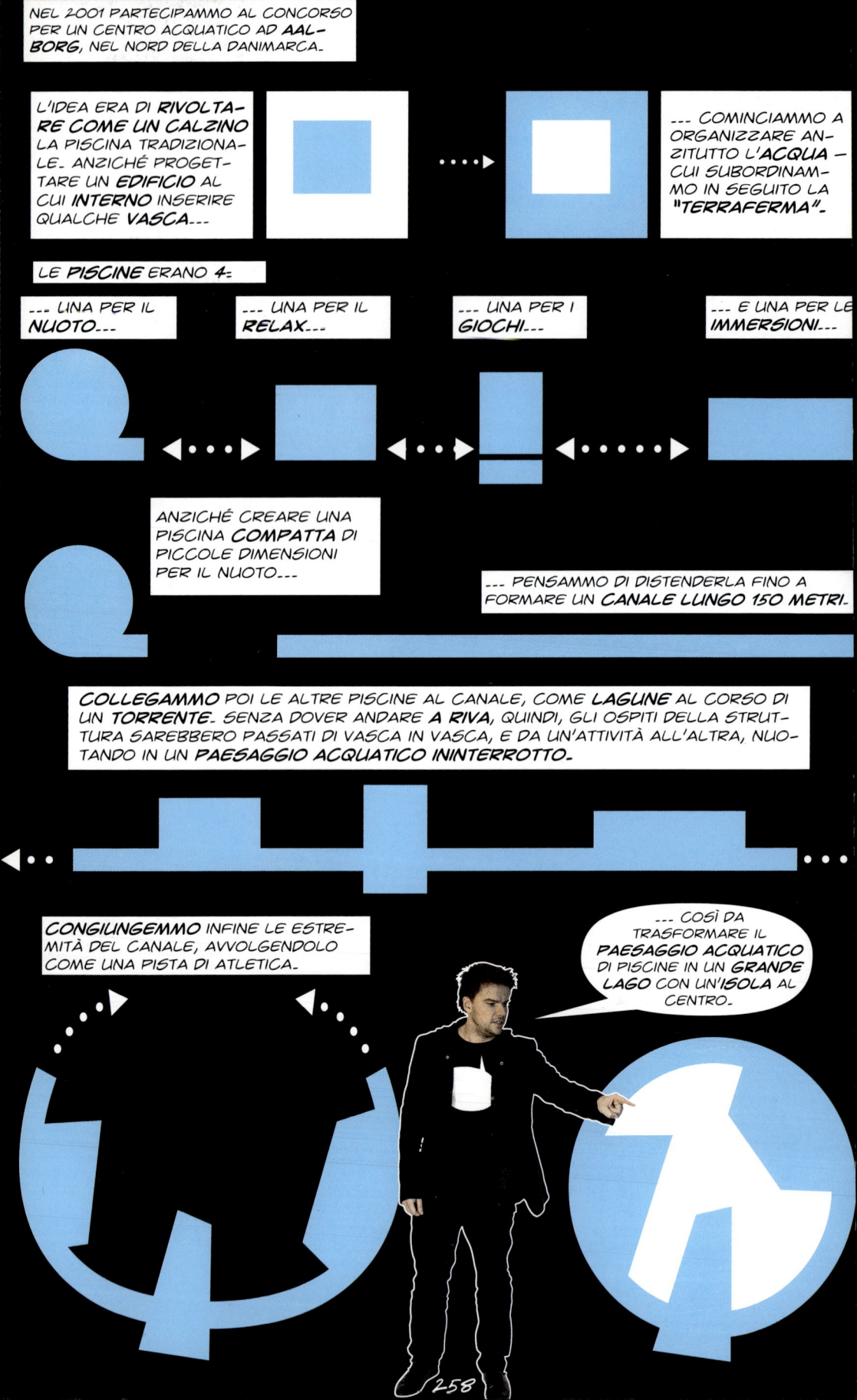

NEL 2001 PARTECIPAMMO AL CONCORSO PER UN CENTRO ACQUATICO AD **AAL-BORG**, NEL NORD DELLA DANIMARCA.

L'IDEA ERA DI **RIVOLTA-RE COME UN CALZINO** LA PISCINA TRADIZIONA-LE. ANZICHÉ PROGETTARE UN **EDIFICIO** AL CUI **INTERNO** INSERIRE QUALCHE **VASCA**...

... COMINCIAMMO A ORGANIZZARE ANZITUTTO L'**ACQUA** – CUI SUBORDINAMMO IN SEGUITO LA "**TERRAFERMA**".

LE **PISCINE** ERANO 4:

... UNA PER IL **NUOTO**...

... UNA PER IL **RELAX**...

... UNA PER I **GIOCHI**...

... E UNA PER LE **IMMERSIONI**...

ANZICHÉ CREARE UNA PISCINA **COMPATTA** DI PICCOLE DIMENSIONI PER IL NUOTO...

... PENSAMMO DI DISTENDERLA FINO A FORMARE UN **CANALE LUNGO 150 METRI**.

**COLLEGAMMO** POI LE ALTRE PISCINE AL CANALE, COME **LAGUNE** AL CORSO DI UN **TORRENTE**. SENZA DOVER ANDARE **A RIVA**, QUINDI, GLI OSPITI DELLA STRUTTURA SAREBBERO PASSATI DI VASCA IN VASCA, E DA UN'ATTIVITÀ ALL'ALTRA, NUOTANDO IN UN **PAESAGGIO ACQUATICO ININTERROTTO**.

**CONGIUNGEMMO** INFINE LE ESTREMITÀ DEL CANALE, AVVOLGENDOLO COME UNA PISTA DI ATLETICA.

... COSÌ DA TRASFORMARE IL **PAESAGGIO ACQUATICO** DI PISCINE IN UN **GRANDE LAGO** CON UN'**ISOLA** AL CENTRO.

L'ISOLA COMPRENDE **VARIE PE-NISOLE** DESTINATE A **DIVERSE ATTIVITÀ** E UNA POSTAZIONE PER IL BAGNINO IN **POSIZIONE** CENTRALE **DOMINANTE**.

PER VALORIZZARE LA POSSIBILITÀ DI **NUOTARE IN MEZZO ALLA NATURA**, ANZICHÉ DOVER **ANDARE AVANTI E INDIETRO IN UNA PISCINA**, DECIDEMMO DI SOLLEVARE LA PARETE DI TRE METRI DA TERRA, OFFRENDO UN PANORAMA A 360 GRADI DEL **PAESAGGIO COLLINARE DI AALBORG**.

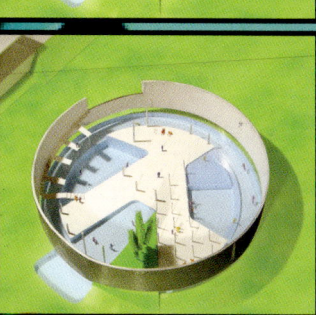

DI NORMA UNA PISCINA È CIRCONDATA DA UNO **"STRATO DI GRASSO"**: ACCETTAZIONE, SPOGLIATOI, SAUNE E ZONA TERMALE, CHE PER LO PIÙ OSTACOLANO LE RELAZIONI CON L'ESTERNO.

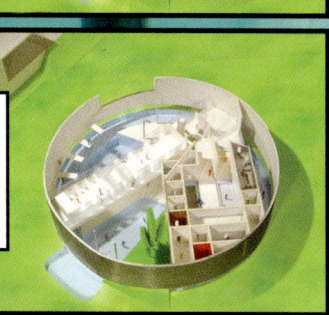

NEL NOSTRO CASO ORGANIZZAMMO LE VARIE FUNZIONI IN **PONTI A TRAVE** CHE SOLCANO IL SOFFITTO. OGNUNO DI ESSI SAREBBE ANDATO A POGGIARE SU **COLONNE** DISLOCATE SULL'ISOLA, CONGIUNGENDOSI ALLA FACCIATA E COSÍ SOSTENENDOLA A SUA VOLTA.

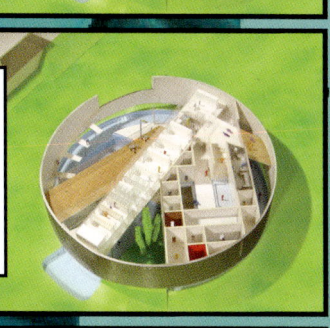

UN **GRANDE PONTE A TRAVE** ERA DESTINATO ALLE **TERME, DUE** SPETTAVANO AGLI **SPOGLIATOI**, MASCHILE E FEMMINILE, E UN ALTRO INFINE, CON **RISTORANTE** E **ATRIO**, DOVEVA SERVIRE DA RACCORDO CON GLI EDIFICI LIMITROFI.

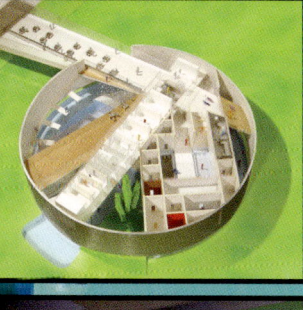

DI NOTTE LA PISCINA SI SAREBBE LIBRATA SUL PAESAGGIO E SUI NATANTI COME UN **UFO**.

| | LE PERSONE AVREBBERO NUOTATO INTORNO ALL'ISOLA, CON LE **LAGUNE** DA UNA PARTE... |

... E IL **PANORAMA** DALL'ALTRA.

ARRIVANDO DAL **PONTE DEL RISTORANTE**, SAREBBERO ANDATI SUL **TETTO**, SI SAREBBERO INFILATI IL **COSTUME**...

... E SAREBBERO SCESI **SULL'ISOLA**...

... PER POI **TUFFARSI NEL LAGO**.

VINCEMMO LA GARA E COMINCIAMMO A SVILUPPARE I VARI SPAZI: LA VASCA PER LE **IMMERSIONI**, QUELLA PER I **GIOCHI** E LE **TERME**...

IL **BAGNO TURCO** ERA PENSATO COME UNA **GRANDE SCALINATA**, CON TEMPERATURE CRESCENTI MAN MANO CHE SI SALE.

LA **SALA MASSAGGI** PREVEDEVA UNA FINESTRA RITAGLIATA NEL PAVIMENTO, DA CUI POTER OSSERVARE CHI NUOTAVA PIÙ IN BASSO.

UN ALTRO AMBIENTE ERA DESTINATO A **VASCHE D'ACQUA CALDA**, DA PARETE A PARETE.

LA SAUNA ERA CONCEPITA COME UN **PEZZETTO DI FINLANDIA** CON VISTA SU UNA FORESTA DI BETULLE...

... ACCANTO, UN AMBIENTE NON SOFFITTATO, IN CUI **FARSI LA DOCCIA SOTTO LA PIOGGIA** O **ROTOLARSI NELLA NEVE**.

L'AMBIENTE COMINCIA A RISCALDARSI!

UN ANNO DOPO ERAVAMO PRONTI PER L'INCARICO. ERA *IL NOSTRO PRIMO EDIFICIO!*

MA ERA ANCHE TEMPO DI *ELEZIONI COMUNALI* AD AALBORG E LA NUOVA AMMINISTRAZIONE DECISE DI *TAGLIARE* DAL BUDGET DI SPESA PUBBLICA IL PROGETTO DELLA PISCINA!

*ERAVAMO ALLIBITI!* MA, DOPO AVER OSSERVATO IL LUTTO PER UN PO', DECIDEMMO DI REAGIRE, TAGLIANDO FUORI AALBORG DAI NOSTRI PIANI E ANDANDO IN CERCA DI UNA NUOVA CITTÀ.

BEN PRESTO INCONTRAMMO IL SINDACO DI *RANDERS*, UN UOMO GIOVANE E DINAMICO CHE AVEVA *SIMPATIA PER IL NUOTO E OCCHIO PER L'ARCHITETTURA.*

SFORTUNATAMENTE, NEL GIRO DI BREVE TEMPO VENNE TROVATO UN FUNGO IN DUE SCUOLE PUBBLICHE, E I 100 MILIONI DI CORONE NECESSARIE PER DEBELLARLO FECERO *DI NUOVO FUORI IL NOSTRO PROGETTO.*

ALL'EPOCA UN MIO AMICO SI ERA APPENA LAUREATO IN *DESIGN DI VIDEOGIOCHI* ALL'IT-UNIVERSITET DI COPENAGHEN.

PENSAMMO: *SE PROPRIO NON CI POSSIAMO NUOTARE* DENTRO, POTREMMO ALMENO *UCCIDERCI A VICENDA*, NEL NOSTRO CENTRO ACQUATICO!

E LO TRASFORMAMMO IN UN *VIDEOGAME!*

MENTRE CI LAVORAVAMO SU, CHRISTIAN CI DISSE CHE NEL GAME DESIGN NON SI FA DISTINZIONE TRA *MINIMALISMO, COSTRUTTIVISMO* O *MODERNISMO*. QUEL CHE CONTA È OTTENERE IL *MASSIMO* DEL *DIVERTIMENTO AL MINIMO COSTO.*

L'IDEA CI PIACQUE E PENSAMMO CHE FORSE ERA PROPRIO QUELLO *IL MODO MIGLIORE* PER DESCRIVERE IL NOSTRO APPROCCIO ALL'ARCHITETTURA – OTTENERE IL *MASSIMO EFFETTO AL MINIMO COSTO*. PASSAMMO COSÌ TRE MESI A GIOCARE ACCANITAMENTE NELLA NOSTRA PISCINA VIRTUALE. CONCLUSIONI? *GRAN BEL GIOCO!*

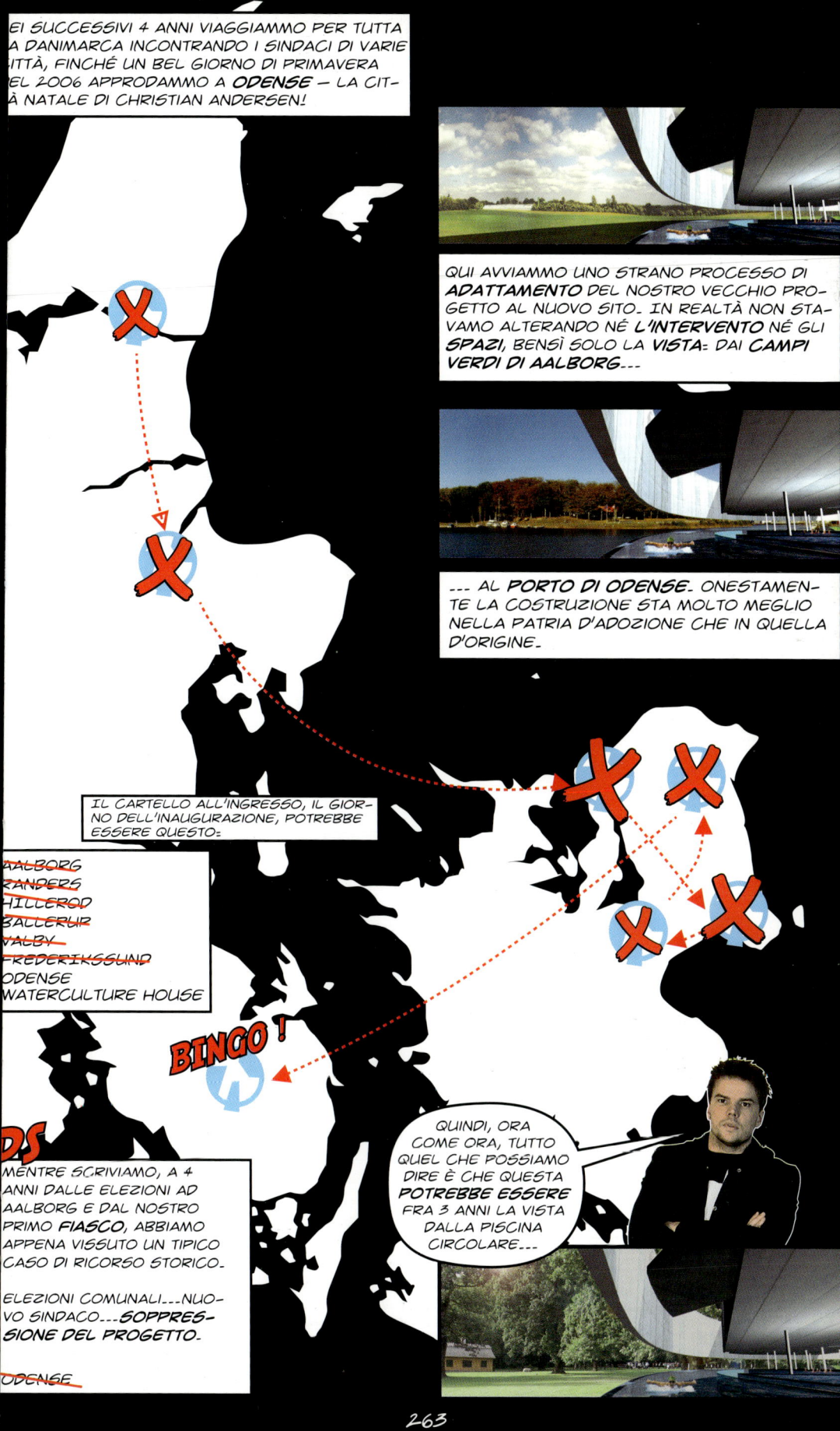

NEI SUCCESSIVI 4 ANNI VIAGGIAMMO PER TUTTA LA DANIMARCA INCONTRANDO I SINDACI DI VARIE CITTÀ, FINCHÉ UN BEL GIORNO DI PRIMAVERA DEL 2006 APPRODAMMO A **ODENSE** — LA CITTÀ NATALE DI CHRISTIAN ANDERSEN!

QUI AVVIAMMO UNO STRANO PROCESSO DI **ADATTAMENTO** DEL NOSTRO VECCHIO PROGETTO AL NUOVO SITO. IN REALTÀ NON STAVAMO ALTERANDO NÉ **L'INTERVENTO** NÉ GLI **SPAZI**, BENSÌ SOLO LA **VISTA**: DAI **CAMPI VERDI DI AALBORG**...

... AL **PORTO DI ODENSE**. ONESTAMENTE LA **COSTRUZIONE** STA MOLTO MEGLIO NELLA PATRIA D'ADOZIONE CHE IN QUELLA D'ORIGINE.

IL CARTELLO ALL'INGRESSO, IL GIORNO DELL'INAUGURAZIONE, POTREBBE ESSERE QUESTO:

~~AALBORG~~
~~RANDERS~~
~~HILLEROD~~
~~BALLERUP~~
~~VALBY~~
~~FREDERIKSSUND~~
ODENSE
WATERCULTURE HOUSE

BINGO!

MENTRE SCRIVIAMO, A 4 ANNI DALLE ELEZIONI AD AALBORG E DAL NOSTRO PRIMO **FIASCO**, ABBIAMO APPENA VISSUTO UN TIPICO CASO DI RICORSO STORICO.

ELEZIONI COMUNALI... NUOVO SINDACO... **SOPPRESSIONE DEL PROGETTO**.

~~ODENSE~~

QUINDI, ORA COME ORA, TUTTO QUEL CHE POSSIAMO DIRE È CHE QUESTA **POTREBBE ESSERE** FRA 3 ANNI LA VISTA DALLA PISCINA CIRCOLARE...

STAVANGER CONCERT HALL
STA

# PUBLIC PROSCENIUM

IN UN'EPOCA IN CUI LO STATO NAZIONALE È MESSO IN DISCUSSIONE DALL'EUROPA DELLE REGIONI, CRESCE LA RICHIESTA CHE I CAPOLUOGHI REGIONALI **SIANO CATALIZZATORI DI CRESCITA E SVILUPPO**.

NELLA GARA CHE OPPONE TRA LORO LE REGIONI PER RICHIAMARE COMPETENZE E QUALIFICHE, **L'EFFETTO BILBAO** È DIVENTATO UN'ARMA POTENTE PER CAPTARE L'ATTENZIONE DEI MEDIA DI TUTTO IL MONDO.

STAVANGER È UNA CITTÀ DI PROVINCIA DIVENUTA LA CAPITALE NORVEGESE DEL PETROLIO.

IL PAESAGGIO CITTADINO DI **BIANCHE CASETTE DI LEGNO** È OFFUSCATO DALL'ARANCIO DELLE PETROLIERE.

IL BOOM PETROLIFERO HA **AUMENTATO** A TAL PUNTO LA QUALITÀ DELLA VITA, A TUTTI I LIVELLI, CHE PERSINO IL CUOCO DELLA MENSA DI STATOIL HA VINTO IL PREMIO **TOQUE D'OR**.

MA DOPO AVER APPAGATO LO STOMACO, SI SA, È NECESSARIO SODDISFARE LA MENTE. COSÌ STAVANGER, **PIANIFICANDO UNA NUOVA SALA CONCERTI**, HA CERCATO DI PROPORSI COME **NUOVO FULCRO FINANZIARIO E CULTURALE** DEL NORD EUROPA.

**L'OPERA DI UTZON A SYDNEY** E IL **GUGGENHEIM DI GEHRY** HANNO GIÀ DIMOSTRATO QUALE PUÒ ESSERE **L'IMPATTO DI UN'ISTITUZIONE CULTURALE QUALORA SI CONFIGURI COME UN CAPOLAVORO ARCHITETTONICO!**

A GIUDICARE DAGLI INVESTIMENTI FATTI DI RECENTE IN TAL SENSO A **PORTO, COPENAGHEN** E **OSLO**, SEMBRA CHE L'ARMA PREFERITA SIA PROPRIO LA CONCERT HALL.

TRADIZIONALMENTE, PERÒ, ISTITUZIONI CULTURALI DI QUESTO TIPO **SERVONO SOLO A UNA PICCOLA PARTE DELLA POPOLAZIONE**: I PIÙ VEDONO L'EDIFICIO SOLO DAL DI FUORI, IN POCHISSIMI ARRIVANO A RESPIRARE L'ATMOSFERA CHE REGNA AL SUO INTERNO.

CI CHIEDEMMO:

E SE CREASSIMO UNA SALA CONCERTI CHE FOSSE **VIVACE E ACCESSIBILE SIA FUORI CHE DENTRO?**

IL **TERRENO** ERA L'AREA PARCHEGGIO DI UNO SCALO DISMESSO, UN **MOLO PIATTO**, POGGIATO DIRETTAMENTE SULLA ROCCIA MADRE, CON LE STORICHE CASE IN LEGNO DI STAVANGER PROPRIO SOPRA.

UN EDIFICIO DELLE DIMENSIONI DI UNA CONCERT HALL SAREBBE STATO **D'OSTACOLO ALLA VISTA E AI COLLEGAMENTI** TRA CITTÀ E MARE.

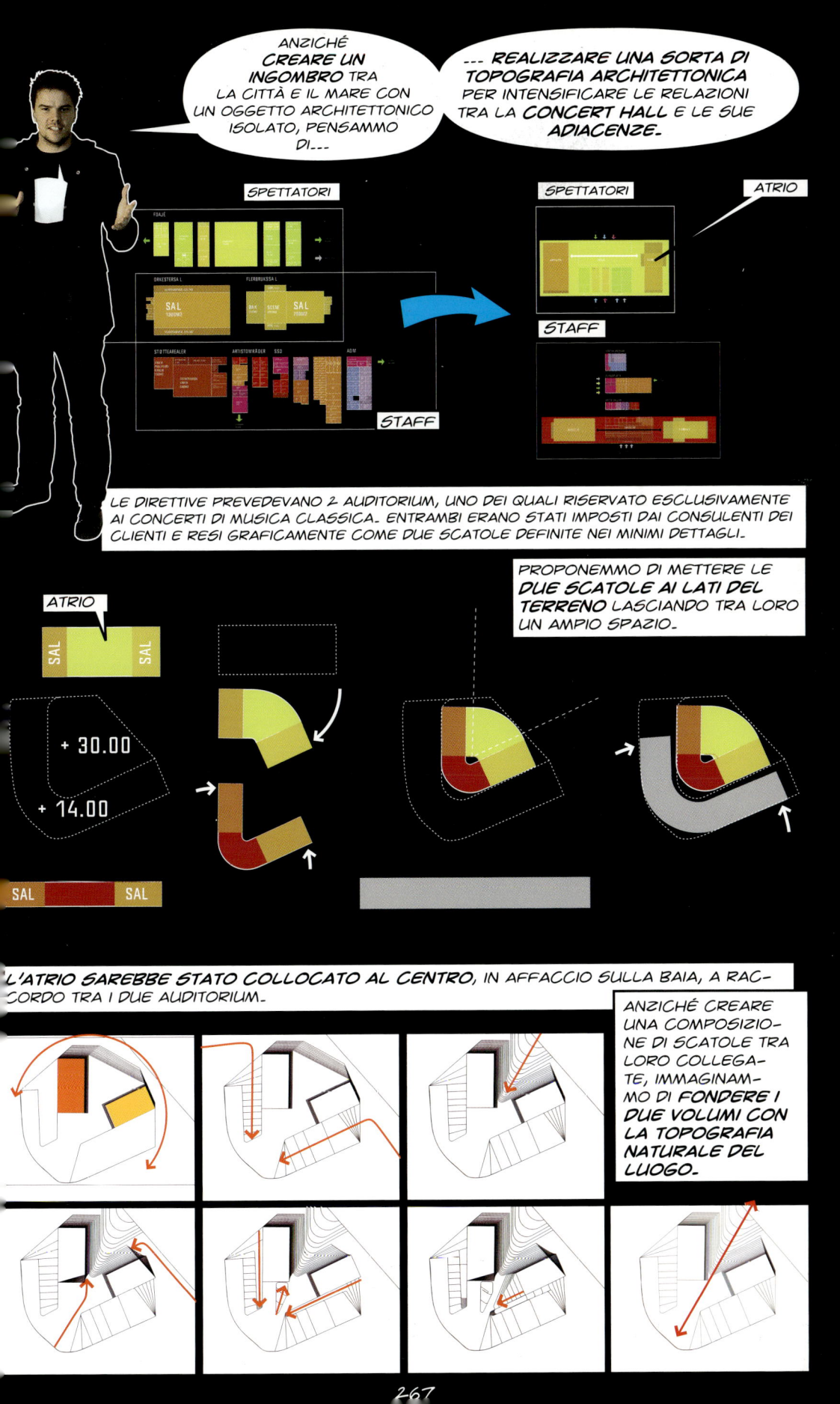

"ANZICHÉ **CREARE UN INGOMBRO** TRA LA CITTÀ E IL MARE CON UN OGGETTO ARCHITETTONICO ISOLATO, PENSAMMO DI…"

"… REALIZZARE UNA SORTA DI **TOPOGRAFIA ARCHITETTONICA** PER INTENSIFICARE LE RELAZIONI TRA LA **CONCERT HALL** E LE SUE ADIACENZE."

LE DIRETTIVE PREVEDEVANO 2 AUDITORIUM, UNO DEI QUALI RISERVATO ESCLUSIVAMENTE AI CONCERTI DI MUSICA CLASSICA. ENTRAMBI ERANO STATI IMPOSTI DAI CONSULENTI DEI CLIENTI E RESI GRAFICAMENTE COME DUE SCATOLE DEFINITE NEI MINIMI DETTAGLI.

PROPONEMMO DI METTERE LE **DUE SCATOLE AI LATI DEL TERRENO** LASCIANDO TRA LORO UN AMPIO SPAZIO.

L'ATRIO SAREBBE STATO **COLLOCATO AL CENTRO**, IN AFFACCIO SULLA BAIA, A RACCORDO TRA I DUE AUDITORIUM.

ANZICHÉ CREARE UNA COMPOSIZIONE DI SCATOLE TRA LORO COLLEGATE, IMMAGINAMMO DI **FONDERE I DUE VOLUMI CON LA TOPOGRAFIA NATURALE DEL LUOGO.**

COME SE LA CROSTA TERRESTRE SI FOSSE TRASFORMATA IN UNA **MEMBRANA ELASTICA** E I DUE AUDITORIUM PREMESSERO PER FUORIUSCIRNE...

... NELLA CONCERT HALL SI CREA **UN AVVALLAMENTO TRA I RILIEVI** DEI DUE AUDITORIUM, UN VALICO DI MONTAGNA CHE DALLA CITTÀ PORTA AL MARE.

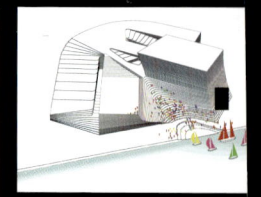

DI NORMA GLI ARCHITETTI COSTRUISCONO IL **PLASTICO DI UN PAESAGGIO** SOVRAPPONENDO DIVERSI STRATI L'UNO ALL'ALTRO E CREANDO UN'APPROSSIMAZIONE "TERRAZZATA" DEL PAESAGGIO REALE. SI TRATTA DI UN'ASTRAZIONE CHE NESSUNO PRENDE ALLA LETTERA, PERCHÉ SI SA CHE RAPPRESENTA UNA **SUPERFICIE LISCIA** E NON UNA **DISTESA DI MICROSPICHE RISAIE TERRAZZATE**.

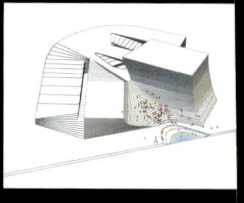

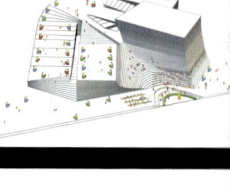

E SE INVECE NON FOSSE UN'ASTRAZIONE MA **L'ARCHITETTURA VERA E PROPRIA?**

CREANDO PRIMA UN **PAESAGGIO LISCIO**, IN CUI GLI INTERVENTI PRECEDENTEMENTE PROGETTATI SI DISTENDEVANO, E TRASFORMANDO IL TUTTO IN UN PLASTICO TOPOGRAFICO, OTTENEMMO UN **PAESAGGIO TERRAZZATO CON UN MIGLIAIO DI GRADONI**.

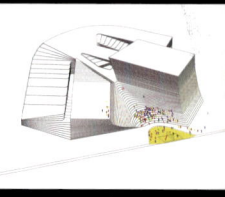

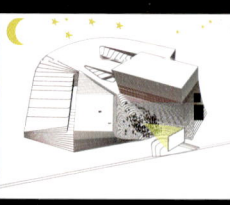

LA VALLE CHE SI SCHIUDE TRA I DUE PICCHI FORMA **UN'ARENA PUBBLICA** A CIELO APERTO, COL MARE SULLO SFONDO.

ANZICHÉ ESSERE UN'IMMAGINE-SIMBOLO DA CARTOLINA O UN'ISTITUZIONE ELITARIA, LA CONCERT HALL DI STAVANGER SAREBBE DIVENTATA UN PAESAGGIO APERTO A TUTTI.

UN MISTO DI TOPOGRAFIA E ARCHITETTURA — VIVACE, ACCOGLIENTE E ACCESSIBILE SIA FUORI...

...CHE DENTRO.

IN ACCORDO CON LA **FAMA DEL PAESAGGIO** DI STAVANGER E CON LA SUA RICCHEZZA DI RISORSE, LA CONCERT HALL SAREBBE STATA **UN'INTERPRETAZIONE** ARCHITETTONICA **DELLA TOPOGRAFIA NATURALE DEL POSTO**.

UNA VOLTA PRESENTATI, I PROGETTI IN CONCORSO VENNERO ESPOSTI NELL'EX SCALO. UN COMPOSITORE LOCALE DISSE CHE IL SUO PREFERITO ERA "LE MILLE TERRAZZE". LO CHIAMÒ **"LA MUSICA CONGELATA"**.

DI NOTTE, QUANDO L'EDIFICIO È AFFOLLATO E ILLUMINATO DALL'INTERNO, LA SUA FACCIATA STRIATA SOMIGLIA A UNO **SPARTITO** SU CUI LE PERSONE, MUOVENDOSI, DISEGNANO UNA **MUTEVOLE SINFONIA SOCIALE**.

LA CITTADINANZA AVEVA LA POSSIBILITÀ DI VOTARE LA SALA CONCERTI PREFERITA. LE DECISIONI DELLA GIURIA E DEL PUBBLICO FURONO ANNUNCIATE IN GIORNI SUCCESSIVI – PRIMA VENNE QUELLA DEL PUBBLICO! **IL VOTO DEL PUBBLICO ERA NOSTRO**, QUINDI, SICURI CHE LA GIURIA NON AVREBBE SOFFOCATO LA VOCE DEL POPOLO, **USCIMMO A FESTEGGIARE**.

IL GIORNO DOPO, DELLA NOSTRA FESTA RESTAVANO SOLO I POSTUMI.

NON AVEVAMO VINTO UN BEL NIENTE. **LA GIURIA AVEVA SCELTO UN PROGETTO CHIAMATO I-BOX** DI UNO STUDIO CHIAMATO MED-PLAN-SHORT, **SPECIALIZZATO NELLA PROGETTAZIONE DI OSPEDALI...**

... E INFATTI LA LORO CONCERT HALL **SEMBRAVA UN OSPEDALE.**

SEI MESI DOPO IL NOSTRO PROGETTO VINSE IL **LEONE D'ORO** ALLA BIENNALE DI VENEZIA COME **MIGLIOR SALA CONCERTI SU 60 CHE ERANO IN LIZZA COME FAVORITE.**

UN CRITICO DI ARCHITETTURA NORVEGESE TITOLÒ COSÌ UN SUO ARTICOLO: **"LA GENTE HA SCELTO L'ARCHITETTURA DEL FUTURO!"**

IL NOSTRO OBIETTIVO ERA STATO **GARANTIRE IL PUBBLICO ACCESSO A UN'ISTITUZIONE** ESSENZIALMENTE **INTELLETTUALE** — SEBBENE NON REALIZZATA, LA NOSTRA IDEA AVEVA **DATO IL VIA A UN'ARCHITETTURA ACCESSIBILE AL PUBBLICO.**

LANDSBANKI
BKI

# NATIONAL ~~BANK~~ STAGE OF ICELAND

QUESTA È L'ISLANDA, UN'ISO-LA VULCANICA GRANDE LA METÀ DELLA GRAN BRETAGNA, CON 300.000 ABITANTI.

QUESTO È IL CENTRO DI REYKJAVIK, LA CAPITALE.

QUESTA È LA NUOVA CONCERT HALL DI HENNING LARSEN E OLAFUR ELIASSON, AL MOMENTO IN COSTRUZIONE.

QUESTO È IL CENTRO GEOGRAFICO DI REYKJAVIK. IL PEZZO PIÙ RICHIESTO NEL PANORAMA IMMOBILIARE DI QUESTA CAPITALE EUROPEA, CON PARCO E VISTA MARE, È SEMPRE STATO UN PARCHEGGIO SPAZZATO DAL VENTO.

ALMENO PER ORA. È, INFATTI, IL TERRENO SU CUI SORGERÀ LA LANDSBANKI – LA BANCA NAZIONALE ISLANDESE.

QUESTA È LAUGURVEGUR, LA STRADA DELLA CULTURA E DELLO SHOPPING, DOVE PUÒ CAPITARE DI INCONTRARE BJÖRK.

QUESTA È LÆKJARTORG, LA PIAZZA PIÙ ANTICA DELLA CITTÀ...

... E QUESTO È AR-NAHÖLL, IL PARCO PRINCIPALE.

QUESTA È LA CASA DEL PRIMO MINISTRO.

QUESTA È UNA BUONA PARTE DEI 300.000 ABITANTI, RIUNITI NEL GIORNO DELLA FESTA NAZIONALE PER CELEBRARE L'INDIPENDENZA DALLA DANIMARCA. IL PARCHEGGIO DIVENTA UN PALCOSCENICO, IL PARCO UNA PLATEA.

COME DISEGNARE UNA BANCA NEL BEL MEZZO DELLA PIAZZA PRINCIPALE? È UNA **CONTRADDIZIONE IN TERMINI**: BANCA=PRIVATO, CITTÀ=PUBBLICO.

CI PROPONEMMO DI IMMAGINARE IN CHE MODO IL **QUARTIER GENERALE DI UNA SOCIETÀ** POTESSE FUNZIONARE DA **URBAN CENTER**.

L'INTERVENTO DELLA BANCA SAREBBE STATO **FLESSIBILE** E **GENERICO**, DOVENDOSI ASSOGGETTARE A MODALITÀ LAVORATIVE IN RAPIDO CAMBIAMENTO, IN UN SETTORE SEMPRE PIÙ FLUIDO E IMMATERIALE.

LA FLESSIBILITÀ DELL'INTERVENTO RENDEVA LA BANCA DISPONIBILE A **REAGIRE ALLE FORZE ESTERNE DELLA CITTÀ**.

IMMAGINAMMO UN EDIFICIO COSÌ FLESSIBILE DA DIVENTARE **L'IMPRONTA ARCHITETTONICA** DELLE **FORZE URBANE CIRCOSTANTI**.

UN EDIFICIO CHE POTESSE **RITRARSI** PER FAR POSTO AGLI SPETTACOLI PUBBLICI, **SPOSTARSI** PER PERMETTERE ALLA LUCE DI ARRIVARE IN STRADA, O **INCAVARSI** PER OSPITARE UN URBAN CENTER.

UN'ARCHITETTURA LA CUI **FORZA** SAREBBE STATA LA **DUTTILITÀ**.

UN'ARCHITETTURA CHE POTESSE **EVOLVERE ADATTANDOSI** ALL'AMBIENTE.

CONCEPIMMO LA BANCA COME UN SEMPLICE EDIFICIO A CORTE CON 1100 POSTAZIONI LAVORATIVE E CON GLI UFFICI DIREZIONALI DISPOSTI INTORNO A UN **AMPIO SPAZIO PUBBLICO AL PIANO TERRA**, COMPRENDENTE LE VARIE ATTREZZATURE PER I CLIENTI...

... CON TANTO DI **CAFFÈ E GALLERIE D'ARTE** PER ACCOGLIERE LA VASTA COLLEZIONE DELLA LANDSBANKI.

LA STRUTTURA ERA FIANCHEGGIATA DA DUE **CONTESTI** DI NATURA E **SCALA URBANA** RADICALMENTE DIVERSI.

DA UN LATO LO SPAZIO APERTO DEL **PARCO** E DEL **MARE**...

... DALL'ALTRO LE DIMENSIONI PIÙ RACCOLTE DEL **CENTRO STORICO**.

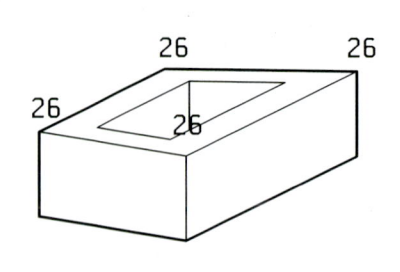

ANZICHÉ SEGUIRE CIECAMENTE IL PRG DEL POSTO, PROPONEMMO DI **IN-CLINARE IL TETTO** DELL'EDIFICIO...

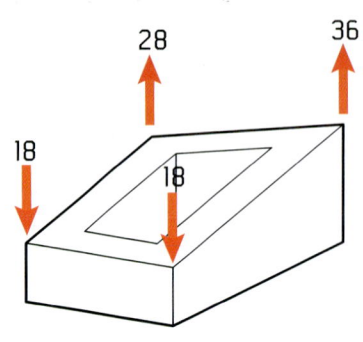

... PER CREARE VOLUMI DIFFERENZIATI CHE **RISPONDESSERO IN MODO SPE-CIFICO AGLI IMMEDIATI DINTORNI**.

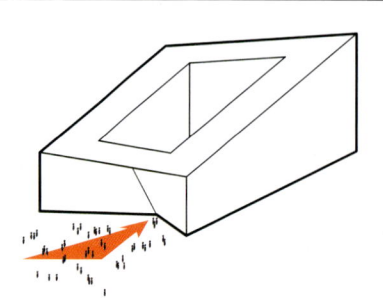

VERSO LÆKJARTORG L'INTERA FACCIATA SI SAREBBE **INCAVATA**, CREANDO COSÌ UN'ESTENSIONE COPERTA DELLA PIAZZA, IN CUI LA GENTE AVREBBE POTUTO FERMARSI AL **RIPARO** DELLA BANCA.

VERSO ARNAHÖLL LA FACCIATA SI SAREBBE **INCAVATA** CREANDO UN **PALCO-SCENICO URBANO** PROPRIO NEL PUNTO IN CUI VIENE CELEBRATA **LA FESTA NAZIONALE**.

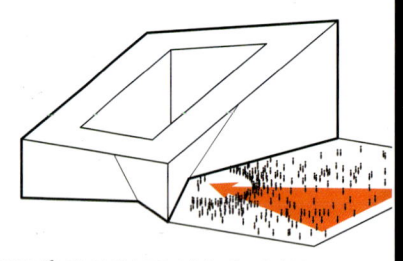

ANZICHÉ ELIMINARE L'IMPORTANTE TRADIZIONE DI QUELLO SPETTACOLO CITTADINO, LA BANCA NE SAREBBE DIVENTATA LA CORNICE, TRASFORMANDOSI UNA VOLTA ALL'ANNO NEL **PALCO NAZIONALE D'ISLANDA**.

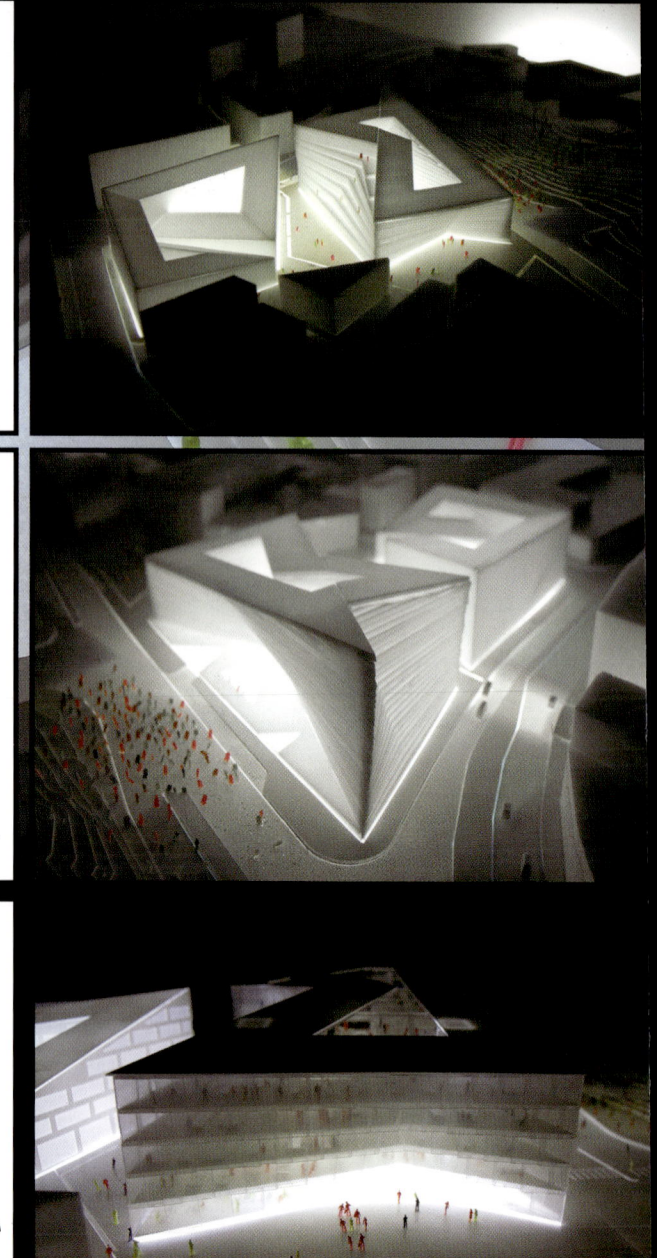

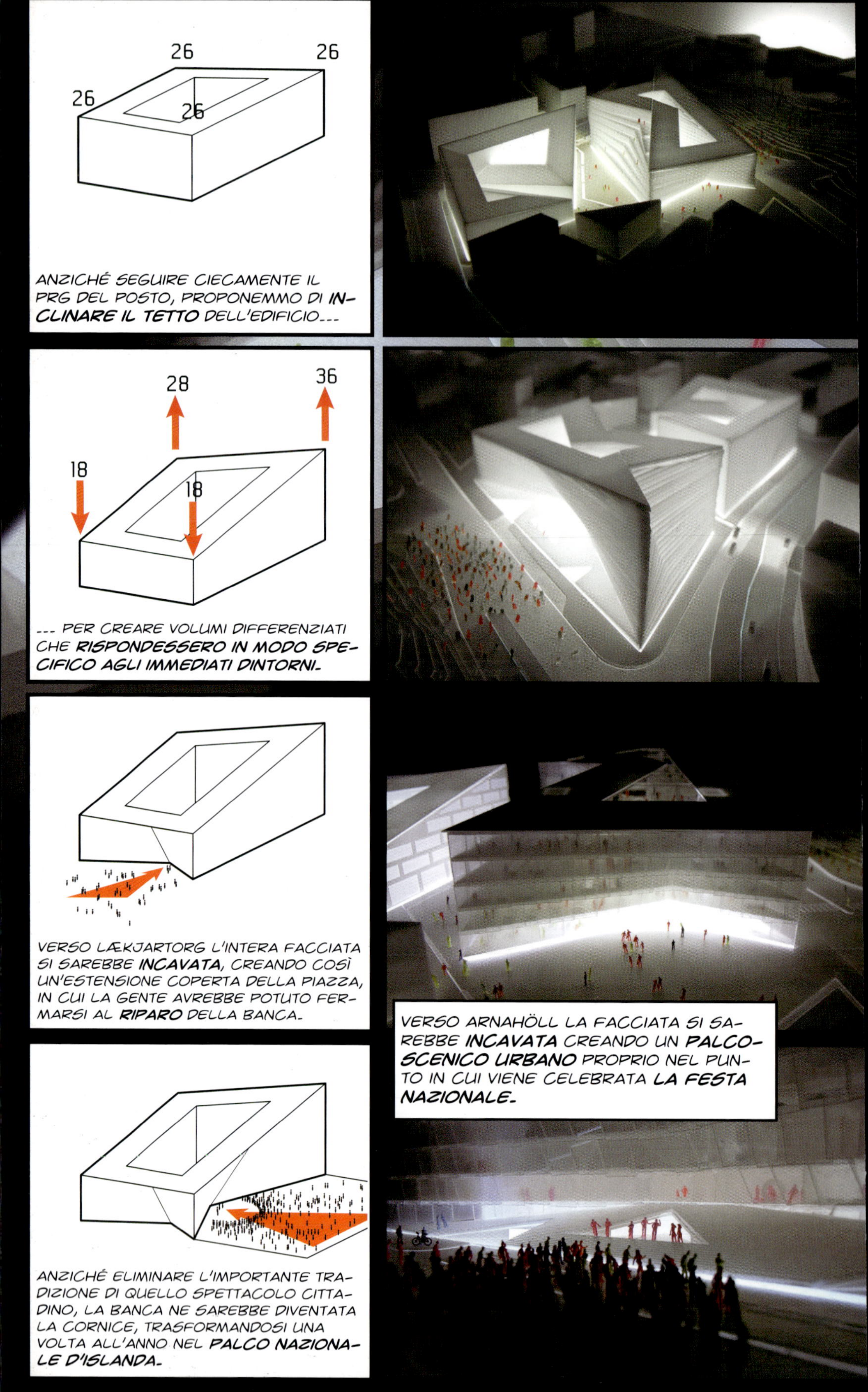

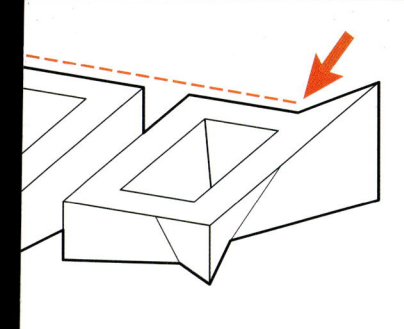

LA FACCIATA A NORD FU SPINTA INDIETRO FINO AD **ALLINEARLA CON IL LITORALE URBANO** LUNGO GEIRSGATA.

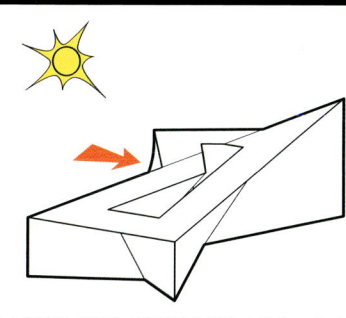

LA **LINEA DEL TETTO** DELL'EDIFICIO FU **ARRETRATA** RISPETTO AL PERCORSO CULTURALE, TRASFORMANDO COSÌ UNA STRETTA FENDITURA IN UN **CANYON BEN ILLUMINATO**.

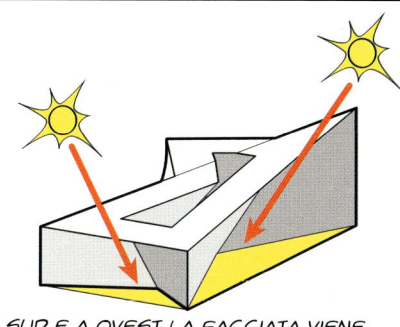

A SUD E A OVEST LA FACCIATA VIENE SPINTA VERSO L'INTERNO PER CREARE 2 **CAVERNE LUMINOSE**, MINIMIZZANDO NEL CONTEMPO LA **LUCE DIRETTA** SULLE FACCIATE.

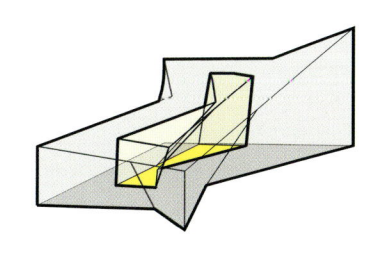

LE DUE FACCIATE CONCAVE FORMANO INFINE UN **PASSAGGIO AD ARCO** SULLA CORTE CENTRALE, TRASFORMANDOLA IN UNA CAVITÀ URBANA IN CUI LA LUCE PENETRA A ZIG-ZAG, SIMILE A UNA **CREPA IN UN GHIACCIAIO**.

PER OTTENERE IL **VETRO** PIÙ **TRASPARENTE** POSSIBILE, SENZA OMBREGGIATURE O VIRAGGI DI TONALITÀ, PROPONEMMO DI **RISOLVERE I PROBLEMI DI RIFLESSIONE DEL CALORE E SCHERMATURA SOLARE** MEDIANTE **MINUSCOLI POIS ARGENTATI** POSTI SULLE FACCIATE DI VETRO ESTERNE.

LA PERCENTUALE EFFETTIVA DI SCHERMATURA SOLARE, CHE ANDAVA DA 0 A 60%, SI BASAVA **SU SIMULAZIONI TERMICHE.**

QUESTA È LANDSBANKI VISTA DALLA CITTÀ.

QUESTO È L'UFFICIO DEL DIRETTORE.

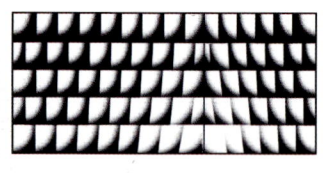

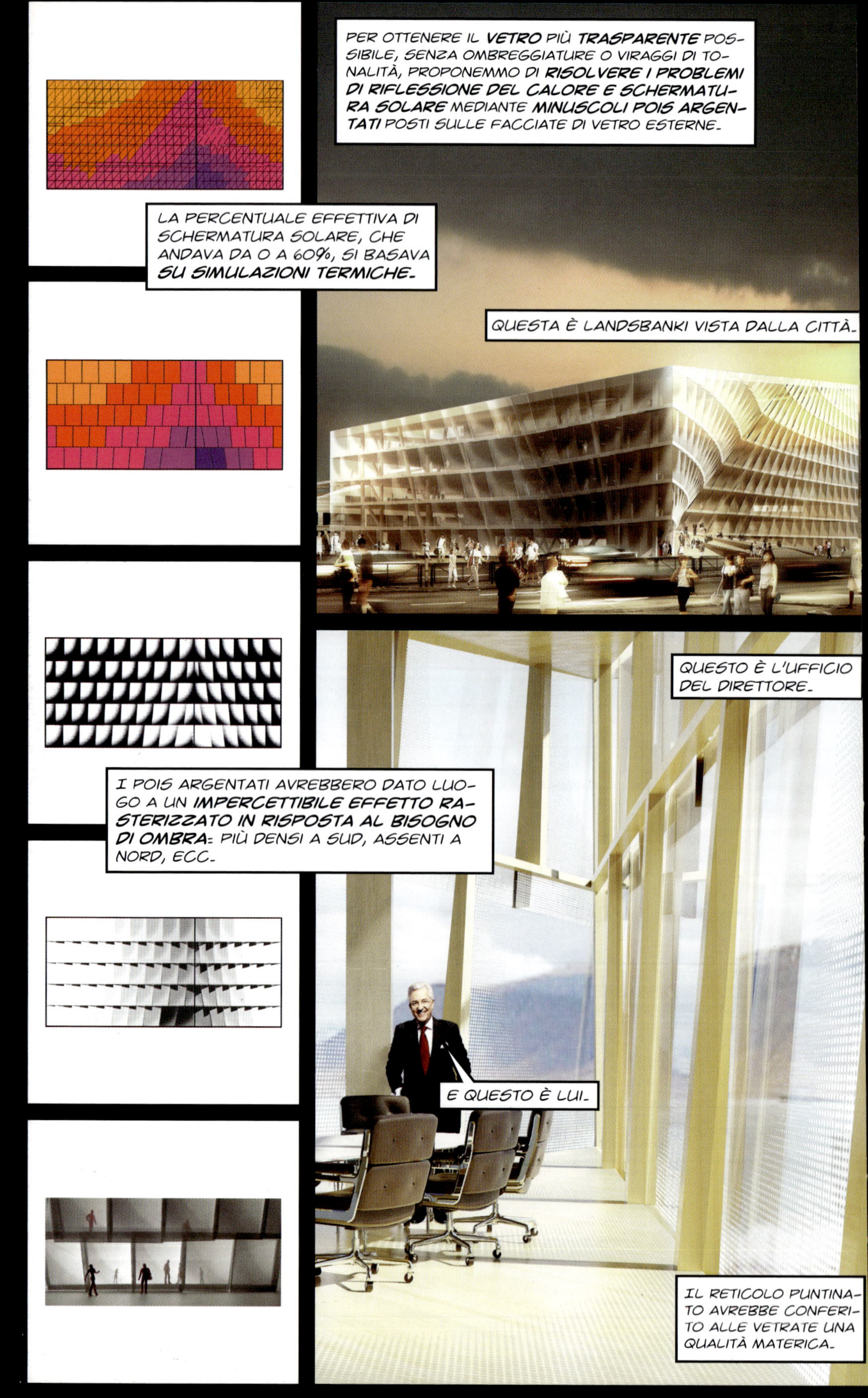

I POIS ARGENTATI AVREBBERO DATO LUOGO A UN **IMPERCETTIBILE EFFETTO RASTERIZZATO IN RISPOSTA AL BISOGNO DI OMBRA**: PIÙ DENSI A SUD, ASSENTI A NORD, ECC.

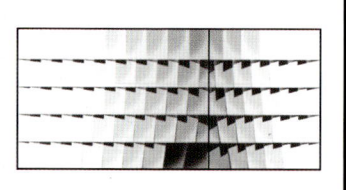

E QUESTO È LUI.

IL RETICOLO PUNTINATO AVREBBE CONFERITO ALLE VETRATE UNA QUALITÀ MATERICA.

LO SPAZIO INTERNO SAREBBE STATO DE-
FORMATO COME UNA SORTA **D'IMPRONTA
NEGATIVA** DELL'ESTERNO DELL'**EDIFICIO**, E
**LASCIANDO INTRAVEDERE** GLI IMPIEGATI AL
LAVORO AL SUO INTERNO E **RIFLETTENDO**
SULLA SUA SUPERFICIE LE ATTIVITÀ SOTTO-
STANTI O IL CIELO SOPRASTANTE.

SUI VETRI INTERNI AFFACCIA-
TI SULLO SPAZIO CENTRALE A
TUTTA ALTEZZA, UN RETICOLO
DI POIS DORATI DI DENSITÀ
VARIABILE AVREBBE **GRADUA-
TO IL LIVELLO DI PRIVACY
E RIFLESSO LA LUCE SUL
PAVIMENTO IN BASSO**.

AVENDO TRASCORSO LE VACANZE ESTIVE E QUALCHE WEEKEND LAVORATIVO IN ISLANDA, CI ERAVAMO A POCO A POCO INNAMORATI DEL **SOLE DI MEZZANOTTE**, DELLE **SORGENTI D'ACQUA CALDA** E DELLA **CARNE DI BALENA** (E ANCHE ABITUATI ALL'ODORE DI UOVA MARCE DELLE LORO DOCCE!)...

QUANDO **CI DISSERO CHE AVEVAMO VINTO IL CONCORSO**, NEL GIUGNO DEL 2008, CI SENTIMMO ELETTRIZZATI ALL'IDEA DI COMPLETARE IL CUORE DELLA LORO CAPITALE!

AVVOLTO DA UNA NUBE DI TAPPI DI CHAMPAGNE, PROPOSI **UN BRINDISI AL NOSTRO ULTIMO SUCCESSO**, PREDICENDO CHE STAVOLTA **SOLO DUE COSE AVREBBERO POTUTO IMPEDIRCI DI COMPLETARE** LA BANCA:

LA FRATTURA DELLA FAGLIA ATLAN-
TICA, CON CONSEGUENTE INGHIOTTI-
MENTO DELL'ISLANDA IN UNA **VORA-
GINE DI LAVA BOLLENTE!**

O LA **BANCAROTTA**
**DELL'INTERO PAESE!**

NESSUNO DEI DUE SCENARI
APPARE PLAUSIBILE, DISSI,
E MI SCOLAI IL BICCHIERE!

4 MESI DOPO,
UNA SETTIMANA PRIMA
DELLA PROCLAMAZIONE
UFFICIALE, SI CONCRETIZZÒ
LA SECONDA!

SLUSSEN

# SOCIAL INFRASTRUCTURE

STOCCOLMA, **LA VENEZIA SCANDINAVA**, È COSTRUITA SU UNA MANCIATA DI **ISOLE ROCCIOSE**, NEL PUNTO IN CUI L'ARCIPELAGO SI CONGIUNGE AI GRANDI LAGHI.

GAMLA STAN

SÖDERMALM

DOVE L'ACQUA SALATA E QUELLA DOLCE SI INCONTRANO SI TROVA **SLUSSEN** (LA CHIUSA), **L'UNICO GUADO NATURALE** TRA NORD E SUD, CHE COLLEGA **SÖDERMALM** (IL LATO MERIDIONALE) A **GAMLA STAN** (L'ISOLA CON LA CITTÀ VECCHIA), RESIDENZA DELLA FAMIGLIA REALE DI SVEZIA*.

STORICAMENTE L'AREA DI SLUSSEN È STATA LA **CULLA DI STOCCOLMA** NONCHÉ UNA DELLE RAGIONI PRINCIPALI PER CUI LA CAPITALE SVEDESE SORSE PROPRIO QUI. NEL TEMPO HA ASSUNTO **DIVERSI ASPETTI**...

*1634*  *1750*  *1850*

... FINO ALLA FORMA ATTUALE, UN RACCORDO STRADALE A **QUADRIFOGLIO**.

*1935*

QUANDO IL RACCORDO FU COSTRUITO FU VISTO COME UNA RISPOSTA **AVANGUARDISTICA** ALLA DOMANDA DELL'EPOCA: COME INTEGRARE **L'AUTOMOBILE** IN UNA **CITTÀ STORICA**?

LA PREDILEZIONE MODERNISTA PER LA PIANIFICAZIONE DI **INFRASTRUTTURE DESTINATE AL TRAFFICO** HA CHIUSO GAMLA STAN E SÖDERMALM IN **UN'AMPIA CINTURA D'ASFALTO**, CHE BLOCCA LA MAGGIOR PARTE DEL LITORALE DIETRO A UNA **BARRIERA DI AUTO**. SLUSSEN È **L'INCARNAZIONE** DELLA **PRIORITÀ** ASSEGNATA AL **TRAFFICO AUTOMOBILISTICO** A SPESE DI **OGNI ALTRA FORMA DI MOBILITÀ URBANA**.

* VEDI "ROYAL TREATMENT"

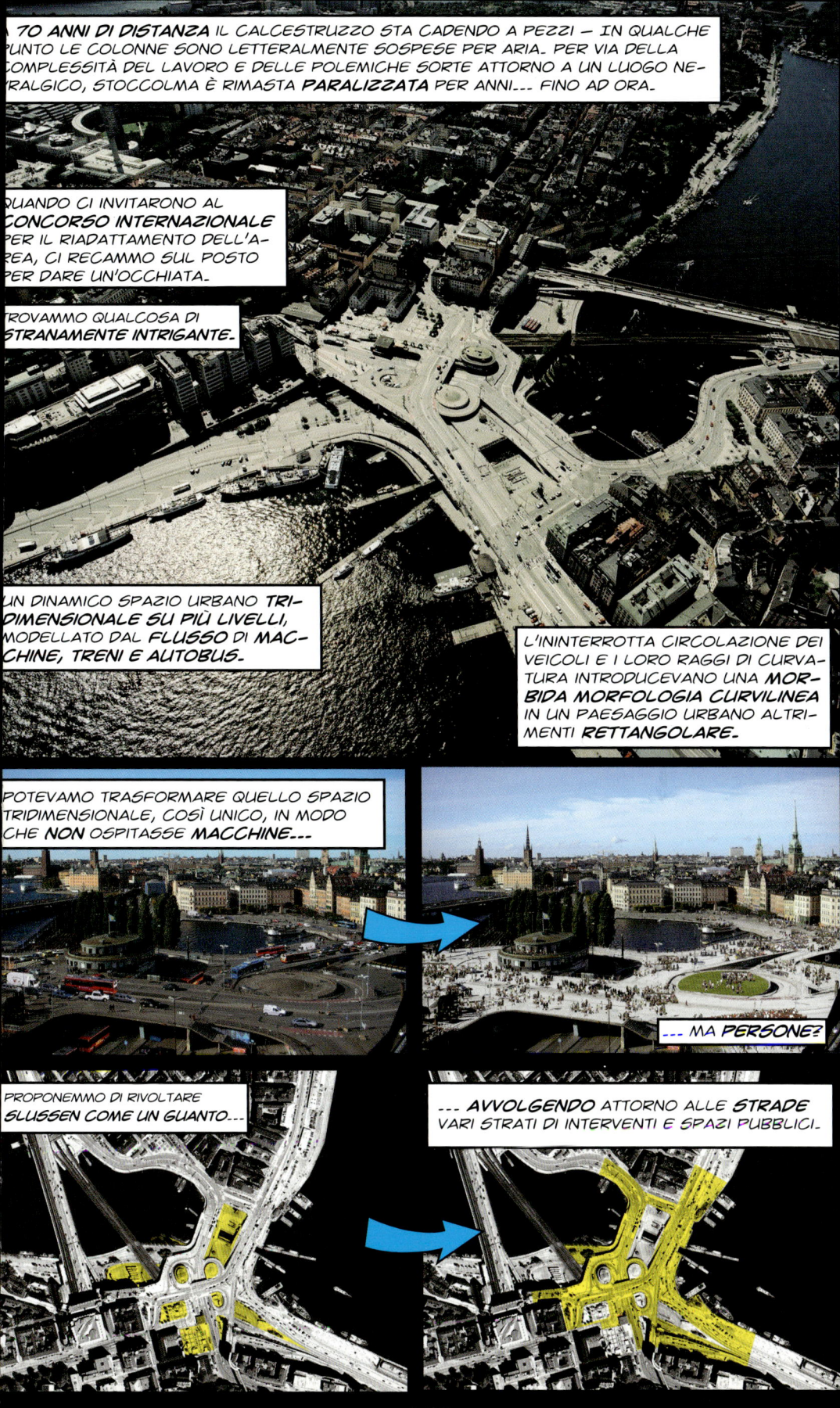

**70 ANNI DI DISTANZA** IL CALCESTRUZZO STA CADENDO A PEZZI — IN QUALCHE PUNTO LE COLONNE SONO LETTERALMENTE SOSPESE PER ARIA. PER VIA DELLA COMPLESSITÀ DEL LAVORO E DELLE POLEMICHE SORTE ATTORNO A UN LUOGO NEVRALGICO, STOCCOLMA È RIMASTA **PARALIZZATA** PER ANNI... FINO AD ORA.

QUANDO CI INVITARONO AL **CONCORSO INTERNAZIONALE** PER IL RIADATTAMENTO DELL'AREA, CI RECAMMO SUL POSTO PER DARE UN'OCCHIATA.

TROVAMMO QUALCOSA DI **STRANAMENTE INTRIGANTE**.

UN DINAMICO SPAZIO URBANO **TRIDIMENSIONALE SU PIÙ LIVELLI**, MODELLATO DAL **FLUSSO DI MACCHINE, TRENI E AUTOBUS**.

L'ININTERROTTA CIRCOLAZIONE DEI VEICOLI E I LORO RAGGI DI CURVATURA INTRODUCEVANO UNA **MORBIDA MORFOLOGIA CURVILINEA** IN UN PAESAGGIO URBANO ALTRIMENTI **RETTANGOLARE**.

POTEVAMO TRASFORMARE QUELLO SPAZIO TRIDIMENSIONALE, COSÌ UNICO, IN MODO CHE **NON** OSPITASSE **MACCHINE**...

... MA **PERSONE**?

PROPONEMMO DI RIVOLTARE **SLUSSEN COME UN GUANTO**...

... **AVVOLGENDO** ATTORNO ALLE **STRADE** VARI STRATI DI INTERVENTI E SPAZI PUBBLICI.

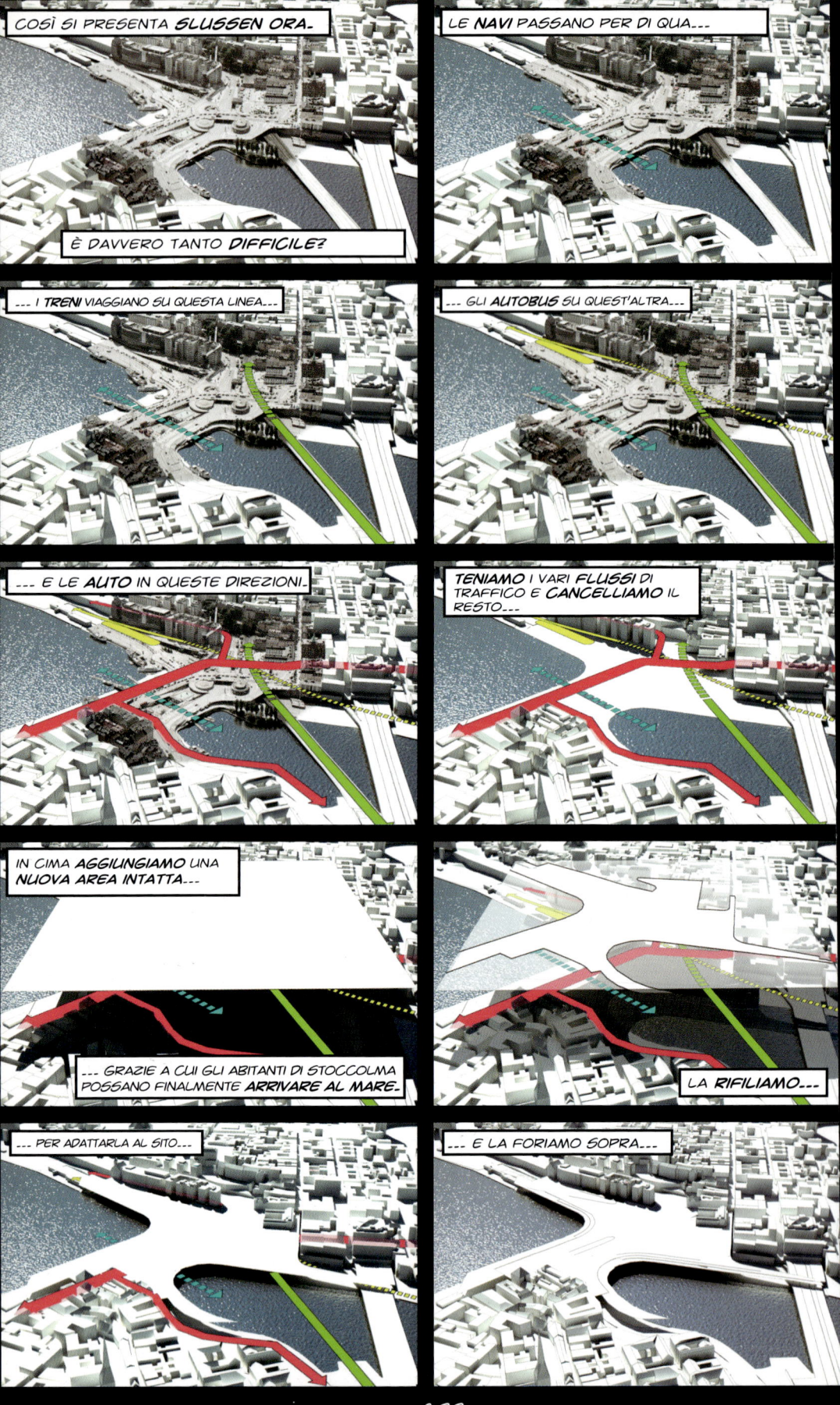

| | |
|---|---|
| COSÌ SI PRESENTA **SLUSSEN** ORA... | LE **NAVI** PASSANO PER DI QUA... |
| È DAVVERO TANTO **DIFFICILE**? | |
| ... I **TRENI** VIAGGIANO SU QUESTA LINEA... | ... GLI **AUTOBUS** SU QUEST'ALTRA... |
| ... E LE **AUTO** IN QUESTE DIREZIONI... | **TENIAMO** I VARI **FLUSSI** DI TRAFFICO E **CANCELLIAMO** IL RESTO... |
| IN CIMA **AGGIUNGIAMO** UNA **NUOVA AREA INTATTA**... ... GRAZIE A CUI GLI ABITANTI DI STOCCOLMA POSSANO FINALMENTE **ARRIVARE AL MARE**. | LA **RIFILIAMO**... |
| ... PER ADATTARLA AL SITO... | ... E LA FORIAMO SOPRA... |

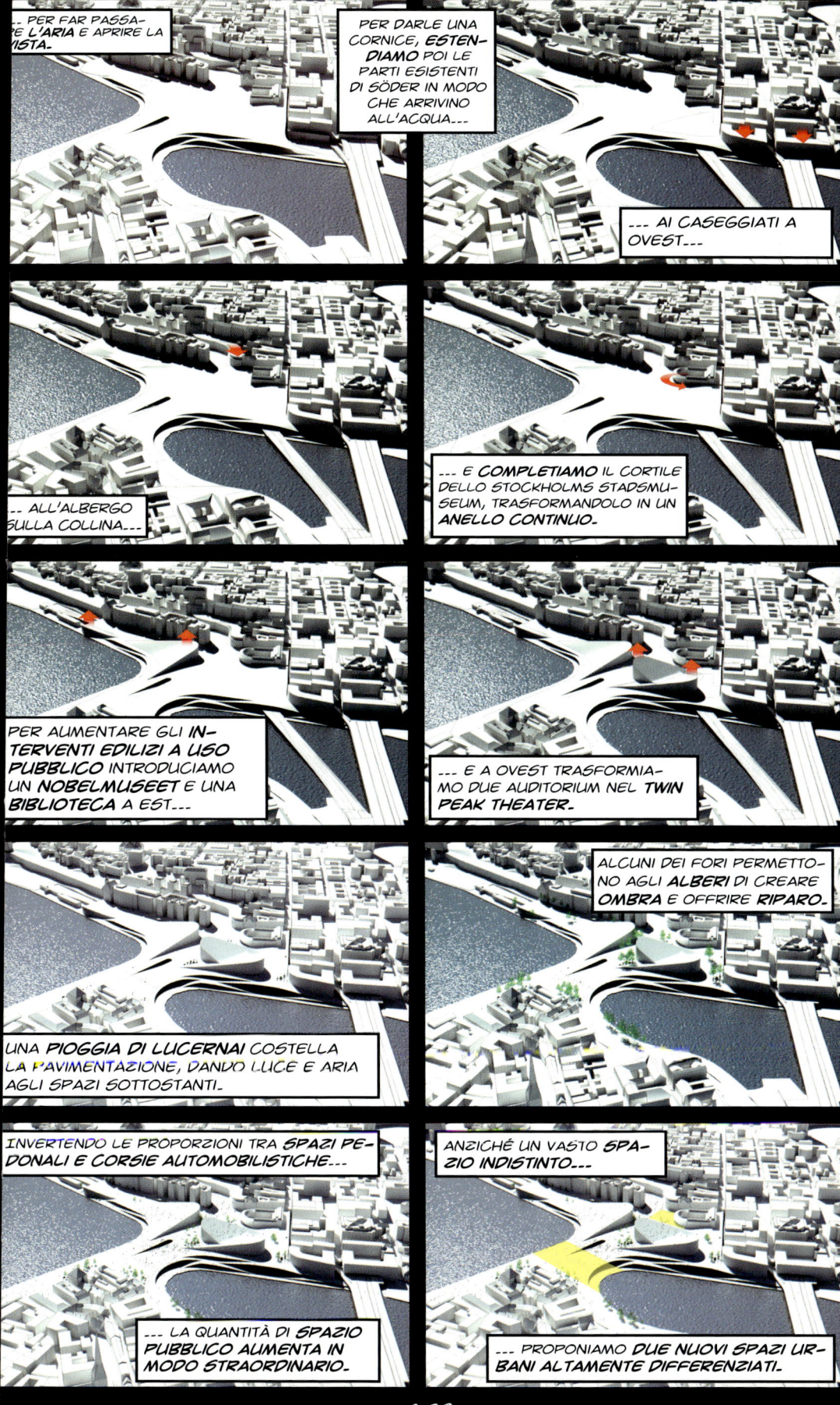

| | |
|---|---|
| ... PER FAR PASSA-RE L'ARIA E APRIRE LA VISTA_ | PER DARLE UNA CORNICE, **ESTEN-DIAMO** POI LE PARTI ESISTENTI DI SÖDER IN MODO CHE ARRIVINO ALL'ACQUA... |
| ... ALL'ALBERGO SULLA COLLINA... | ... AI CASEGGIATI A OVEST... |
| | ... E **COMPLETIAMO** IL CORTILE DELLO STOCKHOLMS STADSMU-SEUM, TRASFORMANDOLO IN UN **ANELLO CONTINUO**_ |
| PER AUMENTARE GLI **IN-TERVENTI EDILIZI A USO PUBBLICO** INTRODUCIAMO UN **NOBELMUSEET** E UNA **BIBLIOTECA** A EST... | ... E A OVEST TRASFORMIA-MO DUE AUDITORIUM NEL **TWIN PEAK THEATER**_ |
| UNA **PIOGGIA DI LUCERNAI** COSTELLA LA PAVIMENTAZIONE, DANDO LUCE E ARIA AGLI SPAZI SOTTOSTANTI_ | ALCUNI DEI FORI PERMETTO-NO AGLI **ALBERI** DI CREARE **OMBRA** E OFFRIRE **RIPARO**_ |
| INVERTENDO LE PROPORZIONI TRA **SPAZI PE-DONALI E CORSIE AUTOMOBILISTICHE**... ... LA QUANTITÀ DI **SPAZIO PUBBLICO** AUMENTA IN MODO STRAORDINARIO_ | ANZICHÉ UN VASTO **SPA-ZIO INDISTINTO**... ... PROPONIAMO **DUE NUOVI SPAZI UR-BANI ALTAMENTE DIFFERENZIATI**_ |

LA NOSTRA PROPOSTA È UNA **NUOVA GENERAZIONE** EVOLUTASI DAL PREESISTENTE QUARTIERE DI SLUSSEN. DA INFRASTRUTTURA STRADALE, SLUSSEN SI TRASFORMA IN UN'**INFRASTRUTTURA URBANA DESTINATA ALLA SOCIALITÀ**...

... MODELLATA DAL **FLUSSO DI PERSONE** ANZICHÉ DI **MACCHINE**.

LA MOBILITÀ DI AUTO, BUS E TRENI SARÀ ORGANIZZATA IN MODO DA COADIUVARE IL **LIBERO FLUIRE DELLA VITA CITTADINA DAL CENTRO AL MARE.**

PENDII E CURVE SARANNO VOLTI A CREARE **LUOGHI** IN CUI LA GENTE POSSA **MUOVERSI, FERMARSI** E **GODERSI** LA VITA IN RIVA ALL'ACQUA...

... DAL TETTO DEL **GONDOLEN**...

... FINO ALLA **BANCHINA.**

> UNO DEI NUOVI SPAZI URBANI È *COPERTO* E *BEN DEFINITO* NEL *CUORE* DEGLI INTERVENTI *VECCHI* E *NUOVI*...

L'ALTRO È COLLOCATO *NEL BEL MEZZO DI SLUSSEN* E OFFRE UN *PANORAMA A 360 GRADI* SUL PORTO, SUL *LAGO* E SULLO *SKYLINE DI STOCCOLMA*.

MENTRE IL VECCHIO SLUSSEN È FIGLIO DELLA FEDE MODERNISTA NELL'**AUTOMOBILE** COME FORZA TRAINANTE DELLA CITTÀ DEL FUTURO...

... IL NUOVO SLUSSEN SI SVILUPPA SULLA BASE DELLA CONVINZIONE CHE **QUALITÀ DELLA VITA** E **RAPPORTI SOCIALI** SIANO LE INFRASTRUTTURE MIGLIORI PER UNA **CITTÀ SOSTENIBILE** DAL PUNTO DI VISTA ECOLOGICO, ECONOMICO E SOCIALE.

E ADESSO IL GRANDE QUESITO È: *STOCCOLMA* VUOLE...

LA RIVOLUZIONE O L'EVOLUZIONE?

THE HOUSING BRIDGE
BRO

# DOMUS PONTUS

LE TRASFORMAZIONI URBANI-STICHE RISENTONO SPESSO DEL FATTO CHE LA PIANIFI-CAZIONE POLITICA È **RICCA DI FILANTROPIA** MA **NON DI FONDI**, MENTRE IL SETTORE PRIVATO ANTEPONE IL **GUA-DAGNO PERSONALE AL BENE DELLA COLLETTIVITÀ**.

E SE POTESSIMO AVERE **ENTRAMBI**?

**PRENDIAMO COPENAGHEN:** UNA CITTÀ PORTUALE DI MILIONI DI PERSONE CON TRE SOLI PONTI IN TUTTO IL PORTO! PER DECENNI L'AMMINISTRAZIONE COMUNA-LE HA DISCUSSO LA POSSIBILITÀ DI REALIZZARE UN PONTE O UN TUNNEL NELLA PARTE NORD DEL PORTO, PER SNELLIRE IL TRAFFICO DEL CENTRO. **UN SACCO DI IDEE, NIENTE FONDI, NESSUN RISULTATO.**

ALLO STESSO TEMPO, IL BOOM IMMOBI-LIARE DI COPENHAGEN **HA SCATENATO UNA CORSA ALL'ORO DI** INSEDIAMENTI SUL MARE...

...CON CONDOMI-NI CHE SPUNTA-NO COME FUN-GHI OVUNQUE LA CITTÀ INCONTRI L'ACQUA - RISUL-TATO: UNA COSTA STIPATA.

ORMAI STUFI DI UN'INAZIONE CHE PARALIZZAVA LO SVILUPPO URBANO, PENSAMMO: PERCHÉ NON **APPROFITTARE DEL-LE MIRE DEGLI INVESTITORI PRIVATI SULLE PROPRIETÀ LITORANEE** PER RISOLVERE IL MAGGIORE **PROBLEMA DI TRAFFICO** A COPENAGHEN?

REGALEREMO ALLA CITTÀ UN PONTE CHE NON LE COSTERÀ NULLA!

CONGIUNGENDO LA **SIRENETTA** ALL'**ACCADE-MIA REALE DI BELLE ARTI**, IL PONTE AVREB-BE AVUTO **UN'IMPONENTE ESTENSIONE** ATTRAVERSO IL PORTO.

NON SOLO AVREBBE **RISOLTO** IN UN COLPO SOLO IL **PROBLEMA DEL TRAFFICO** CITTADINO, MA ANCHE **PRODOTTO TANTO VA-LORE IMMOBILIARE** DA POTERSI AUTOFINANZIARE. LA SITUAZIO-NE POLITICA DI STALLO SAREBBE STATA AGGIRATA DALL'INIZIATIVA PUBBLICO/PRIVATA!

LA SOMMITÀ DEL PONTE, DESTINATA AL TRAFFICO DI AUTO, BICI E PEDONI, AVREBBE OFFERTO AI PASSANTI **SPETTACOLARI VEDUTE DELLO SKYLINE DI COPENAGHEN** E DEL PORTO, FINO ALLA SVEZIA. SUBITO SOTTO LA STRADA ERA PREVISTO UNO STRATO DI PARCHEGGI.

IL RESTO DEL PONTE SAREBBE STATO UN UNICO **COMPLESSO EDILIZIO, LUNGO 1 KM, CON RESIDENZE E UFFICI**, E UN'ALTEZZA VARIABILE DA 1 A 15 PIANI.

SULLA TERRAFERMA, **STRUTTURE A DESTINAZIONE PUBBLICA** SI SAREBBERO RIVOLTE VERSO LA CITTÀ ADIACENTE. SULL'ACQUA, GLI UFFICI AVREBBERO OCCUPATO I PIANI PIÙ AMPI, SOTTO I **PARCHEGGI**, MENTRE LE **ABITAZIONI** SAREBBERO SCESE FINO AL MARE.

*BENVENUTI SULLA MIA ISOLA DESERTA!*

**L'ATTICO** DI NORMA È IL PIANO ABITABILE PIÙ RICHIESTO. SUL NOSTRO PONTE, INVECE, IL LIVELLO PIÙ AMBITO SAREBBE STATO IL **PIANO TERRA**, DA CUI I RESIDENTI AVREBBERO AVUTO ACCESSO ALLA LORO ISOLETTA PRIVATA, IN MEZZO AL PORTO.

IL PONTE SAREBBE DIVENTATO PER COPENAGHEN QUELLO CHE PER FIRENZE È IL PONTE VECCHIO.

LA GENTE SAREBBE ARRIVATA IN CIMA, AVREBBE PARCHEGGIATO BICI O AUTO, E IN ASCENSORE SAREBBE SCESA NEL PROPRIO APPARTAMENTO, PER GUSTARSI UN BUON CAFFÈ IN TERRAZZA, SALUTANDO I **GIAPPONESI IN TRANSITO SUI BATTELLI TURISTICI**.

PRESENTAMMO IL PROGETTO AL DIRETTORE DEL PORTO, CHE SI MOSTRÒ **MOLTO INTERESSATO MA INCONCLUDENTE**. INCORAGGIATI DA UN CLIENTE, DEPOSITAMMO UNA DOMANDA DI **BREVETTO INTERNAZIONALE**, PENSANDO PERÒ CHE A CAUSA DEL PONTE VECCHIO O DEL PONTE DI RIALTO DIFFICILMENTE UN **PONTE ABITABILE** SAREBBE RISULTATO ORIGINALE. **CON NOSTRA GRANDE SORPRESA**, L'UFFICIO BREVETTI RISPOSE CHE UN'ABITAZIONE SULL'ACQUA CHE FOSSE ANCHE STRUTTURA PORTANTE ERA UN UNICUM, COSÌ **IL NOSTRO PRIMO BREVETTO DI UN'IDEA GENIALE ERA COSA FATTA!**

COME UN **VIADOTTO ROMANO** IL PONTE AVREBBE AVUTO GIGANTESCHE ARCATE DI DIVERSE DIMENSIONI PER CONSENTIRE IL PASSAGGIO DELLE IMBARCAZIONI. LUNGO PIÙ DI 1 KM, AVREBBE RAGGIUNTO AL CENTRO L'ALTEZZA DI 60 M, CONSENTENDO IL TRANSITO ANCHE ALLE GRANDI NAVI DA CROCIERA.

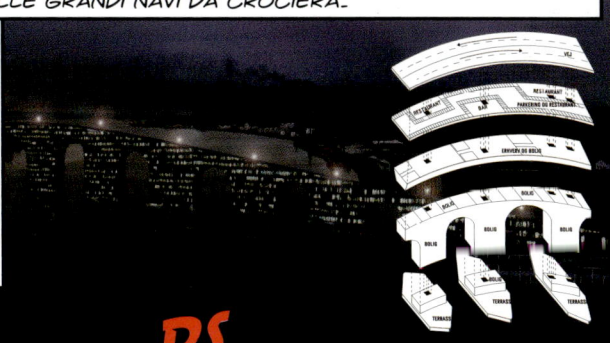

## PS

4 ANNI DOPO, IL PORTO BANDÌ UN CONCORSO A INVITI PER PROGETTARE UN EDIFICIO, NELLA PARTE NORD, CHE COLLEGASSE "VIA MARE" LA STAZIONE FERROVIARIA AL PONTILE DI MARMO. VINSE IL PROGETTO DI STEVEN HOLL, CON DUE TORRI LATERALI A SOSTEGNO DI UN PONTE STRALLATO: UN INCROCIO TRA LE TWIN TOWERS E IL PONTE DI BROOKLYN. SARÀ QUESTO **IL NUOVO SIMBOLO** DELLA COPENAGHEN "BY SEA".

THE CLOVER BLOCK

# BATTLEFIELD

SPESSO IL NOSTRO COMPITO DI ARCHITETTI SI RIDUCE **ALL'ABBELLIMENTO DI INTERVENTI PRESTABILITI.** UN CLIENTE CI TELEFONÒ, DOPO AVER DEFINITO TUTTI I PUNTI DI UN PROGETTO, E CI CHIESE DI **"FARLO BELLO".**

GLI ARCHITETTI VENGONO COINVOLTI QUANDO **LA DECISIONE DI COSTRUIRE È STATA PRESA, SI È TROVATO IL TERRENO FABBRICABILE E LE DIMENSIONI E I CONTENUTI DEGLI INTERVENTI SONO GIÀ DEFINITI.** PER QUESTO HANNO DI RADO UN'INFLUENZA DECISIVA SULL'EVOLUZIONE DELLA STRUTTURA FISICA DELLA SOCIETÀ. **SPESSO L'ARCHITETTURA SI RIDUCE A PURA COSMESI.**

L'ARCHITETTURA È LA MANIFESTAZIONE FISICA DEL CONSENSO SOCIALE SULLA SUPERFICIE TERRESTRE – È **LA PARTE ARTIFICIALE DELLA GEOGRAFIA DEL PIANETA.** È DOVE NOI TUTTI VIVIAMO. L'ARCHITETTURA È **"LA MATERIA CHE CI CIRCONDA".** E, DATO CHE NOI ARCHITETTI LAVORIAMO CONTINUAMENTE CON LA CITTÀ E AL SUO INTERNO, SI POTREBBE PENSARE CHE SIAMO IN GRADO DI PREVEDERE IL FUTURO DELL'URBANISTICA. E INVECE, MENTRE STIAMO A CASA AD ASPETTARE CHE IL TELEFONO SQUILLI O CHE ESCA UN CONCORSO, **IL FUTURO VIENE DECISO DA CHI È AL POTERE: DAI POLITICI O DA QUELLI CHE HANNO I SOLDI: GLI IMPRENDITORI.**

NOI DI **BIG** ABBIAMO AMPIAMENTE SEGUITO LE ORME DELLE PRECEDENTI GENERAZIONI DI ARCHITETTI, CERCANDO DI **INTRODURRE NEI VARI INCARICHI NOVITÀ INASPETTATE O DI SCOPRIRE POSSIBILITÀ INESPLORATE NEI BANDI DI CONCORSO.** MA, PER QUANTO SCALTRI CERCHIAMO DI ESSERE, ALLA FIN FINE **RISPONDIAMO SEMPRE ALLE RICHIESTE DI ALTRI.**

O ALMENO COSÌ È STATO FINO **ALL'AUTUNNO DEL 2005,** QUANDO A COPENAGHEN SI SONO SVOLTE LE **ELEZIONI COMUNALI.** IL PROBLEMA PRINCIPALE ERA CHE **I PREZZI IMMOBILIARI ERANO SALITI ALLE STELLE, SPINGENDO LA POVERA GENTE FUORI CITTÀ.** LA SITUAZIONE ERA COSÌ TRAGICA CHE CHI AVEVA UN REDDITO NORMALE, COME INFERMIERI E POLIZIOTTI, NON POTEVA PERMETTERSI DI VIVERE IN CITTÀ. NELL'OSPEDALE DI COPENAGHEN C'ERANO PIÙ DI 50 POSTI DI INFERMIERE VACANTI, E PAZIENTI SENZA LA DOVUTA ASSISTENZA.

LA SOCIALDEMOCRATICA RITT BJERREGAARD FU ELETTA SINDACO DIETRO **PROMESSA** DI RISOLVERE LA SITUAZIONE **CREANDO 5000 RESIDENZE DA 5000 CORONE AL MESE IN 5 ANNI...**

SÌ, MA DOVE?

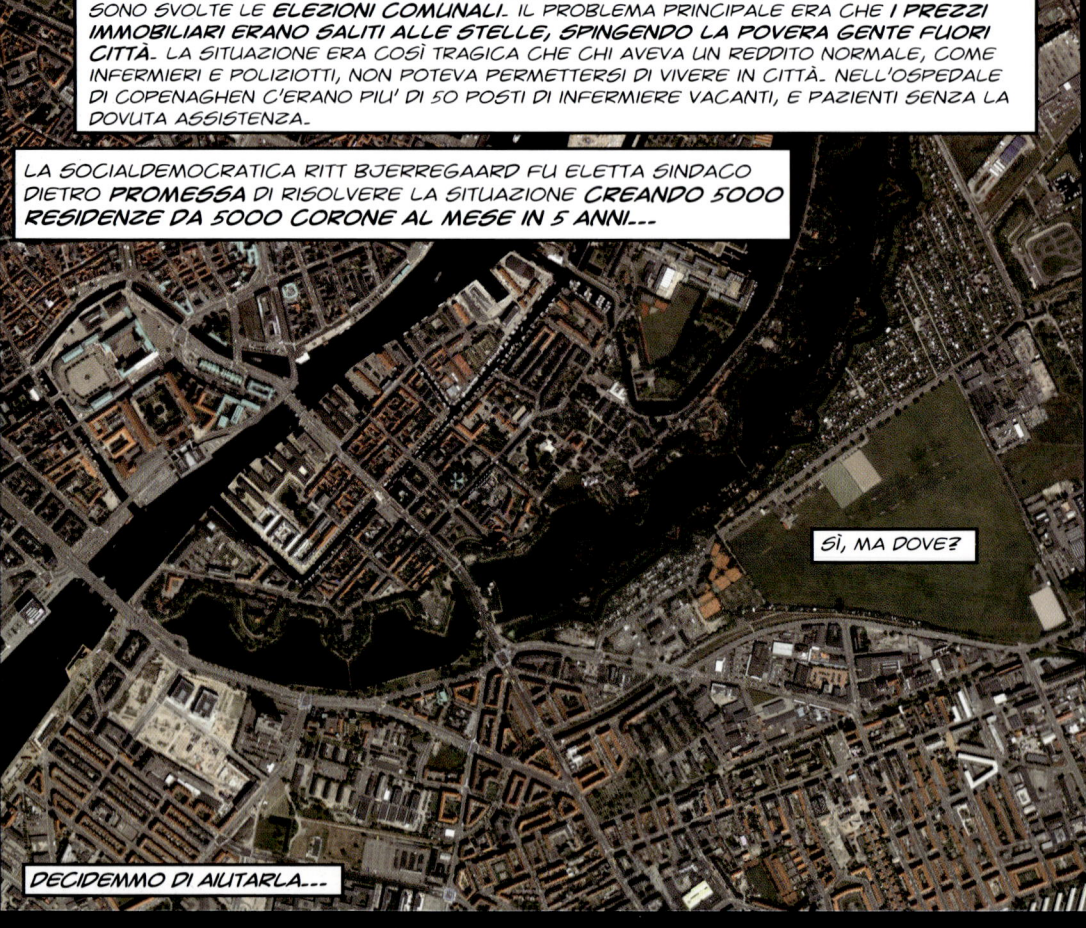

DECIDEMMO DI AIUTARLA...

L'EX AERODROMO DI COPENAGHEN, DEL 1920, È STATO RICONVERTITO IN **CAMPO SPORTIVO** E OSPITA ORA LA **VITA DI COMUNITÀ DELLE ASSOCIAZIONI LOCALI DI CITTADINI.**

UN'OASI SPAZZATA DAL VENTO AL CENTRO DELLA CITTÀ...

... CIRCONDATA DA **ORTI URBANI O INDUSTRIE** E POPOLATA DA **CALCIATORI** CHE SI LAMENTANO DEL **TERRENO ACCIDENTATO** E DELLA **MANCANZA DI PROTEZIONE DALLE INTEMPERIE.**

COL **NUOVO PONTE DI COLLEGAMENTO**, LA **METRO** E L'**AMAGER STRANDPARK** DI RECENTE APERTURA, QUESTO È IL LUOGO **IDEALE PER UN INTERVENTO RESIDENZIALE.** SAREBBE, PERÒ, DA PERFETTI IDIOTI PENSARE DI ELIMINARE UNA DELLE PIETRE ANGOLARI DELLA **VITA SPORTIVA ALL'APERTO DI AMAGER.**

PROPORRE DI COSTRUIRCI SAREBBE UN **VERO SUICIDIO POLITICO!**

| | |
|---|---|
| E SE INVECE NON DOVESSIMO **SCEGLIERE TRA** IL **CALCIO** E LE **CASE**? | SE POTESSIMO COMPRARE UNA **SOTTILE STRISCIA DI TERRA LARGA 30 METRI** LUNGO IL BORDO DEL TERRENO... |
| SE POTESSIMO **AVERE ENTRAMBI**? **SIA** IL CALCIO **SIA** LE CASE? | ... OTTERREMMO UN'AREA FABBRICABILE DI 3 KM. |

**UN MEGA-EDIFICIO A CORTE!**

| | |
|---|---|
| IL FABBRICATO **SI DISPORREBBE INTORNO** ALLE SEDI DELLE SOCIETÀ SPORTIVE E ALLE STRUTTURE GIÀ ESISTENTI... | ... E RISPETTEREBBE LA **DISTANZA DI SICUREZZA** DALLE INDUSTRIE DEI DINTORNI. |

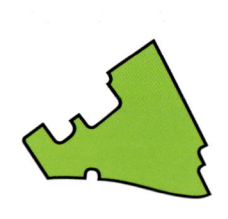

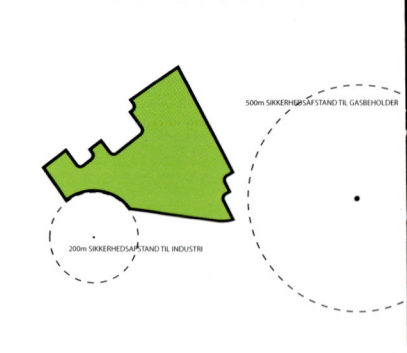

500m SIKKERHEDSAFSTAND TIL GASBEHOLDER
200m SIKKERHEDSAFSTAND TIL INDUSTRI

ARIANDO L'ALTEZZA POTREMMO **RISPETTARE** **VICINI**...

... E GARANTIRE LA VISTA DELLE **STORICHE GUGLIE** DELLO SKYLINE CIRCOSTANTE.

E NOI COME ENTRIAMO NEL PARCO?

CI SARANNO UN SACCO DI **GRANDI PORTE**, **ARCATE** E **AMPI ACCESSI** PER GARANTIRE IL COLLEGAMENTO **FISICO** E **VISIVO** TRA IL CLOVERFIELD E I DINTORNI.

SIMILMENTE PROPONEMMO DI ABBASSARE L'EDIFICIO IN TRE PUNTI DISTINTI PER FARGLI **BACIARE IL SUOLO**, COSÌ DA CONSENTIRE ALLA GENTE DI ACCEDERE AL **PARCO SUL TETTO**:

... UNA **VERSIONE RESIDENZIALE**... ... **DELLA GRANDE MURAGLIA CINESE!**

CALCOLAMMO CHE COSÌ POTEVAMO CREARE **2000 RESIDENZE, 3 ASILI E UNA SCUOLA PUBBLICA**...

SENZA SACRIFICARE UN SOLO CAMPO DA CALCIO!

PERCHÉ SCEGLIERE SE POSSIAMO AVERE TUTTO!?!

ILLUSTRAMMO IL PROGETTO A UN GIORNALE.

QUANDO **RITT** FU ELETTA, LE MANDAMMO UN **OPUSCOLO COL PROGETTO**, INSIEME A UN GRANDE MAZZO DI ROSSE ROSE SOCIALDEMOCRATICHE.

POCHE SETTIMANE DOPO VENNE A TROVARCI IN STUDIO PER SAPERNE DI PIÙ. CON QUEI 2000 ALLOGGI AVREBBE REALIZZATO QUASI LA METÀ DEL SUO PROGRAMMA ELETTORALE, IN UNA SOLA MANOVRA DI **MONUMENTALITÀ QUASI MARXISTA**.

ERA ENTUSIASTA.

> DOVETE PARLARNE CON I **CALCIATORI** E CON GLI **ASSEGNATARI DEGLI ORTI**.

COSÌ FACEMMO.

AI **CALCIATORI** (9 SQUADRE SU 10) **IL PROGETTO PIACQUE**. ERANO STANCHI DI USARE LE BARACCHE LASCIATE DALL'ESERCITO TEDESCO IN FUGA DOPO LA SECONDA GUERRA MONDIALE. GRAZIE AL NUOVO INTERVENTO AVREBBERO AVUTO NUOVE SEDI PER LE SOCIETÀ SPORTIVE E SPOGLIATOI AL PIANO TERRA. LA COSTRUZIONE LINEARE, **INOLTRE**, LI AVREBBE PROTETTI DAI FORTI VENTI.

> IL BELLO È CHE A OGNI PARTITA AVREMO MINIMO 2500 TIFOSI!

**YAHOO !!**

QUELLI DEGLI ORTI, INVECE, ERANO **MENO CONTENTI**. IN UN CAOS DI ARGOMENTAZIONI CHE ANDAVANO **DALL'INTOLLERANZA**...

**NEL MIO ORTO NO!**

... AL RAZZISMO...

**CASE ECONOMICHE = IMMIGRATI**

... ALLA GENERICA DIFFIDENZA VERSO IL NUOVO...

**COSA *%&¤ SAREBBE?**

... LANCIARONO UNA CAMPAGNA **CONTRO** IL PROGETTO. L'ARGOMENTAZIONE PRINCIPALE ERA CHE LA METÀ DEI CAMPI DA CALCIO SAREBBE STATA **CHIUSA**. COMINCIARONO A RACCOGLIERE FIRME CONTRARIE AL PROGETTO, INSIEME AI LORO AMICI DEL **CONSORZIO CIVILE CONTRO GLI EDIFICI A TORRE FUORI CONTESTO***.

\* SI VEDA "SP(D)ANISH STEPS"

I MEDIA INFIERIRONO: TUTTE LE TESTATE NAZIONALI, I GIORNALI LO-
CALI E LE VARIE TV PARTIRONO ALL'ATTACCO.

"UN PROGETTO RESIDENZIALE DI QUESTE DIMENSIONI È ADATTO AD **ALTRE ZONE** DELLA CITTÀ, A ØRESTAD, AD ESEMPIO."

"È INTERESSANTE NOTARE CHE BJARKE INGELS PROPONE UN **FAVOLOSO PROGETTO EDILIZIO** PER IL CLOVERFIELD, E 10.000 ESEMPI DI VIRTÙ, CHE MAI HANNO GIOCATO A CALCIO IN VITA LORO, SI PREOCCUPANO DI PRECIPITARSI A FIRMARE UNA PETIZIONE ON LINE."

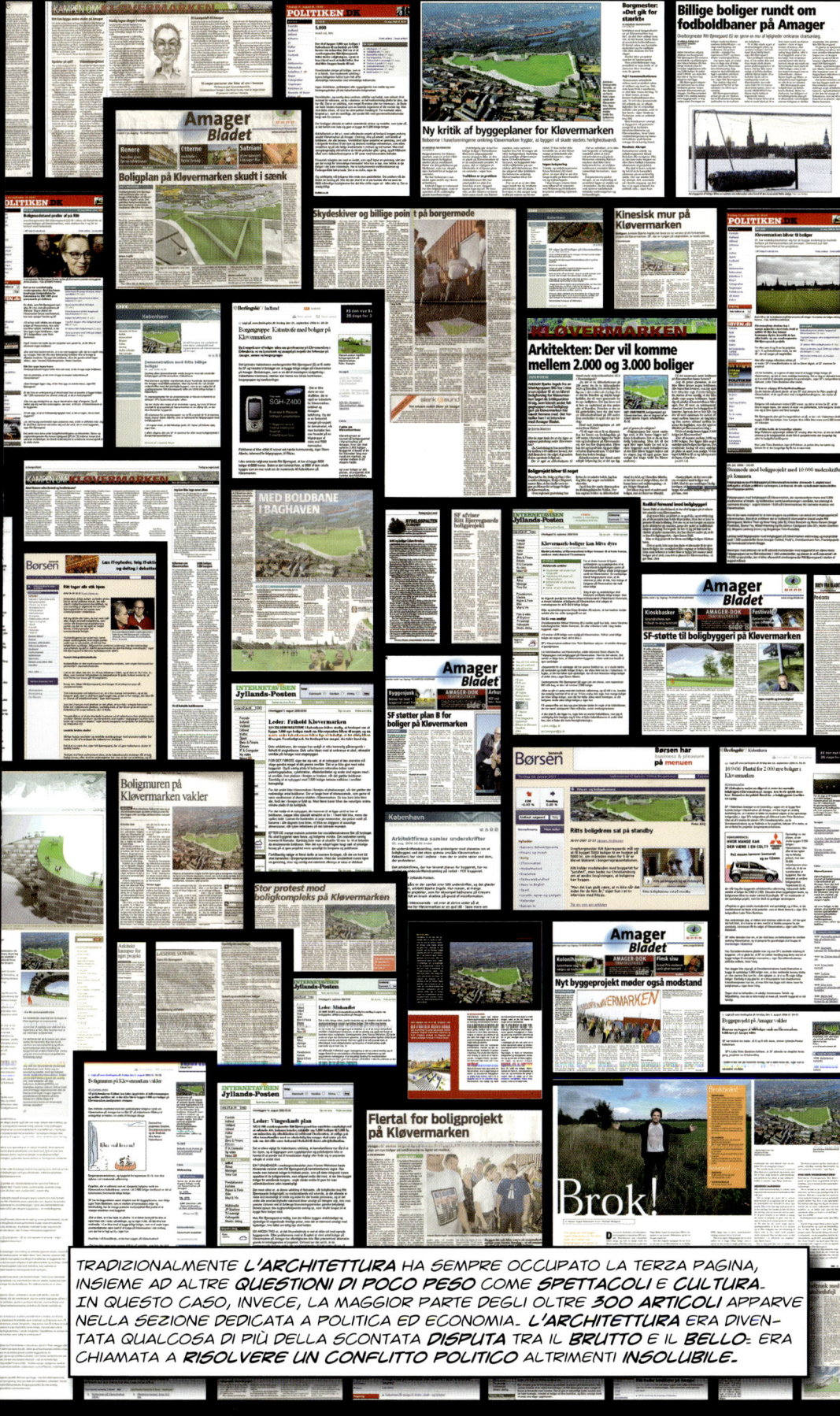

TRADIZIONALMENTE *L'ARCHITETTURA* HA SEMPRE OCCUPATO LA TERZA PAGINA, INSIEME AD ALTRE *QUESTIONI DI POCO PESO* COME *SPETTACOLI* E *CULTURA*. IN QUESTO CASO, INVECE, LA MAGGIOR PARTE DEGLI OLTRE *300 ARTICOLI* APPARVE NELLA SEZIONE DEDICATA A POLITICA ED ECONOMIA. *L'ARCHITETTURA* ERA DIVENTATA QUALCOSA DI PIÙ DELLA SCONTATA *DISPUTA* TRA IL *BRUTTO* E IL *BELLO*: ERA CHIAMATA A *RISOLVERE UN CONFLITTO POLITICO* ALTRIMENTI *INSOLUBILE*.

# KLØVERKARRÉEN

WWW.KLOVERKARREEN.DK NEL QUALE INFORMAVAMO SU **FATTI, PROBLEMI E POTENZIALI SVILUPPI** DELL'IDEA, DANDO INOLTRE AI CONCITTADINI LA POSSIBILITÀ DI FIRMARE A SOSTEGNO DEL PROGETTO.

**Der er indsamlet i alt 5134 underskrifter:**

5134 XCbUlUZDJzcyQi HYcvGGaolClDzmqXrhn, bbfJnWHmWJSJzpOEShx
5133 Sebastian Ly Serena, 3500 Værløse
5132 Jacob Ørmen, 2200 Kbh. N
5131 Jens albagaard, 2791 Dragør
5130 Thomas Østerby, 2610 Rødovre
5129 YDBjreUSvkEtmZZ mJkLnTZL, gfVESwhAsn
5128 JfozJWepLZVv NUrxiCgaw, sFHrrIhsYnvgyJJj
5127 Kjeld Larsen, 2620 Albertslund
5126 Andreas Lange, 2200 København N
5125 aBRmvCCfmZRQNCt OdBVEudrYzWwmoLCMU, jCOLbpEBGFrZsqeh
5124 yRTSQJwjvEllCNS sULawYhpYafwvf, ixUuHwCzxykEU
5123 Søren Olsen, 2650 Hvidovre
5122 Søren Højbjerg Nolsöe, 2400 København Nv.
5121 Magnus Thøgersen, 8600 Silkeborg

A QUANTO PARE, ERA LA PRIMA VOLTA CHE QUALCUNO RACCOGLIEVA FIRME A **FAVORE DI QUALCOSA**. DI SOLITO TUTTI SI AGITANO PERCHÉ SONO **ARRABBIATI, NON ENTUSIASTI.**

GLI OPPOSITORI RISPOSERO CREANDO UN ALTRO SITO: **WWW.BIGSTOP.DK** (CHISSÀ DA CHI AVRANNO MAI PRESO IL NOME!?!)

NEL SETTEMBRE DEL 2006 UN SONDAGGIO STABILÌ CHE IL **64%** DEI CITTADINI DI COPENAGHEN RITENEVA FOSSE UNA **BUONA IDEA COSTRUIRE CASE A COSTI ABBORDABILI ATTORNO AI CAMPI DA CALCIO.**

POCHE SETTIMANE DOPO, UN'AMPIA COALIZIONE POLITICA DI SOCIALDEMOCRATICI, SINISTRA RADICALE, PARTITO SOCIALISTA E SINISTRA DECISERO DI **ANDARE AVANTI COL PROGETTO.**

UN ANNO DOPO IL **PROCESSO DI PIANIFICAZIONE** ERA INIZIATO E LA **PARTECIPAZIONE PUBBLICA ERA STATA AVVIATA.**

DUE ANNI DOPO L'ASSESSORE ALL'AMBIENTE E ALLE INFRASTRUTTURE KLAUS BONDAM, DELLA SINISTRA RADICALE, TORNÒ DALLE VACANZE ESTIVE **CON QUALCHE RIPENSAMENTO RIGUARDO AL PROGETTO.**

SENZA IL SUO VOTO **IL PROGETTO SI ARENÒ.** UN COMPROMESSO POLITICO PORTÒ AL BANDO DI **UN CONCORSO ARCHITETTONICO.**

IL PROFESSORE DI URBANISTICA JENS KVORNING, **UNO DEI NOSTRI OPPOSITORI PIÙ ESPLICITI**, FU SCELTO COME GIURATO. NON CI STUPÌ CHE L'IDEA VINCITRICE FOSSE **L'ESATTO OPPOSTO** DELLA NOSTRA.

SE LA NOSTRA PROPOSTA ERA UNA SORTA DI **ALONE RESIDENZIALE** CHE CIRCONDAVA I CAMPI DA CALCIO, METTENDOLI IN RISALTO...

L'IDEA VINCITRICE PREVEDEVA UNO **SVILUPPO EDILIZIO FRAMMENTATO** CHE, INVECE, LI FAGOCITAVA.

PIÙ O MENO NELLO STESSO PERIODO ANDAI A VEDERE UN FILM INTITOLATO "CLOVERFIELD", SU UN GIGANTESCO RETTILE ACQUATICO CHE SCATENAVA IL FINIMONDO A CENTRAL PARK, A MANHATTAN.

AVEVA UN CHE DI FAMILIARE...

POCO DOPO L'AZIENDA DI PROMOZIONE TURISTICA DI **ABU DHABI** CI COMMISSIONÒ UN INTERVENTO DI **PRONTO SOCCORSO ARCHITETTONICO** NEL **KHALIFA PARK**, DA POCO INAUGURATO, CHE PRENDEVA IL NOME DAL GOVERNATORE DI ABU DHABI.

UNITED ARAB EMIRATES

ABU DHABI

KHALIFA PARK

IL PARCO, NEL NOVEMBRE DEL 2001, APRÌ LE PORTE A **40.000 PERSONE**...

... 6 MESI DOPO CONTAVA POCO PIÙ DI **400 INGRESSI** AL GIORNO.

CON UNA DISTESA DI OLTRE **400.000 M²** E SENZA NIENTE DA FARE...

NIENTE AUTOSCONTRI!

NIENTE GIOSTRE!

NIENTE MONTAGNE RUSSE!

... SI PRESENTAVA...

... COME UNO DEI LUOGHI PIÙ DESOLATI DELLA TERRA!

CONCERTATI DALLE **DIMEN-
SIONI** DEL PARCO, COMIN-
CIAMMO A **CONFRONTARLO**
CON I POSTI A NOI NOTI...

... **CENTRAL PARK** A
NEW YORK...

... LA **CITTÀ PROIBITA**
A PECHINO...

... O I **GIARDINI DELLA
BIENNALE** A VENEZIA...

ERA CIRCA **3 VOLTE PIÙ GRANDE** DEI
GIARDINI DI **TIVOLI**, IL PARCO TEMATICO NEL
CUORE DI **COPENAGHEN**...

ERA **GRANDE ESATTAMENTE
COME CLOVERFIELD**...

... MA CON **MENO DEL 2%** DEI
SUOI VISITATORI GIORNALIERI.

... E IL **PERIMETRO** ERA **PARI** ALLA LUNGHEZZA DI ALCUNE
DELLE **MONTAGNE RUSSE PIÙ GRANDI DEL MONDO**.

STEEL DRAGON, NAGASHIMA, JP

THE BEAST, OHIO, USA

THE SON OF A BEAST, OHIO, USA

WHITE CYCLONE, NAGASHIMA, JP

TIVOLI È **UNICO**... ... PERCHÉ È PRATICAMENTE IL **CENTRO DI COPENAGHEN**.

MA SE SI GUARDA UNA FOTO DI **100 ANNI FA**... ... SI VEDE CHE PRIMA ERA IN **PERIFERIA**.

CARLSBERG GLYPTOTEK

AGLI ATTUALI RITMI DI CRESCITA DI ABU DHABI, **100 ANNI DI SVILUPPO URBANISTICO** POTREBBERO CONCENTRARSI IN **20**.

E SE **KHALIFA PARK** DIVENTASSE PER **ABU DHABI** QUELLO CHE **TIVOLI** È PER **COPENAGHEN**?

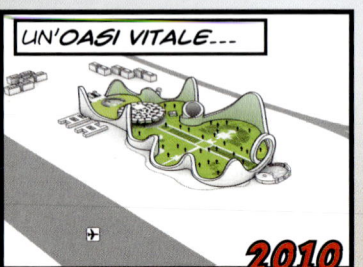

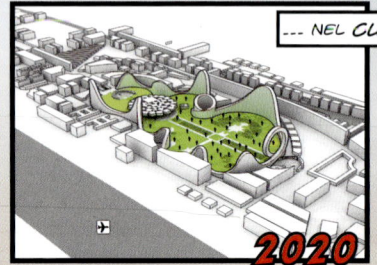

UN'OASI VITALE... ... NEL **CUORE** DI UNA CITTÀ **AD ALTA DENSITÀ**.

**2010** **2020** **2030**

PER CREARE UNA "**DENSITÀ ABITATIVA ISTANTANEA**" PROPONEMMO DI RIUNIRE TRE ANNI DI SVILUPPO EDILIZIO A USO COMMERCIALE...

... IN UN UNICO **EDIFICIO A CORTE** CHE AVREBBE PROTETTO IL SITO DAI VENTI DEL DESERTO...

... PERMETTENDO ALLA GENTE DEL POSTO DI **POPOLARE** IL PARCO VUOTO.

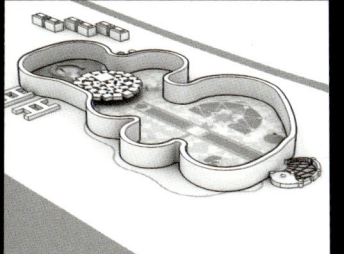

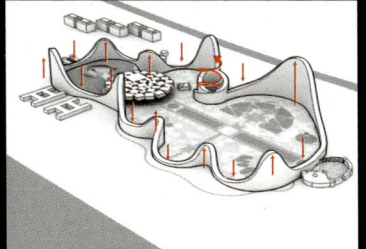

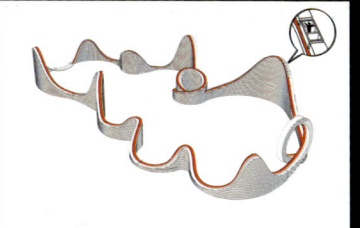

IL TETTO DEL NUOVO INSEDIAMENTO A CORTE SI SAREBBE ALZATO E ABBASSATO PER ACCOGLIERE IL PIÙ GRANDE PERCORSO DI MONTAGNE RUSSE DEL MONDO.

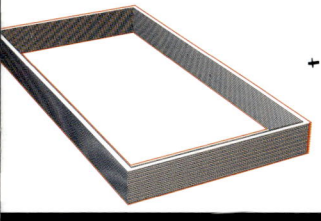

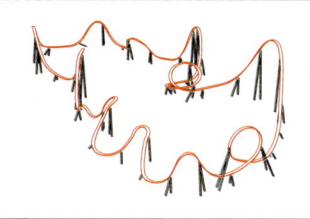

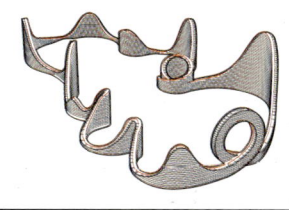

SE IL CLOVERFIELD BLOCK ERA CONCEPITO PER INCASTRARE ULTERIORI INTERVENTI IN UNA CITTÀ GIÀ PIENA...

... IL PALAZZO DELLE MONTAGNE RUSSE CREA UN MURO SOTTILE E DENSAMENTE POPOLATO: UN'ANTICIPAZIONE DELLA CITTÀ A VENIRE.

IL CLOVERFIELD BLOCK RISORGE COME UN EDONISTICO MIRAGGIO TRA LE DUNE DI SABBIA DEGLI EMIRATI ARABI.

# MARBLED BLOCK

HOLY ROAD
HOLY

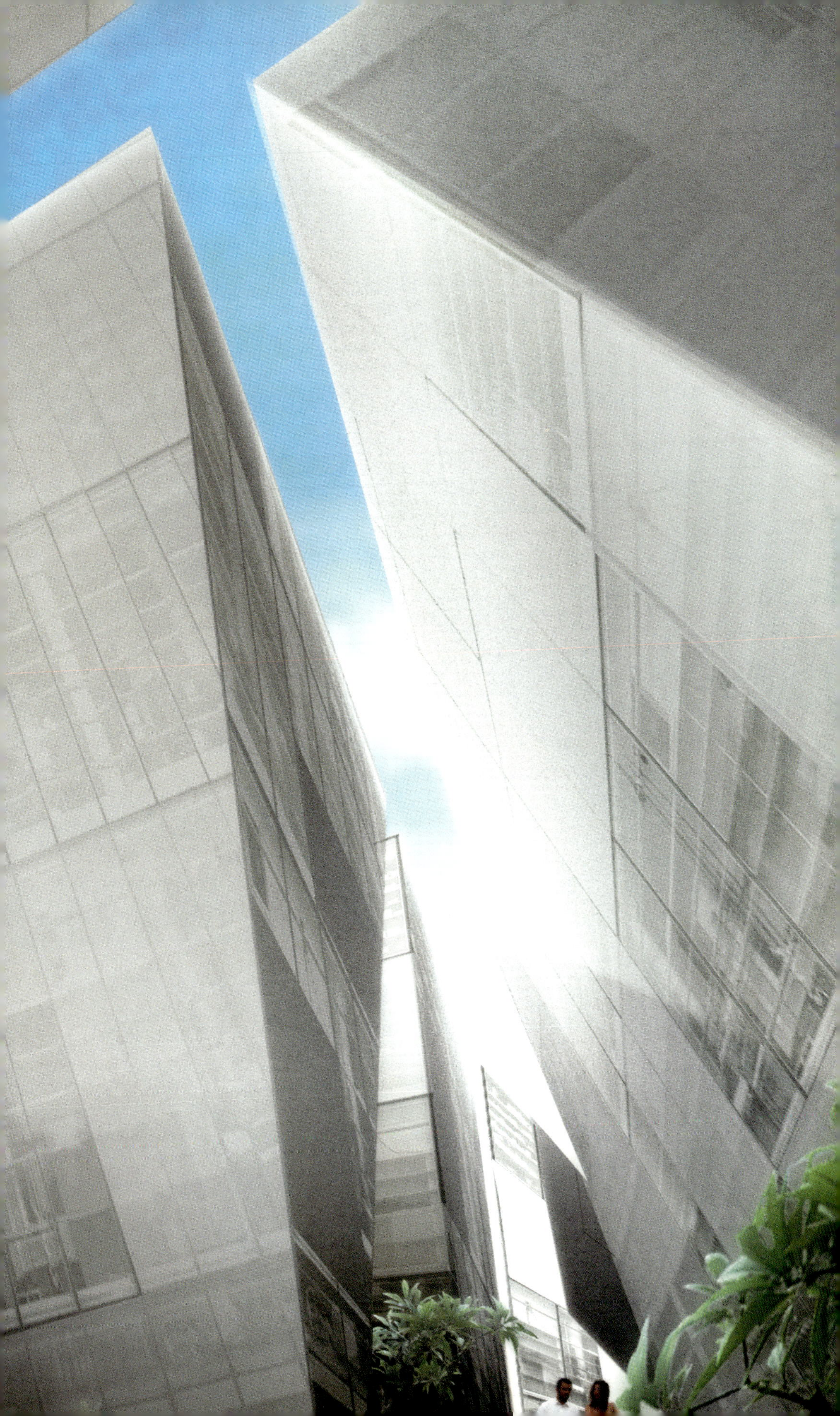

QUANDO CI CHIESERO DI PROGETTARE UN *EDIFICIO A DESTINAZIONE MISTA* NEL QUARTIERE A LUCI ROSSE DI ATENE, AI PIEDI DELL'*ACROPOLI*, CI SEMBRÒ DI TORNARE ALLE *RADICI* DELL'ARCHITETTURA.

DATO CHE I *TEMPLI GRECI* ERANO STATI LA *CULLA DELL'ARCHITETTURA CLASSICA*...

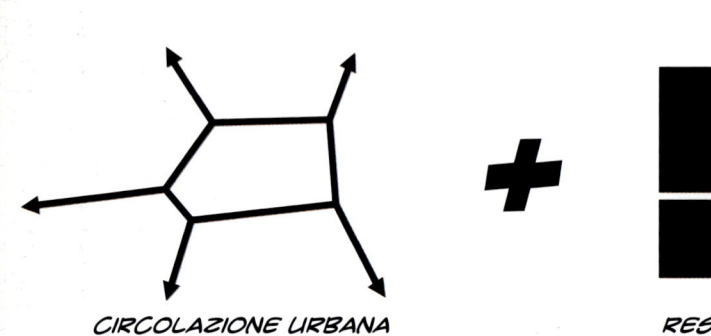

... E I *TRADIZIONALI PAESINI GRECI* AVEVANO ISPIRATO I *TETTI PIANI*...

... E LE *PARETI BIANCHE*...

... DELLO *STILE INTERNAZIONALE*...

... CI PARVE UNA BELLA *SFIDA RIVISITARE L'ARCHITETTURA VERNACOLARE GRECA* PER VEDERE SE POTEVA ANCORA ISPIRARE UNO *STILE CONTEMPORANEO*.

LA *DENSITÀ ABITATIVA DELLA ZONA ERA ELEVATISSIMA*...

... MA DAL TETTO SI SAREBBE POTUTA *VEDERE L'ACROPOLI*.

LA METÀ INFERIORE DELL'INTERVENTO ERA DESTINATA A *NEGOZI E GALLERIE*, LA PARTE SUPERIORE AGLI *ALLOGGI*.

CIRCOLAZIONE URBANA + RESIDENZE ACCORPATE

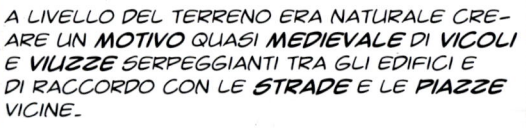

A LIVELLO DEL TERRENO ERA NATURALE CREARE UN *MOTIVO* QUASI *MEDIEVALE* DI *VICOLI* E *VIUZZE* SERPEGGIANTI TRA GLI EDIFICI E DI RACCORDO CON LE *STRADE* E LE *PIAZZE* VICINE.

NELLA PARTE ALTA, PER OTTENERE IL *MINIMO DEI METRI QUADRI RICHIESTI*, NON POTEVAMO ALLONTANARCI DA UN *RETICOLO ORTOGONALE* DI CASE A PATIO DI STAMPO *MIESIANO*.

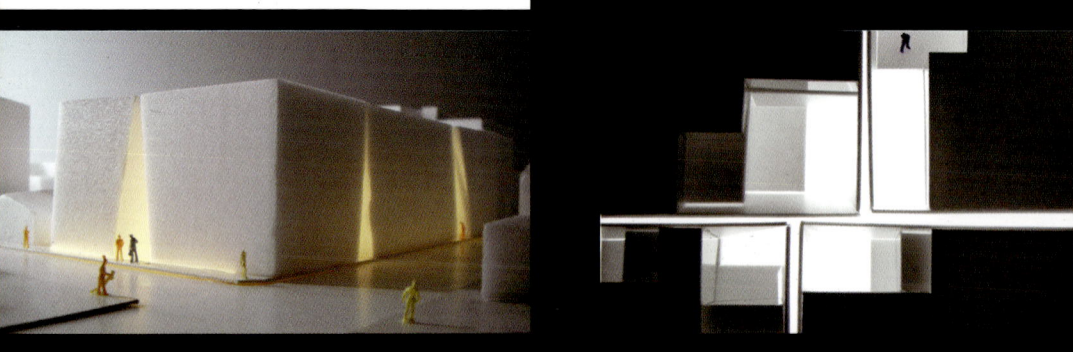

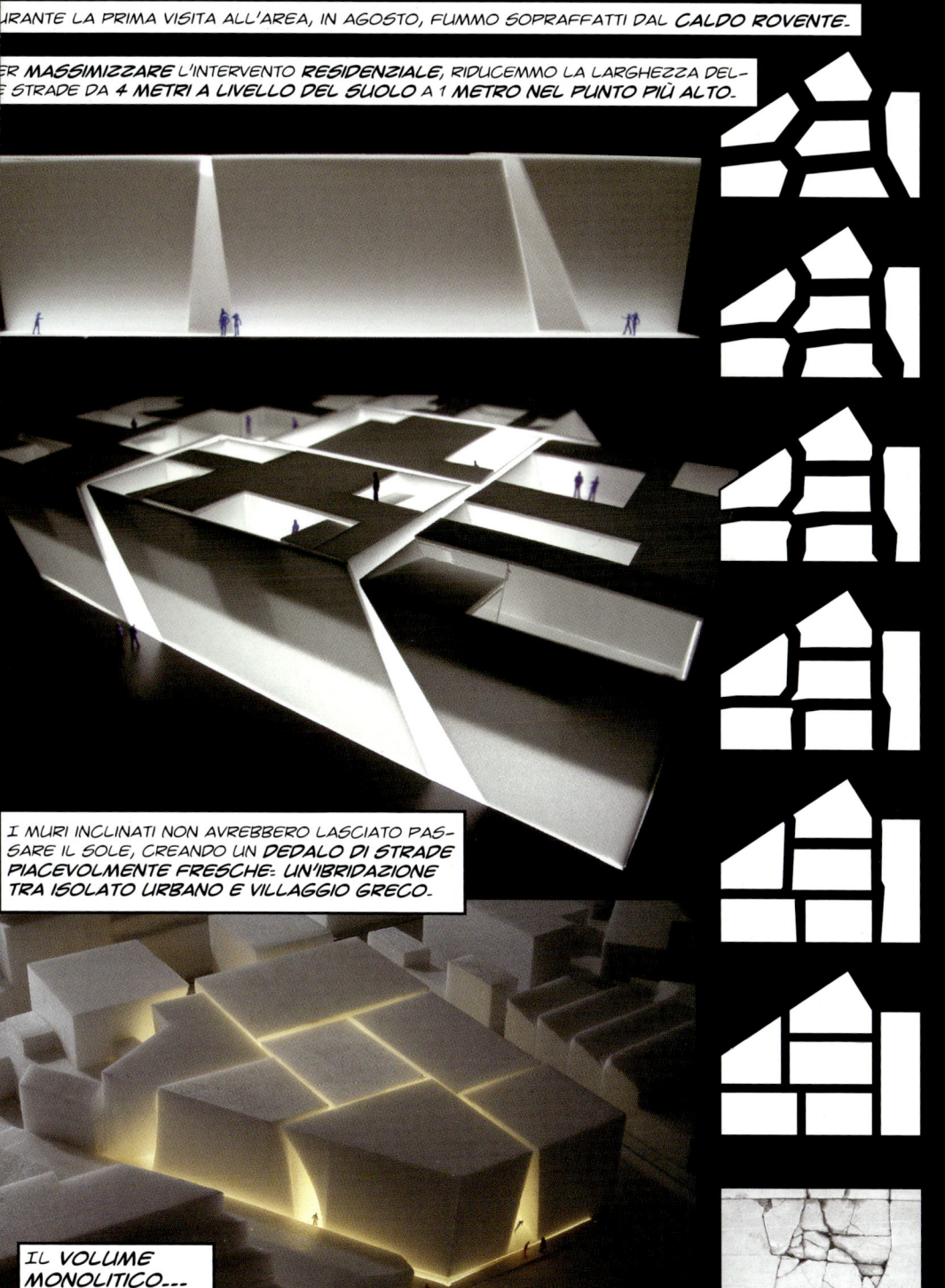

URANTE LA PRIMA VISITA ALL'AREA, IN AGOSTO, FUMMO SOPRAFFATTI DAL **CALDO ROVENTE**.

ER **MASSIMIZZARE** L'INTERVENTO **RESIDENZIALE**, RIDUCEMMO LA LARGHEZZA DEL- E STRADE DA **4 METRI A LIVELLO DEL SUOLO** A **1 METRO NEL PUNTO PIÙ ALTO**.

I MURI INCLINATI NON AVREBBERO LASCIATO PASSARE IL SOLE, CREANDO UN **DEDALO DI STRADE PIACEVOLMENTE FRESCHE**: UN'IBRIDAZIONE TRA ISOLATO URBANO E VILLAGGIO GRECO.

IL **VOLUME MONOLITICO**...

... SOMIGLIA A UN **GRANDE BLOCCO DI MARMO** TEMPESTATO DI CREPE E FENDITURE A **USO PUBBLICO**.

EDENDO IL PROGETTO COME UNA REINTERPRETAZIONE DELL'ARCHITETTURA VERNACOLARE GRECA, LO CON- IDERAMMO UN **POSSIBILE PATTERN URBANO** PIÙ CHE UN "PEZZO UNICO". UNA **CONFIGURAZIONE UR- ANISTICA PIÙ CHE UN OGGETTO ARCHITETTONICO**, UNO SCHEMA CHE, **IN TEORIA**, AVREBBE POTUTO RODURSI IN QUALSIASI PARTE DI ATENE.

QUANDO IL COMMITTENTE CI CHIAMÒ E CI DISSE CHE DEL **SITO ORIGINALE NON SE NE FACEVA NIENTE**, MA CHE VOLEVA REALIZZARE LO STESSO INTERVENTO DA UN'ALTRA PARTE, DALLA TEORIA **PASSAMMO ALLA PRATICA**.

ART CROSS
+TAG

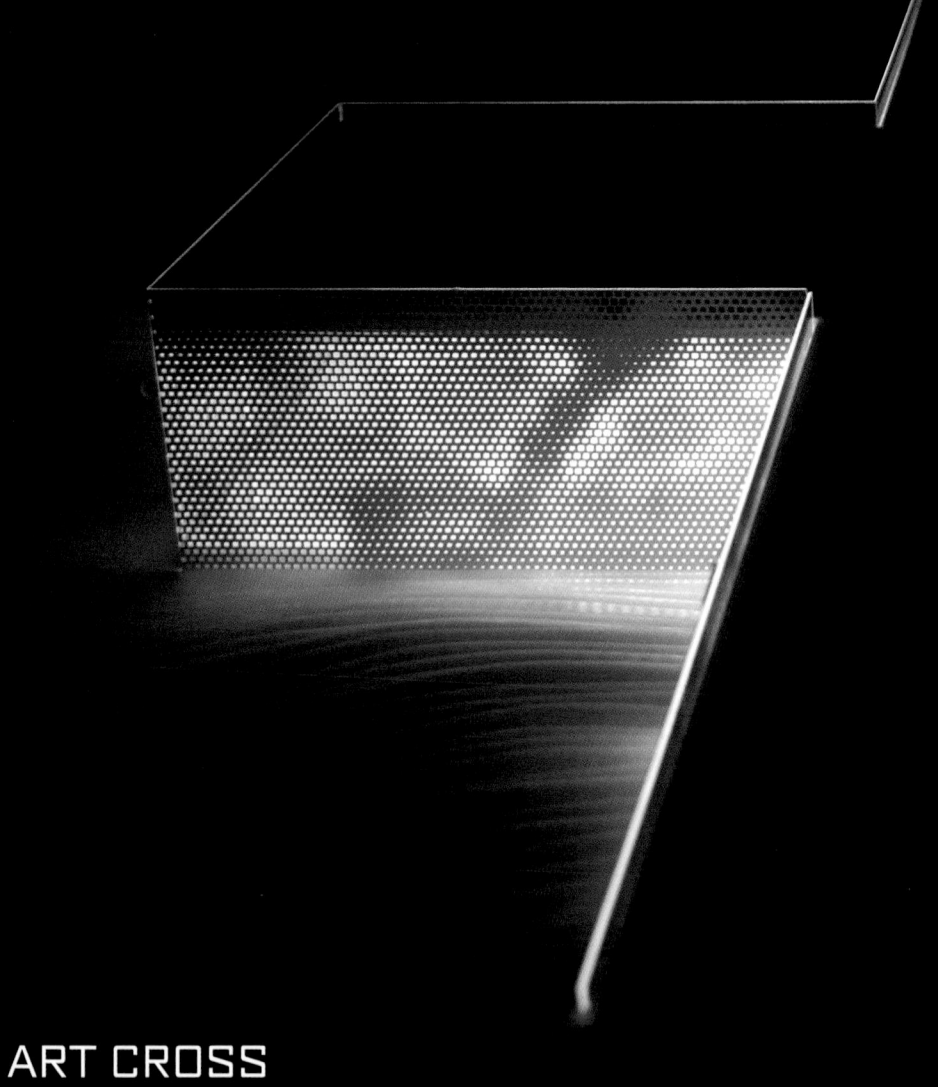

# INSTANT ICON

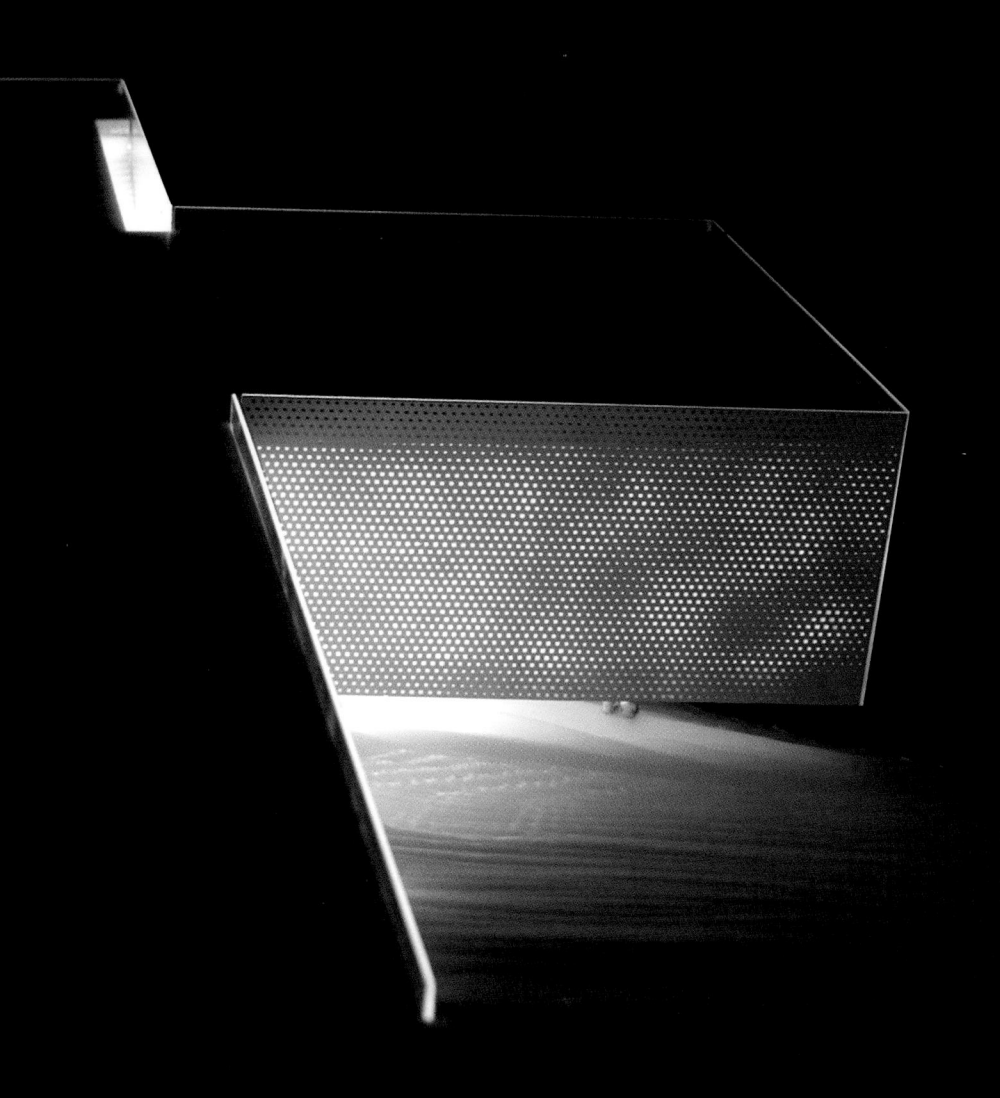

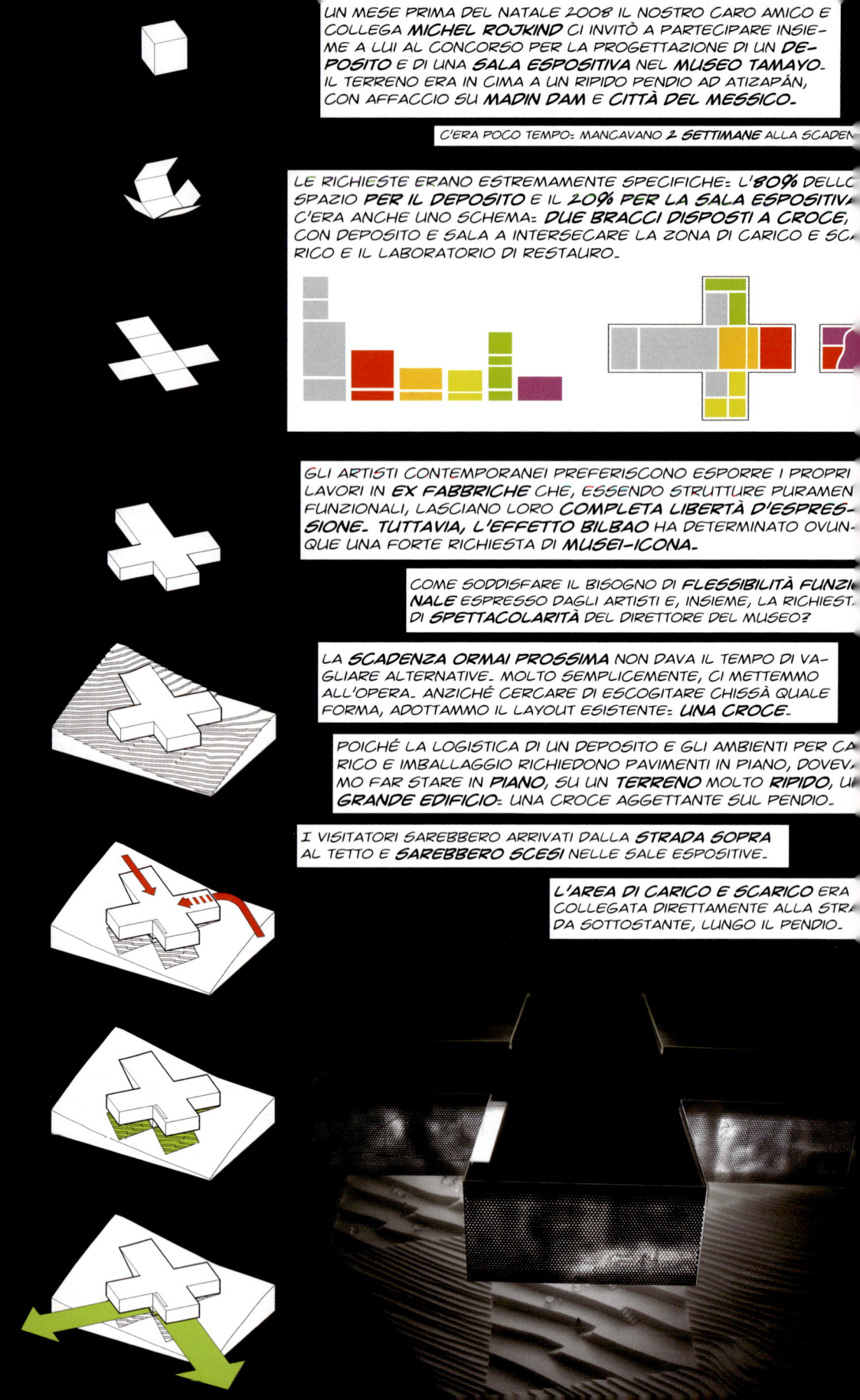

UN MESE PRIMA DEL NATALE 2008 IL NOSTRO CARO AMICO E COLLEGA **MICHEL ROJKIND** CI INVITÒ A PARTECIPARE INSIEME A LUI AL CONCORSO PER LA PROGETTAZIONE DI UN **DEPOSITO** E DI UNA **SALA ESPOSITIVA** NEL **MUSEO TAMAYO**. IL TERRENO ERA IN CIMA A UN RIPIDO PENDIO AD ATIZAPÁN, CON AFFACCIO SU **MADIN DAM** E **CITTÀ DEL MESSICO**.

C'ERA POCO TEMPO: MANCAVANO **2 SETTIMANE** ALLA SCADEN

LE RICHIESTE ERANO ESTREMAMENTE SPECIFICHE: L'**80%** DELLO SPAZIO **PER IL DEPOSITO** E IL **20%** PER LA **SALA ESPOSITIVA** C'ERA ANCHE UNO SCHEMA: **DUE BRACCI DISPOSTI A CROCE**, CON DEPOSITO E SALA A INTERSECARE LA ZONA DI CARICO E SCARICO E IL LABORATORIO DI RESTAURO.

GLI ARTISTI CONTEMPORANEI PREFERISCONO ESPORRE I PROPRI LAVORI IN **EX FABBRICHE** CHE, ESSENDO STRUTTURE PURAMEN FUNZIONALI, LASCIANO LORO **COMPLETA LIBERTÀ D'ESPRESSIONE**. TUTTAVIA, L'**EFFETTO BILBAO** HA DETERMINATO OVUNQUE UNA FORTE RICHIESTA DI **MUSEI-ICONA**.

COME SODDISFARE IL BISOGNO DI **FLESSIBILITÀ FUNZIO NALE** ESPRESSO DAGLI ARTISTI E, INSIEME, LA RICHIEST. DI **SPETTACOLARITÀ** DEL DIRETTORE DEL MUSEO?

LA **SCADENZA ORMAI PROSSIMA** NON DAVA IL TEMPO DI VAGLIARE ALTERNATIVE. MOLTO SEMPLICEMENTE, CI METTEMMO ALL'OPERA. ANZICHÉ CERCARE DI ESCOGITARE CHISSÀ QUALE FORMA, ADOTTAMMO IL LAYOUT ESISTENTE: **UNA CROCE**.

POICHÉ LA LOGISTICA DI UN DEPOSITO E GLI AMBIENTI PER CA RICO E IMBALLAGGIO RICHIEDONO PAVIMENTI IN PIANO, DOVEVA MO FAR STARE IN **PIANO**, SU UN **TERRENO** MOLTO **RIPIDO**, U **GRANDE EDIFICIO**: UNA CROCE AGGETTANTE SUL PENDIO.

I VISITATORI SAREBBERO ARRIVATI DALLA **STRADA SOPRA** AL TETTO E **SAREBBERO SCESI** NELLE SALE ESPOSITIVE.

L'**AREA DI CARICO E SCARICO** ERA COLLEGATA DIRETTAMENTE ALLA STRA DA SOTTOSTANTE, LUNGO IL PENDIO.

GLI ULTERIORI INTERVENTI DESTINATI AL PUBBLICO, COME IL **RISTORANTE** E I **BAGNI**, ERANO SISTEMATI SOTTO L'ELEMENTO A SBALZO...

... COSÌ DA GODERE DELLA **FRESCA OMBRA** PROIETTATA DALLA CROCE E DEL **BEL PANORAMA** DI CITTÀ DEL MESSICO.

PER LE FACCIATE PROPONEMMO **MATTONI DIPINTI DI BIANCO** CON SPAZIATURE TRA LORO VARIABILI. CONTROLLANDO LE DIMENSIONI DEGLI INTERSTIZI – DI 6 DIVERSE AMPIEZZE – TRASFORMAMMO LA FACCIATA IN UN DISPOSITIVO DI ILLUMINAZIONE E OMBREGGIATURA.

LE DIMENSIONI VARIABILI DEI FORI NERI NEI MURI BIANCHI VANNO A FORMARE UNA GIGANTESCA RIPRODUZIONE IN SCALA DI GRIGI DI **UN QUADRO DI RUFINO TAMAYO**.

LA CROCE AGGETTANTE È LA **LETTERALE MATERIALIZZAZIONE** DEL **DIAGRAMMA FUNZIONALE** – SENZA INTERPRETAZIONI ARTISTICHE AGGIUNTIVE.

PURA FUNZIONALITÀ E PURO SIMBOLISMO INSIEME!

UN'ICONA ISTANTANEA.

# ENGINEERING WITHOUT ENGINES

RØDOVRE TOWER

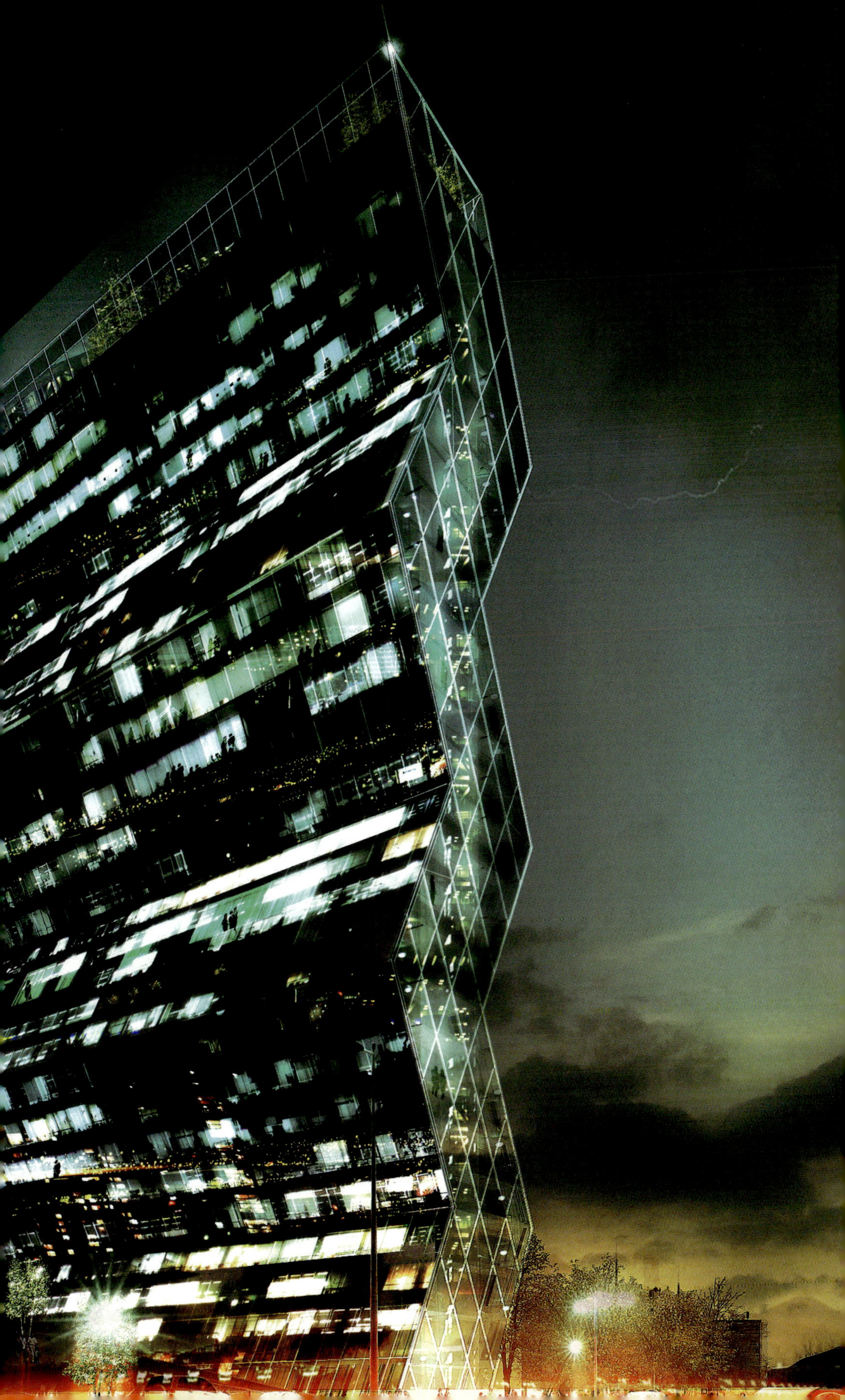

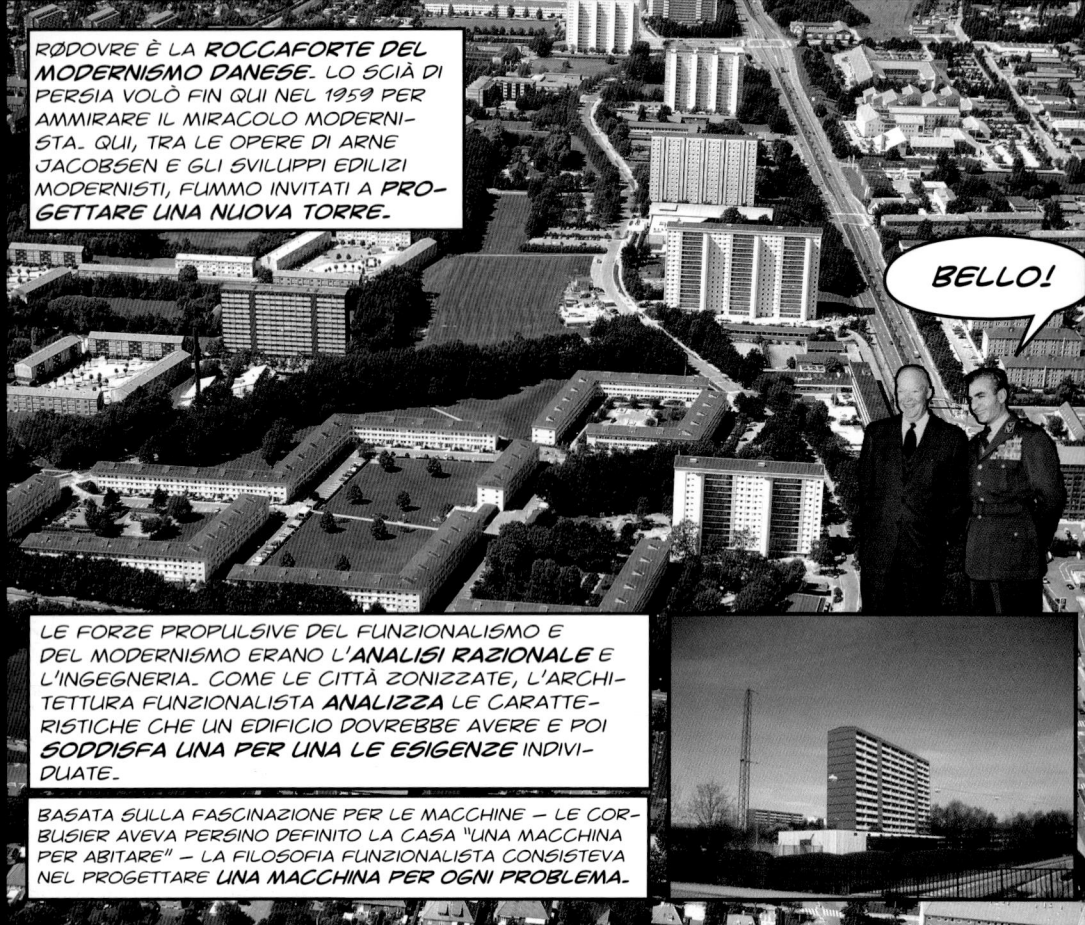

RØDOVRE È LA **ROCCAFORTE DEL MODERNISMO DANESE.** LO SCIÀ DI PERSIA VOLÒ FIN QUI NEL 1959 PER AMMIRARE IL MIRACOLO MODERNISTA. QUI, TRA LE OPERE DI ARNE JACOBSEN E GLI SVILUPPI EDILIZI MODERNISTI, FUMMO INVITATI A **PROGETTARE UNA NUOVA TORRE.**

BELLO!

LE FORZE PROPULSIVE DEL FUNZIONALISMO E DEL MODERNISMO ERANO L'**ANALISI RAZIONALE** E L'INGEGNERIA. COME LE CITTÀ ZONIZZATE, L'ARCHITETTURA FUNZIONALISTA **ANALIZZA** LE CARATTERISTICHE CHE UN EDIFICIO DOVREBBE AVERE E POI **SODDISFA UNA PER UNA LE ESIGENZE** INDIVIDUATE.

BASATA SULLA FASCINAZIONE PER LE MACCHINE — LE CORBUSIER AVEVA PERSINO DEFINITO LA CASA "UNA MACCHINA PER ABITARE" — LA FILOSOFIA FUNZIONALISTA CONSISTEVA NEL PROGETTARE **UNA MACCHINA PER OGNI PROBLEMA.**

SE PRIMA LA PRINCIPALE FONTE DI ILLUMINAZIONE ERA NATURALE, ORA SI USAVA LA **LUCE ELETTRICA.** SE PRIMA SI APRIVA LA FINESTRA PER AVERE UN PO' D'ARIA FRESCA, ORA ERA DISPONIBILE UN **MECCANISMO DI AERAZIONE.** PER AVERE IN CASA UNA TEMPERATURA GRADEVOLE, SI USAVA ORA IL **CONDIZIONATORE** O L'IMPIANTO DI RISCALDAMENTO.

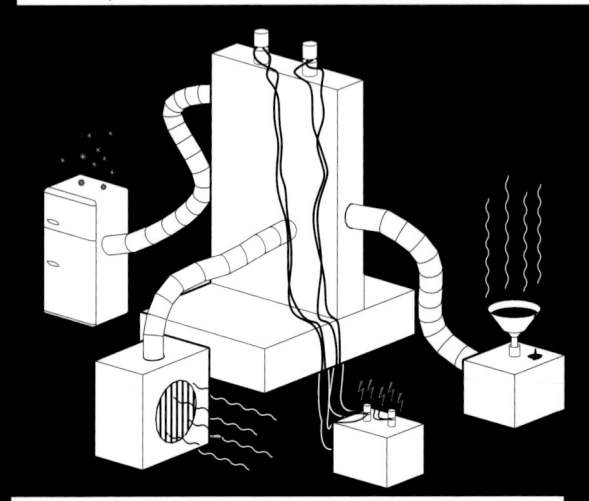

UNA FETTA SEMPRE PIÙ GRANDE DEL **BUDGET DI COSTRUZIONE ERA DESTINATA ALL'INSTALLAZIONE** DI QUESTI MACCHINARI, E UN BUDGET SEMPRE MAGGIORE VENIVA INVESTITO PER FARLI FUNZIONARE.

NOIOSISSIMI BLOCCHI AD ALTO COSTO ENERGETICO.

UN **PROGETTO INSOSTENIBILE** DAL PUNTO DI VISTA ECONOMICO ED ECOLOGICO.

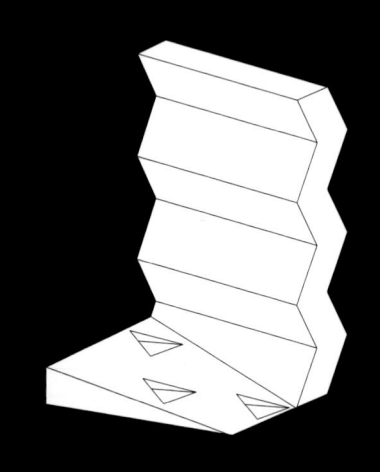

E SE RØDOVRE, INVECE, FOSSE DIVENTATO IL NOSTRO **BANCO DI PROVA** PER UNA **NUOVA CORRENTE FUNZIONALISTA,** BASATA NON SULL'ACCUMULO DI MACCHINE MA SULLA CAPACITÀ DI MODELLARE GLI EDIFICI E SCEGLIERE I MATERIALI PER FAR SÌ CHE SIANO LE **PROPRIETÀ INTRINSECHE DELL'ARCHITETTURA A SODDISFARE I REQUISITI NECESSARI?**

UN'ARCHITETTURA I CUI **REQUISITI DERIVINO DAL PROFILO E DALLA FORMA COMPLESSIVA** DELL'EDIFICIO ANZICHÉ DALLE MACCHINE.

UN CONGEGNO CHE FUNZIONI SENZA CONGEGNI!

LA TORRE DEVE OSPITARE **DUE DIVERSE ATTIVITÀ: ABITARE E LAVORARE.** DUE ATTIVITÀ CHE SPESSO **PRENDONO POSTO IN CONTESTI PRESSOCHÉ IDENTICI,** PUR AVENDO **NECESSITÀ RADICALMENTE DIVERSE.**

**LE ABITAZIONI UTILIZZANO ENERGIA PER RISCALDARE, GLI UFFICI PER RAFFRESCARE.** GLI AMBIENTI DI LAVORO RICHIEDONO LUCE NATURALE, MA NON QUELLA SOLARE DIRETTA. LE ABITAZIONI AMANO INVECE IL SOLE, LE TERRAZZE E L'APPORTO DI ENERGIA SOLARE PASSIVA IN INVERNO.

ANZICHÉ FORZARE NELLO STESSO STAMPO TUTTI GLI INTERVENTI, SUGGERIMMO DI **CONFEZIONARE SU MISURA LA STRUTTURA DA DESTINARE A CIASCUNA ATTIVITÀ.**

LE CASE HANNO BISO-
GNO DI LUCE E CALORE.

INCLINANDO VERSO NORD **LE ABITAZIONI** SI OTTIMIZZA IL GUADAGNO DI ENERGIA SOLARE PASSIVA. AL TEMPO STESSO, LE TERRAZZE DI TUTTI GLI APPARTAMENTI BENE-FICIANO DI LUCE DA MATTINA A SERA.

PER CONTRO, GLI UFFICI HANNO BISOGNO DI LUCE, MA NON SI LAVORA BENE CON IL SOLE IN FACCIA O RIFLESSO DAGLI SCHERMI DEI COMPUTER.

CERCAMMO QUINDI DI CREARE UN VOLUME ARCHI-TETTONICO CHE MASSIMIZZASSE LA LUCE NATURA-LE RIDUCENDO AL MINIMO RIFLESSI E SURRISCAL-DAMENTO. L'ORIENTAMENTO OTTIMALE DI UN BLOCCO PER UFFICI È NORD-SUD: GRAZIE A ESSO L'EDIFICIO RICEVE ABBONDANTE LUCE DIFFUSA DA NORD E UN AP-PORTO MINIMO DI LUCE SOLARE DIRETTA DA SUD, DOVE IL SOLE È ALTO SULL'ORIZZONTE RISPETTO A EST O OVEST.

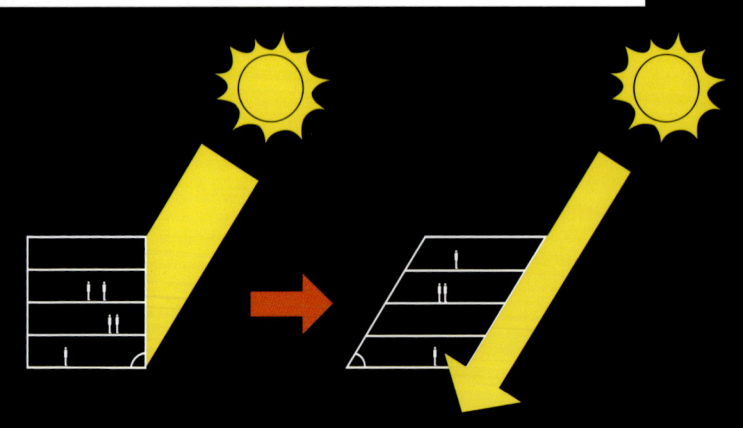

MA L'ORIENTAMENTO NORD-SUD COMPORTA ANCORA IL RISCHIO DI UN NOTEVOLE SURRISCALDAMENTO NEI MESI PIÙ CALDI, QUANDO IL SOLE RAGGIUNGE IL PUNTO PIÙ ALTO SULL'ORIZZONTE. SUGGERIMMMO QUINDI DI **INCLI-NARE IL VOLUME DEL FABBRICATO A SUD**, IN MODO DA MASSIMIZZARE L'ESPOSIZIONE ALLA LUCE DIFFUSA E RIDURRE AL MINIMO L'APPORTO DI LUCE DIRETTA DA SUD.

IL LATO NORD NON È MAI COLPITO DAL SOLE, MENTRE SUL LATO SUD **L'ESPOSIZIONE SOLARE DIRETTA SI RIDUCE, IN ESTATE, FINO AL 50%**. AL TEMPO STES-SO L'ESPOSIZIONE ALLA LUCE DIFFUSA DA NORD **AUMENTA DI CIRCA IL 40%** RISPETTO A UN EDIFICIO PERFETTAMENTE DRITTO.

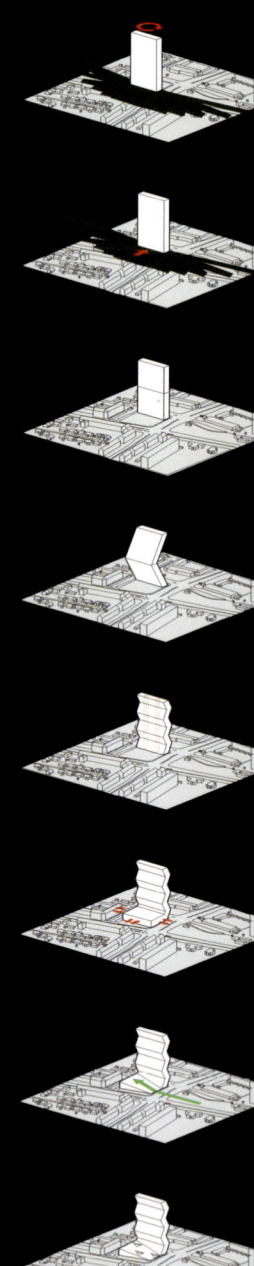

LE DUE PARTI COMPLEMENTARI DEL FABBRICATO, FATTE SU MISURA PER GLI UFFICI O LE ABITAZIONI, **SI ALTERNANO IN UN MOVIMENTO A ZIG ZAG** DAL SUOLO AL CIELO.

LA **MUTUA INCLINAZIONE**, INOLTRE, **CONCORRE A STABILIZZARE LA STRUTTURA**, COSICCHÉ LA FORMA SCULTOREA PUÒ ESSERE REALIZZATA CON GLI STESSI MEZZI CON CUI SI REALIZZA UNA **STRUTTURA TRADIZIONALE**.

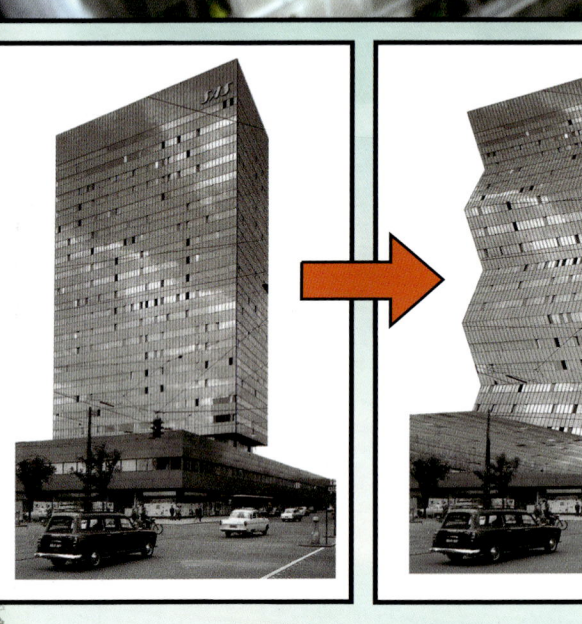

LA FORMA A **ZIG ZAG** È LA **DIRETTA CONSEGUENZA DEI BISOGNI FUNZIONALI ED ENERGETICI** E AL TEMPO STESSO INTRODUCE UNA NUOVA ICONA NELLO SKYLINE DI RØDOVRE.

COME UN EDIFICIO DI **ARNE JACOBSEN** DOPO UN TERREMOT

VISTA DA EST O DA OVEST LA TORRE SI STAGLIA SUL CIELO CON L'ESILE SILHOUETTE DI UN FULMINE. VISTE DA NORD O DA SUD, LE OPPOSTE FACCIATE INCLINATE RIFLETTONO RISPETTIVAMENTE IL SUOLO E IL CIELO, IN UN TRIPLO **SANDWICH DI CHIOME DEGLI ALBERI E NUVOLE.**

**PS**
A CAUSA DELLA GRANDE CRISI FINANZIARIA, IL NOSTRO **IMPRENDITORE** FALLÌ, COSÌ NOI FUMMO SQUALIFICATI.

**PPS**
IL CONCORSO FU VINTO DA BRAINSTONES IN COLLABORAZIONE CON **MVRDV** E **ADEPT** CHE AVEVANO PRESENTATO UN VILLAGGIO (LEGO) VERTICALE.

**PPPS**
MARTEDÌ 4 NOVEMBRE 2008 LA **BRAINSTONES** FALLÌ.

**PPPPS**
MARTEDÌ 16 DICEMBRE ALLE 6:20 **RØDOVRE** FU COLPITA DAL PRIMO TERREMOTO IN 20 ANNI.

VMCP HOTEL
ARL

# ROYAL TREATMENT

L'ULTIMO GRUPPO DI PROGETTI RIASSUME IN QUALCHE MANIERA IL CONCETTO DI **ARCHITETTURA EVOLUZIONISTICA** E DESCRIVE COME EVENTI, LUOGHI E INTERVENTI APPARENTEMENTE SENZA ALCUNA RELAZIONE FRA LORO POSSANO ARRIVARE A INTRECCIARSI IN **MODI IMPREVISTI**. SE LA TEORIA EVOLUTIVA DI DARWIN IMPLICA CHE LA SELEZIONE NATURALE SIA INFLUENZATA DA CAPACITÀ DI ADATTAMENTO, MIGRAZIONI E IBRIDAZIONI, ANCHE L'EVOLUZIONE ARCHITETTONICA AVVIENE A VOLTE SUPERANDO CONFINI CULTURALI E CLIMATICI.

CONCETTI GIÀ INDAGATI — COME IL **LOGO DESIGN DI AMBITO URBANO**, LA **SOSTENIBILITÀ ECOLOMICA** E L'IPOTESI DI **UN'ARCHITETTURA VERNACOLARE CONTEMPORANEA** — SI INTRECCIANO QUI IN UNA CASCATA DI IDEE, PRIMA SCARTATE E POI REINVENTATE TROVANDO UNA SERIE DI SCAPPATOIE, A FORZA DI ANDARE AVANTI E INDIETRO DA UN PROGETTO ALL'ALTRO.

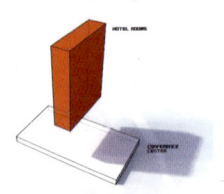

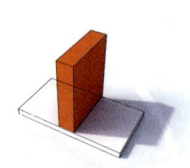

TUTTO COMINCIÒ QUANDO IL NOSTRO CLIENTE **ASMUND HAARE** DI FIRST HOTELS CI COMMISSIONÒ IL PROGETTO DI UN **AIRPORT HOTEL** ALL'AEROPORTO DI OSLO. I VINCOLI ERANO MOLTO RESTRITTIVI: UNA COSTRUZIONE ALTA 70 M CON 600 CAMERE E UNA SERIE DI SPAZI PUBBLICI ALLA BASE DELL'EDIFICIO (PISCINA, ATRIO, SALE CONFERENZE, AUDITORIUM, SALA PER RICEVIMENTI, PALESTRA E RISTORANTE).

IL TERRENO ERA IN PERIFERIA, CIRCONDATO DA UNA STRADA PRINCIPALE E DA CASE. MA DIETRO LE COSTRUZIONI E LE INFRASTRUTTURE C'ERANO **COLLINE E UNA VEGETAZIONE RIGOGLIOSA**.

DISEGNAMMO UN VOLUME RAZIONALE CHE, IN SEGUITO A UNO SCONTRO CON L'AMBIENTE CIRCOSTANTE, SEMBRAVA ESSERSI SBRICIOLATO IN **6 DISTINTI EDIFICI**, UNO PER OGNI INTERVENTO. IL PAESAGGIO DOVEVA INCUNEARSI TRA LE PARTI SPORGENTI DEL FABBRICATO, FINO A RAGGIUNGERE L'AMPIO ATRIO CENTRALE.

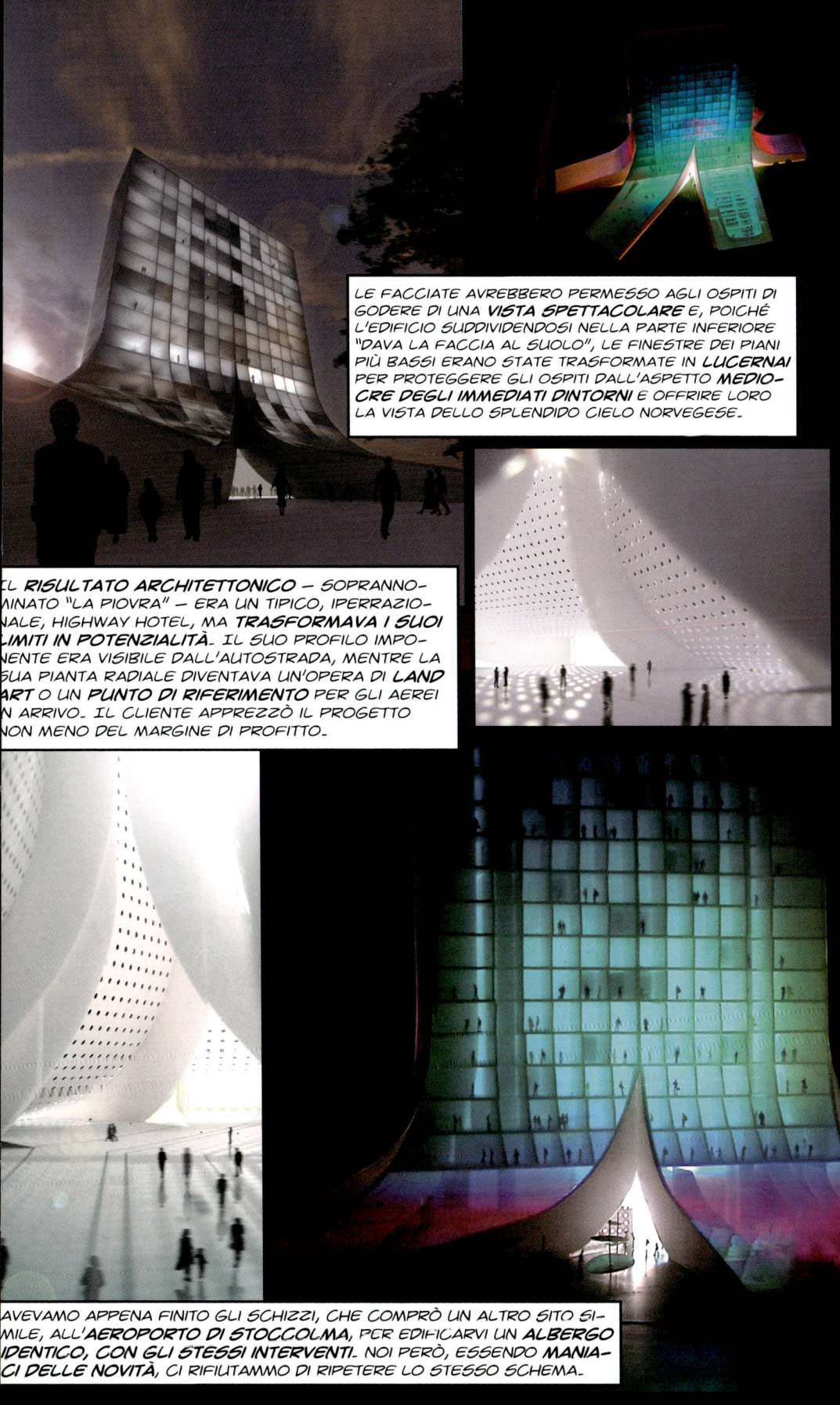

LE FACCIATE AVREBBERO PERMESSO AGLI OSPITI DI GODERE DI UNA **VISTA SPETTACOLARE** E, POICHÉ L'EDIFICIO SUDDIVIDENDOSI NELLA PARTE INFERIORE "DAVA LA FACCIA AL SUOLO", LE FINESTRE DEI PIANI PIÙ BASSI ERANO STATE TRASFORMATE IN **LUCERNAI** PER PROTEGGERE GLI OSPITI DALL'ASPETTO **MEDIOCRE DEGLI IMMEDIATI DINTORNI** E OFFRIRE LORO LA VISTA DELLO SPLENDIDO CIELO NORVEGESE.

IL **RISULTATO ARCHITETTONICO** — SOPRANNOMINATO "LA PIOVRA" — ERA UN TIPICO, IPERRAZIONALE, HIGHWAY HOTEL, MA **TRASFORMAVA I SUOI LIMITI IN POTENZIALITÀ**. IL SUO PROFILO IMPONENTE ERA VISIBILE DALL'AUTOSTRADA, MENTRE LA SUA PIANTA RADIALE DIVENTAVA UN'OPERA DI **LAND ART** O UN **PUNTO DI RIFERIMENTO** PER GLI AEREI IN ARRIVO. IL CLIENTE APPREZZÒ IL PROGETTO NON MENO DEL MARGINE DI PROFITTO.

AVEVAMO APPENA FINITO GLI SCHIZZI, CHE COMPRÒ UN ALTRO SITO SIMILE, ALL'**AEROPORTO DI STOCCOLMA**, PER EDIFICARVI UN **ALBERGO IDENTICO, CON GLI STESSI INTERVENTI**. NOI PERÒ, ESSENDO **MANIACI DELLE NOVITÀ**, CI RIFIUTAMMO DI RIPETERE LO STESSO SCHEMA.

QUANDO ARRIVAMMO ALL'AEROPORTO DI STOCCOLMA PER IL SOPRALLUOGO, A SALUTARCI C'ERA UNA SERIE DI IMMAGINI DI SVEDESI FAMOSI ACCOMUNATE DAL MOTTO: **BENVENUTI NELLA MIA CITTÀ**. SI ANDAVA DAGLI ABBA AD ALFRED NOBEL, AL RE CARLO GUSTAVO E ALLA REGINA SILVIA. **CI SENTIMMO** QUINDI **BEN ACCOLTI** DALL'ÉLITE DI STOCCOLMA E DAI REGNANTI.

CERCAMMO DI VEDERE SE POTEVAMO AFFRONTARE IL PROBLEMA DA UNA PROSPETTIVA DIVERSA. TUTTI GLI HOTEL BUSINESS & CONFERENCE SONO PENALIZZATI DAL **CONTESTO SCIALBO**. ARRIVI AL PARCHEGGIO, ENTRI NELLE STRUTTURE PER CONVEGNI AL PIANO TERRA, CHE AFFACCIANO SUL PARCHEGGIO, E QUANDO È ORA DI DORMIRE PRENDI L'ASCENSORE E SALI IN CAMERA **SENZA MAI GODERTI UNA VISTA**.

E SE INVECE **CAPOVOLGESSIMO** LO SCHEMA TRADIZIONALE?

TRASFORMANDO LE CAMERE E IL PARCHEGGIO IN UNA **LUNGA RAMPA, LIEVEMENTE INCLINATA,** GLI OSPITI AVREBBERO POTUTO ARRIVARE IN AUTO FINO AGLI SPAZI COMUNI, IN EQUILIBRIO SUL TETTO. DA LÌ AVREBBERO POTUTO GODERSI UNA **VISTA STUPENDA A 360 GRADI,** E A FINE GIORNATA AVREBBERO PRESO L'ASCENSORE PER SCENDERE IN CAMERE **ANNIDATE NELLA FORESTA SVEDESE.**

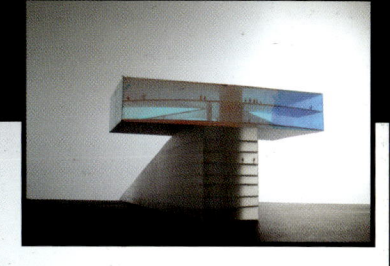

I TAXI SAREBBERO SALITI SULLA RAMPA COME **DIRIGENDOSI A UNA VILLA IN TOSCANA.** IL VOLUME DELL'EDIFICIO – SOPRANNOMINATO **PESCE MARTELLO** (PER QUALCHE STRANA RAGIONE ERAVAMO PRIGIONIERI DELLA TERMINOLOGIA ITTICA) – NON SOLO AVREBBE ASSICURATO VEDUTE STRAORDINARIE ALLA SALA CONFERENZE E ALL'ATRIO, MA AVREBBE OFFERTO ANCHE AGLI AUTOMOBILISTI DELLA STATALE UN BEL COLPO D'OCCHIO SU UN **VOLUME SPETTACOLARE.**

CONOSCEVAMO GIÀ I CRITERI DI VALUTAZIONE DEL NOSTRO CLIENTE, QUINDI CERCAMMO DI ANTICIPARE OGNI POSSIBILE CRITICA, **PRENDENDO IN ESAME QUALSIASI PROBLEMA POTESSE PRESENTARSI.** DOPO AVER SPESO LA METÀ DEL TEMPO E TUTTO IL BUDGET DI PROGETTAZIONE, GLI ILLUSTRAMMO L'IDEA. **NON GLI PIACQUE PER NULLA!** GLI SEMBRAVA UN PROGETTO DI DARTH VADER. **IL SUO FU UN NO DECISO.**

"QUESTO È UN ALBERGO ALLA PORTATA DI TUTTI – **DEVE ESSERE EFFICIENTE! COMPATTO! DEVO POTER CONTARE OGNI SINGOLO PASSO DI OGNI MIO DIPENDENTE.** VOGLIO UN BLOCCO DI 600 CAMERE SU UNA BASE A UN SOLO PIANO PER GLI SPAZI PUBBLICI. **NÉ PIÙ, NÉ MENO!"**

SOSTENEVA:

PENSAMMO: "GESÙ, ABBIAMO GIÀ DISEGNATO L'EDIFICIO – E ADESSO CHE FACCIAMO?"

DELLE FACCIATE?

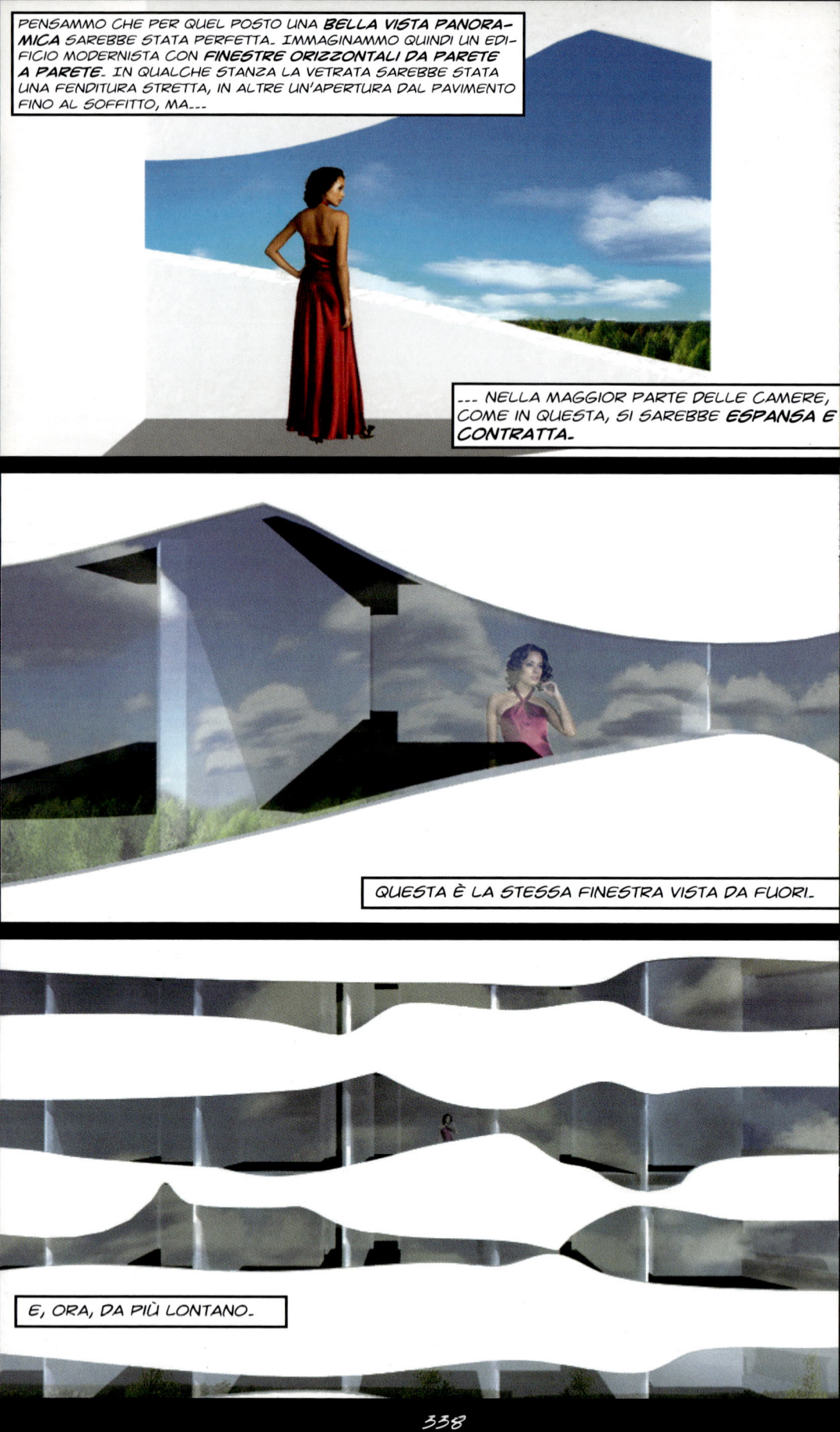

PENSAMMO CHE PER QUEL POSTO UNA **BELLA VISTA PANORAMICA** SAREBBE STATA PERFETTA. IMMAGINAMMO QUINDI UN EDIFICIO MODERNISTA CON **FINESTRE ORIZZONTALI DA PARETE A PARETE**. IN QUALCHE STANZA LA VETRATA SAREBBE STATA UNA FENDITURA STRETTA, IN ALTRE UN'APERTURA DAL PAVIMENTO FINO AL SOFFITTO, MA...

... NELLA MAGGIOR PARTE DELLE CAMERE, COME IN QUESTA, SI SAREBBE **ESPANSA E CONTRATTA**.

QUESTA È LA STESSA FINESTRA VISTA DA FUORI.

E, ORA, DA PIÙ LONTANO.

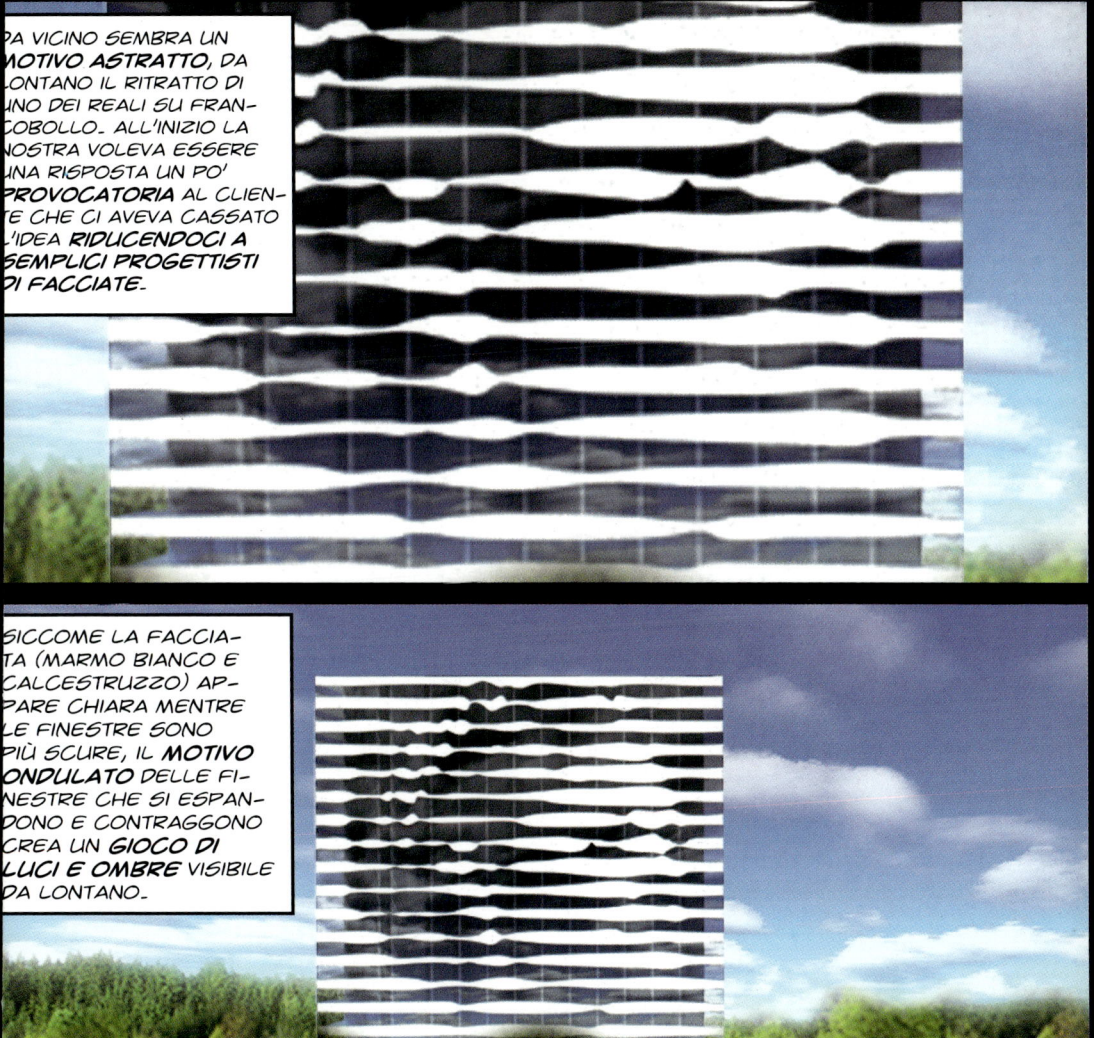

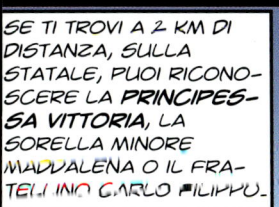

DA VICINO SEMBRA UN **MOTIVO ASTRATTO**, DA LONTANO IL RITRATTO DI UNO DEI REALI SU FRANCOBOLLO. ALL'INIZIO LA NOSTRA VOLEVA ESSERE UNA RISPOSTA UN PO' **PROVOCATORIA** AL CLIENTE CHE CI AVEVA CASSATO L'IDEA RIDUCENDOCI A SEMPLICI PROGETTISTI DI FACCIATE.

SICCOME LA FACCIATA (MARMO BIANCO E CALCESTRUZZO) APPARE CHIARA MENTRE LE FINESTRE SONO PIÙ SCURE, IL **MOTIVO ONDULATO** DELLE FINESTRE CHE SI ESPANDONO E CONTRAGGONO CREA UN **GIOCO DI LUCI E OMBRE** VISIBILE DA LONTANO.

SE TI TROVI A 2 KM DI DISTANZA, SULLA STATALE, PUOI RICONOSCERE LA **PRINCIPESSA VITTORIA**, LA SORELLA MINORE MADDALENA O IL FRATELLINO CARLO FILIPPO.

CON NOSTRA GRANDE SORPRESA COMINCIAVAMO AD APPREZZARE IL PROGETTO. CI PIACEVA L'IDEA DI PROGETTARE UN VOLUME SEMPLICE CON UNA **FACCIATA ICONICO-ENIGMATICA**.

IL PROGETTO **PIACQUE ANCHE AL COMMITTENTE** E ALL'URBANISTA. UNO DEGLI AMICI DEL NOSTRO CLIENTE LO MOSTRÒ PERSINO AL RE. LA APPREZZÒ ANCHE LUI, MA CHIESE: "E **IO DOVE SONO?**".

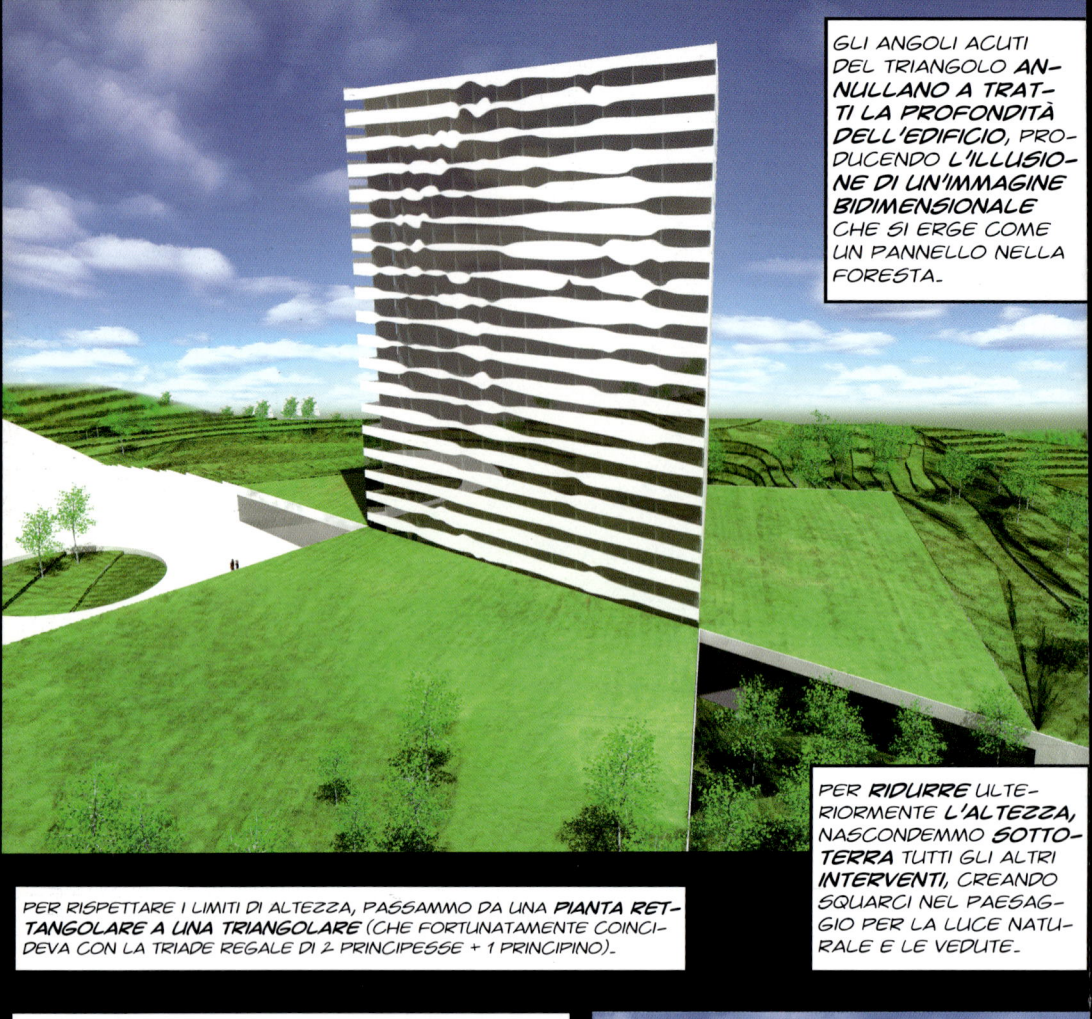

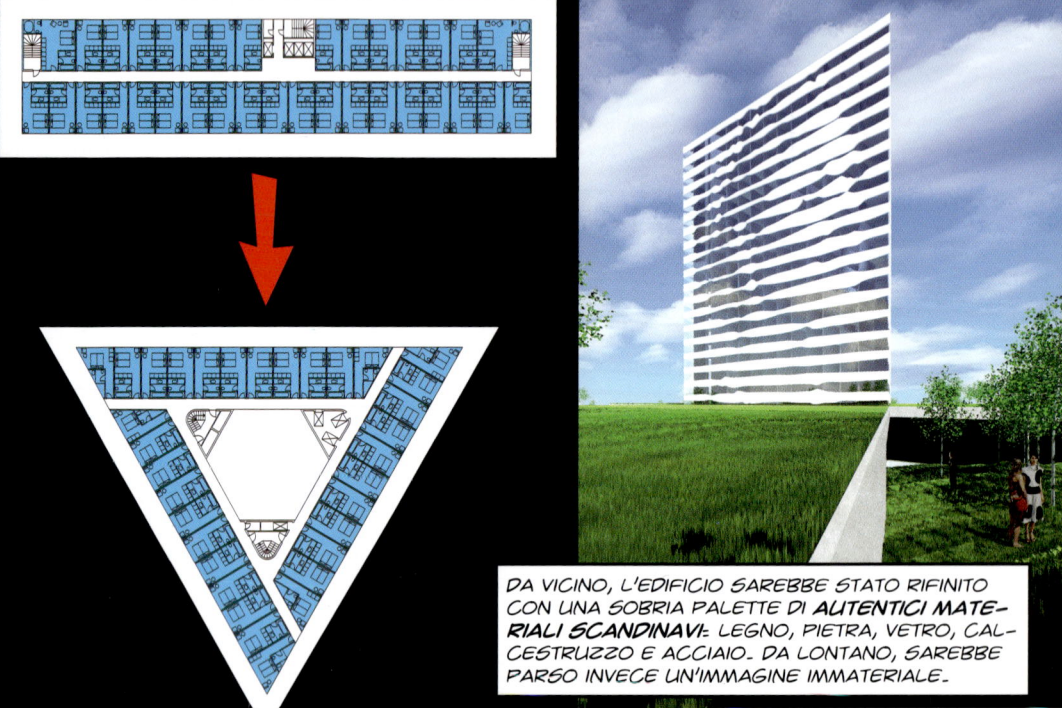

GLI ANGOLI ACUTI DEL TRIANGOLO **ANNULLANO A TRATTI LA PROFONDITÀ DELL'EDIFICIO**, PRODUCENDO **L'ILLUSIONE DI UN'IMMAGINE BIDIMENSIONALE** CHE SI ERGE COME UN PANNELLO NELLA FORESTA.

PER RISPETTARE I LIMITI DI ALTEZZA, PASSAMMO DA UNA **PIANTA RETTANGOLARE A UNA TRIANGOLARE** (CHE FORTUNATAMENTE COINCIDEVA CON LA TRIADE REGALE DI 2 PRINCIPESSE + 1 PRINCIPINO).

PER **RIDURRE** ULTERIORMENTE **L'ALTEZZA**, NASCONDEMMO **SOTTOTERRA** TUTTI GLI ALTRI **INTERVENTI**, CREANDO SQUARCI NEL PAESAGGIO PER LA LUCE NATURALE E LE VEDUTE.

DA VICINO, L'EDIFICIO SAREBBE STATO RIFINITO CON UNA SOBRIA PALETTE DI **AUTENTICI MATERIALI SCANDINAVI**: LEGNO, PIETRA, VETRO, CALCESTRUZZO E ACCIAIO. DA LONTANO, SAREBBE PARSO INVECE UN'IMMAGINE IMMATERIALE.

UN MIX DI ZUMTHOR E WARHOL.

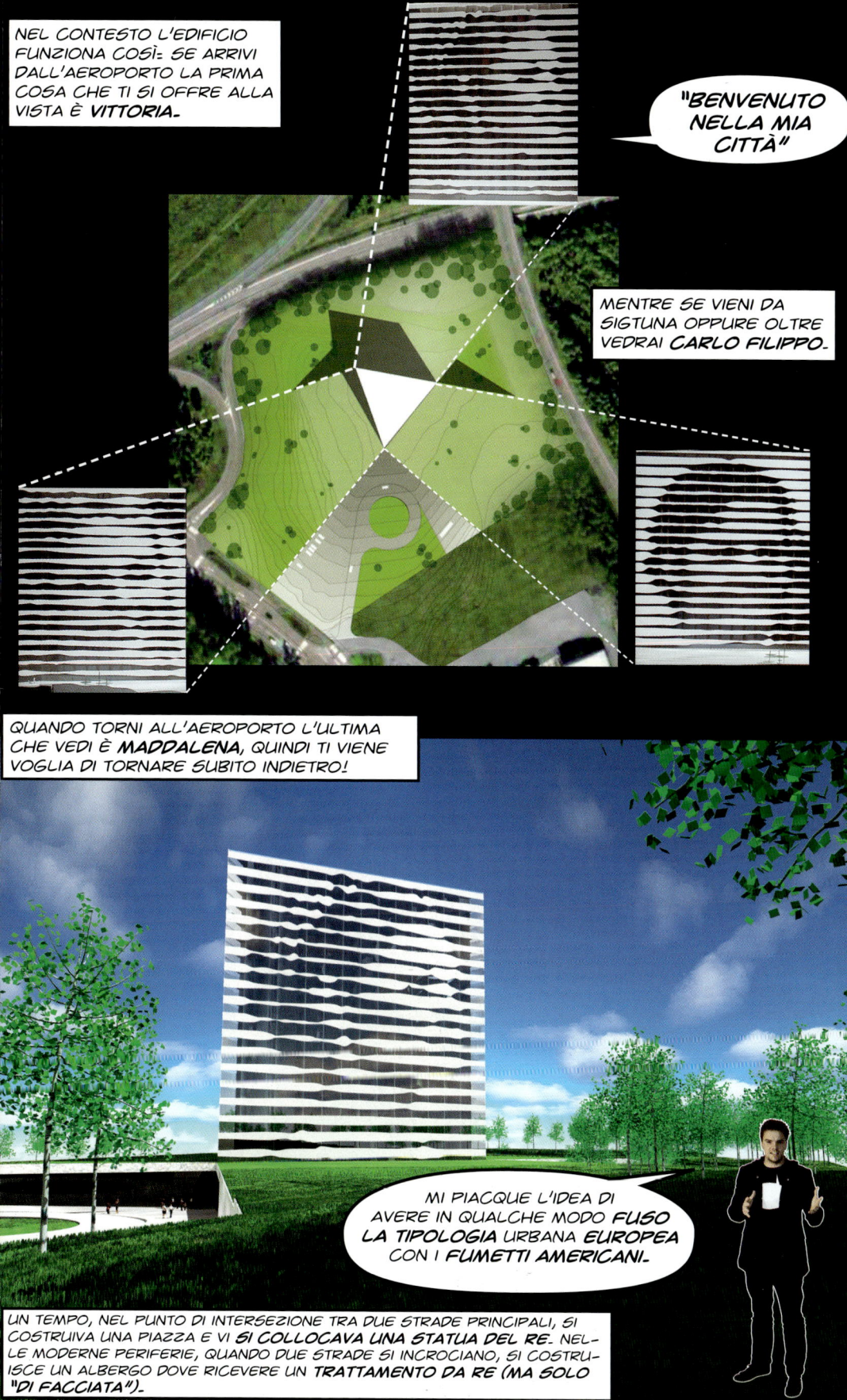

NEL CONTESTO L'EDIFICIO FUNZIONA COSÌ: SE ARRIVI DALL'AEROPORTO LA PRIMA COSA CHE TI SI OFFRE ALLA VISTA È **VITTORIA**.

*"BENVENUTO NELLA MIA CITTÀ"*

MENTRE SE VIENI DA SIGTUNA OPPURE OLTRE VEDRAI **CARLO FILIPPO**.

QUANDO TORNI ALL'AEROPORTO L'ULTIMA CHE VEDI È **MADDALENA**, QUINDI TI VIENE VOGLIA DI TORNARE SUBITO INDIETRO!

MI PIACQUE L'IDEA DI AVERE IN QUALCHE MODO **FUSO LA TIPOLOGIA** URBANA **EUROPEA** CON I **FUMETTI AMERICANI**.

UN TEMPO, NEL PUNTO DI INTERSEZIONE TRA DUE STRADE PRINCIPALI, SI COSTRUIVA UNA PIAZZA E VI **SI COLLOCAVA UNA STATUA DEL RE**. NELLE MODERNE PERIFERIE, QUANDO DUE STRADE SI INCROCIANO, SI COSTRUISCE UN ALBERGO DOVE RICEVERE UN **TRATTAMENTO DA RE (MA SOLO "DI FACCIATA")**.

IL LOGO DEL FIRST HOTEL È UN *ELEFANTE VOLANTE* — TRADIZIONALMENTE OGNI MEMBRO DELLA FAMIGLIA REALE HA IL SUO ANAGRAMMA, PER QUESTO ALBERGO DISEGNAMMO QUINDI *L'ANAGRAMMA VMCP*.

INFINE, QUANDO CAPIMMO CHE, DI NOTTE, I *COLORI DI MOQUETTE* E CARTA DA PARATI AVREBBERO PRODOTTO DEI RIFLESSI SULLE FINESTRE, RIVISITANDO WARHOL IDEAMMO UNA *COMBINAZIONE CROMATICA* CHE RAPPRESENTASSE UN'ULTERIORE AGGIUNTA ALLA TRASFORMAZIONE ARCHITETTONICA DELL'EDIFICIO *DAL GIORNO ALLA NOTTE*.

**AIRPORT HOTEL DI STOCCOLMA**, ALIAS VMCP, RAPPRESENTA [U]NA TERZA AGGIUNTA ALLE DUE TIPOLOGIE VERNACOLARI AMERI- [C]ANE INDIVIDUATE DA VENTURI IN "LEARNING FROM LAS VEGAS". LA [B]**ARACCA DECORATA** (UN VOLUME FUNZIONALE CON QUALCHE [A]GGIUNTA INTRIGANTE) E **L'ANATRA** (INTERVENTI RAZIONALI CO- [S]TRETTI A FORZA IN UNA FORMA BIZZARRA) SONO ORA INTEGRATI [A]LLA **PRINCIPESSA**: ELEMENTI FUNZIONALI, CHE IN MANIERA IN[D]IPENDENTE SEMBRANO COMINCIARE A COSTITUIRE L'ESPRESSIONE [I]CONICA COLLETTIVA DI UN ALTRO ORDINE DI GRANDEZZA.

[Q]UALCHE MESE DOPO UNA NOSTRA AMI- [C]A OLANDESE CI MANDÒ UN'E-MAIL:

"... IO **COMUNQUE** STASERA SONO STATA A SENTIRE UNA CONFERENZA DI KELLER EASTERLING AL BERLAGE INSTITUTE. PARLAVA DEL **REPERTORIO ALTERNATIVO DELL'ATTIVISMO ARCHITETTONICO**. PER ME L'ARMA PIÙ ORIGINALE DI TUTTO L'ARSENALE CHE HA PROPOSTO È IL **"PANDA"**, O "REGALO" (LA CINA HA REGALATO DUE PANDA A TAIWAN MA I LORO NOMI SIGNIFICAVANO "UNITÀ" IN CINESE ... CHE GOVERNO SLEALE).

L'ESEMPIO DI CUI SEMBRAVA PIÙ ENTUSIASTA ERA **L'AEROPORTO DI STOCCOLMA-ARLANDA**, CON I RITRATTI DELLA FAMIGLIA REALE SULLE FACCIATE: UNA **MANIFESTAZIONE FISICA DELLA TOTALE-COMPIACENZA-COME-FORMA ALTERNATIVA-DI ATTIVISMO**. ERA BELLO, CHE POI QUESTA FOSSE LA VERA INTENZIONE...

[I]L VOLUME CENTRALE È [A]TTRAVERSATO DA SALE [R]IUNIONI CHE SI INTER-[S]ECANO E RIFINITO CON [U]N MATERIALE MOLTO [R]IFLETTENTE CHE CREA [U]N **CALEIDOSCOPIO DI** [S]PAZI PIRANESIANI.

IL **NOSTRO APPROCCIO EVOLUZIONISTICO ALL'ARCHITETTURA** ERA STATO RICONOSCIUTO PER QUELLO CHE ERA: LA TOTALE-COMPIACENZA-COME-FORMA ALTERNATIVA-DI ATTIVISMO — IN ALTRE PAROLE, LA CAPACITÀ DI TRASFORMARE LA CONDISCENDENZA IN UN PROGRAMMA RIVOLUZIONARIO — O, PER MEGLIO DIRE, **"YES IS MORE"**.

# SHEIKH CHIC

LEADERSHIP TOWER
SHK

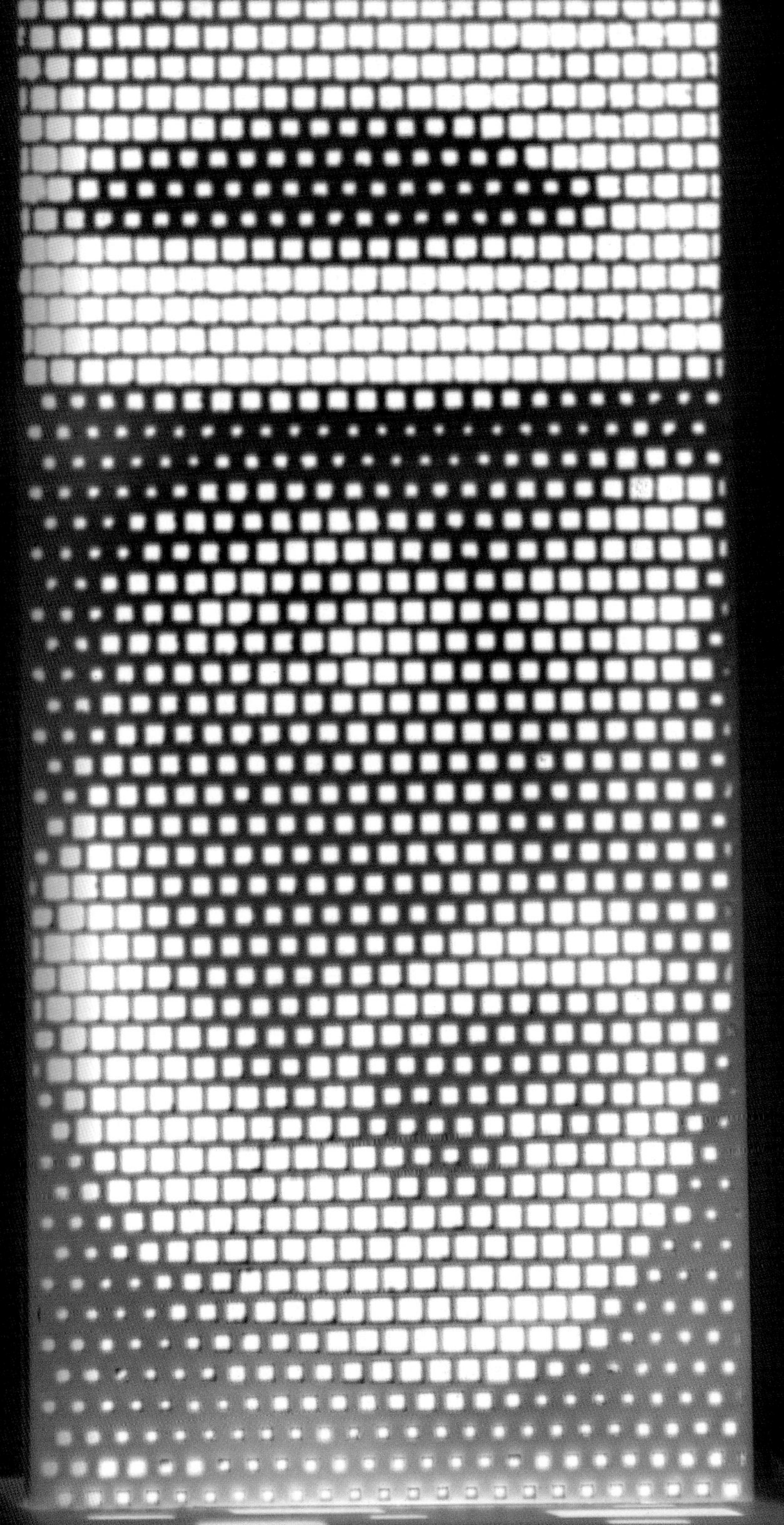

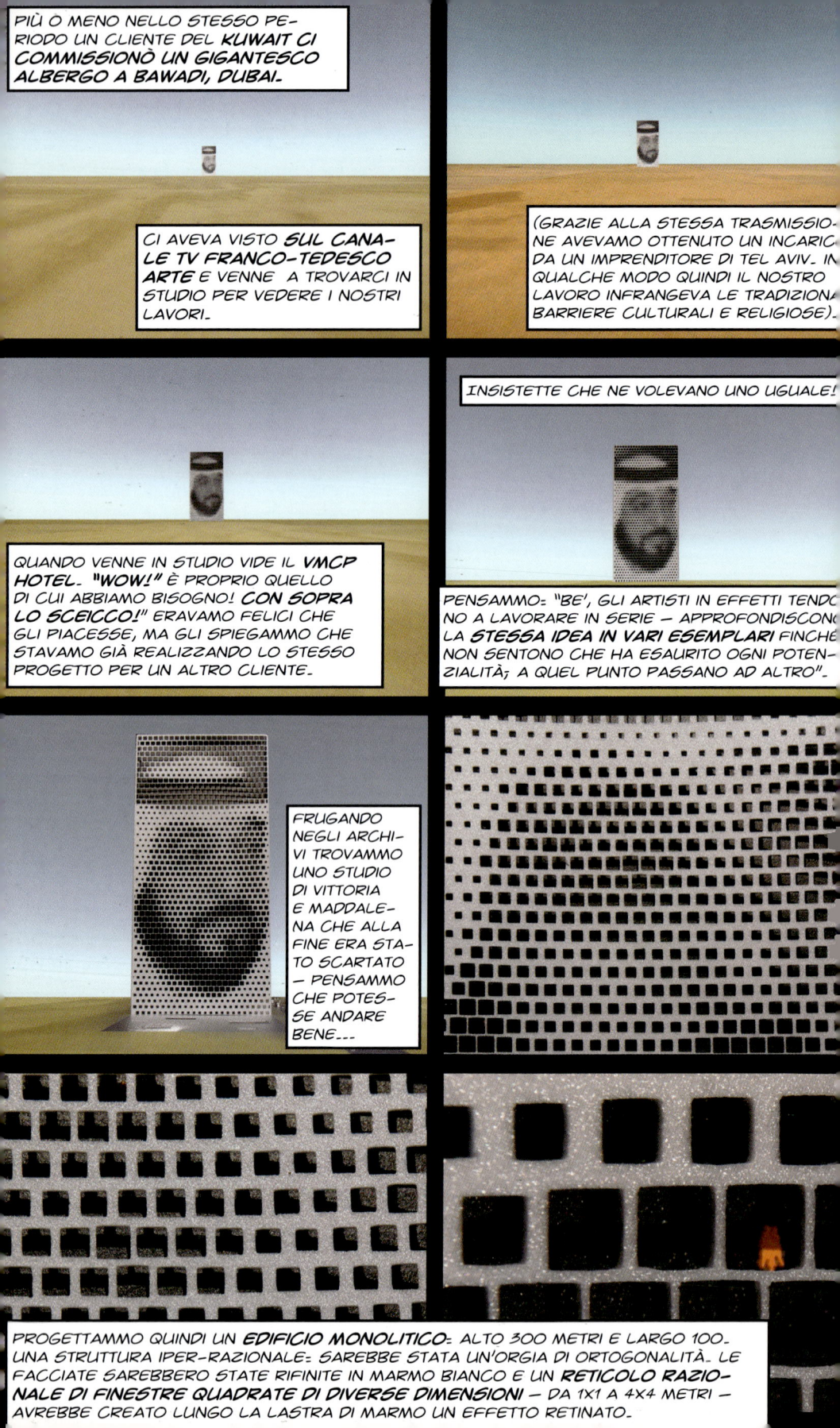

PIÙ O MENO NELLO STESSO PERIODO UN CLIENTE DEL **KUWAIT** CI **COMMISSIONÒ UN GIGANTESCO ALBERGO A BAWADI, DUBAI.**

CI AVEVA VISTO **SUL CANALE TV FRANCO-TEDESCO ARTE** E VENNE A TROVARCI IN STUDIO PER VEDERE I NOSTRI LAVORI.

(GRAZIE ALLA STESSA TRASMISSIONE AVEVAMO OTTENUTO UN INCARICO DA UN IMPRENDITORE DI TEL AVIV. IN QUALCHE MODO QUINDI IL NOSTRO LAVORO INFRANGEVA LE TRADIZIONALI BARRIERE CULTURALI E RELIGIOSE).

QUANDO VENNE IN STUDIO VIDE IL **VMCP HOTEL. "WOW!"** È PROPRIO QUELLO DI CUI ABBIAMO BISOGNO! **CON SOPRA LO SCEICCO!"** ERAVAMO FELICI CHE GLI PIACESSE, MA GLI SPIEGAMMO CHE STAVAMO GIÀ REALIZZANDO LO STESSO PROGETTO PER UN ALTRO CLIENTE.

INSISTETTE CHE NE VOLEVANO UNO UGUALE!

PENSAMMO: "BE', GLI ARTISTI IN EFFETTI TENDONO A LAVORARE IN SERIE — APPROFONDISCONO LA **STESSA IDEA IN VARI ESEMPLARI** FINCHÉ NON SENTONO CHE HA ESAURITO OGNI POTENZIALITÀ; A QUEL PUNTO PASSANO AD ALTRO".

FRUGANDO NEGLI ARCHIVI TROVAMMO UNO STUDIO DI VITTORIA E MADDALENA CHE ALLA FINE ERA STATO SCARTATO — PENSAMMO CHE POTESSE ANDARE BENE...

PROGETTAMMO QUINDI UN **EDIFICIO MONOLITICO**: ALTO 300 METRI E LARGO 100. UNA STRUTTURA IPER-RAZIONALE: SAREBBE STATA UN'ORGIA DI ORTOGONALITÀ. LE FACCIATE SAREBBERO STATE RIFINITE IN MARMO BIANCO E UN **RETICOLO RAZIONALE DI FINESTRE QUADRATE DI DIVERSE DIMENSIONI** — DA 1X1 A 4X4 METRI — AVREBBE CREATO LUNGO LA LASTRA DI MARMO UN EFFETTO RETINATO.

LA **FACCIATA IN MARMO** AVREBBE FUNZIONATO INOLTRE DA BRISE-SOLEIL **PROTEGGENDO LE FINESTRE DI VETRO DAL SOLE ACCECANTE.** UN INSIEME DI UFFICI, ALBERGO E ALLOGGI, NELLA PARTE SUPERIORE, SI SAREBBE AVVANTAGGIATO DI BALCONI IN OMBRA TRA IL VETRO E IL MARMO.

TTI GLI INTERVENTI AGGIUN-
VI, ATRIO, SPA, NEGOZI E
TORANTI, ERANO SOMMER-
DALLA SABBIA DEL DE-
ERTO E RICEVEVANO LUCE
A **UN SISTEMA DI CORTILI
EMINTERRATI – PICCOLE
ASI** PROTETTE DAL VENTO E
ALLE INTEMPERIE.

LA TORRE ERA STATA PROPOSTA PER DUBAI E ABU DHABI. LE SUE MIRIADI DI **APERTURE SQUADRATE SI SAREBBERO FUSE, ANDANDO A FORMARE NEI DIVERSI LUOGHI IL RITRATTO DEL RISPETTIVO GOVERNANTE.** ENTRAMBE LE FACCE ADDOBBANO GIÀ I TABELLONI PUBBLICITARI E LE PARETI DEGLI EDIFICI DI TUTTI GLI EMIRATI.

SULLA **LEADERSHIP TOWER** SAREBBERO APPARSI COME UN MIRAGGIO NEL DESERTO **(VISIBILE SOLO NELLA FOSCHIA INDISTINTA E DA MOLTO LONTANO)** PER POI SBIADIRSI E SVANIRE UNA VOLTA ARRIVATI A DESTINAZIONE.

5 PILLARS OF BAWADI

BAW

# POST-PETROLEUM PALACE

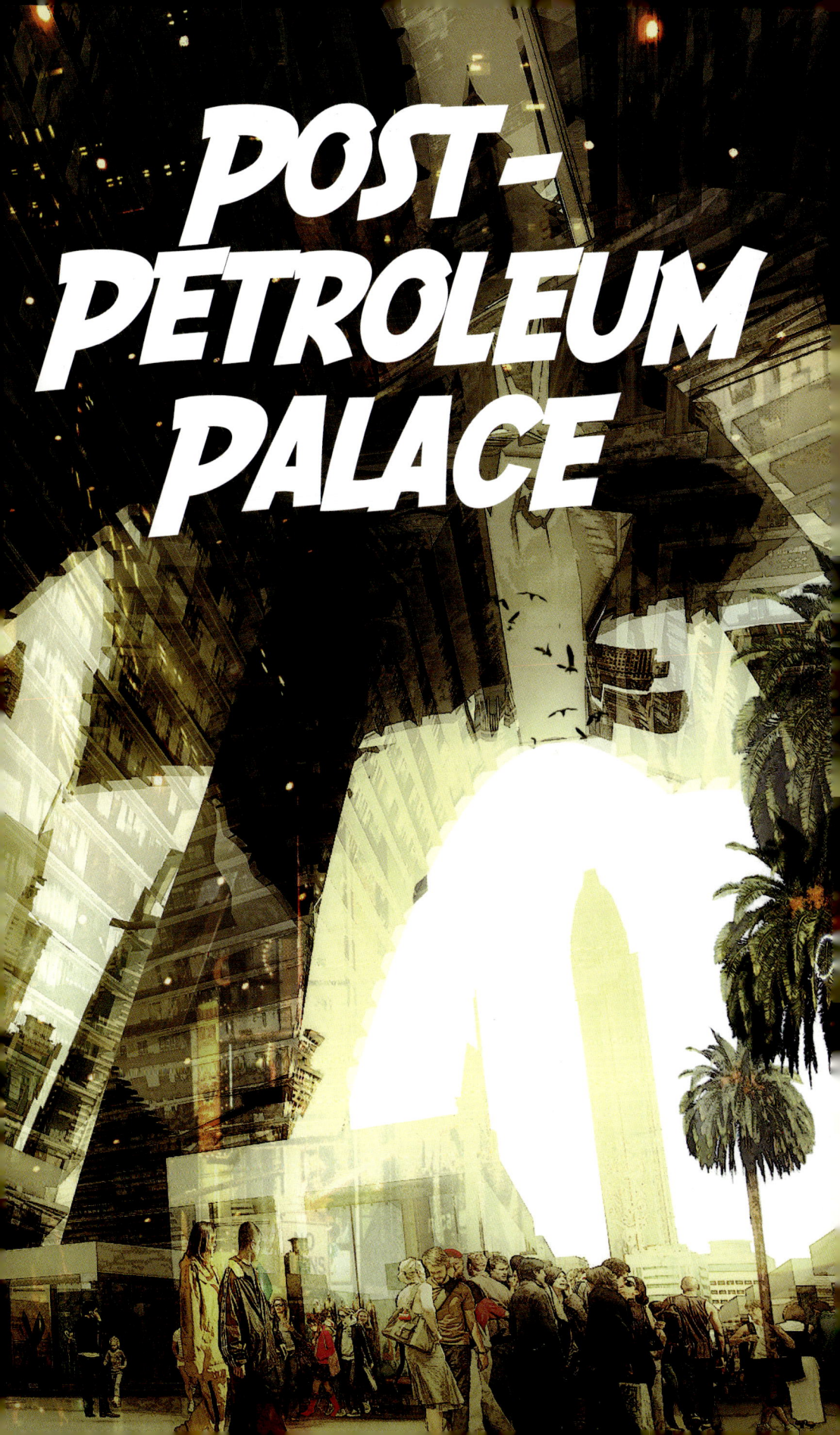

LA LEADERSHIP TOWER ERA SOLO UN **PRODOTTO DERIVATO**. LA VERA SFIDA ERA STATA PROGETTARE UN **ALBERGO** E UN **CENTRO COMMERCIALE** DI 200.000 M2 A BAWADI, DUBAI...

NELL'AMBITO DEL PROGETTO "DUBAILAND", BAWADI È CONCEPITA PER ESSERE LA **LAS VEGAS DI DUBAI**: UNA STRISCIA DI 6 KM DOTATA DI OLTRE 60.000 CAMERE D'ALBERGO, LA MAGGIORE CONCENTRAZIONE DI LETTI AL MONDO.

FINO A 10 ANNI FA, NON SI ERA MAI SENTITO PARLARE DI DUBAI, MA PER VIA DI **PROGETTI SPETTACOLARI**...

... COME "THE PALM"...

# BATTLEFIELD!

... O "THE WORLD"...

... DUBAI È DIVENTATA IL CAMPO DI BATTAGLIA DI ARCHITETTI E IMPRENDITORI, CHE LOTTANO TRA LORO PER ATTIRARE ATTENZIONE E INVESTIMENTI CON **MEGA-PROGETTI MEGALOMANI** SEMPRE PIÙ **SBALORDITIVI**!

VISTO CHE DUBAI È ORMAI FAMOSA PER LA SUA **ARCHITETTURA UNICA**, RIMANEMMO MOLTO STUPITI TROVANDOLA TANTO SOMIGLIANTE A UNA QUALUNQUE, **TIPICA, CITTÀ AMERICANA**...

QUESTA È MIAMI

QUESTA È DUBAI

... SINORA, INFATTI, A DUBAI NON SI È FATTO ALTRO CHE REPLICARE OVUNQUE E SISTEMATICAMENTE I **GRATTACIELI AMERICANI**.

COSTRUIRE UNA TORRE DI VETRO NEL BEL MEZZO DEL DESERTO È PRATICAMENTE **LA COSA MENO SOSTENIBILE** CHE SI POSSA FARE: SEI COSTRETTO A BRUCIARE TONNELLATE DI PETROLIO PER **RINFRESCARE GLI AMBIENTI** E HAI BISOGNO DI VETRI TALMENTE SCURI CHE TI TOCCA USARE **LA LUCE ELETTRICA ANCHE DI GIORNO**.

MA NON È STATO SEMPRE COSÌ: NEL 1964 BERNARD RUDOFSKY ALLESTÌ AL MUSEUM OF MODERN ART DI NEW YORK UNA MOSTRA DAL TITOLO **"ARCHITECTURE WITHOUT ARCHITECTS – A SHORT INTRODUCTION TO NON-PEDIGREED ARCHITECTURE"**.

RUDOFSKY MOSTRÒ COME, NEL MONDO, LA GENTE FOSSE RIUSCITA A COSTRUIRE CITTÀ ED EDIFICI IN MANIERA TALE DA **OTTIMIZZARE LE PROPRIE CONDIZIONI DI VITA IN MODO QUASI NATURALE**. LA CHIAMÒ **ARCHITETTURA VERNACOLARE**.

VOLENDO ATTRIBUIRLE UN'ETICHETTA GENERICA, POTREMMO DEFINIRLA **VERNACOLARE, ANONIMA, SPONTANEA, LOCALE, RURALE**, A SECONDA DEI CASI.

DUBAI SI È GIÀ LANCIATA CON SUCCESSO IN UN'**ECONOMIA POST-PETROLIFERA**. SE POTESSIMO REINVENTARE L'ARCHITETTURA VERNACOLARE ARABA VERSIONE 2.0, ANZICHÉ COPIARE UNA SERIE DI TIPOLOGIE ARCHITETTONICHE ALIENE, POTREMMO FAR AVANZARE DUBAI IN DIREZIONE DI UN'**ECOLOGIA POST-PETROLIFERA!**

CI RIPROPONEMMO DI TROVARE, PER L'ATTUALE ESPLOSIONE URBANISTICA DI DUBAI, UN'ARCHITETTURA **NEO-VERNACOLARE**.

SICCOME BADAWI È (PER ADESSO) TUTTA FANTASIA E NIENTE REALTÀ, NON C'È **ALCUN CONTESTO** IN CUI INTEGRARLA. TUTTO CIÒ CHE ABBIAMO SONO IL **TERRENO, L'ORIENTAMENTO** E LE **STRADE E PIAZZE** FUTURE.

COME COSTRUIRE 200.000 M2 A DESTINAZIONE MISTA **NEL BEL MEZZO DEL DESERTO?**

PRIMA DI TUTTO **VIA** LE FACCIATE DI VETRO DAL SOLE!

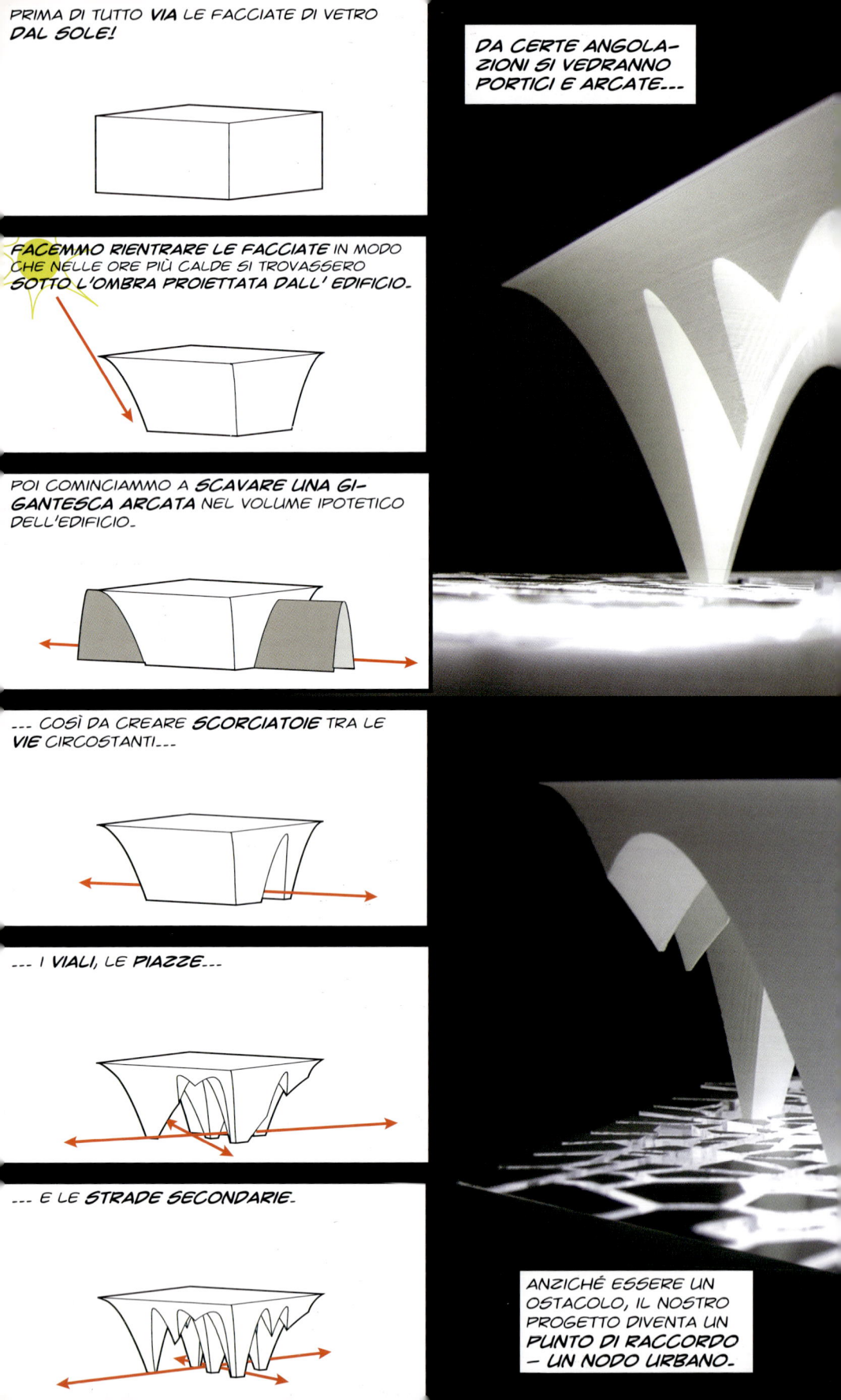

**FACEMMO RIENTRARE LE FACCIATE** IN MODO CHE NELLE ORE PIÙ CALDE SI TROVASSERO **SOTTO L'OMBRA PROIETTATA DALL'EDIFICIO.**

POI COMINCIAMMO A **SCAVARE UNA GIGANTESCA ARCATA** NEL VOLUME IPOTETICO DELL'EDIFICIO.

--- COSÌ DA CREARE **SCORCIATOIE** TRA LE **VIE** CIRCOSTANTI---

--- I VIALI, LE **PIAZZE**---

--- E LE **STRADE SECONDARIE.**

DA CERTE ANGOLAZIONI SI VEDRANNO PORTICI E ARCATE---

ANZICHÉ ESSERE UN OSTACOLO, IL NOSTRO PROGETTO DIVENTA UN **PUNTO DI RACCORDO** – UN NODO URBANO.

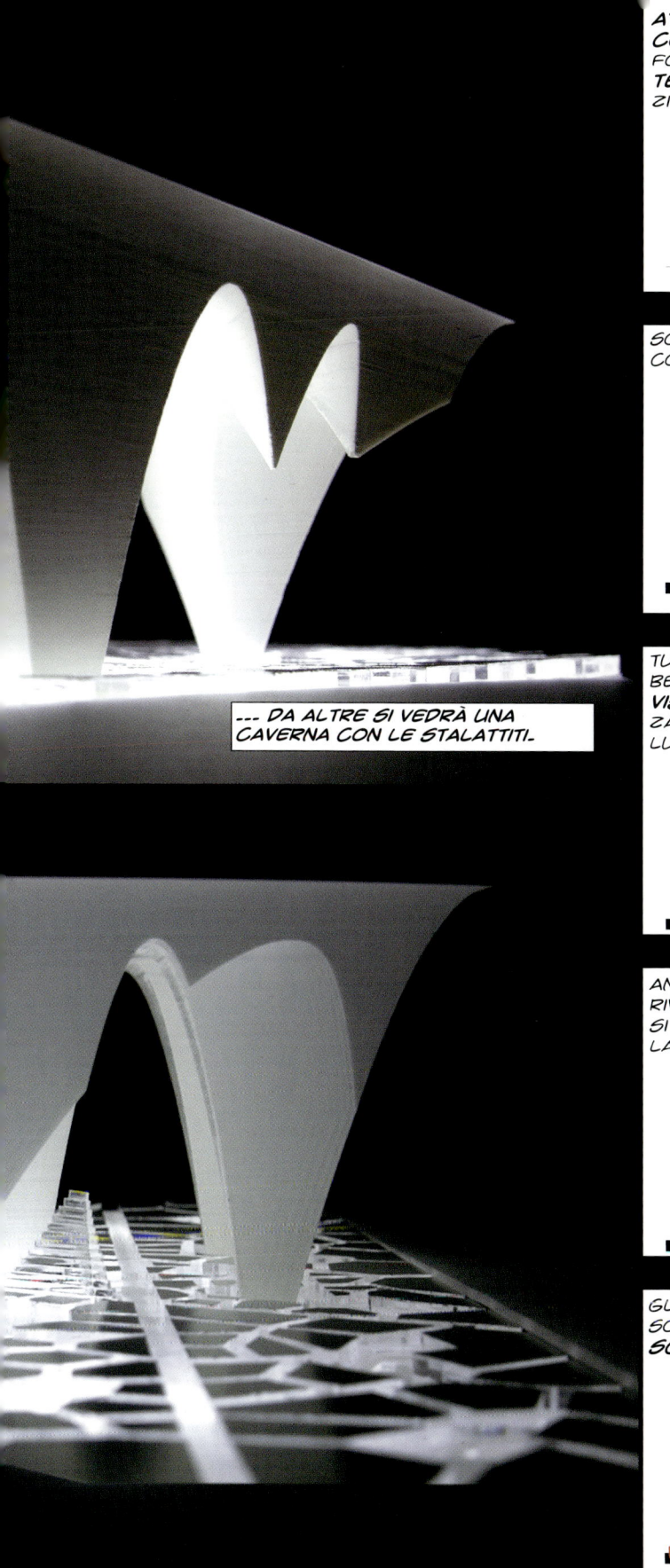

ATRI, RISTORANTI, SALE CONFERENZE E PALESTRE FORMANO UNA **GIGANTESCA TETTOIA** DI SPAZI A DESTINAZIONE PUBBLICA.

SOTTO, ALL'OMBRA, UN ACCOGLIENTE **MERCATO**.

--- DA ALTRE SI VEDRÀ UNA CAVERNA CON LE STALATTITI.

TUTTE LE STANZE DELL'ALBERGO GODONO DI UNA **VISTA SCONFINATA** SENZA ESSERE ESPOSTE ALLA LUCE ACCECANTE.

ANZICHÉ ESSERE CHIUSI E RIVOLTI ALL'INTERNO, GLI **ATRI** SI APRONO VERSO IL **CIELO** E LA **LUCE**.

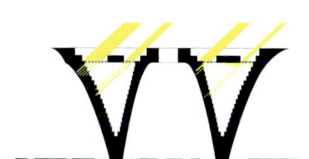

GLI ATRI E TUTTO L'EDIFICIO SONO **VENTILATI** E **RAFFRESCATI** IN MODO NATURALE.

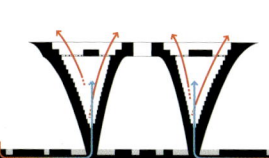

PER LA BASE IMMAGINAMMO CINQUE ARCATE INTEGRATE DA UN *FITTO RETICOLO DI VIUZZE.*

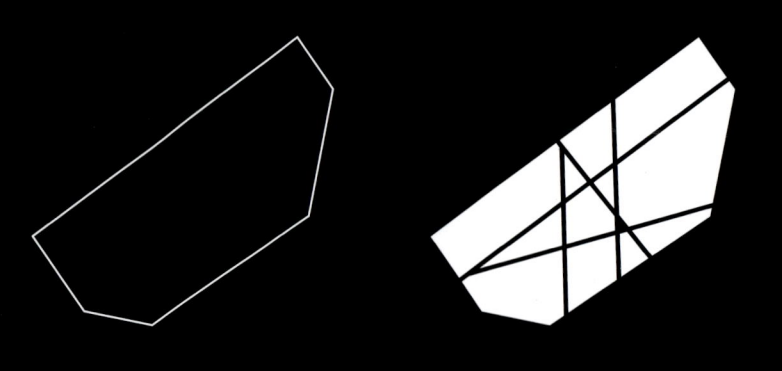

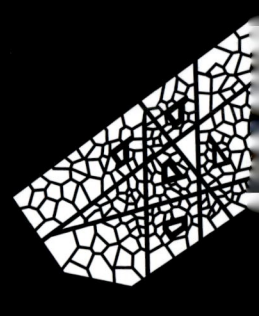

UN *SUK* ALL'ARIA APERTA OMBREGGIATO DAL "BALDACCHINO" DELL'HOTEL.

AL PIANO TERRA LE LASTRE DI SOSTEGNO SI RIDUCONO A **STRUTTURA E CIRCOLAZIONE**...

... MA DIVENTANO SEMPRE PIÙ GRANDI PER ACCOGLIERE SEMPRE PIÙ STANZE.

SALENDO SI TROVA UN PIANO CON **NEGOZI E SPAZI RICREATIVI**...

... CHE DÀ SUGLI ATRII INVERTITI...

... SOTTO UNO SPAZIO PUBBLICO CON **RISTORANTI E GIARDINI**.

I PIANI SUPERIORI, INFINE, SONO I PIÙ AMPI...

CON UNA COMPOSIZIONE DI **ATTICI ESCLUSIVI**.

QUANDO, A LAVORO AVVIATO, I CLIENTI VENNERO IN STUDIO PER FARE IL PUNTO, PRESENTAMMO LORO **L'IDEA** E I **PRIMI PLASTICI**. APPREZZARONO MOLTO IL CONCETTO **PROGRESSISTA** DI **SOSTENIBILITÀ**, MA QUANDO TIRAMMO FUORI I DISEGNI **SALTARONO LETTERALMENTE SULLE SEDIE!**

CI DISSERO CHE...

... LA SOCIETÀ ISLAMICA SI FONDA SUI CINQUE PILASTRI DELL'ISLAM, OGNUNO DEI QUALI È UN DOVERE PER OGNI MUSULMANO: **SHAHADA** (PROFESSIONE DI FEDE), **SALAT** (PREGHIERA RITUALE), **ZAKAT** (ELEMOSINA), **SAWM** (DIGIUNO DURANTE IL RAMADAN) E **HAJJ** (PELLEGRINAGGIO ALLA MECCA).

NELLA NOSTRA PROPOSTA VIDERO L'INCARNAZIONE ARCHITETTONICA DI UN **PRINCIPIO SACRO**: UNA COMUNITÀ ISLAMICA DI SPAZI PUBBLICI SOTTO IL FIRMAMENTO DEI CINQUE PILASTRI.

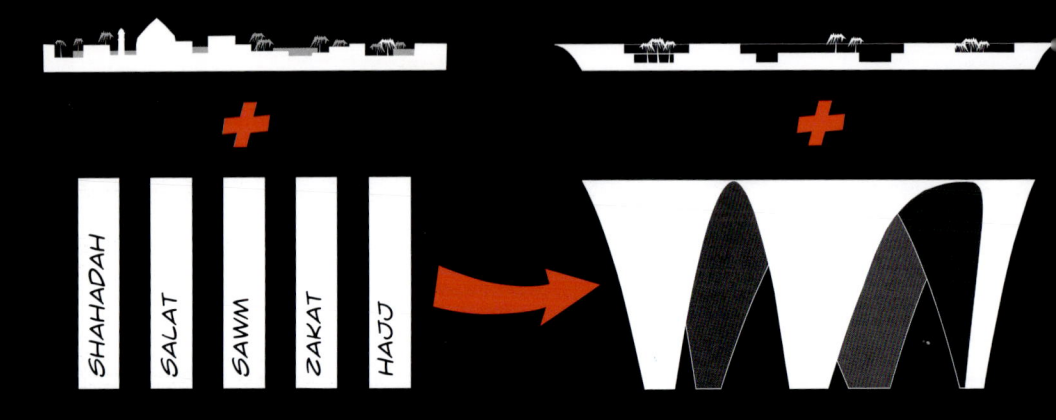

SHAHADAH | SALAT | SAWM | ZAKAT | HAJJ

CAPIMMO, INOLTRE, DI ESSERCI IMBATTUTI QUASI PER CASO IN **FORME** CHE RIECHEGGIAVANO **L'ARCHITETTURA ISLAMICA TRADIZIONALE**.

PUR ESSENDO STATE CREATE SENZA PREOCCUPARSI DELLO SPIRITO DEL POSTO, SEMBRAVANO NATE DALLA **CULTURA LOCALE**.

SEMBRAVA CHE **ECOLOGIA** E **COSMOLOGIA** SI INTERSECASSERO NEL NOSTRO PRIMO ABBOZZO PROGETTUALE.

POCO ALLA VOLTA CI RENDEMMO CONTO CHE IL NOSTRO TENTATIVO DI **CAPOVOLGERE** LA TIPOLOGIA TRADIZIONALE DELL'ALBERGO, FALLITO ALL'AEROPORTO DI STOCCOLMA, ERA IN REALTÀ LA SOLUZIONE GIUSTA PER DUBAI!

**CAPOVOLGENDO L'IMMAGINE DI BAWADI...**

**... CREAMMO UNO SKYLINE ROVESCIATO DI GUGLIE E TORRI.**

QUANDO COMINCIAMMO A GUARDARE ALL'ASPETTO STRUTTURALE, IL NOSTRO INGEGNERE CI DISSE CHE, TENENDO CONTO DELLE DIMENSIONI DELL'OPERA, GLI ARCHI POTEVANO COSTITUIRE **UNA MIGLIORIA**, RALLENTANDO IL DETERIORAMENTO DEI MATERIALI...

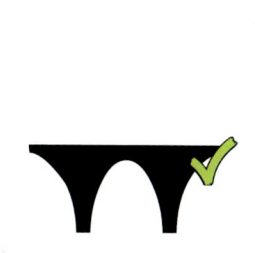

LE MODERNE COSTRUZIONI UTILIZZANO IN GENERE UN RETICOLO RAZIONALE DI TRAVI E PILASTRI, MENTRE IN REALTÀ UN **ARCO** È IL MODO PIÙ EFFICACE PER RIDURRE **LE FORZE** IN QUANTO **RIDUCE IL MOMENTO FLETTENTE**.

L'ARCHITETTO CATALANO **ANTONI GAUDÍ** LO SAPEVA BENE. MODELLAVA GLI ARCHI OTTIMALI PER I SOFISTICATI DISEGNI DELLA SUA CHIESA APPENDENDO **SACCHETTI DI SABBIA A RETI DI SPAGO**. LA GRAVITÀ DELINEAVA SEMPLICEMENTE LA **CURVA OTTIMALE SPINGENDO GLI SPAGHI NELLA CONFIGURAZIONE NATURALE**. USANDO DEGLI SPECCHI, GAUDÍ **CAPOVOLGEVA IL MODELLO E LO DISEGNAVA**.

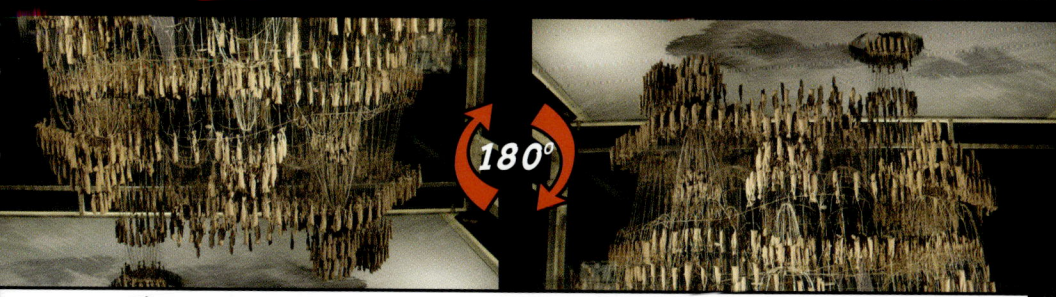

OGGI NON C'È BISOGNO DI FARE TANTA FATICA – CHIEDI SEMPLICEMENTE AL TUO INGEGNERE DI **CALCOLARE GLI ARCHI OTTIMALI**. ANCORA UNA VOLTA INCAPPAMMO IN **FORME** CHE SEMBRAVANO **TRADIZIONALI** MA ERANO FRUTTO **DELL'INTELLIGENZA CONTEMPORANEA**.

MOBILITANDO TUTTE LE CONOSCENZE E I MEZZI A NOSTRA DISPOSIZIONE OGGI, CI IMBATTEMMO IN UN'ARCHITETTURA CHE, PER CREARE LE **CONDIZIONI OTTIMALI DI VITA** NEL CLIMA CULTURALE DEGLI EMIRATI, SI FONDAVA SUL SUO **DESIGN** PIÙ CHE SUI **MACCHINARI. CONGEGNARE SENZA CONGEGNI**: UNA **NUOVA ARCHITETTURA VERNACOLARE PER DUBAI.**

NON ERA SOLO **UN'INVERSIONE** DI ROTTA RISPETTO AL TRADIZIONALE SKYLINE AMERICANO COSTITUITO DA GRATTACIELI, MA EVOCAVA ANCHE FORME DELL'ANTICA **SENSIBILITÀ ISLAMICA.**

SOTTO LE VOLTE DELLA CITTÀ APPARVE UN NUOVO TIPO DI SPAZIO PUBBLICO, CHE REINTRODUCEVA IL **SUK OMBREGGIATO ALL'APERTO** COME ALTERNATIVA ALL'ATRIO INTERNO CLIMATIZZATO.

VISTI DA UNA CERTA DISTANZA, I CINQUE PILASTRI DI BAWADI FORMANO LA SAGOMA DI UNA **PIRAMIDE CAPOVOLTA** — ESTREMO SIMBOLO DI **PAZZIA**, CREATO PERÒ ATTRAVERSO **RAGIONAMENTI LOGICI E CALCOLI ELEGANTI.**

IN MEZZO ALLA CORSA AGLI ARMAMENTI ARCHITETTONICI IN ATTO NEGLI EMIRATI ARABI, LA NOSTRA RICERCA DI UN'ARCHITETTURA **VERNACOLARE** PIÙ CHE **SPETTACOLARE** CI AVEVA PORTATI A QUALCOSA DI MOLTO PIÙ **ESPRESSIVO** DI QUANTO POTESSIMO IMMAGINARE...

# CONTINUA...

# BIG CITY

PROGETTI 1999 - 2010

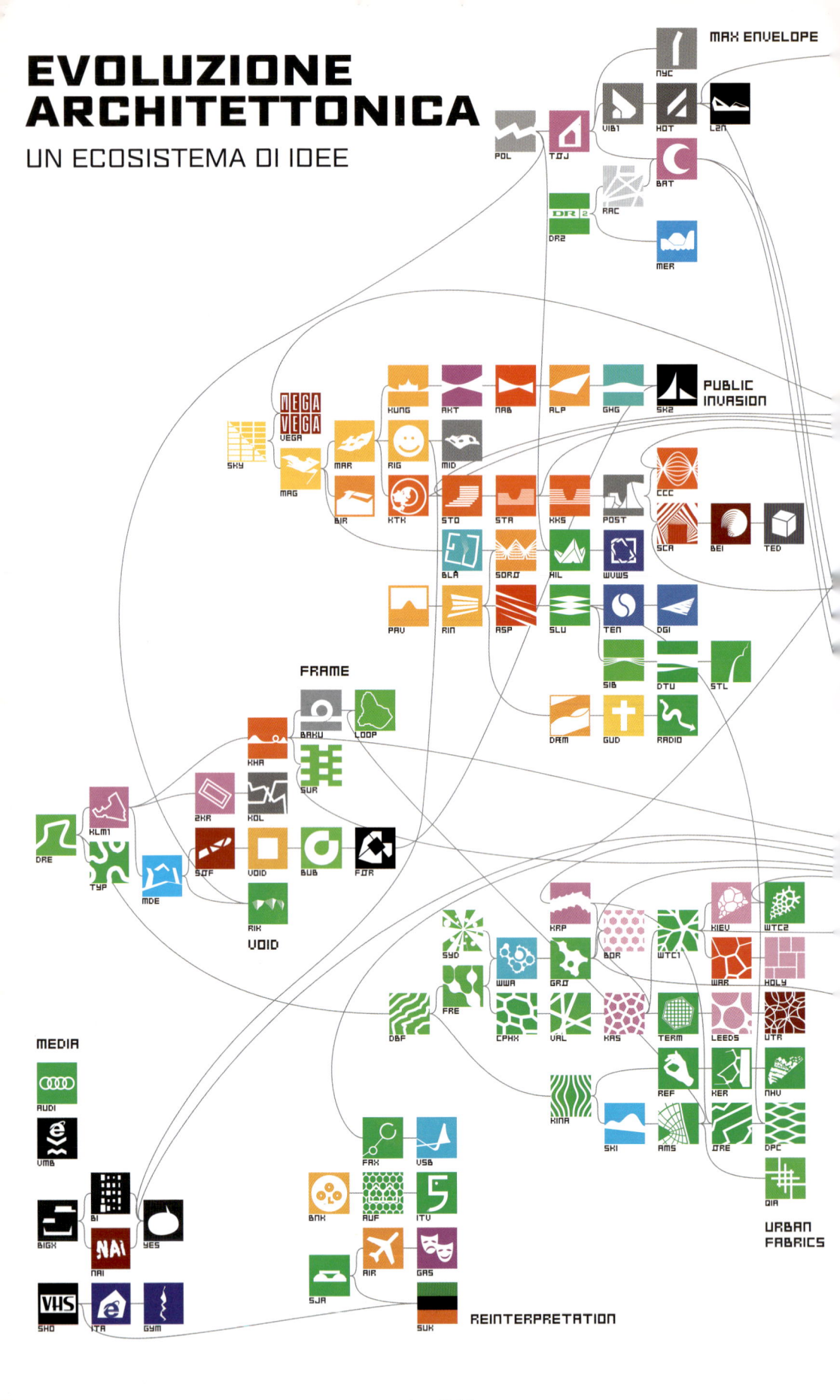

# EVOLUZIONE ARCHITETTONICA
## UN ECOSISTEMA DI IDEE

**MAX ENVELOPE**

**PUBLIC INVASION**

**FRAME**

**VOID**

**MEDIA**

**REINTERPRETATION**

**URBAN FABRICS**

363

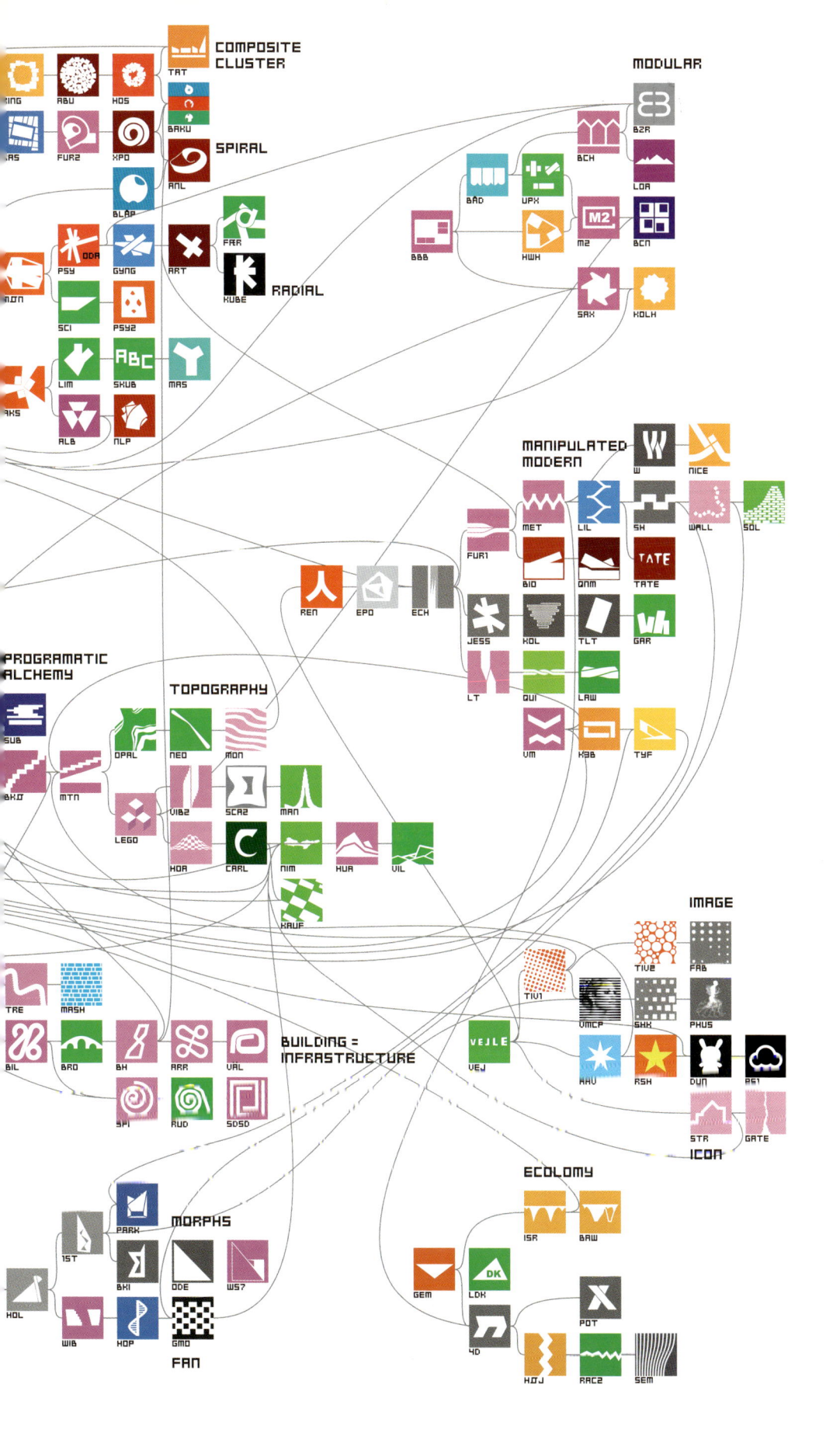

# INDICE DEI PROGETTI
## PROGETTI DI BIG 1999-2010

### REN — PEOPLE'S BUILDING SHANGHAI
DIMENSIONI: 50.000 M2, INTERVENTI AGGIUNTIVI: 500.000 M2 - LOCALIZZAZIONE: WORLD EXPO, SHANGHAI, CN - COLLABORATORI: JDS, AKT

Bjarke Ingels, Andreas Klok Pedersen, Julien De Smedt, Bo Benzon, Jakob Christensen, Jakob Lange, Jan Tanaka, Julie Schmidt-Nielsen, Karsten Hammer Hansen, Andrew Griffen, Christian Dam, Damita Yu, Katrin Betschinger, Kristoffer Harling, Mia Frederiksen, Mia Scheel Kristensen, Nanna Gyldholm Møller, Narisara Ladawal, Sophus Søbye, Thomas Christoffersen

### XPO — THE DANISH EXPO PAVILION 2010
DIMENSIONI: 3.000 M2 - LOCALIZZAZIONE: SHANGHAI, CN - COMMITTENTE: ERHVERVS- OG BYGGESTYRELSEN - COLLABORATOR: ARUP AGU, 2+1, JEPPE HEIN

Bjarke Ingels, Finn Nørkjær, Niels Lund Petersen, Jan Magasanik, Henrick Villemoes Poulsen, Kamil Szoltysek, Cat Huang, Tobias Hjortdahl, Sonja Reisinger, Klaus Tversted, Anders Ulsted, Jan Borgstrøm, Teis Draiby, Pauline Lavie, Daniel Sundlin, Line Gericke, Armen Menendian, Karsten Hammer Hansen, Martin Mortensen

### LDK — LITTLE DENMARK
DIMENSIONI: 100.000 M2 - LOCALIZZAZIONE: COPENAGHEN, DK - COMMITTENTE: DANSK ARKITEKTUR CENTER - COLLABORATORI: JDS, JØRGEN LØGSTRUP, NCC, DR, ARUP

Bjarke Ingels, Julien De Smedt, Andreas Klok Pedersen, Dan Stubbergaard, Anne Louise Breiner, Dhairya Sheel Ramesh Powar, Jakob Christensen, Jakob Lange, Julie Schmidt-Nielsen, Mads Birgens, Mia Frederiksen, Nina Ter-Borch, Ole Schrøder, Uffe Topsøe-Jensen

### VM — VM HOUSES
DIMENSIONI: 25.000 M2 - LOCALIZZAZIONE: COPENAGHEN, DK - COMMITTENTE: HØPFNER A/S, DANSK OLIE KOMPAGNI A/S - COLLABORATORI: JDS, HØPFNER A/S, MOE & BRØDSGAARD

Bjarke Ingels, Julien De Smedt, Thomas Christoffersen, Finn Nørkjær, Henrick Villemoes Poulsen, Alistair Wiliams, Anna Manosa, Anne Louise Breiner, Annette Jensen, Bent Poulsen, Christian Finderup, Claus Tversted, David Zahle, David Vega, Dhairya Sheel Ramesh, Dorte Børresen, Henning Stüben, Ingrid Serritslev, Jakob Christensen, Jakob Lange, Jakob Møller, Jakob Wodschou, Jørn Jensen, Karsten Hammer Hansen, Mads H. Lund, Marc Jay, Maria Yedby Ljungberg, Nadja Cederberg, Nanna Gyldholm Møller, Narisara Ladawal, Ole Elkjær-Larsen, Ole Nannberg, Oliver Grundahl, Sandra Knöbel, Simon Irgens-Møller, Sophus Søbye, Søren Stærmos, Xavier Pavia Pages

### MTN — THE MOUNTAIN
DIMENSIONI: 33.000 M2 - LOCALIZZAZIONE: COPENAGHEN, DK - COMMITTENTI: HØPFNER A/S, DANSK OLIE KOMPAGNI A/S - COLLABORATORI: JDS, MOE & BRØDSGAARD, SLA, FREDDY MADSEN

Bjarke Ingels, Jakob Lange, Finn Nørkjær, Jan Borgstrøm, Henrick Villemoes Poulsen, Julien De Smedt, Annette Jensen, Dariusz Bojarski, David Vega, Dennis Rasmussen, Eva Hviid-Nielsen, João Vieira Costa, Jørn Jensen, Karsten V. Vestergaard, Karsten Hammer Hansen, Leon Rost, Louise Steffensen, Malte Rosenquist, Mia Frederiksen, Ole Elkjær-Larsen, Ole Nannberg, Roberto Rosales Salazar, Rong Bin, Sophus Søbye, Søren Lambertsen, Wataru Tanaka

### 8 — 8 HOUSE + 1 TOWER
DIMENSIONI: 62.000 M2 - LOCALIZZAZIONE: COPENAGHEN, DK - COMMITTENTI: HØPFNER A/S, DANISH OIL COMPANY A/S, STORE FREDERIKSLUND - COLLABORATORI: MOE & BRØDSGAARD, KLAR

Bjarke Ingels, Thomas Christoffersen, Henrik Lund, Rune Hansen, Agustin Perez Torres, Annette Jensen, Carolien Schippers, Caroline Vogelius Wiener, Claus Tversted, David Duffus, Dennis Rasmussen, Finn Nørkjær, Hans Larsen, Jan Magasanik, Jakob Lange, Jakob Monefeldt, Jeppe Marling Kiib, Joost Van Nes, Kasia Brzusnian, Kasper Brøndum Larsen, Louise Hebøll, Maria Sole Bravo, Ole Elkjær-Larsen, Ole Nannberg, Pablo Labra, Pernille Uglvig Jessen, Peter Rieff, Peter Voigt Albertsen, Rasmus Kragh Bjerregaard, Richard Howis, Søren Lambertsen, Eduardo Perez, Ole Schrøder, Ondrej Tichy, Rune Hansen, Sara Sosio, Karsten Hammer Hansen, Christer Nesvik, Søren Peter Kristensen

### SCA — SCALA TOWER
DIMENSIONI: 45.000 M2 - LOCALIZZAZIONE: COPENAGHEN, DK - COMMITTENTE: CENTERPLAN - COLLABORATORI: AK

Bjarke Ingels, Andreas Klok Pedersen, Camilla Hoel Eduardsen, Christian Bratz, Karsten Hammer Hansen, Simon Lyager Poulsen, Ville Haimala, Sara Sosio, Jaulia Szierer, Daichi Takano

### LEGO — LEGO TOWERS
DIMENSIONI: 50.000 M2 - LOCALIZZAZIONE: COPENAGHEN, DK - COMMITTENTE: HALMTORVET 29 A/S - COLLABORATORI: MOE & BRØDSGAARD

Bjarke Ingels, Andreas Klok Pedersen, Jan Borgstrøm, Camilla Hoel Eduardsen, David Vega, Eva Hviid-Nielsen, Tina Lund Højgaard Jensen, Ville Haimala, Doug Stechschulte

### ECH — ESCHER TOWER
DIMENSIONI: 20.000 M2, ALTEZZA: 200 M - LOCALIZZAZIONE: COPENAGHEN, DK - COMMITTENTE: FIRST HOTEL

Bjarke Ingels, Niels Lund Petersen, Bo Benzon, Imke Bahlmann, Krestian Ingemann Hansen, Marc Jay, Matias Labarca Clausen, Mikelis Putrams, Wataru Tanaka, Karsten Hammer Hansen

### TØJ — TØJHUSET
DIMENSIONI: 20.000 M2, ALTEZZA: 200 M - LOCALIZZAZIONE: COPENAGHEN, DK - COMMITTENTE: FIRST HOTEL - COLLABORATORI: JDS, TAKKER

Bjarke Ingels, Niels Lund Petersen, Julien De Smedt, Bo Benzon, Imke Bahlmann, Krestian Ingemann Hansen, Marc Jay, Matias Labarca Clausen, Mikelis Putrams, Roberto Rosales Salazar, Louise Høyer, Jakob Lange, Morten Lomholdt, Nanna Gyldholm Møller, Ole Nannberg

### BAT — THE BATTERY
DIMENSIONI: 20.000 M2 - LOCALIZZAZIONE: COPENAGHEN, DK - COLLABORATORI: JDS, NIRAS A/S, PK3

Bjarke Ingels, Ole Schrøder, Julien De Smedt, Bo Benzon, David Benitez, Eliza Rudkin, Jakob Lange, João Vieira Costa, Karsten Hammer Hansen, Kathrin Gimmel, Krestian Ingemann Hansen, Matias Labarca Clausen, Nanna Gyldholm Møller, Simon Herup, Simon Irgens-Møller, Thomas Garvin, Wataru Tanaka, Carina Kurzhals, Christer Nesvik, Jerome Glay, Lacin Karaöz, Louise Fiil Hansen, Simon Portier, Yuteki Dozono, Michael Ferdinand Eliasen Henriksen, Armen Menendian, Peter Larsson, Henrik Lund, Ondrej Janku

## WTC I — VILNIUS WORLD TRADE CENTER I
DIMENSIONI: 310.000 M2 - LOCALIZZAZIONE: VILNIUS, LT

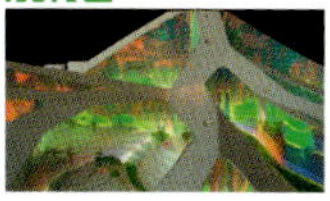

Bjarke Ingels, Ole Schrøder, Karsten Hammer Hansen, Julie Schmidt-Nielsen, Michael Ferdinand Eliasen Henriksen, Jerome Glay, Simon Potier, Hans Bærholm, Marc Jay, Rie Shiomi, Roberto Rosales Salazar, Eva Hviid-Nielsen

## WTC II — VILNIUS WORLD TRADE CENTER II
DIMENSIONI: 200.000 M2 - LOCALIZZAZIONE: VILNIUS, LT COLLABORATORI: NIRAS A/S

Bjarke Ingels, Ole Schrøder, Bo Benzon, David Benitez, Eliza Rudkin, Jakob Lange, João Vieira Costa, Karsten Hammer Hansen, Kathrin Gimmel, Krestian Ingemann Hansen, Matias Labarca Clausen, Nanna Gyldholm Møller, Simon Herup, Simon Irgens-Møller, Thomas Garvin, Wataru Tanaka, Jerome Glay, Julie Schmidt-Nielsen, Simon Portier

## ZIRA — ZIRA ISLAND
DIMENSIONI: 1.000.000 M2 - LOCALIZZAZIONE: BAKU, AZERBAIJAN - COMMITTENTE: AVRO "SITI HOLDING - COLLABORATORI: RAMBØLL

Bjarke Ingels, Andreas Klok Pedersen, Kai-Uwe Bergmann, Sylvia Feng, Kinga Rajczykowska, Pål Arnulf Trodahl, Pauline Lavie, Maxime Enrico, Oana Simionescu, Alex Cozma, Molly Price, Ondrej Janku

## HAV — SUPERHARBOUR
DIMENSIONI: 680 HA - LOCALIZZAZIONE: CINTURA DI FEHMARN, DK - COMMITTENTE: PROGETTO TEDESCO-DANESE IN PARTENARIATO PUBBLICO-PRIVATO - COLLABORATORI: JDS, BRUCE MAU DESIGN

Bjarke Ingels, Julien De Smedt, Andreas Klok Pedersen, Dan Stubbergaard, Anne Louise Breiner, David Zahle, Mads Birgens, Teis Draiby

## VEJ — THE VEJLE HOUSES
DIMENSIONI: 15.000 M2 - LOCALIZZAZIONE: VEJLE, DK - COMMITTENTE: NCC & KUBEN - COLLABORATORI: JDS

Bjarke Ingels, Julien De Smedt, Dan Stubbergaard, Casper Larsen, Eva Hviid-Nielsen, Henning Stüben, Jakob Christensen, Karsten Hammer Hansen, Nanako Ishizuka, Narisara Ladawal, Nina Ter-Borch, Simon Irgens-Møller, Sophus Søbye, Dan Stubbergaard

## W — W TOWERS
DIMENSIONI: 38.000M2 - LOCALIZZAZIONE: PRAGA, CZ - COLLABORATORI: AKT

Bjarke Ingels, Niels Lund Petersen, Jan Magasanik, Kamil Szoltysek

## HOL — HOLBÆK HOTEL
DIMENSIONI: 8.000 M2 - LOCALIZZAZIONE: HOLBÆK, DK - COMMITTENTI: BRAINSTONES, CORRELL EJENDOMME - COLLABORATORI: JDS

Bjarke Ingels, Andreas Klok Pedersen, Julien De Smedt, Jan Tanaka

## KAS — HOLBÆK KASBA
DIMENSIONI: 19.500 M2 - LOCALIZZAZIONE: HOLBÆK, DK - COMMITTENTE: BRAINSTONES

Bjarke Ingels, Jakob Christensen, Julie Schmidt-Nielsen

## 2KR — DOUBLE PERIMETER BLOCK
DIMENSIONI: 32.000 M2 - LOCALIZZAZIONE: HOLBÆK, DK - COMMITTENTE: BRAINSTONES

Bjarke Ingels, Andreas Klok Pedersen, Jakob Christensen, Julie Schmidt-Nielsen, Mariano Castillo, Roberto Rosales Salazar, Simone Cartier

## MET — STRETCH METAL HOUSING
DIMENSIONI: 20.000 M2 - LOCALIZZAZIONE: HOLBÆK, DK - COMMITTENTE: SCHAUMANN

Bjarke Ingels, Andreas Klok Pedersen, Jakob Christensen, Julie Schmidt-Nielsen, Mariano Castillo, Roberto Rosales Salazar, Simone Cartier

## WIB — THE FAN BUILDINGS
DIMENSIONI: 21.000 M2 - LOCALIZZAZIONE: COPENAGHEN, DK - COMMITTENTE: BRYGGEN WATERFRONT APS - COLLABORATORI: JDS, NIRAS A/S

Bjarke Ingels, Jan Borgstrøm, Rasmus Rodam, David Zahle, Thomas Christoffersen, Julien De Smedt, Anders Ulsted, Andreas Ellitsgaard, Christer Nesvik, Christian Brejner, Claus Tversted, Dan Stubbergaard, Jan Tanaka, Kai-Uwe Bergmann, Katrin Betschinger, Kristina Loskotova, Kurt Jensen, Merete Andersen, Morten Hansen, Morten Lomholdt, Nanako Ishizuka, Ole Schrøder, Richard Howis, Sophus Søbye, Thomas Zacek, Tina Lund Højgaard Jensen, Tobias Hjortdal, Junhee Jung, Katrin Betschinger, Mikelis Putrams, Mikkel Marcker Stubgaard, Pernille Uglvig Jessen, Rasmus Sørensen, Annette Jensen, Rune Hansen, Henrik Ulsfort

## MAR — MARITIME YOUTH HOUSE
DIMENSIONI: 2.000 M2 - LOCALIZZAZIONE: COPENAGHEN, DK - COMMITTENTE: KVARTERLØFT COPENHAGEN, LOA FUND - COLLABORATORI: JDS, BIRCH & KROGBOE

Bjarke Ingels, Julien De Smedt, Henning Stüben, Annette Jensen, Dorte Børresen, Finn Nørkjær, Jørn Jensen

## SØF — THE DANISH MARITIME MUSEUM
DIMENSIONI: 17.500 M2 - LOCALIZZAZIONE: HELSINGØR, DK - COMMITTENTE: MUSEO MARITTIMO E DELLA NAVIGAZIONE DANESE - COLLABORATORI: RAMBØLL

Bjarke Ingels, David Zahle, Rune Hansen, Karsten Hammer Hansen, Andy Yu, Pablo Labra, Marc Jay, Kristina Loskotova, Maria Mavrikou, Qianyi Lim, Peter Rieff, Tina Lund Højgaard, Annette Jensen, Johan Cool, Sara Sosio, Todd Bennett

## PSY — PSYCHIATRIC HOSPITAL
DIMENSIONI: 6.000 M2 - LOCALIZZAZIONE: HELSINGØR, DK - COMMITTENTE: CONTEA DI FREDERIKSBORG, HELSINGØR HOSPITAL - COLLABORATORI: JDS, NCC, MOE & BRØDSGAARD

Bjarke Ingels, Julien De Smedt, David Zahle, Jakob Eggen, Leif Andersen, Anders Drescher, Anna Manosa, Annette Jensen, Ask Hvas, Casper Larsen, Christian Finderup, Dennis Rasmussen, Finn Nørkjær, Hanne Halvorsen, Henrik Juel Nielsen, Ida Marie Nissen, Jakob Møller, Jamie Meunier, Jesper Bo Jensen, Jesper Wichmann, Jørn Jensen, Kasper Brøndum Larsen, Lene Nørgaard, Louise Steffensen, Nanna Gyldholm Møller, Simon Irgens-Møller, Thomas Christoffersen, Xavier Pavia Pages

## SJA — SJAKKET YOUTH CLUB
DIMENSIONI: 2.000 M2 - LOCALIZZAZIONE: COPENAGHEN, DK - COMMITTENTI: CENTRO GIOVANILE SJAKKET, REALDANIA - COLLABORATORI: JDS, BIRCH & KROGBOE

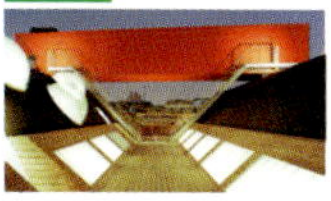

Bjarke Ingels, Julien De Smedt, Sophus Søbye, Bo Benzon, Christian Dam, David Zahle, Julie Schmidt-Nielsen, Kathrin Gimmel, Louise Steffensen, Mia Frederiksen, Nanna Gyldholm Møller, Nina Ter-Borch, Ole Elkjær-Larsen, Ole Nannberg, Olmo Ahlmann, Søren Lambertsen, Narisara Ladawal

## ODA — ODENSE AQUA CENTER
DIMENSIONI: 5.000 M2 - LOCALIZZAZIONE: ODENSE, DK - COMMITTENTI: COMUNE DI ODENSE, REALDANIA - COLLABORATORI: JDS

Bjarke Ingels, Julien De Smedt, Finn Nørkjær, Kurt Jensen, Annette Jensen, Casper Larsen, Christian Guttler, Cristina Garcia Gomez, Eva Hviid-Nielsen, Gianfranco Biagini, Ouüjön Kjartansson, Hanne Halvorsen, Hau Li, Helena Kristina Muhlm, Jakob Lange, Jamie Meunier, Jennifer Dahm Petersen, Jørn Jensen, Karsten Hammer Hansen, Lene Nørgaard, Oliver Grundahl, Peter Voigt Albertsen, Rie Shiomi, Snorre Nash, Thomas Christoffersen, Thomas Tulinius

## STA — STAVANGER CONCERT HALL
DIMENSIONI: 22.000 M2 - LOCALIZZAZIONE: STAVANGER, NO - COMMITTENTI: CONSIGLIO COMUNALE DI STAVANGER, ORCHESTRA SINFONICA DI STAVANGER - COLLABORATORI: JDS

Bjarke Ingels, Julien De Smedt, David Zahle, Alistair Williams, Anders Drescher, Jakob Lange, Karsten Hammer Hansen, Marc Jay, Sandra Knöbel, Sune Nordby, Thomas Christofersen

## BKI — LANDSBANKINN
DIMENSIONI: 20.000 M2 + 13.000 M2 INTERVENTO AGGIUNTIVO - LOCALIZZAZIONE: REYKJAVIK, ISLANDA - COMMITTENTE: LANDSBANKINN - COLLABORATORI: EINRUM, ARKITEO, ANDRI MAGNASON, USA, AKT, TRANSSOLAR

Bjarke Ingels, Thomas Christoffersen, Agustin Perez Torres, Catherine Huang, Janghee Yoo, Junehee Jung, Jung IK Kong, Sonja Reisinger, Jan Magasanik, Maria Glez-Cabanellas, Grisha Zotov, Line Gericke, Marcello Cova, Simon Potier

**SLU · SLUSSEN**
DIMENSIONI: 150.000 M2 - LOCALIZZAZIONE: STOCCOLMA, SE - COMMITTENTE: COMUNE DI STOCCOLMA - COLLABORATORI: AKT, NOD

Bjarke Ingels, Niels Lund Petersen, Jan Magasanik, Daniel Sundlin, Marc Jay, Johan Cool, David Marek, Ole Schrøder, Roberto Rosales Salazar, Maria Mavrikou, Kamil Szoltysek, Ondrej Tichy, Teis Draiby

**BRO · HOUSING BRIDGE**
DIMENSIONI: 100.000 M2 - LOCALIZZAZIONE: COPENAGHEN, DK - COLLABORATORI: JDS

Bjarke Ingels, Andreas Klok Pedersen, Julien De Smedt, Jakob Christensen, Julie Schmidt-Nielsen, Maxime Enrico, Oana Simionescu

**KLM · THE KLOVERMARKEN**
DIMENSIONI: 200.000 M2, 5000 RESIDENZE - LOCALIZZAZIONE: COPENHAGEN, DK - COMMITTENTE: SOCIETA EDILIZIA DI KLOVERMARKEN - COLLABORATORI: JDS

Bjarke Ingels, Andreas Klok Pedersen, Julien De Smedt, Bo Benzon, David Zahle, Jakob Christensen, Julie Schmidt-Nielsen, Ole Schrøder, Stefan Mylleager Frederiksen

**HOLY · HOLY ROAD**
DIMENSIONI: 4.500 M2 - LOCALIZZAZIONE: ATENE, GRE - COMMITTENTE: OLIAROS S.A.

Bjarke Ingels, Andreas Klok Pedersen, Doug Stechschulte, Marie Lancon, Simon Lyager Poulsen, Andy Rah, Kinga Rajczykowska, Ondrej Janku

**HOJ · RØDOVRE TOWER**
DIMENSIONI: 27.500 M2 - LOCALIZZAZIONE: RØDOVRE, DK - COMMITTENTE: COMUNE DI RØDOVRE - COLLABORATORI: RAMBØLL

Bjarke Ingels, Nanna Gyldholm Møller, Frederik Lyng, Pål Arnulf Trodahl, Florian Feddereke, Jacub Chuchlik

**ARL · ARLANDA HOTEL**
DIMENSIONI: 25.000 M2 - LOCALIZZAZIONE: ARLANDA, SE - COMMITTENTE: FIRST HOTEL

Bjarke Ingels, Andreas Klok Pedersen, Douglas Stechschulte, Marie Camille Lancon, Simon Lyager Poulsen, Christer Nesvik, Simon Portier, Roberto Rosales, Sara Sosio

**SHK · THE LEADERSHIP TOWER**
DIMENSIONI: 100.000 M2 - LOCALIZZAZIONE: DUBAI - COMMITTENTE: SAID ABDUL HADI

Bjarke Ingels, Andreas Klok Pedersen, Jakub Chuchlik

**BAW · THE 5 PILLARS OF BAWADI**
DIMENSIONI: 80.000 M2 HOTEL, 110.000 M2 NEGOZI - LOCALIZZAZIONE: DUBAI, EAU - COMMITTENTE: SAID ABDUL HADI - COLLABORATORI: AKT

Bjarke Ingels, Agustin Perez Torres, Ole Schrøder, Enrico Lau, Catherine Huang, Marcello Cova, Ole Storjohann, Lacin Karaöz, Sonja Reisinger, Karsten Hammer Hansen

**BI · ØRESTAD BIOPSY**

Bjarke Ingels, Consulente-Jens Thomas Arnfred

**SHO · SHORTCUT**

Bjarke Ingels, Julien De Smedt - Collaboratore: JDS

**ITA · INFORMATION TECHNOLOGY AND ARCHITECTURE**

Bjarke Ingels, Julien De Smedt - Collaboratori: JDS, E-Tect

**SUB · THE NEW SUBURBS**

Bjarke Ingels, Julien De Smedt - Collaboratore: JDS

**DRE · DREJEN RESIDENTIAL CITY**

Bjarke Ingels, Julien De Smedt - Collaboratore: JDS

**BBB · BETTER AND AFFORDABLE HOUSING**

Bjarke Ingels, Julien De Smedt, Søren Stærmose, Cristina Garcia Gomez, Annette Jensen, Casper Larsen, Claus Tversted, Dan Stubbergaard, David Zahle, Dhairya S. Ramesh Powar, Finn Nørkjær, Gudjon Kjartansson, Hanne Halvorsen, Kasper Brøndum Larsen, Lene Nørgaard, Narisara Ladawal, Nina Ter-Borch, Oliver Grundahl, Thomas Christoffersen, Thomas Tulinius - Collaboratore: JDS

**KTK · THE ROYAL DANISH THEATER**

Bjarke Ingels, Julien De Smedt, Benedicte Erritzøe, Cristina Garcia Gomez, Finn Nørkjær, Gudjon Kjartansson, Jakob Ohm Laursen, Kristain Sejer, Laszlo Fecske, Oliver Grundahl, Thomas Christoffersen, Thomas Tulinius - Collaboratori: JDS, Dr. Dante

**MON · GEOLOGY MUSEUM AND VISITORS CENTER**

Bjarke Ingels, Julien De Smedt, David Zahle, Annette Jensen, Finn Nørkjær, Gudjon Kjartansson, Henrik Juul Nielsen, Lene Nørgaard, Oliver Grundahl, Thomas Tulinius - Collaboratore: JDS

**DBF · DEUTSCHE BAHN FRANKFURT HOUSING QUARTER**

Bjarke Ingels, Julien De Smedt, Gudjon Kjartansson, Henning Stüben, Henrik Juul Nielsen, Ida Marie Nissen, Jamie Meunier, Jesper Reiter, Jeppe Kjærsgaard Jørgensen, Lene Nørgaard, Oliver Grundahl, Thomas Tulinius, Viviana Vidal Iversen - Collaboratori: JDS, Rambøll Nyvig

**BKO · BIKUBEN STUDENT HOUSING**

Bjarke Ingels, Julien De Smedt, Annette Jensen, Gudjon Kjartansson, Henrik Juul Nielsen, Ida Marie Nissen, Jeppe Kjærsgaard, Lene Nørgaard, Oliver Grundahl, Dhairya Sheel Ramesh Powar, Snorre Nash - Collaboratori: JDS, Birch & Krogboe

**GYM · HIGH SCHOOL OF THE FUTURE**

Bjarke Ingels, Julien De Smedt, David Zahle, David Rahle, Henrik Juul Nielsen - Collaboratori: JDS, Kant, Dorte Mandrup

**GEM · GRAND EGYPTIAN MUSEUM**

Bjarke Ingels, Julien De Smedt, Barbara Wolff, Dorte Børresen, Henning Stüben, Henrik Juul Nielsen - Collaboratori: JDS, Reed Kram, Moe & Brødsgaard

## SYD — COPENHAGEN SOUTH HARBOUR

Bjarke Ingels, Julien De Smedt, Dorte Børresen, Henning Stüben, Henrik Juul Nielsen, Jeppe Kjærsgaard Jørgensen, Laszlo Fecske – Collaboratore: JDS

## FRE — FREJA PROPERTY'S ESTATE IN HERSTEDVESTER

Bjarke Ingels, Julien De Smedt, Annette Jensen, Dorte Børresen, Henning Stüben, Jamie Meunier, Thomas Christoffersen, Xavier Pavia Pages – Collaboratore: JDS

## SKY — SKY LOUNGE

Bjarke Ingels, Julien De Smedt – Collaboratore: JDS

## HWH — HARDWOOD HOUSES

Bjarke Ingels, Julien De Smedt, David Zahle, Dhairya Sheel Ramesh Powar, Kasper Brøndum Larsen, Mads H. Lund, Morten Diediskis, Ole Elkjær-Larsen, Ole Nannberg, Peter Voigt Albertsen, Rikke Møller Andersen, Søren Lambertsen, Thomas Christoffersen – Collaboratori: JDS, Moe & Brødsgaard

## PAV — PRAGSBOULEVARD PAVILION

Bjarke Ingels, Julien De Smedt, David Zahle – Collaboratore: JDS

## MAG — HIGH SQUARE MAGASIN DU NORD

Bjarke Ingels, Julien De Smedt, Thomas Christoffersen, Finn Nørkjær, Henrik Juul Nielsen, Jesper Wichmann, Xavier Pavia Pages – Collaboratori: JDS, Birch & Krogboe

## BAD — COPENHAGEN HARBOUR BATH

Bjarke Ingels, Julien De Smedt, Jakob Møller, Finn Nørkjær, Christian Finderup, Henning Stüben, Ingrid Serritslev, Marc Jay – Collaboratori: JDS, Birch & Krogboe, CC-Design

## SCI — COPENHAGEN SCIENCE HOUSE

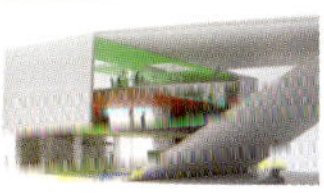

Bjarke Ingels, Julien De Smedt – Collaboratore: JDS

## BNK — COPENHAGEN BUNKERS

Bjarke Ingels, Julien De Smedt, Dorte Børresen – Collaboratore: JDS

## STO — STOCKHOLM CONTEMPORARY DANCE THEATER

Bjarke Ingels, Julien De Smedt, Thomas Christoffersen, Francois Blanciak, Ingrid Serritslev – Collaboratore: JDS

## BLÅ — SPORT AND COMMUNITY CENTER IN NØRREBRO

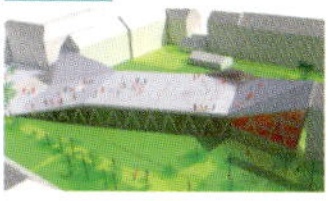

Bjarke Ingels, Julien De Smedt, Dorte Børresen, Ingrid Serritslev, Mads H. Lund, Marc Jay, Thomas Christoffersen – Collaboratore: JDS

## BÅD — PREFABRICATED HOUSEBOATS

Bjarke Ingels, Julien De Smedt, Lars Larsen, Annette Jensen, Jakob Lange, Jesper Bo Jensen, Jørn Jensen, Nanna Gyldholm Møller, Sune Nordby, Thomas Christoffersen, Karsten Hammer Hansen – Collaboratori: JDS, CC-Design

## RSH — RED STAR HARBOUR

Bjarke Ingels, Julien De Smedt, Andreas Klok Pedersen, Anne Louise Breiner, Dan Stubbergaard, Mads Birgens, Teis Draiby Collaboratore: JDS

## RIG — DAUGAVA EMBANKMENT

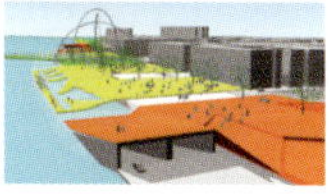

Bjarke Ingels, Julien De Smedt, Jakob Lange – Collabnratore: JDS

## SAX — YOUTH HOUSING IN GLADSAXE

Bjarke Ingels, Julien De Smedt, Lars Larsen, Jakob Lange, Jørn Jensen, Sune Nordby – Collaboratore: JDS

## AKS — ARCTIC CULTURAL CENTER

Bjarke Ingels, Julien De Smedt, Thomas Christoffersen, Dorte Børresen, Karsten Hammer Hansen, Sandra Knöbel – Collaboratori: JDS, Moe & Brødsgaard

## FAX — HOUSEBOAT DOCK IN FAKSE LADEPLADS

Bjarke Ingels, Julien De Smedt, Thomas Christoffersen, Karsten Hammer Hansen – Collaboratori: JNS, CC-Design

## BIR — ROOFTOP TERRACES IN BIRKEGADE

Bjarke Ingels, Julien De Smedt, Thomas Christoffersen, Eva Hvid-Nielsen, Mia Frederiksen, Morten Lomholdt, Nanako Ishizuka – Collaboratore: JDS

## USB — BATHING FACILITIES AND BEACH

Bjarke Ingels, Julien De Smedt, Thomas Christoffersen, Candice Enderlé, Mia Frederiksen, Sophus Søbye – Collaboratore: JDS

## LIM — THE IRISH WORLD PERFORMING ART VILLAGE

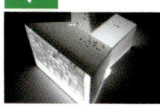

Bjarke Ingels, Julien De Smedt, Thomas Christoffersen, Anders Drescher, Narisara Ladawal, Nina Ter-Borch, Olmo Ahlmann Collaboratore: JDS

| | | | | |
|---|---|---|---|---|
| **WWA** | WHITE WATER ADVENTURE PARK | | **VAL** | VALBY URBAN PLAN |
| | Bjarke Ingels, Julien De Smedt, Thomas Christoffersen, Narisara Ladawal – Collaboratore: JDS | | | Bjarke Ingels, Julien De Smedt, Andreas Klok Pedersen, Christian Dam, Dhairya Sheel Ramesh Powar, Jan Tanaka, Mia Frederiksen, Nanna Gyldholm Møller – Collaboratore: JDS |
| **EPO** | EUROPEAN PATENT OFFICE | | **KKS** | KRISTIANSAND THEATER- OG CONCERTHOUSE |
| | Bjarke Ingels, Julien De Smedt, David Zahle, Annette Jensen, Karsten Hammer Hansen, Nanna Gyldholm Møller, Narisara Ladawal, Nina Ter-Borch – Collaboratori: JDS, Arup | | | Bjarke Ingels, Thomas Christoffersen, David Zahle, Julien De Smedt, Jan Tanaka – Collaboratore: JDS |
| **PSY2** | TRONDHEIM PSYCHIATRIC HOSPITAL | | **HOME** | HOTEL IN CHRISTIANSHAVN |
| | Bjarke Ingels, Julien De Smedt, David Zahle, Christian Dam, Jan Tanaka, Karsten Hammer Hansen – Collaboratori: JDS, White | | | Bjarke Ingels, Julien De Smedt, Andreas Klok Pedersen, Jakob Christensen, Jan Tanaka, Kathrin Gimmel, Simon Irgens-Møller – Collaboratori: JDS, Moe & Brødsgaard |
| **ESSO** | STAVANGER HOUSING AND PARK | | **BCH** | REHABILITATION CENTER IN CHARLOTTENLUND |
| | Bjarke Ingels, Julien De Smedt, Andreas Klok Pedersen, Jan Tanaka, Karsten Hammer Hansen, Nanna Gyldholm Møller, Nicola Schiaffano – Collaboratori: JDS, BDA | | | Bjarke Ingels, Julien De Smedt, Cristina Garcia Gomez, Annette Jensen, Casper Larsen, Claus Tversted, Dan Stubbergaard, David Zahle, Dhairya Sheel Ramesh Powar, Finn Nørkjær, Gudjon Kjartansson, Hanne Halvorsen, Kasper Brøndum Larsen, Lene Nørgaard, Narisara Ladawal, Nina Ter-Borch, Oliver Grundahl, Søren Stærmos, Thomas Christoffersen, Thomas Tulinius – Collaboratore: JDS |
| **AIR** | COPENHAGEN AIRPORT | | **B2R** | BRUUNS BAZAAR SCANDINAVIAN STORES |
| | Bjarke Ingels, David Zahle, Julien De Smedt, Candice Enderlé, Christian Dam, Louise Heball, Nanako Ishizuka, Niels Brockenhuus, Niels Lund Petersen, Ole Elkjær-Larsen, Peter Larsson, Peter Voigt Albertsen, Simon Herup, Thomas Garvin – Collaboratore: JDS | | | Bjarke Ingels, Julien De Smedt, Ole Schrøder, Ali Tabatabai, Bo Benzon, Candice Enderlé, Christian Dam, João Vieira Costa, Karsten Hammer Hansen, Peter Larsson, Stefan Mylleager Frederiksen – Collaboratore: JDS |
| **K3B** | ØRESTAD CITY HOUSING | | **AUF** | AALBORG UNIVERSITET |
| | Bjarke Ingels, Julien De Smedt, Thomas Christoffersen, Annette Jensen, Damita Yu, Karsten Hammer Hansen, Mia Frederiksen, Nanna Gyldholm Møller, Sophus Søbye, Tina Kortmann – Collaboratore: JDS | | | Bjarke Ingels, Julien De Smedt, Karsten Hammer Hansen, Peter Berg – Collaboratore: JDS |
| **POL** | HAMBROGSGADE OFFICE BUILDING | | **SKUB** | CULTURE CENTER IN ORDRUP |
|   | Bjarke Ingels, Julien De Smedt, Andreas Klok Pedersen, Candice Enderlé, Christian Dam, Jan Tanaka, Katrin Betschinger, Mia Frederiksen, Nanna Gyldholm Møller – Collaboratori: JDS, Moe & Brødsgaard | | | Bjarke Ingels, Julien De Smedt, Andreas Klok Pedersen, Jakob Lange – Collaboratori: JDS, Nord |
| **RIN** | RINGKØBING CULTURAL WATERFRONT | | **1ST** | 1ST HOTEL AND CONFERENCE CENTER |
| | Bjarke Ingels, Julien De Smedt, Thomas Christoffersen, Jan Tanaka, Karsten Hammer Hansen, Tina Kortmann – Collaboratore: JDS | | | Bjarke Ingels, Andreas Klok Pedersen, Julien De Smedt, Bo Benzon, Christian Bay, Damita Yu, Enrico Lau, Jakob Christensen, Jan Tanaka, Julie Schmidt-Nielsen, Karla Spennrath, Karsten Hammer Hansen, Kathrin Gimmel, Peter Larsson, Simon Irgens, Qianyi Lim, Søren Lambertsen, Thomas Garvin – Collaboratore: JDS |
| **TIV1** | TIVOLI CONCERT HOUSE | | **TYP** | DRAGON HOUSING |
| | Bjarke Ingels, Julien De Smedt, Nanna Gyldholm Møller, Nanako Ishizuka – Collaboratore: JDS | | | Bjarke Ingels, Julien De Smedt, Morten Lomholdt, Bo Benzon, Ole Nannberg – Collaboratore: JDS |
| **DAM** | THE FUTURE OF DAMMING | | **KUNG** | UMEÅ CITY HALL SQUARE |
| | Bjarke Ingels, Julien De Smedt, Dan Stubbergaard, Jakob Christensen, Tove Fogelström – Collaboratore: JDS | | | Bjarke Ingels, Andreas Klok Pedersen, Julien De Smedt, Jakob Christensen, Jan Tanaka – Collaboratori: JDS, White A/S |

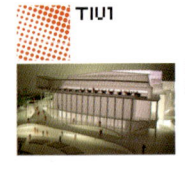

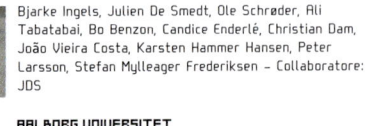

**RAC** — STATE ADMINISTRATIVE CITY

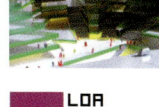

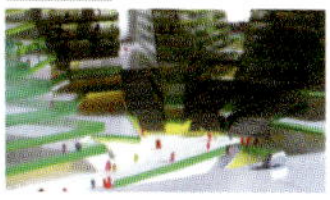

Bjarke Ingels, Julien De Smedt, Simon Irgens, Catherine Huang, Enrico Lau, Jerome Glay, Jonas Lehmann, Nanna Gyldholm Møller, Ondrej Tichy, Sebastian Frerichs, Kathrin Gimmel, Karsten Hammer Hansen – Collaboratore: JDS

**LOA** — SPORTS CENTER

Bjarke Ingels, Julien De Smedt, Ole Schrøder, Jakob Lange, Jakob Christensen, Jan Tanaka – Collaboratore: JDS

**MER** — DOLPHINARIUM AND WELLNESS CENTRE

Bjarke Ingels, Julien De Smedt, Simon Herup, David Benitez, Jakob Lange, João Vieira Costa, Julie Schmidt-Nielsen, Karla Spennrath, Karsten Hammer Hansen, Kathrin Gimmel, Leon Rost, Yooju Yooju – Collaboratore: JDS

**KRI** — KRISTIANSAND AQUA CENTER

Bjarke Ingels, Jennifer Dahm Petersen, Rikke Møller Andersen, Jakob Christensen, David Benitez, Julie Schmidt-Nielsen, Christian Dam – Collaboratore: JDS

**AKT** — CULTURE PAVILION

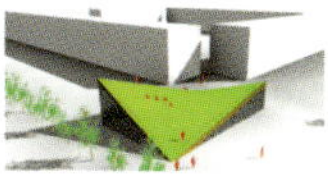

Bjarke Ingels, Julien De Smedt, Ole Schrøder, Jakob Lange, Jan Tanaka, Mia Frederiksen – Collaboratori: JDS, Pihl A/S, Tækker A/S

**BIL** — CAR PARK AND HOUSING

Bjarke Ingels, Julien De Smedt, Jennifer Dahm Petersen, Louise Heball, Peter Larsson, Thomas Garvin, David Benitez – Collaboratore: JDS

**DR2** — DR2

Bjarke Ingels, Julien De Smedt, Andreas Klok Pedersen, Jakob Lange – Collaboratore: JDS

**KRP** — KRØYERS PLADS

Bjarke Ingels, Julien De Smedt, David Zahle, Bo Benzon, David Vega, Jakob Christensen, Jennifer Dahm Petersen, Kathrin Gimmel, Marc Jay, Peter Larsson, Peter Gavin Kornerup, Peter Voigt Albertsen, Simon Irgens-Møller – Collaboratori: JDS, NCC, Carlyle Group

**POST** — STAVANGER POST OFFICE

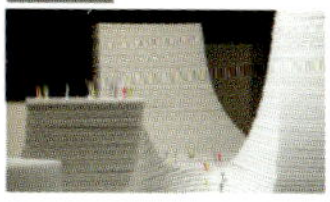

Bjarke Ingels, Julien De Smedt, Jakob Christensen, Kathrin Gimmel – Collaboratore: JDS

**UPX** — UPPER TEN TYPEHOUSES

Bjarke Ingels, Julien De Smedt, Nanna Gyldholm Møller, Morten Lomholdt, Ole Nannberg – Collaboratore: JDS

**MID** — BANK HEADQUARTERS IN MIDDELFART

Bjarke Ingels, Julien De Smedt, Karsten Hammer Hansen, Louise Heball – Collaboratore: JDS

**NAB** — NORTH ATLANTIC CULTURE HOUSE

Bjarke Ingels, Julien De Smedt, Andreas Klok Pedersen, Jakob Christensen, Jan Tanaka, Simon Irgens-Møller – Collaboratore: JDS

**M2** — M2 TYPE HOUSES

Bjarke Ingels, Julien De Smedt, Kurt Jensen, Bo Benzon, Casper Larsen, David Vega, David Zahle, Hao Li, Jeppe Ecklon, Karsten Hammer Hansen, Kasper Brøndum Larsen, Livia Paula Zanelli De Morais, Nanna Gyldholm Møller, Ole Elkjær-Larsen, Ole Nannberg, Peter Voigt Albertsen, Sophus Søbye, Tina Lund Højgaard Jensen – Collaboratore: JDS

**MAS** — MULTI-PURPOSE HALLS IN ASSENS

Bjarke Ingels, Julien De Smedt, Eva Hviid-Nielsen, Katrin Betschinger – Collaboratore: JDS

**SKI** — TRYSIL SKI RESORT

Bjarke Ingels, Jakob Lange, Benny Jepsen, Jakob Christensen, Jørgen Smeby, Kathrin Gimmel, Nina Soppelsa, Sara Almstrup

**NYAC** — HOTEL, RESTAURANT AND CLUB

Bjarke Ingels, Jakob Lange, Thomas Christoffersen, Bo Benzon, David Zahle, Maria Sole Bravo

**FUR I** — VILLA FUR

Bjarke Ingels, Bo Benzon, Sophus Søbye, Ondrej Tichy, Roberto Rosales Salazar, Jeppe Ecklon, Karin Björsmo

**FUR II** — VILLA FUR II

Bjarke Ingels, Thomas Christoffersen, Junhee Jang, Catherine Huang, Marie Olez-LaBallas

**GAS** — INTERNAL EXPANSION OF ØSTRE GASVÆRK TEATER

Bjarke Ingels, Simon Irgens, Henrik Schafranek, Lorenzo Pannot

**MDE** — MARINA DEL ESTE HOTEL

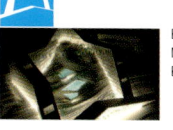

Bjarke Ingels, Andreas Klok Pedersen, Julie Schmidt-Nielsen, Eva Hviid-Nielsen, Jakob Christensen, Bo Benzon, Peter Gavin Kornerup

**MGS** — MARGRETHESTADEN

Bjarke Ingels, Andreas Klok Pedersen, Daichi Takano, Julie Schmidt-Nielsen, Peter Larsson, Simone Cartier

**VIB I** — VIBENHUS OFFICE BUILDING

Bjarke Ingels, Thomas Christoffersen, Marc Jay, Andy Yu, David Marek, Qianyi Lim, Roberto Rosales Salazar, Simone Cartier, Wataru Tanaka, Jakob Henke

**VIB II** — VIBENHUS HIGH-RISE

Bjarke Ingels, Marc Jay, Andy Yu, Qianyi Lim

**ALB** — HERSTEDLUND COMMUNITY TOWER

Bjarke Ingels, Mark Jay, Roberto Rosales Salazar

**DUN** — THE DUNNY SHOW

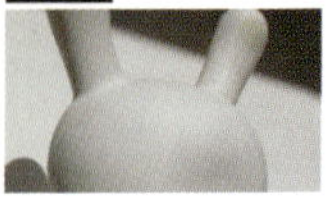

Bjarke Ingels, Andreas Klok Pedersen, David Vega

**HIL** — HILLERØD

Bjarke Ingels, Ole Schrøder, Andy Yu, David Vega, Jakob Lange, Kristoffer Harling, Roberto Rosales Salazar, Ville Haimala

**GRO** — GRØNTTORVET HILLS

Bjarke Ingels, Jakob Lange, David Vega, David Zahle, Hans Bærholm, Louise Høyer, Peter Gavin Kornerup, Rie Shiomi

**BIO** — MOVIE THEATER IN NYKØBING

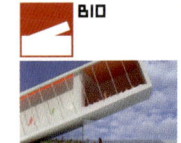

Bjarke Ingels, Krestian Ingemann Hansen, Mikelis Putrams, Joshua Petrie, Roberto Rosales Salazar

**ITU** — IT INCUBATOR

Morten Lomholdt, Rie Shinmi, Peter Kornerup

**KINA** — YANCHENG + PIZHOU

Bjarke Ingels, Niels Lund Petersen, Nanna Gyldholm Møller, David Vega, Roberto Rosales Salazar

**TIV II** — TIVOLI RETAIL SHOP

Bjarke Ingels, Niels Lund Petersen, Julien De Smedt, Karsten Hammer Hansen, Louise Høyer, Nanako Ishizuka, Nanna Gyldholm Møller, Rie Shiomi, Stefan Mylleager

**NLP** — NATIONAL LIBRARY OF THE CZECH REPUBLIC

Bjarke Ingels, Kathrin Gimmel, David Vega, Henrik Schafranek, Jan Magasanik, Kai-Uwe Bergmann, Krestian Ingemann Hansen, Marc Jay, Mariano Castillo, Matias Labarca Clausen, Ondrej Tichy, Simone Cartier

**ASP** — ASPLUND LIBRARY EXTENSION

Bjarke Ingels, Krestian Ingemann Hansen, Christer Nesvik, David Zahle, Jan Magasanik, Kai-Uwe Bergmann, Kathrin Gimmel, Nanna Gyldholm Møller, Ondrej Tichy

**ISR** — ISRAEL'S SQUARE

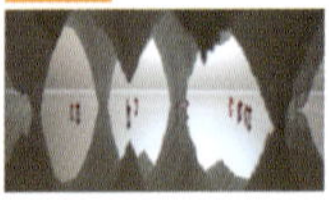

Bjarke Ingels, Niels Lund Petersen, Mikelis Putrams, Nanna Gyldholm Møller, Rie Shiomi, Andy Yu

**JESS** — JESSHEIM HOTEL

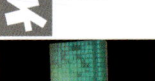

Bjarke Ingels, Marc Jay, Rasmus Rodam, Andy Yu, Christian Brejner, David Vega, Eva Hviid-Nielsen, Jan Borgstrøm, Kristoffer Harling, Matias Labarca Clausen, Martin Hejl, Jin Kyung Park, Masatoshi Oka, Maria Glez-Cabanellas, Armen Menendian

**NAI** — NEW FACES IN EUROPEAN ARCHITECTURE

Bjarke Ingels, Eva Hviid-Nielsen, Joshua Petrie, Mikelis Putrams

**LIL** — HAFJELL SKI RESORT

Bjarke Ingels, Jakob Lange, Andy Yu, Camilla Hoel Eduardsen, Dariusz Bojarski, David Marek, David Vega, Merete Kinnerup Andersen, Pablo Labra

**BCN** — BARCELONA PROTOTYPE

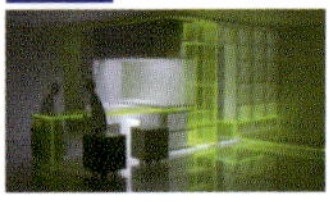

Bjarke Ingels, Maria Sole Bravo, Christian Bratz, Jeppe Ecklon, Louise Fiil Hansen, Michael Ferdinand Eliasen Henriksen, Teis Draiby

**TRE** — TRETORN RESIDENCES

Bjarke Ingels, Andreas Klok Pedersen, Agustin Perez Torres, Camilla Hoel Eduardsen, David Vega, Jakob Lange, Rasmus Rodam

**OPAL** — OPALTORGET URBAN STUDY

Bjarke Ingels, Rasmus Rodam, Niels Lund Petersen, David Marek, Maria Mavrikou, Roberto Rosales Salazar, Sonja Reisinger, Helene Käschel, Jin Kyung Park

## BI — BIG IDEAS EXHIBITION

Bjarke Ingels, Jan Magasanik, Ondrej Tichy, Henrik Schafranek, Jakob Monefeldt, Peter Rieff, Jonas Bülow-Olsen Wolffbrandt

## MEGA VEGA — MEGA VEGA

Bjarke Ingels, Jakob Lange, Andreas Klok Pedersen, Lenka Lesso, Maria Sole Bravo, Pablo Labra, Peter Rieff, Tina Lund Højgaard Jensen, Yuteki Dozono

## NEO — NEOPOLIS TECHNOPARK

Bjarke Ingels, Eva Hviid-Nielsen, Nanna Gyldholm Møller, Ondrej Tichy, Teis Draiby

## TYF — TYPHOON

Bjarke Ingels, Marc Jay, Andy Yu, Armen Menendian, Carina Kurzhals, Enrico Lau, Jeppe Marling Kiib, Julie Schmidt-Nielsen, Karsten Hammer Hansen, Luis Felipe González Delgado, Martin Hejl, Masatoshi Oka, Sigurd Elling

## WAR — WARSAW MUSEUM OF MODERN ART

Bjarke Ingels, David Zahle, Agustin Perez Torres, Andy Yu, David Vega, Jan Magasanik, Kai-Uwe Bergmann, Kristina Loskotova, Louise Hansen, Marc Jay, Pablo Labra, Peter Larsson, Peter Rieff, Simon Lyager Poulsen, Tina Lund Højgaard Jensen

## PARK — PARKEN NEW SPORTS ARENA

Bjarke Ingels, Niels Lund Petersen, Nanna Gyldholm Møller, Cat Huang, Jonas Lehmann, Ondrej Tichy, Brian Yang

## SOR.Ø — HOUSING, RETAIL AND PARKING IN SOR.Ø

Bjarke Ingels, Nanna Gyldholm Møller, Byungki Kim, Eva Hviid-Nielsen, Niels Lund Pedersen, Julie Schmidt-Nielsen, Ondrej Tichy, David Marek, Liva Paula Zanelli De Morais, Maria Mavrikou

## RUD — RUDKØBING LANGELAND MASTERPLAN

Bjarke Ingels, Peter Larsson, Jakob Lange, Joost Van Nes, Yuteki Dozono

## CARL — CARLSBERG CAMPUS

Bjarke Ingels, Ole Schrøder, David Marek, Kai-Uwe Bergmann, Louise Fiil Hansen, Michael Ferdinand Eliasen Henriksen, Ondrej Tichy - Collaboratori: Cobe, e-Types, Cowi, SLA, Gallery VI

## BOR — BORGERGADE HOUSING

Bjarke Ingels, Marc Jay, David Zahle, Martin Hejl, Jennifer Myers, Masatoshi Oka, Jan Borgstrøm

## REF — REFSHALEØEN STUDY

Bjarke Ingels, Ole Schrøder, Michael Ferdinand Eliasen Henriksen

## RADIO — RADIOHUSET

Bjarke Ingels, Niels Lund Petersen, Andy Yu, Carina Kurzhals, Daichi Takano, Kamil Szoltysek, Julia Szierer, Daniel Sundlin, Joanna Gasparski.

## KIEV — HOUSING, RETAIL AND PARKING IN KIEV

Bjarke Ingels, Nanna Gyldholm Møller, Ondrej Tichy, David Marek, Liva Paula Zanelli De Morais, Eva Hviid-Nielsen, Julie Schmidt-Nielsen, Teis Draiby, Lenka Lesso, Daichi Takano - Collaboratore: Zotov & Co

## TATE — TATE MOBILE

Bjarke Ingels, Niels Lund Petersen, Brian Yang, Cat Huang, Yuteki Dozono, Andreas Klok Pedersen

## GUD — SDR. TRANDERS

Bjarke Ingels, Jeppe Ecklon, Peter Larsson

## BIGX — COPENHAGEN EXPERIMENTS, STOREFRONT

Bjarke Ingels, Kai-Uwe Bergmann, Jan Magasanik, Doug Stechschulte, Lacin Karaöz, Marie Camille Lancon, Toke Nielsen, Wayne Congar, Kinga Rajczykowska

## HOA — HANDBALL ARENA AND HOUSING

Bjarke Ingels, David Zahle, Andy Yu, Pablo Labra

## KERT — KERTEMINDE HARBOUR FRONT

Bjarke Ingels, Julie Schmidt-Nielsen, Simon Portier - Collaboratore: KLAR

## TERM — SANTA CESAREA TERME

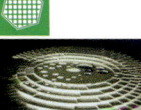

Bjarke Ingels, Julie Schmidt-Nielsen, Ole Schrøder, Peter Larsson, Sara Sosio, Martin Hejl, Qianyi Lim - Collaboratore: SLA

## VOID — VOID HOUSE

Bjarke Ingels, Jakob Lange, Merete Kinnerup Andersen, David Zahle, Sonja Reisinger, Po Yuan Lin, Line Gericke, Annette Jensen, Anders Ulsted, Helene Käschel, Alexandru Marian Cozma, Hanna Johansson

### RING — RING HOUSE

Bjarke Ingels, Jakob Lange, Merete Kinnerup Andersen, David Zahle, Sonja Reisinger, Po Yuan Lin, Line Gericke, Annette Jensen, Anders Ulsted, Helene Käschel, Alexandru Marian Cozma, Hanna Johansson

### ØRE — ØRESUNDSPARKEN

Bjarke Ingels, Ole Schrøder, David Zahle, Jerome Glay, Simon Potier, Nanna Gyldholm Møller, Marcello Cova, Lacin Karaöz, Marcello Cova, Ole Storjohann, Frederik Lyng, Pål Arnulf Trodahl, Joanna Gasparski, Jonas Lehmann, João Albuquerque, Alexandru Marian Cozma

### SUK — SUPERKILEN

Bjarke Ingels, Nanna Gyldholm Møller, Mikkel Stubgaard, Jonas Lehmann, Lacin Karaöz, Ondrej Tichy, Jan Borgstrøm, Jonas Barre, Nicklas Antoni Rasch – Collaboratori: Topotek1, Superflex, Help PR & Communication, Lemming Eriksson

### MONT — MONTENEGRO RESIDENCES

Bjarke Ingels, Rune Hansen, Armen Menendian, Grisha Zotov, Sebastian Frerichs, Brian Yang, Morten Wulff

### TEN — TIANJIN TENNIS CENTER

Bjarke Ingels, Andreas Klok Pedersen, Christer Nesvik, Doug Stechschulte, Grisha Zotov, Marie Camille Lancon, Simon Lyager Poulsen

### BLÅP — THE BLUE PLANET

Bjarke Ingels, David Zahle, Karsten Hammer Hansen, Cat Huang, Enrico Lau, Frederik Lyng, Pål Arnulf Trodahl, Line Gericke – Collaboratori: Arup Agu, Vogt, Battle Maccarthy

### 4D — ZIG ZAG HOUSING AND OFFICES

Bjarke Ingels, Niels Lund Petersen, Brian Yang, Catherine Huang, Enrico Lau – Collaborator: AKT

### HOT — HOTEL STAVANGER

Bjarke Ingels, Nanna Gyldholm Møller, Pål Arnulf Trodahl, Jonas Lehmann, Luis Delgado, Frederik Lyng, Morten Wulff, Line Gericke, Niels Lund Petersen, Armen David Menendian

### SH — SOUTH HARBOUR OFFICE AND HOUSING

Bjarke Ingels, Marc Jay, Masatoshi Oka, Sigurd Elling, Jennifer Myers

### STR — STRANDPROMENADEN

Bjarke Ingels, Andreas Klok Pedersen, Marie Camille Lancon, Doug Stechschulte, Andy Rah, Tobias Hjortdal, Jan Borgstrøm, Kinga Rajczykowska

### LEEDS — LEEDS SHOPPING AND HOUSING

Bjarke Ingels, Jakob Lange, Bo Benzon, Jerome Glay, Merete Kinnerup Andersen – Collaboratore: Heatherwich Studio

### ARR — ARRIVA

Bjarke Ingels, Thomas Christoffersen, Janghee Yoo, Junhee Jung

### RAC2 — RAC2 BRUXELLES

Bjarke Ingels, Nanna Gyldholm Møller, Jonas Lehmann, Brian Yang, Cat Huang, Enrico Lau, Jerome Glay, Sebastian Frerichs

### KOL — MOTEL KOLDING

Bjarke Ingels, Rune Hansen, Armen Menendian, Sebastian Frerichs, Grisha Zotov, Morten Wulff

### FAB — FABRIKKEN OFFICES

Bjarke Ingels, Kai-Uwe Bergmann, Marc Jay, Louis Filipe González Delag, Tobias Hjortdal, Bo Benzon, Rasmus Rodam, Armen Menendian, Kinga Rajczykowska, John Clark, Masatoshi Oka, Sigurd Elling, Jennifer Myer, Enrico Lau, Jan Borgstrøm

### ODE — ODENPLAN OFFICES

Bjarke Ingels, Rasmus Rodam, Sonja Reisinger, Maria Glez-Cabanellas, Masatoshi Oka, Jung Ik Hong, Morten Wulff, Armen Menendian, Jin Kyung Park, Daniel Sundlin

### KOLH — STUDENT HOUSING FOR KØPFNER

Bjarke Ingels, David Zahle, Julie Schmidt-Nielsen, Jonas Lehmann, Pål Arnulf Trodahl, Armen Menendian, Enrico Lau, Luis Delgado, Jakob Lange, Pauline Lavie, Simon Potier, Kamil Szoltysek

### BAKU — BAKU VILLAS

Bjarke Ingels, Doug Stechschulte, Kai-Uwe Bergmann, Jakob Lange, Sonja Reisinger, John Clark, Todd Bennett Collaboratore: Rambøll

### POT — POTSDAMER PLATZ BERLIN

Bjarke Ingels, Jakob Lange, Carolien Schippers, Merete Kinnerup Andersen, Sebastian Frerichs

### ABU1 — ABU DHABI EXHIBITION CENTER

Bjarke Ingels, Kai-Uwe Bergmann, Ole Storjohann, Marcello Cova, Andy Rah, Sonja Reisinger, Sara Sosio, Helene Käschel – Collaboratori: AKT, Realities United

### ABU — KHALIFA PARK
Bjarke Ingels, Kai-Uwe Bergmann, Andreas Klok Pedersen, Marie Camille Lancon, Jung Ik Hong, Morten Wulff, Andy Rah, Ole Storjohann, Marcello Cova, Helene Käschel — Collaboratori: AKT, Realities United

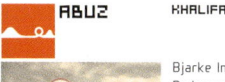

### UTR — UTRECHT LIBRARY
Bjarke Ingels, Andreas Klok Pedersen, Doug Stechschulte, Marie Camille Lancon, Jung Ik Hong, Maria Glez-Cabanellas

### DGI — DGI HOLBÆK
Bjarke Ingels, Thomas Christoffersen, Janghee Yoo, Junhee Jung, Marie Camille Lancon, Doug Stechschulte, Frederik Lyng, Nanna Gyldholm Møller

### HUA — HUAXI
Bjarke Ingels, Niels Lund Petersen, Andy Rah, Ole Storjohann, Daniel Sundlin, Kinga Rajczykowska, Sylvia Feng

### QUI — QUINGDAO BRIDGE
Bjarke Ingels, Masatoshi Oka, Jung Ik Hong, Maria Glez-Cabanellas, Daniel Sundlin, Rasmus Rodam

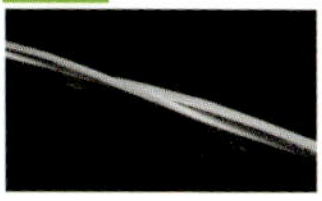

### GYNG — GYNGEMOSEHALLEN
Bjarke Ingels, Masatoshi Oka, David Zahle, Todd Bennett, Ken Aoki — Collaboratore: Pihl

### NHV — NORTH HARBOUR MASTERPLAN
Bjarke Ingels, Ole Schrøder, Michael F. Eliasen Henriksen, Hanna Johansson, Joanna Gasparski, Joan Albuquerque, Kai-Uwe Bergmann, Karsten Hammer Hansen — Collaboratori: PK3, Cowi

### PHUS — PARKING HOUSE KOLDING
Bjarke Ingels, Rune Hansen, Armen Menendian, Jakub Chuchlik, Morten Wulff, Grisha Zotov

### DPC — DANUBIN PARK
Bjarke Ingels, Nanna Gyldholm Møller, David Zahle, Gabrielle Nadeau, Frederik Lyng

### HOS — HOSPICE SØNDERGÅRD
Bjarke Ingels, Nanna Gyldholm Møller, Jan Borgstrøm, Frederik Lyng, Gabrielle Nadeau, Rune Hansen

### KOLH — HOTEL KOLDING
Bjarke Ingels, Jakob Lange, Pål Arnulf Trodahl, Pauline Lavie — Collaboratore: Niras

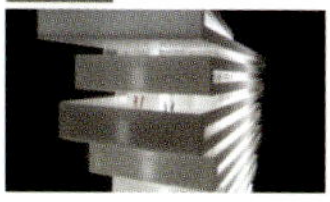

### RIK — MARIEBERG STOCKHOLM
Bjarke Ingels, Nanna Gyldholm Møller, Jakob Lange, Pauline Lavie, Armen Menendian, Frederik Lyng, Gabrielle Nadeau, Alexandru Marian Cozma, Oana Simionescu

### BEI — BEIRUT CULTURAL CENTER
Bjarke Ingels, Thomas Christoffersen, Jakob Henke, Anders Bergmann, Amy Campbell, Daniel Sundlin, Harry Kristoffer Weiss, Christian Alvarez Gomez

### GMO — GMOMA EXHIBITION
Bjarke Ingels, Thomas Christoffersen, Jakob Henke

### TAT — TALLINN TOWN HALL
Bjarke Ingels, Jakob Lange, Ondrej Janku, Hanna Johansson, Daniel Sundlin, Harry Wei, Alex Cozma, Jin-Kyung Park — Collaboratori: AKT, Grontmij-Carl Bro, Rambøll, Allianss Arhitektid Du

### TAM — TAMAYO CULTURAL CENTER
BIG & Rojkind Arquitectos — BIG: Bjarke Ingels, Andreas Klok Pedersen, Pauline Lavie, Maxime Enrico, Pål Arnulf Trodahl. Rojkind Arquitectos: Michel Rojkind, Agustín Pereyra, Monica Orozco, Ma. Fernanda Gómez, Tere Levy, Isaac Smeke, Juan José, Barrios, Roberto Gil Will, Joe Tarr — Collaboratori: Romo y Asociados, ENTORNO, Ernesto Moncada, Glessner Group

### YES — YES IS MORE
Bjarke Ingels, Bo Benzon, Joanna Gasparski, Ken Aoki, Sebastian Latz, Gabrielle Nadeau, Frederik Lyng, Jakob Lange, Jonas Barre, Jin Kyung Park, Todd Bennett, Juhan Cool, Pauline Lavie, Thomas Christoffersen, Kai-Uwe Bergmann, Darja Pahhota, Hanna Johansson, Andreas Pedersen, Elisabeth Ginsberg, David Zahle, Armen Menendian

### KAUF — METROZONE HAMBURG
BIG, Toontek! & Grontmij I Carl Bro. BIG: Bjarke Ingels, Ole Schrøder, Kai-Uwe Bergmann, Oana Simionescu, Christian Alvarez Gomez, Alex Cozma, Karsten Hammer Hansen, Todd Bennett, Gabrielle Nadeau, Frederik Lyng, Ole Storjohann, Hanna Johansson, Sebastian Latz

### ANL — ASTANA NATIONAL LIBRARY
Bjarke Ingels, Thomas Christoffersen, Mitesh Dixit, Amy Campbell, Pavel Lysikhin, Jakob Henke, Johan Cool, Jonas Barre, Daniel Sundlin, Armen Menendian, Roza Matveeva, Stanley Lung — Collaboratori: Arup Agu, Rambøll, PKK

### BAKU — BAKU BOULEVARD
Bjarke Ingels, Alex Cozma, Andreas Klok Pedersen, Harry Wei, Maxime Enrico, Ondrej Janku, Flavien Menu

# YES IS MORE @ DAC

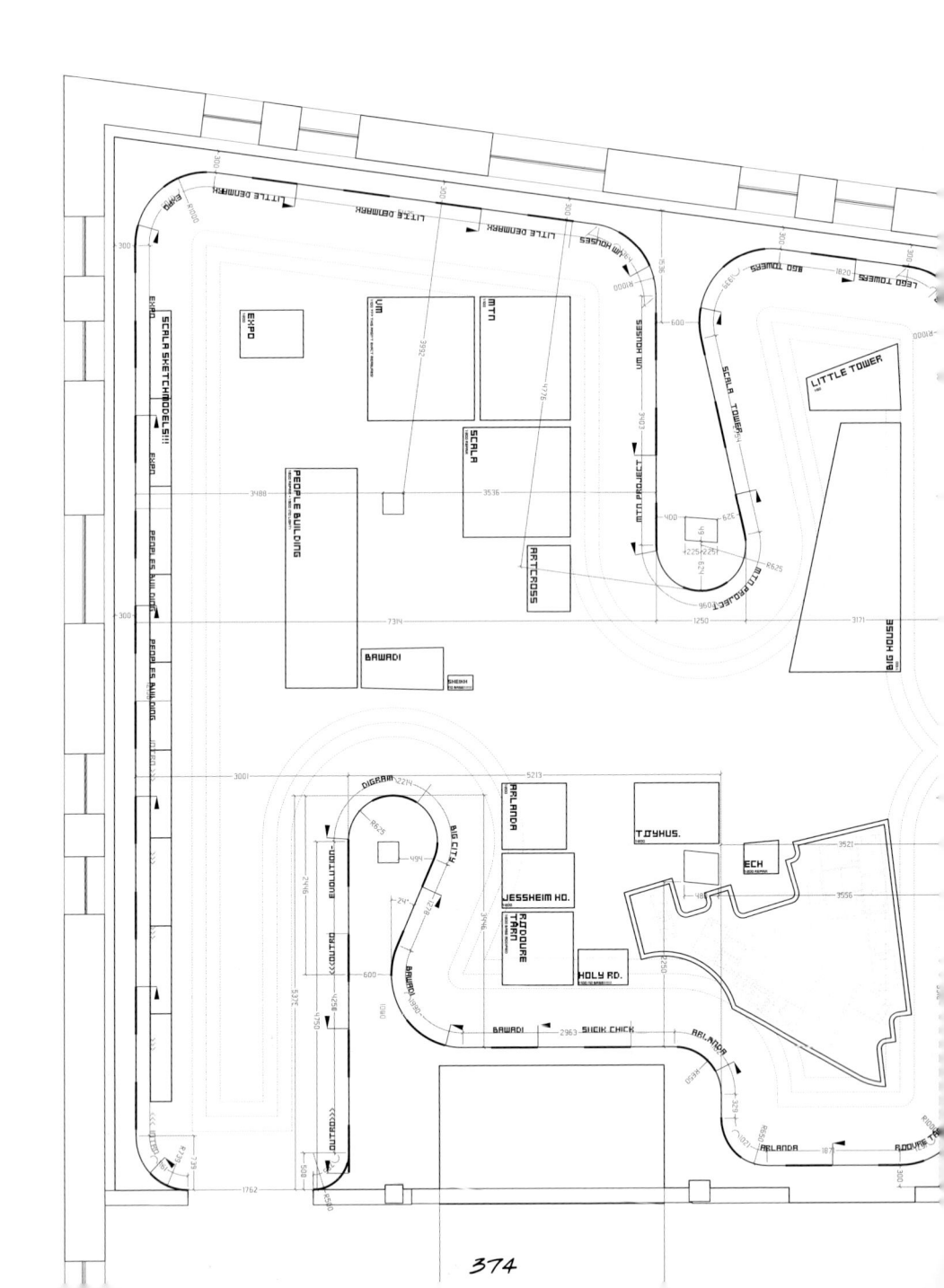

ESPOSIZIONE: 20 Febbraio - 31 Maggio 2009
UBICAZIONE: DAC - Dansk Arkitektur Center
Strandgade 27B
DK-1401 Copenhagen K
Progetti: 34
Plastici: 30
Basi: 30
Materiale delle basi: MDF, dipinto di nero, tubi al neon
Lastre di plexiglas: 45; 2050 x 2592 mm con stampa
Lunghezza totale delle pareti retroilluminate: 118 m
Struttura in legno e alluminio
Tubi al neon: 400
Schermi: 19

1m

YES IS MORE
PIANTA DELL'ESPOSIZIONE
1:100

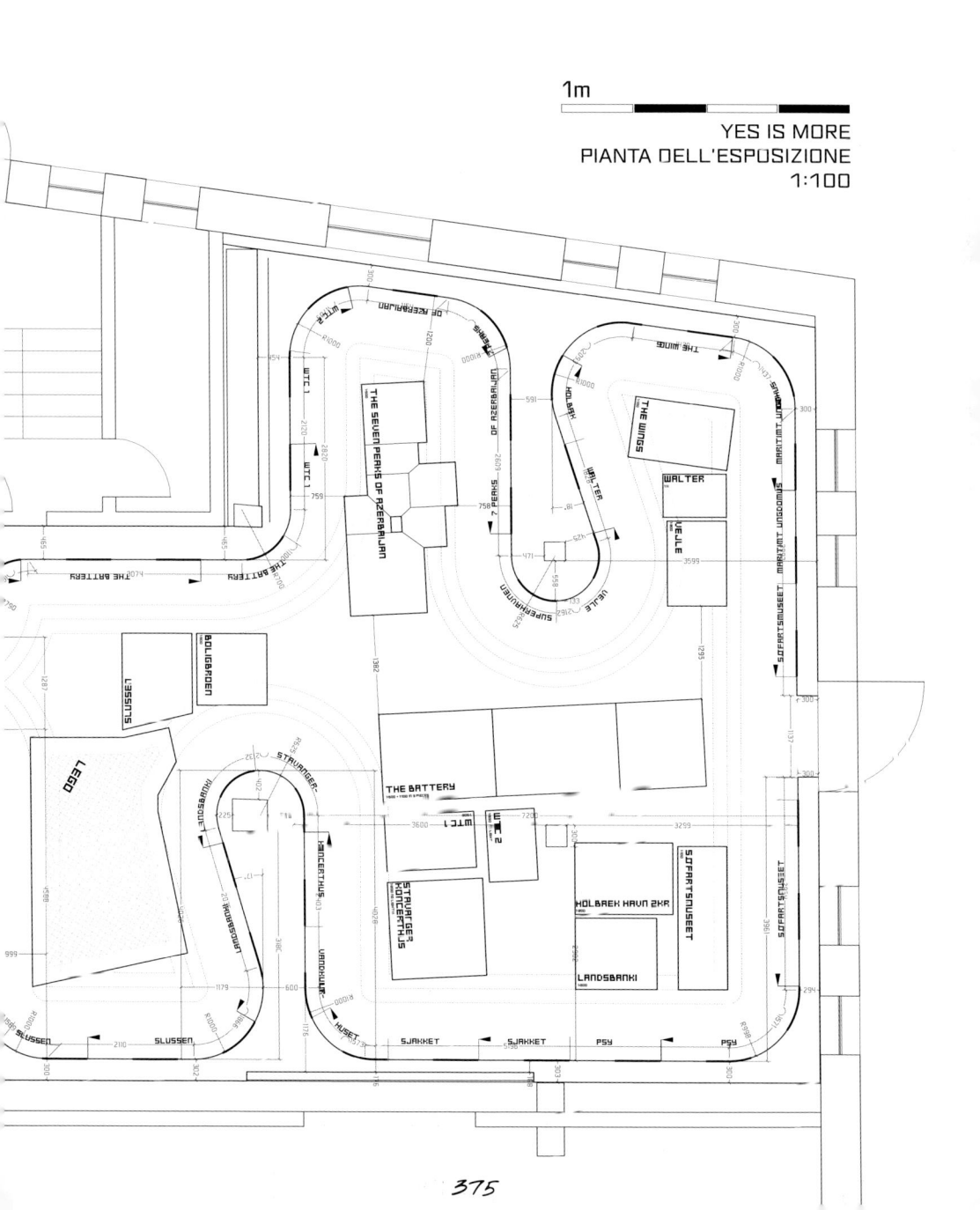

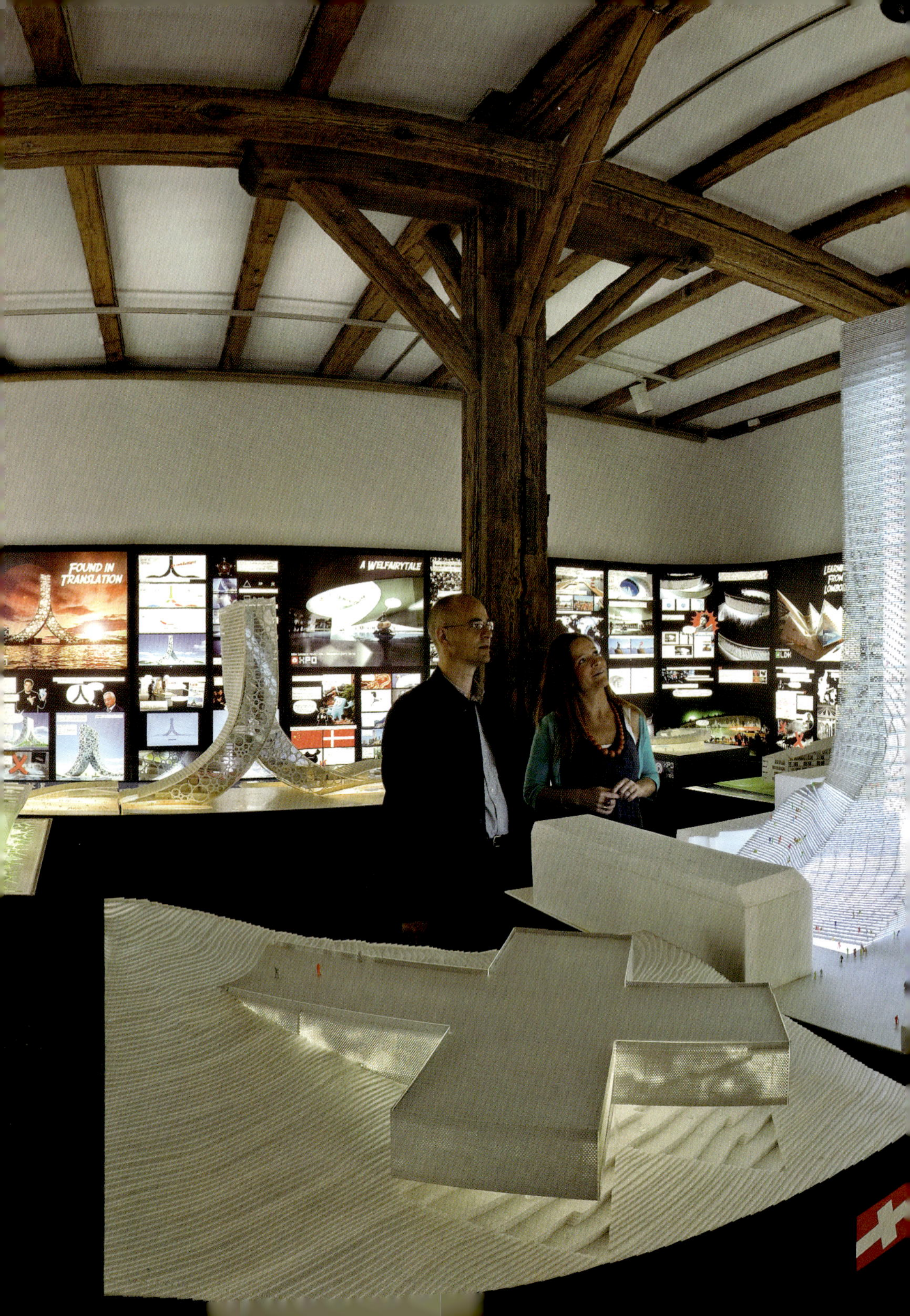
FOUND IN TRANSLATION
A WELFAIRYTALE

Un tour interattivo full screen
a 360° dell'esposizione Yes
is More è disponibile sul sito:
www.virtualworks.dk

Produzione e copyright
virtualworks.dk
MAA IVRA John E. Kroll

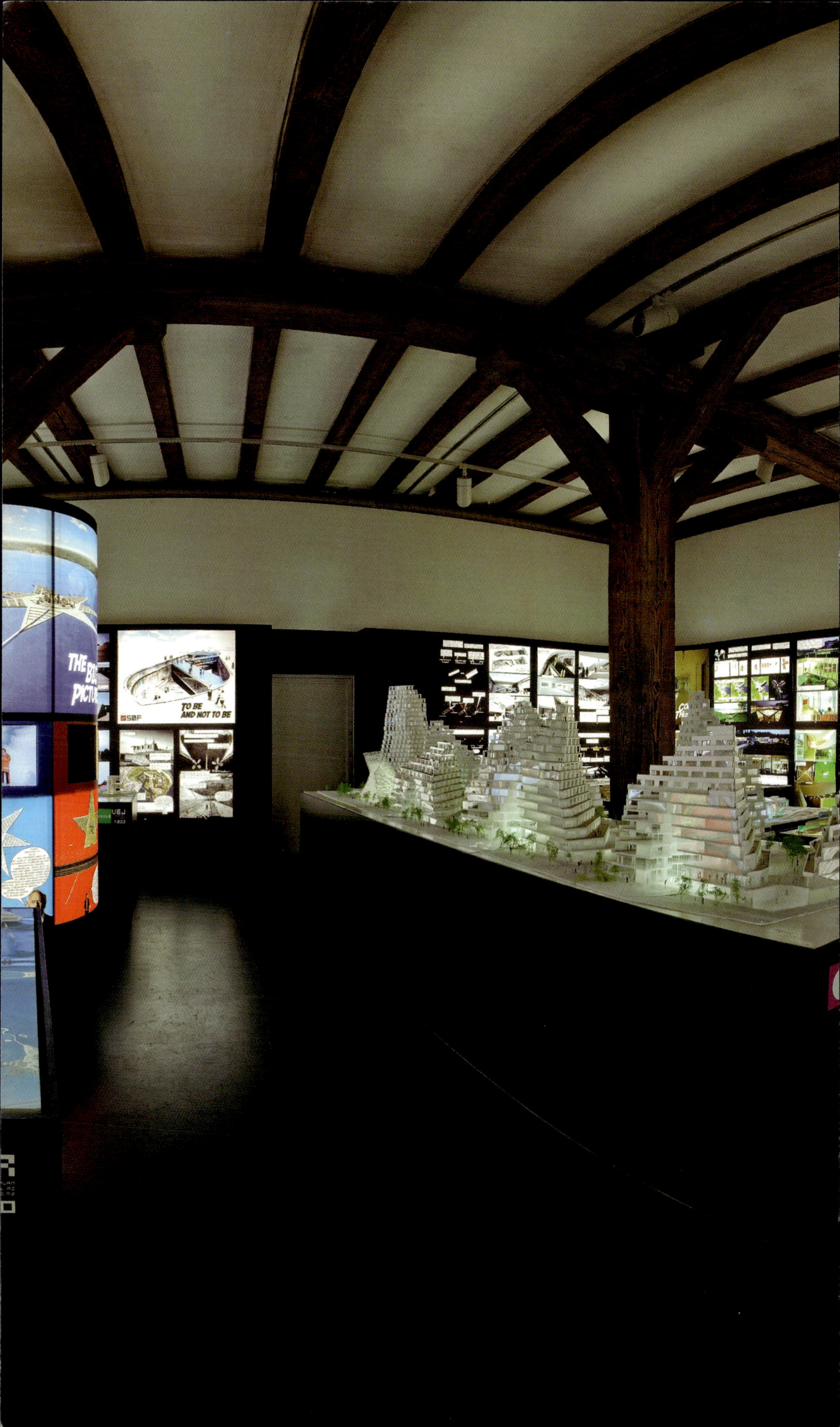
TO BE
AND NOT TO BE

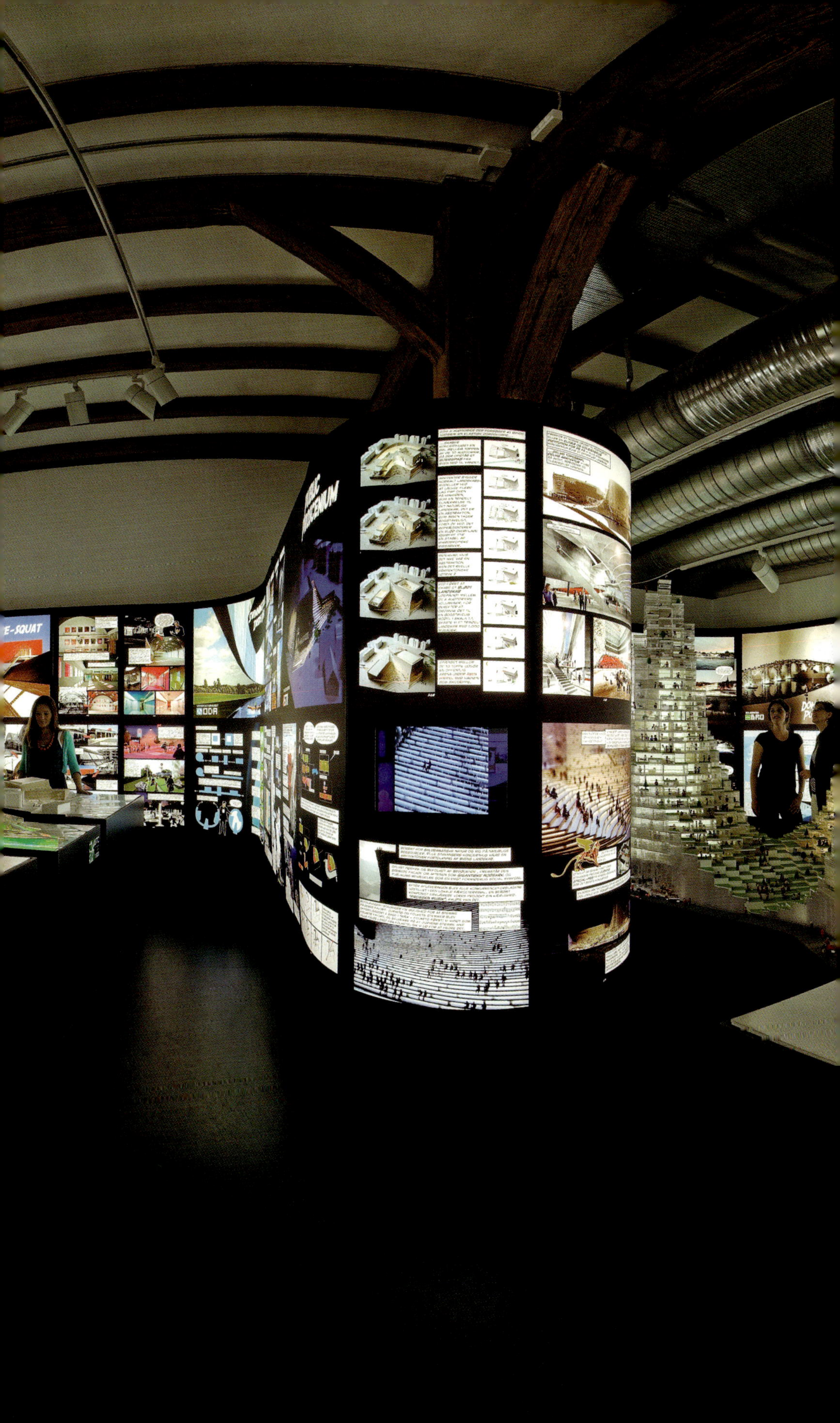
E-SQUAT

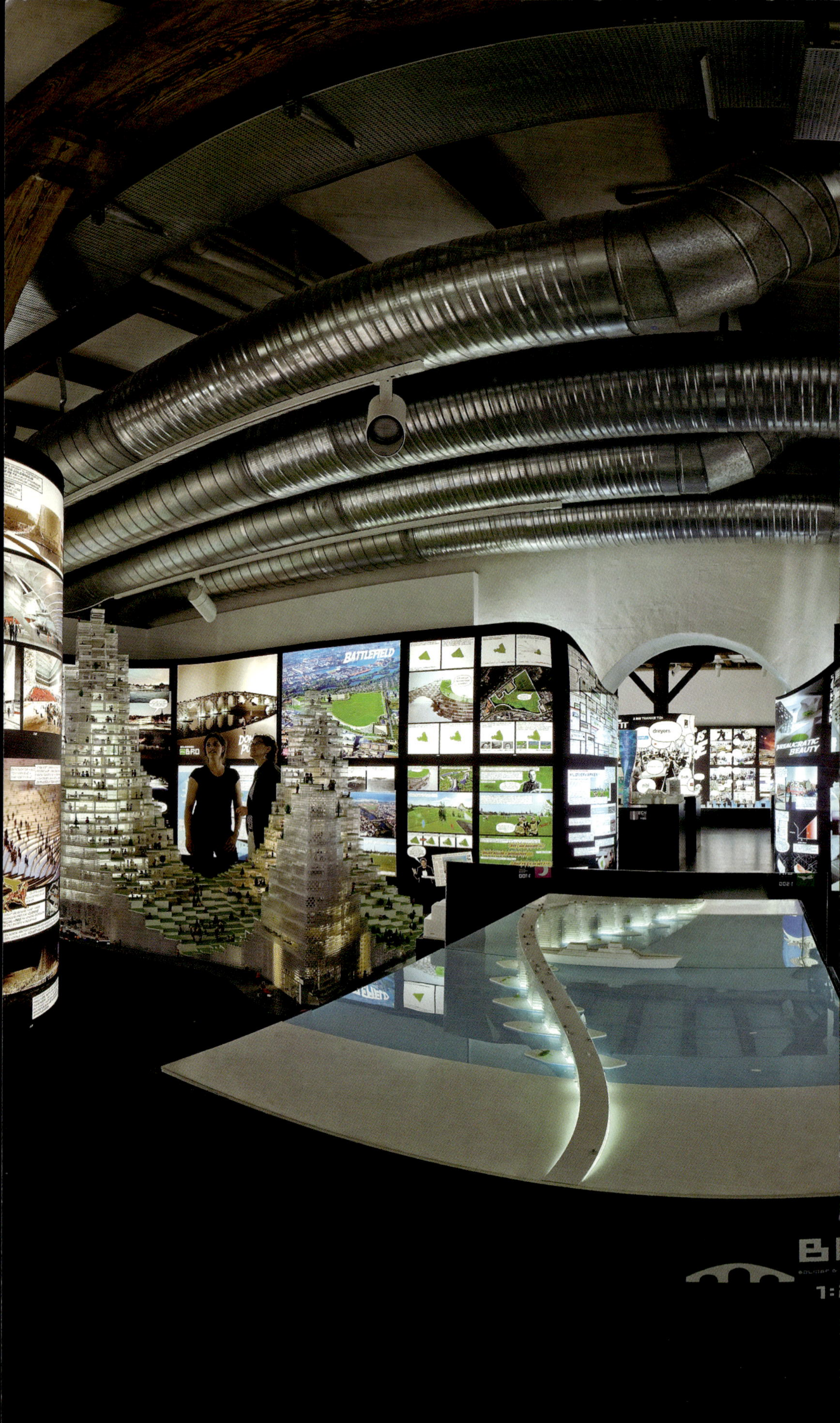

BATTLEFIELD
dreyers
BUREAUCRATIC BEAUTY

URBAN INTEGRATION
VOLUMENET TWISTES MOD MEKKA
TRIN
HULERNE DANNER ET STORT SAMLET OFFENTLIGT RUM, SOM VARIERER I STØRRELSE FRA MENNESKELIG TIL MONUMENTAL. DER ER EN BAZAAR, BUTIKKER, SPORTSFACILITETER, SPA OG EN BØRNEHAVE.
ZUHR
ASR
MAHGRIB
...BASRA'S MINARET...
BABELSTÅRNET KOLLAPSEDE PÅ GRUND AF FORVIRRING MELLEM DE FORSKELLIGE SPROG.
HELLO!

Immagini panoramiche interattive | www.big.dk/projects/yim

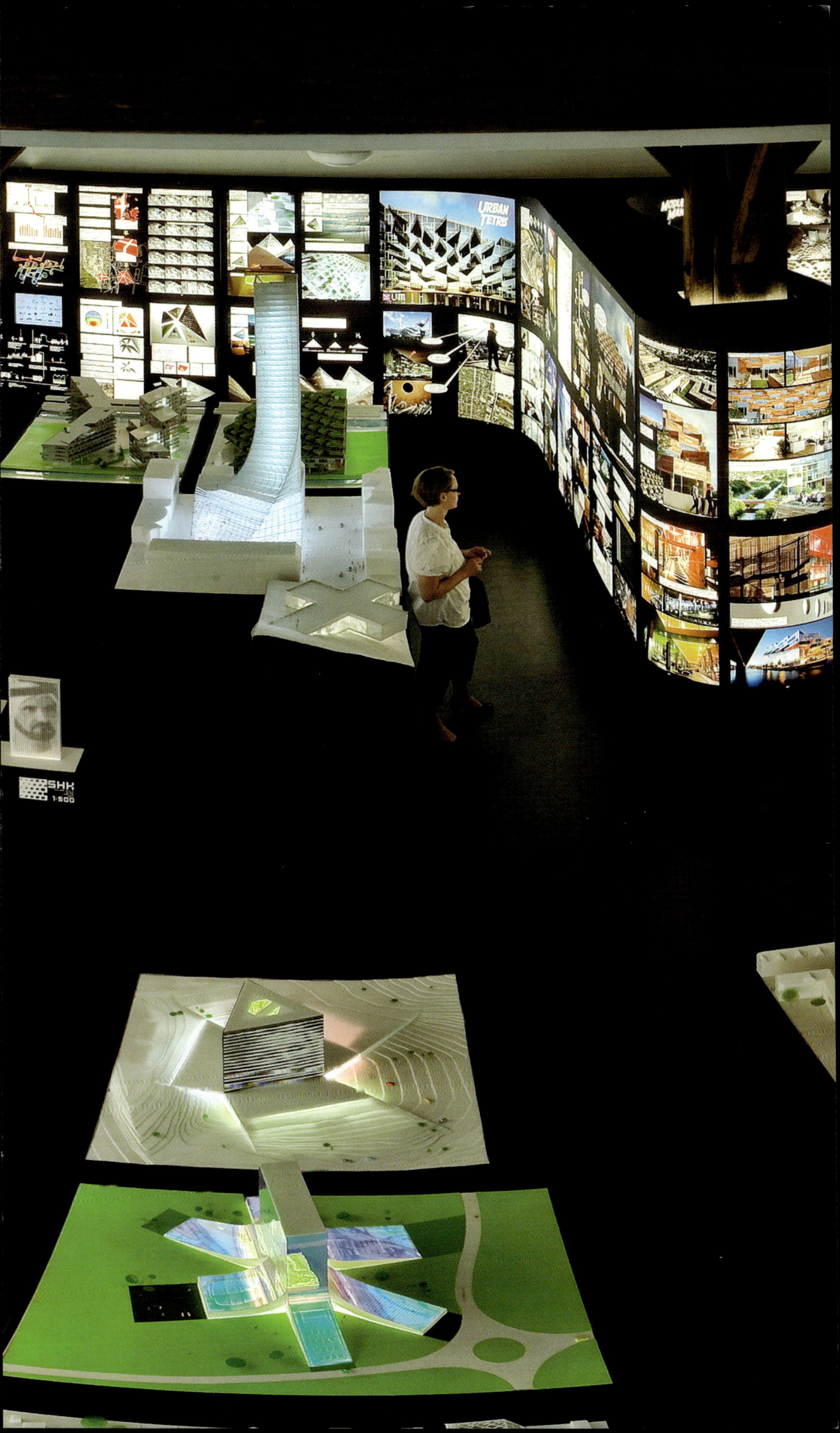
URBAN TETRIS
SHK
1:500

# MY PLAYGROUND
## TEAM JIYO @ MTN

Il film di Kaspar Astrup Schrøder sul Team Jiyo ci interessa per due ragioni. La prima ha a che vedere col modo di comunicare l'architettura. Se la fotografia è perfetta per ritrarre gli oggetti, un video è l'ideale per mostrare il movimento nello spazio. Le lente panoramiche, i fluidi movimenti di macchina, gli zoom delicati, tutto ci dà il senso dello spazio e della sua continuità. Sembra davvero di alzarsi sulla funicolare e sperimentare la vertigine di risalire la lunga scala esterna.

Se fosse un film solo sull'architettura, sarebbe noioso. Lento. Vuoto. Ma con quei due tizi che saltano ovunque saggiando le superfici e dilatando lo spazio, vedi l'architettura per quello che realmente è: la struttura portante della vita umana. Se creare vita è il fine, l'architettura è il mezzo per raggiungerlo.

La seconda ragione è che ciò che fa il Team Jiyo – col movimento e le acrobazie – è proprio quello che cerchiamo di ottenere noi attraverso plastici, schizzi, legno, acciaio e calcestruzzo: dilatare lo spazio pubblico nelle città. Salendo sempre più in alto e saltando sempre più lontano, si appropriano di un territorio che normalmente va perso, che è inaccessibile alle attività umane – una risorsa inutilizzata. Per loro parcheggi, tetti, vicoli, container, pareti sono tutte superfici accessibili, fanno parte del loro parco giochi.

Quando lavoriamo abbiamo sempre un committente, un bisogno o una richiesta da soddisfare. Ma cerchiamo di guardare oltre e di vedere se ci siano risorse nascoste o potenziali latenti da attivare.

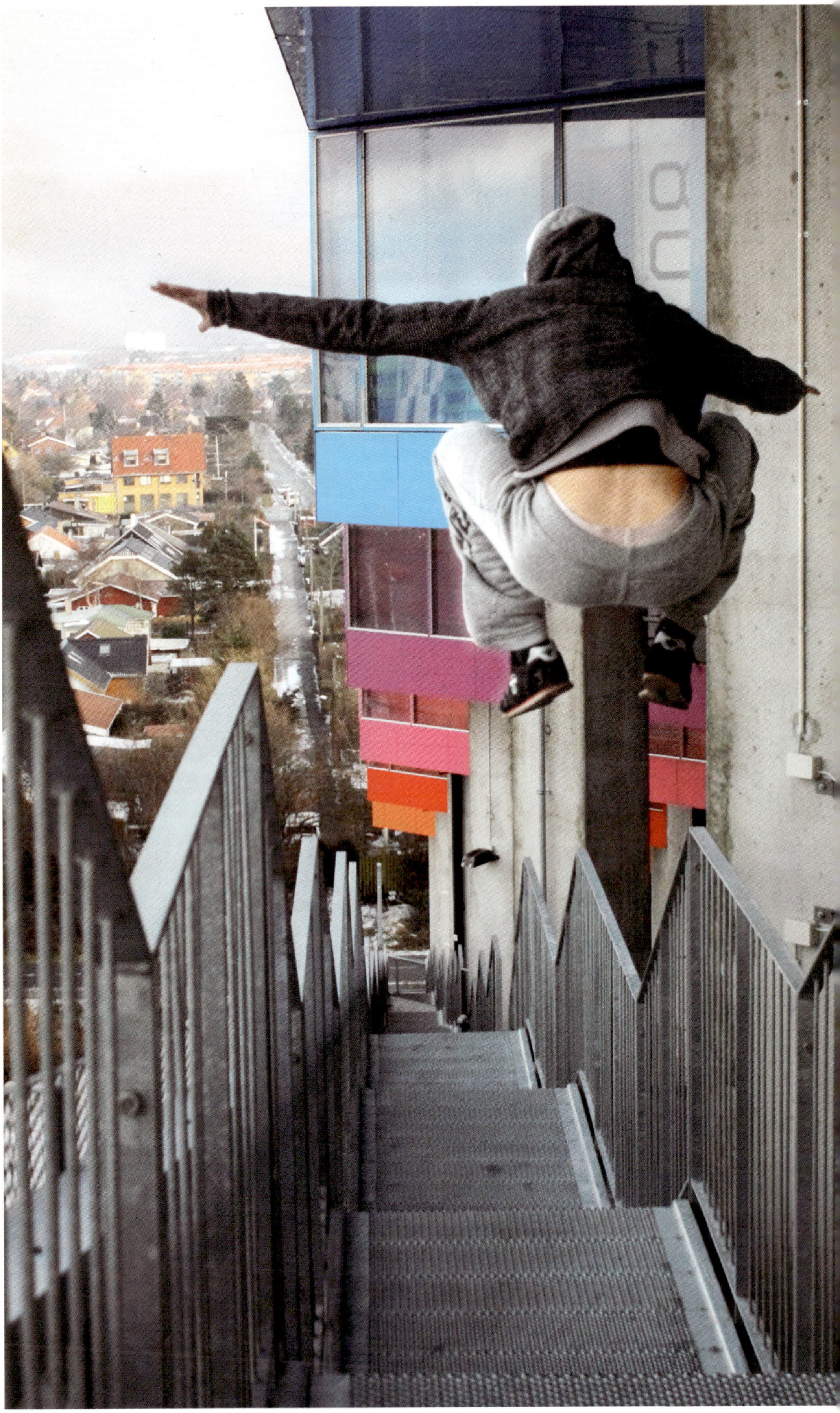

Con la Maritime Youth House abbiamo trasformato tetti e facciate in un paesaggio di dune di legno.
Con Harbour Bath abbiamo trasformato un porto in una gigantesca piscina.
In The Mountain abbiamo trasformato il tetto in un centinaio di giardini, il parcheggio in un tempio della civiltà dell'auto, la facciata in un vialetto e il vano scala in una parete su cui arrampicarsi. Con la 8-House abbiamo trasformato un fabbricato di Copenaghen in un sentiero di montagna che dilata lo spazio accessibile a biciclette e passeggini dal pianterreno fino agli attici del decimo piano.

Sono tutti elementi che avrebbero dovuto esserci comunque, che erano stati costruiti e pagati. Ma sarebbero stati off-limits e inaccessibili. Passo dopo passo stiamo dilatando il nostro mondo e trasformando le nostre città in un enorme parco giochi.

... ma il Team Jiyo non ha la pazienza di aspettare.

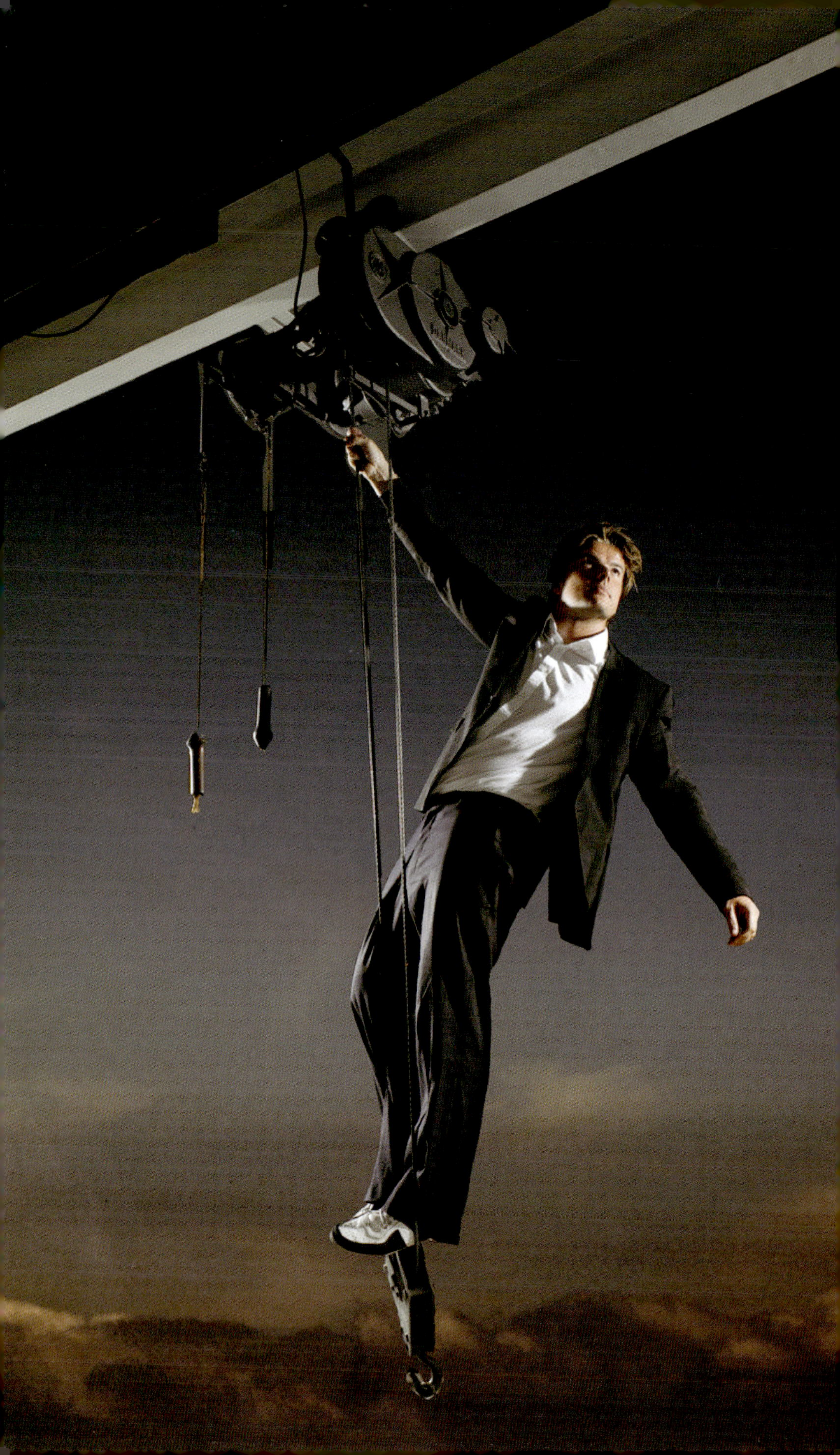

# YES MAN

**BJARKE INGELS**
intervistato da **JEFFREY INABA**
per **VOLUME MAGAZINE**

Una volta l'espressione Yes Man indicava il collega d'ufficio senza spina dorsale, ora invece significa qualcos'altro. Bjarke Ingels è uno Yes Man. Dice "sì" a qualsiasi richiesta, ragionevole o meno. Nutre la propria ambizione accettando tutti gli interessi politici che ruotano intorno a un progetto e li riassume in forme imprevedibili che disarmano ogni critica e che stanno popolando ampie zone della Scandinavia (e non solo).

**JEFFREY INABA** Parliamo della tua idea di evoluzione. Per te un rivoluzionario è contro qualcosa, una sorta di bastian contrario. La rivoluzione pronuncia anzitutto un "no", mentre la prima parola dell'evoluzione è "sì"- sì a tutti i requisiti e i bisogni legati a un progetto. Dicendo sì al cliente, ai politici, a tutti, ti trovi spesso ad avere a che fare con interessi tra loro in conflitto e devi fare acrobazie per trovare una soluzione che vada bene per tutti.

**BJARKE INGELS** Penso che sia contraddittorio associare il concetto di radicalità al fatto di opporsi al programma di qualcun altro. Se quel che fai consiste nell'osteggiare altri modi di operare, non hai modo di trovare ciò che ti è proprio, né di coltivarlo. Inoltre è curioso che l'icona del radicale sia quella del "cattivo ragazzo". Al suo posto metterei, piuttosto, il "bravo ragazzo".
Se sei ben informato e sei obbligato a includere in un progetto un sacco di altri obiettivi oltre al tuo, hai molto più materiale su cui lavorare. Quello che cerco di dire è che inglobando in un progetto molti interessi positivi, anziché ridurli al minimo comun denominatore, eviti di scendere a compromessi. Invece di incontrarti con l'altro a metà strada, ti imponi di trovare una soluzione - e continui a cercarla finché non compi quel gesto, prima impensabile, che prende in considerazione le esigenze di tutti coloro che partecipano al progetto. D'un tratto, funzionalità e fantasia diventano complici, e non c'è alcun bisogno di scomodare la cabala, la filosofia francese, o qualunque altra fonte di energia. Basta fare riferimento alle preoccupazioni concrete di chi prende le decisioni che emergono dagli organi di informazione. È allora che l'architettura diventa conseguenza e risposta a molti problemi della società. Le cose stanno cambiando e per questa ragione cerchiamo di osservare i cambiamenti e di inglobarli nel nostro lavoro, per conquistare sempre più territori.

**JI** Tu parli di architetti che accettano le circostanze nelle quali vengono a trovarsi e reagiscono modellando il mondo. Ci puoi dire, al riguardo, qualcosa di più?

**BI** La cosa buffa è che questo argomento ha molta attinenza col dibattito statunitense sul cosiddetto "intelligent design" - Creazionisti contro Darwinisti. Per i Creazionisti l'occhio umano è congegnato in modo così brillante da presupporre che sia stato progettato da un designer intelligente. Non riesco a immaginare che si sia evoluto attraverso un lungo processo di continuo perfezionamento, eccesso e selezione. La città, esattamente come la specie umana, è arrivata a essere quello che è perché si è evoluta e trasformata, e perché noi l'abbiamo creata. E se così com'è non ci piace, non possiamo dare la colpa a Dio, possiamo solo incolpare noi stessi. Per questo dovremmo essere sempre consapevoli del nostro potere e della nostra responsabilità. Se la città non si adatta al modo in cui vogliamo vivere, allora dobbiamo cambiarla. Penso che dovremmo sempre ricordarci che siamo stati noi a creare la città e l'architettura, e che dunque possiamo anche ricrearle, cambiarle, farle evolvere.

**I POLITICI E LA GRANDE MURAGLIA**
JI Tu non sei un semplice architetto, sei un politico. Sei stato coinvolto in meccanismi politici e di conseguenza sei capace di rendere i tuoi progetti attuabili nel quadro delle dinamiche politiche del dare e avere. Puoi parlarci dell'esperienza che hai avuto in questo senso in relazione al progetto della Grande Muraglia Residenziale a Copenaghen (Cloverblock)?

BI Ci stiamo accorgendo che sempre più spesso le persone con cui entriamo in contatto, quando lavoriamo a un progetto, non sono nostri colleghi. Succede sempre più spesso che i nostri progetti riguardino questioni che interessano un po' a tutti. Per esempio, abbiamo realizzato un progetto di nostra iniziativa attorno a un campo da calcio, a Copenaghen. Rispondevamo all'esigenza politica di abitazioni a costi abbordabili: la città, infatti, è piena zeppa di costruzioni ma la gente è costretta ad andare ad abitare fuori. Volevamo creare alloggi senza fare razzia dei pochi spazi urbani ancora liberi. La Grande Muraglia è un'idea architettonica volta a superare un conflitto politico. Muovendoci come funamboli nel campo della politica, riuscimmo a conservare i campi da calcio e a creare nuovi alloggi.
L'architettura era il mezzo per aggirare un dibattito politico insolubile. È qui che l'architettura può operare in modo molto diverso dalla politica. La politica si basa sul conflitto. Se vuoi occupare le prime pagine dei giornali devi creare conflitto. Se vuoi affermarti come politico devi opporti. Secondo la nostra concezione del design, invece, i problemi vanno presi in considerazione e risolti. Il tuo progetto riuscirà a sopravvivere solo se sarai stato capace di circumnavigare il conflitto o di inglobare molti degli interessi in gioco.

JI Tu hai la capacità di individuare il nocciolo di un conflitto. Focalizzi il conflitto, in questo caso quello tra campi da calcio e case, e lo usi come punto di partenza per giungere a una soluzione. Sei capace di esprimere il problema politico e di usarlo come base per dare valore alla tua proposta architettonica.

BI Quello che dici è vero... Spesso quando fanno una domanda a un politico lui risponde con un "non penso che il problema sia questo. Penso invece che..." e poi dice quello che gli pare. Ovviamente tutta l'idea di reimpostare l'angolazione di un progetto si fonda sulla possibilità di stabilire i termini della disputa individuando la questione chiave. Noi partivamo da un'idea precisa: chi aveva detto che dovevamo scegliere tra i campi di calcio e le case?
Il concetto di architettura intraprendente è di grande interesse. Sappiamo benissimo quanto tempo si investe nella partecipazione ai concorsi, dove vengono presentate 400 proposte e alla fine salta fuori che tutto ciò che

chiedevano era uno schema tristissimo. Allora capisci di aver sprecato tante risorse in qualcosa che, indipendentemente dalla sua validità intrinseca, in quel contesto non poteva funzionare. Ci rendemmo conto che, le rare volte in cui lavoravamo a un progetto che nessuno ci aveva chiesto, avevamo molte più possibilità di successo perché potevamo definire il problema e la sua soluzione prima di chiunque altro. Si dice che non possa esserci una buona architettura senza un buon cliente, quindi bisogna prima trasformarsi in colui che formula la domanda e poi trovare qualcuno che voglia la tua risposta.

JI Ci puoi parlare ancora del processo politico di dare-avere tra i diversi partiti e di come la Grande Muraglia venne strumentalizzata attraverso una serie di negoziazioni politiche a opera di partiti che volevano accrescere il loro potere?

BI Il tipo di politica che può davvero dare forma a un progetto è una sorta di "ricerca acrobatica" che arrivi a inglobare gli interessi di tutti e in cui ogni parametro contribuisca a modellare il progetto. Nella Grande Muraglia il punto era realizzare un edificio a corte il più semplice possibile, ma bisognava anche barcamenarsi tra i vicini da un lato e i giocatori di calcio dall'altro. Gli assegnatari degli orti comunali temevano che qualcuno potesse guardare nel loro giardino. Allora abbassammo l'edificio per impedire alla gente di allungare lo sguardo. A quel punto qualcuno si lamentò del fatto che occupavamo troppo spazio. Allora trasformammo il tetto in una promenade aperta a tutti, e così via. Diciamo che diventò un processo di continua critica, assorbimento della critica e sua trasformazione in risorsa architettonica. Alla fine, malgrado non avessimo progettato ancora nulla, il palazzo non sembrava niente male.

Mandammo la proposta a tutti i giornali e poi ai candidati sindaci e ricevemmo risposte piuttosto positive. Poi, quando fu eletta la candidata socialdemocratica la incontrammo e lei ci appoggiò pubblicamente. Scoprimmo che all'improvviso il nostro progetto era diventato parte di un negoziato politico più generale. Di architettura di solito si parla nella sezione culturale di un giornale, insieme a cinema, musica e altre forme di intrattenimento. Tutti gli articoli sul nostro progetto, invece, comparivano nelle prime pagine, nella sezione che io definisco "per soli adulti", quella che riguarda economia e politica.

Eravamo stati noi a iniziare, ma a questo punto il nostro era diventato il progetto del sindaco. All'improvviso avevamo un'alleata davvero potente, e un eventuale fallimento non sarebbe stato solo nostro. Ed era un sindaco con le palle. Intendo dire che non ho mai visto nessuno così coinvolto da un'idea. Spesso è difficile scegliere tra il seguire una tattica o l'altra, ma lei aveva un cervello da stratega. Insomma, il suo partito ci chiamò a esporre il progetto. È una sorta di alchimia: prendi un terreno con 40 campi da calcio, crei 2000 alloggi sul terreno e ti restano ancora 40 campi da calcio! Fu necessario spiegare la cosa scendendo nei dettagli. Una volta convinto il suo partito, fummo invitati a parlare a uno dei partiti della coalizione, il Partito Socialista. Furono tutti entusiasti del progetto, ma il leader del partito sapeva anche che quella era la principale battaglia politica per il sindaco e che non poteva certo permettersi di perderla. Così, decise di vendere caro il suo voto. Poi fummo invitati a un altro meeting segreto con i Liberali per convincerli a sostenere il progetto. Alla fine, capimmo che c'era questo gran vespaio da appianare che aveva a che fare con i negoziati per l'approvazione del bilancio comunale. Per farla breve,

comunque, sia i Socialisti sia i Liberali sostennero il progetto.
I giornali dicevano che i tre partiti avevano approvato il bilancio del sindaco - e questo significava che ci sarebbero state case a buon mercato intorno al terreno della discordia. Sebbene il Partito Socialista e quello Liberale fossero sostanzialmente favorevoli sin dall'inizio, trattandosi del progetto del sindaco non volevano concedere agli avversari politici una facile vittoria. All'inizio ero convinto che si trattasse solo di arrivare a quei tizi, mostrar loro il progetto, accogliere le eventuali critiche e farle proprie. Poi però capii che la posta in gioco era ben altra.

### MASTER PLAN E MASTERPIECE
**JI** Pensi che il tuo modo di progettare sia cambiato, da quando i tuoi progetti sono, in qualche modo, correlati con la politica?
Finora i tuoi lavori hanno sempre dato prova di una logica fiscale o strutturale più che rigorosa. Adesso che sono in qualche modo di dominio pubblico, in quanto coinvolti nel dibattito politico, la cosa influisce sul tuo modo di progettare?

**BI** Penso che siano cambiate due cose. Quando ci trasformammo da PLOT a BIG lo studio si ingrandì e con lui i nostri progetti, nel senso che non siamo più un pugno di gente che fa tutto da sé. Siamo diventati una grande comunità, con un sacco di persone diverse, che hanno un sacco di motivazioni diverse e fanno un sacco di cose diverse. E questo ha reso più evidente il processo di evoluzione progettuale. C'è una produzione incredibile, un vero eccesso di idee, plastici e materiali, e il genere di selezione naturale che vedi in natura si trasforma in selezione architettonica. Inoltre adesso molti dei nostri progetti operano su una scala a metà tra l'urbanistica e l'architettura. Quello che dieci anni fa sarebbe stato considerato un "master plan", con diversi terreni sui quali lo sviluppo edilizio sarebbe avvenuto nel corso di dieci o vent'anni, è ora la base per un "masterpiece", per un capolavoro che devi realizzare in un unico progetto. Da una parte ti si richiede la compattezza tipica del singolo progetto architettonico, che però deve anche avere la complessità e la varietà proprie di un quartiere. In molti dei nostri progetti architettonici le questioni centrali sono problemi di natura urbanistica o riflessioni su quello che la città dovrebbe essere, su cosa vogliamo dai quartieri in cui viviamo. Preoccupazioni e interessi urbanistici hanno ormai un effetto diretto sull'architettura.

**JI** Secondo molti architetti, la città è oggi talmente complessa che definirla, con un accettabile grado di precisione, va oltre le loro possibilità. Di conseguenza si rassegnano a lavorare su scala ridotta, per esplorare la complessità della forma in sé. Tu invece abbracci la complessità urbana sul piano politico, economico e pubblico, e sintetizzi quegli imperativi in progetti di larga scala, per quanto illusoriamente semplici.

**BI** Abbiamo lavorato con l'idea del pragmatismo utopico. Abbiamo provato a reintrodurre l'ambizione modernista di avere grandi idee. Non è solo una questione di soddisfazione personale, è davvero uno strumento che il mondo può usare per rinnovarsi costantemente. E, in quanto architetto, tu sei la levatrice di questa continua rinascita del mondo a una vita più adatta alle tue esigenze. Ma per non restare dei semplici sognatori, che si scontrano continuamente con le limitazioni della vita reale, cerchiamo di realizzare questa ambizione utopistica entro i confini di un'area d'intervento: pensare in grande va bene e va bene anche pensare in termini di urbanistica, ma bisogna farlo rimanendo in un ambito sul quale abbiamo il potere di agire. Una volta che il progetto si è materializzato in quel contesto, la sua linfa si spargerà e contagerà i vicini.

JI Cosa intendi con "masterpiece"? Sembra che tu non ti riferisca a un capolavoro artistico come espressione individuale. Direi piuttosto che distingui tra la responsabilità di disegnare un master plan e l'impossibilità di produrre un edificio su scala enorme che possieda anche i requisiti di complessità di un'area urbana.

BI Il significato della parola "master" nei due termini è estremamente diverso. Il master plan è una sorta di guida strategica volta a far sì che una certa zona della città si sviluppi in un quartiere complesso, mentre ora è l'edificio stesso che deve essere un piano strategico. Entri così in quella zona crepuscolare tra il master plan e il masterpiece, dove a ogni singolo progetto si richiede che abbia un'identità, che deve però somigliare di più a quella di un quartiere che a quella di un singolo edificio. Un tempo le cose erano chiare. Qualcuno, prima, metteva a punto il piano urbanistico e poi qualcun altro ci inseriva piccoli capolavori architettonici. Ora le due cose si fondono. Si potrebbe quasi dire che l'urbanista non ha modo di sapere cosa accadrà, perché non appena gli architetti arrivano e cominciano a lavorare sui lotti assegnati possono venir fuori nuove richieste e nuove idee. Ogni volta che dai a un architetto un master plan, lui passa la metà del tempo a lagnarsi di quanto sia inconsistente e di quanto siano sconsiderate tutte quelle restrizioni, di come ti tolgano la possibilità di essere creativo, ecc. ecc. Ecco che invece all'improvviso hai entrambe le responsabilità e non puoi lamentarti dell'inconsistenza dell'urbanista, perché tu sei l'uno e l'altro.

## UMORISMO

JI L'umorismo ha un ruolo importante nel tuo lavoro. Hai detto che una buona battuta e una buona idea sono simili, perché sono entrambe sorprendenti e trasmettono immediatamente un contenuto. Puoi dirci qualcosa di più?

BI Una battuta è divertente quando ti giunge inaspettata ma tu la capisci immediatamente, non so se mi spiego. E lo stesso succede con le idee brillanti. L'umorismo occupa un grande spazio nel nostro processo di creazione collettivo. Affinché nel nostro studio avvenga l'evoluzione darwiniana, materializziamo le cose: facciamo schemi e un sacco di plastici. Poi ci sediamo intorno e li discutiamo. La paura che l'ultimo arrivato in ufficio possa proporre qualcosa di inconsistente è scongiurata proprio dal clima gioviale. Le battute sono spesso suscitate da qualcuno che capovolge una frase, un'idea, o fa combinazioni inaspettate, e cose del genere. Molto spesso ci capita di passare una mezza giornata a studiare un progetto divertente per verificare se esso possa effettivamente funzionare.
Quando una battuta è davvero bella, non te ne stanchi mai. Per il People's Building assoldammo un maestro di feng shui quasi per scherzo e dopo un po' la cosa cominciò a piacerci. Alla fine presentai il progetto col sorriso sulle labbra ma in realtà sono molto contento che questi elementi di feng shui siano fissati nella struttura architettonica. È a cose di questo tipo che ci rapportiamo come fossero materiali grezzi d'ispirazione. Così, inoltre, andare a lavorare diventa molto più divertente.

Riprodotto per gentile concessione della Columbia University per Volume Magazine
Tutti i diritti riservati, 2007

# CREDITI DELLE IMMAGINI

È stato fatto ogni sforzo per contattare i detentori dei diritti d'autore per le immagini riprodotte in questo volume ma in alcuni casi ciò non è stato possibile. L'editore rimane a disposizione degli eventuali aventi diritto, impegnandosi a menzionarli nelle future ristampe.

INTRODUZIONE: Ritratto di Ludwig Mies van der Rohe, foto: Frank Scherschel; Ritratto di Robert Venturi, foto: Michael Ahearn 02/XPO – A WELFAIRYTALE: Haibao, foto: Matthew J. Stinson; Liang Kai: "Li Bai a passeggio"; ciclista a Copenaghen (Comune di Copenaghen - Resoconto ciclabilità 2006), foto: Troels Helen, Harbourbath Copenaghen, foto: Julien de Smedt; Rendering: BIG / Labtop 03/LITTLE DENMARK – LEARNING FROM LOMBORG: Copenaghen Consensus/ Bjørn Lomborg, foto: Copenhagen Consensus Center; DLR, Deutsches Zentrum für Luft- und Raumfahrttechnik, foto: Segs 04/VM HOUSES – URBAN TETRIS: foto: Nicholai Moeller, Nils Lund, Esben Bruun, Jimmy Cohrssen, Johan Fowelin, Tobias Toyberg, Jasper Carlberg 05/MOUNTAIN DWELLINGS – VERTICAL SUBURBIA: foto: Ulrik Jantzen, Jakob Boserup, Jens Lindhe, Carli Bauzá, Matteo Sartori 07/ SCALA TOWER – SP(D)ANISH STEPS: Erick van Egeraat, architetti associati: Housing, Kroyers Plads, Copenaghen, DK; Lagoons - Towers, Dubai, Thompson, Ventulett, Stainback & Associates (Tvdesign); Ateliers Jean Nouvel, New York: Tower Verre, New York; Rem Koolhaas, OMA-Office for Metropolitan Architecture: CCTV Tower, Pechino, Cina; foto: Khanjan Mohta 08/ LEGO TOWERS – MODULAR MANIA: Maya Lin, "Systematic Landscapes", 2006 09/ ESCHER TOWER – SCANDINAVIAN SKYSCRAPER: M. C. Escher "Belvedere" © 2009 The M. C. Escher Company-Holland. Tutti i diritti riservati. www.mcescher.com 11/THE BATTERY – URBAN INTEGRATION: "La torre di Babele", Abel Grimmer (1570-1619); Strada, foto: Peter Rieff 12/WTC – BAROQUE NETWORK: Ludwig Karl Hilbersheimer, Progetto per una città grattacielo, 1924; Chiesa di S. Anna a Vilnius; Minoru Yamasaki, Emery Roth & sons, World Trade Center, Manhattan, New York, 1972; Frank Gehry, Museo Guggenheim, Bilbao, Spagna, 1997; foto: Steve Double 14/7 PEAKS OF AZERBAIJAN – ZIRA ZERO: rendering: BIG/ Oceanpic 17/W TOWERS – SPLIT PERSONALITY: rendering: BIG/Labtop 20/MARITIME YOUTH HOUSE – SWEPT UNDER THE CARPET: foto: Paolo Rosselli, Mads Hilmer, Matias Labarca, Julien de Smedt 21/MARITIME MUSEUM – TO BE AND NOT TO BE: William Hogarth, "Cristoforo Colmbo rompe l'uovo", 1752, incisione 22/HELSINGØR PSYCHIATRIC HOSPITAL – COLOR THERAPY: foto: Esben Bruun, Vegar Moen, Rikke Guldberg Hansen, Peter Sørensen; Vincent van Gogh, "Girasoli", 1887; Vincent van Gogh, "Autoritratto", 1889 23/SJAKKET – RE-SQUAT: foto: Vegar Moen, Matias Labarca 25/STAVANGER CONCERT HALL – PUBLIC PROSCENIUM: Frank Gehry, Museo Guggenheim, Bilbao, Spagna, 1997; Rem Koolhaas, Oma-Office for Metropolitan Architecture: Casa da Musica, Porto, Portogallo, 2004; Henning Larsen Architects, Opera, Copenaghen, 2004; Snøhetta, Oslo Opera House, 2008; Jørn Utzon, Opera, Sidney, 1973; Medplan AS Architects: Stavanger Concert Hall, Stavanger, Norvegia 26/LANDSBANKI – NATIONAL STAGE OF ICELAND: rendering: BIG/Luxigon 27/SLUSSEN – SOCIAL INFRASTRUCTURE: rendering: BIG/Labtop, Luxigon; foto: Frank Chmura 29/THE CLOVERFIELD – BATTLEFIELD: Tegnestuen Vandkunsten, progetto: "Kløvermarken - 'The Green River'"; montagne russe, foto: Joel Rogers 31/RØDOVRE TOWER – ENGENEERING WITHOUT ENGINES: rendering: Labtop 32/ARLANDA – ROYAL TREATMENT: logo: First Hotel 34/BAWADI – POST-PETROLIUM PALACE: Bernhard Rudolfsky, "Architecture without Architects", 1964; Grande Moschea di Cordova, "Mezquita"; Alhambra, Granada; Antoni Gaudí, modelli con sacchetti di sabbia, Sagrada Familia; rendering: BIG/Labtop

# CREDITI

**CURATORE**
Bjarke Ingels

**RESPONSABILI DEL PROGETTO**
Bo Benzon e Joanna Gasparski

**GRUPPO DI PROGETTAZIONE**
Ken Aoki, Sebastian Latz, Gabrielle Nadeau, Frederik Lyng, Jakob Lange, Jonas Barre, Jin Kyung Park, Todd Bennett, Johan Cool, Pauline Lavie, Thomas Christoffersen

**TESTI**
Bjarke Ingels

**IDEAZIONE**
Bjarke Ingels, Andreas Pedersen, Ken Aoki, Bo Benzon, Joanna Gasparski

**IDEAZIONE GRAFICA**
BIG
E-Types; Jens Kajus, Michael Thouber

**EDIZIONE ITALIANA**
A cura di: Francesca Del Moro
Traduzione: Francesca Scala
Redazione: Valentina Vignoli
Impaginazione: Alessio Zanero
Distribuzione: Inter Logos, Modena
www.logosedizioni.it - www.libri.it

**REDAZIONE**
Boris Brorman Jensen, Elisabeth Ginsberg, Darja Pahhota, David Zahle, Hanna Johansson, Andreas Pedersen, Kai-Uwe Bergmann, Armen Menendian, Todd Bennett, Jennifer Dahm Petersen, Lea Hjort

**RICERCA FINANZIAMENTI E PUBBLICHE RELAZIONI**
Jennifer Dahm Petersen, Darja Pahhota, Kai-Uwe Bergmann, Beate Bernhoft

**AMMINISTRAZIONE**
Sheela Maini Søgaard, Kristine Lorenzen, Kit Nielsen, Kristian Palsmar, Leah Løffler, Esther Løffler

**FOTOGRAFI**
BIG ApS, PLOT A/S, Jakob Boserup, Esben Bruun, Jasper Carlberg, Jimmy Cohrssen, Johan Fowelin, Rikke Guldberg Hansen, Mads Hilmer, Ulrik Jantzen, Matias Labarca, Jens Lindhe, Nils Lund, Vegar Moen, Nicholai Møller, Paolo Rosselli, Ty Stange, Tobias Toyberg

**DAC**
Anne Nørgaard Pagh, Fredrik Gyllenhoff, Lonnie Hansen PR / MARKETING Line Juul Greisen, Kari Haugan Engberg, Andreas Spinner Nielsen

**PROGETTO GRAFICO**
Naja Tolsing, Nicolai Fontain, Jane Stub Kirchhoff Pedersen

**PRODUZIONE**
Ulrik Bliss, Marie Ortving Westh, Michael Gahrn, Nicolas Hjorth, Kim Vedsted, Kenneth Skovby

**VOLUME**
Jeffrey Inaba

GRAZIE A Kent Martinussen, Jeffrey Inaba, Bruce Mau, Boris Brorman Jensen, Sarah Herda, Joseph Grima, Stefano Boeri, Robert E. Somol, Rem Koolhaas, Jens Thomas Arnfred, Shohei Shigematsu, Joshua Ramus, Christian Madsberg, Niels Reiff Koggersbøl, Flemming Andersen, Vibeke Windeløv, Jesper Elg, Thomas Busch, Andreas e Ilka Ruby, Shumon Basar, Beatrice Galilee, Fay Cheah, Michael Kubo, Beat Schenk, Fredrik Fritzson, Friedrich Nietzsche, Frank Miller e Charles Darwin per gli input e l'ispirazione.

GRAZIE A i miei soci Andreas Pedersen, Finn Nørkjær, David Zahle, Niels Lund Petersen, Jakob Lange, Thomas Christoffersen, Alessandro Ronfini, Alessio Zenaro e a tutto lo staff di BIG.

GRAZIE A Hanif Kara, Andy Murray, Daniel Bosia, Michael Kwok, Martin Rein-Cano, Christian Saabye, Alex Fraenkel, Lars Ostenfeld Riemann, Dan Stubbergaard, Lars Holme Larsen, Rolf Hay, Victor Ash, Kaspar Astrup Schrøder, Team Jiyo, Lars Holme Larsen, Henning Stüben, Dorte Børresen, Malene Krüger, Stig Lennart Anderson, Petter Haufmann, Torben Schønherr, Jakob, Bjørnstjerne e Rasmus aka Superflex, Mads Byder, Einar Ólafsson, Kristin Brynja, Andri Snær, Steffan Iwersen, Jeffrey Inaba, Jan e Tim Edler, Yanson Ma, Minouk Cho, Michel Rojkind e Julien De Smedt per la collaborazione.

GRAZIE A Per Høpfner, Axel Frederiksen, Frank Hansen, Dan Poulsen, Peter Poulsen, John Hansen, Finn Bach, Anders Bo Bach e Lene Kristensen, Asmund Haare, Torben Frølich, Anders Knudsen e Dan Petersen, Hans Peter Svendler e Flemming Borreskov, Ritt Bjerregaard, Jens Kramer Mikkelsen, Zeid Abdul-Hadi, Ulla-Britt Wikstrøm, Martin Schrøder, Per Söderberg, Ingela Lindh, Peter Sextus, Johnny Laursen, Jan Lehrmann, Iasson Tsakonas, Morten Hemmingsen, Claus Jeppesen, Alfred Dam, Khosrow Bayat, Peter Trøjfeldt, Torben Frøhlich, Jørn Christoffersen, Anders Juhl, Casper Moltke-Leth, Hans Peter Jensen, Kenan Khudaverdiyev e Nazim Ibrahimov, Colin Glover, Jørn Tækker and Thomas Fiellau, Christian Correll, Frugtkarl e Kill Bill, Lars Heilesen, Rolandas Balcikonis, Carsten Leveau, Anna Vos e Antoon Jorna, per averci affidato i vostri progetti.

# GRAZIE A:

- Høpfner
- dreyersfond
- RAMBØLL
- DANISH HARDWOOD A/s
- FOAMGLAS Building
- Grontmij | Carl Bro
- pihl — The Joy of Creating
- Bach GRUPPEN A/
- LEGO
- akt — ADAMS KARA TAYLOR, A WYG Group Company

**Realdania**

RAMLÖSA ORIGINAL
SOMERSBY

DANSK OLIE
KOMPAGNI A/S

UP AGU

NSD LIFT AG

STATENS KUNSTFOND

VINK

SCHAUMANN

SA VINDUER
ULTIMATE WINDOW SOLUTIONS

MOE & BRØDSGAARD
- kompetent og engageret rådgivning

DANMARKS
NATIONALBANKS
JUBILÆUMSFOND

ege

© 2011 TASCHEN GmbH
Hohenzollernring 53, D-50672 Köln
www.taschen.com

Titolo originale: Yes Is More.
An Archicomic on Architectural Evolution
Copyright © 2009 BIG A/S
www.big.dk
Edito da BIG A/S in occasione della mostra YES IS MORE
Primo piano: BIG al Danish Architecture Center, Copenaghen,
Danimarca, 21 Febbraio - 31 Maggio 2009
Disegni, rendering e illustrazioni © BIG A/S

Distribuito da: Inter Logos
Strada Curtatona 5/2
41126 Modena
www.libri.it - www.logosedizioni.it

Printed in China

ISBN 978-3-8365-2824-5